I Santi

TRADUZIONE VICO STELLA, NOTE E INTRODUZIONE P. R. PICCOLOMINI, o.s.a.

Sant'Agostino

LE MIE CONFESSIONI

Testi originali: **Sant'Agostino**

Traduzione: **Vico Stella**

Introduzione, note, sommari: **Padre Remo Piccolomini osa**

23.0.2006 Sposalizio di Maria e Giuseppe
ISBN 978-88-8404-121-0
Per ordinare questo libro citare il codice 8300

TOTUS TUUS

Per gli ordini rivolgersi alla:

Editrice Shalom
Via San Giuseppe, 57
60020 Camerata Picena (An)

Tel. 071. 74 50 440 r.a.
dal lunedì al venerdì
dalle 9.00 alle 19.00

Numero Verde
800 03 04 05 **solo ordini**

Fax 071. 74 50 140
sempre attivo in qualsiasi ora
del giorno e della notte.

e-mail: ordina@editriceshalom.it
http:// www.editriceshalom.it

Indice

Presentazione

Il secolo XX lo possiamo considerare il secolo della "Rinascita agostiniana". L'indicazione di alcune tappe importanti ce ne daranno ragione.

Il primo appuntamento fu il Congresso Internazionale per il XV Centenario della morte di Agostino del 1930; allora ci fu un rilancio della sua avventura spirituale e della sua dottrina.

In quella occasione vennero pubblicati diversi Discorsi, ritrovati dopo l'edizione dell'opera agostiniana, fatta dai benedettini di san Mauro (i Maurini) del 1700. Da li partirono tante iniziative di studi sul pensiero e sulla vita del Santo africano, sia in Italia che in Francia, con conferenze, convegni e pubblicazioni di ogni genere. A Firenze, a cura dell'agostiniano Stanislao Bellandi, ebbe inizio la collana di traduzione della Biblioteca Agostiniana.

Il secondo appuntamento importante fu quello realizzato dopo l'ultimo conflitto mondiale con nuove iniziative di traduzioni dell'opera agostiniana in Spagna, e, soprattutto in Francia con la *Biblitèque Augustiniennes*, a cui seguì il Congresso Internazionale di Parigi per il XVI Centenario della nascita di Agostino del 1954. Da questo Congresso internazionale, soprattutto i religiosi agostiniani dell'Assunzione con un nutrito gruppo di studiosi promossero una serie iniziative che portarono alla pubblicazione di centinaia di volumi, vero monumento al grande vescovo d'Ippona.

Un terzo grande appuntamento fu il Congresso Internazionale di Roma per il XVI Centenario della conversione del 1986, organizzato e animato dal compianto agostinologo p. Agostino Trapè.

Il successo di questi avvenimenti portarono ad un risveglio di studi sul pensiero di Agostino di portata eccezionale tanto da considerare Agostino il pensatore il più letto e il più studiato dopo la Bibbia.

In seguito a questi grandi appuntamenti, ci furono altre iniziative: la Settimana pavese con la lettura delle opere di Agostino e i Seminari del Centro Studi Agostiniani di Perugia, con l'approfondimento di tematiche agostiniane (*Interiorità, Intenzionalità, Male, Libertà*). Sia la Settimana pavese che il Centro Studi Agostiniani di Perugia continuano con fervore la loro attività con la pubblicazione dei contributi dei più noti studiosi sul pensiero e l'opera agostiniane.

Dentro il fervore entusiasta di questi lavori, s'inserisce il monumento grande e solenne della Nuova Biblioteca Agostiniana (N. B. A.), Ente morale, fondato dall'illustre agostiniano p. Agostino Trapè ed ora diretto da p. Remo Piccolomini. La N. B. A. ha progettato e portato a termine la pubblicazione dell'*Opera omnia* (giugno 2004). Pubblicata dalla Città Nuova Editrice nell'edizione bilingue (latino-italiano), l'opera si presenta in formato elegante e di grande utilità per gli studiosi che, a fianco del testo latino, possono trovare segnalate le edizioni più famose dell'intera opera agostiniana. L'opera comprende sessanta volumi, pronti per essere letti e studiati da tutti.

Oggi, per questo fervore di studi, gli editori cattolici e non, hanno fatto e fanno a gara a tradurre e a pubblicare le opere del santo Dottore, specialmente le più famose: *Le Confessioni e La Città di Dio*.

Indubbiamente l'opera più ricercata e quindi più letta è il libro de *Le Confessioni*. Nonostante non siano di facile lettura, Le *Confessioni* sono sempre più richieste da anziani, da giovani, da uomini, da donne di ogni estrazione sociale; oggi, infatti, non leggono solo le persone istruite ma anche il popolo. La diffusione della lettura tra il popolo ha sollecitato una traduzione delle *Confessioni* più adatta e comprensibile. Era proprio necessario andare incontro a questa gente assetata, incuriosita e desiderosa di spiritualità, offrirle un testo più agevole delle *Confessioni*.

L'avventura l'ha tentata Vico Stella (il suo vero nome è padre Roberto Fastella agostiniano), con esito positivo. Il traduttore non è giovanissimo, ma il testo della sua traduzione lo è; chi lo legge ha tutta l'impressione di trovarsi davanti un traduttore giovane, come giovanile è il suo snello periodare. Il tentativo di Vico Stella non solo è riuscito, ma è riuscito bene.

Tradurre un testo antico è difficile perché richiede non solo la conoscenza della lingua, nel nostro caso del latino, ma anche la capacità di entrare nello spirito dell'autore per non fargli dire ciò che non ha mai pensato. Agostino poi è insieme filosofo, teologo, mistico e grande poeta; chi si accosta a lui deve avere particolari requisiti che, in qualche maniera, gli assomiglino.

La scelta dell'Editrice Shalom per la traduzione di Vico Stella, *Le mie Confessioni*, è stata una scelta mirata. L'Editrice Shalom l'ha trovata in sintonia con le proprie esigenze: voleva una traduzione giovanile, brillante, dal periodare incisivo e snello, ma accessibile ai più, soprattutto rivolta al mondo dei giovani, e quella di Vico Stella lo era.

La Shalom è una casa editrice, impegnata ad una vasta diffusione con la passione per i valori umani e religiosi. Il libro più adatto a questo scopo è senz'altro il capolavoro agostiniano delle *Confessioni*. Con la pubblicazione de *Le mie Confessioni* si è voluto offrire l'esperienza vissuta di un giovane africano, Agostino, che, innamorato della verità, l'ha cercata un po' ovunque anche per strade sbagliate, e l'ha trovata nella persona di Gesù Cristo, la sola capace di rispondere in maniera esaustiva alle sue pressanti esigenze umane, cristiane e religiose di Agostino stesso e di ogni persona pensosa di sé.

Agostino, nel libro *La controversia accademica*, il primo di quelli che abbiamo, scritto nella solitudine di Cassiciaco, località della Brianza, vicino Milano, dopo aver demolito lo scetticismo e aver riaffermato l'esistenza della verità, così vi ha scritto: "*Ritengo per certo, definitivamente, di non dovermi allontanare dall'autorità di Cristo perché non ne trovo un'altra più valida. Riguardo poi a ciò che devo raggiungere col mio pensiero..., la mia disposizione attuale è il desiderio che mi arde dentro di apprendere senza indugio le ragioni del vero non solo con la fede ma anche con l'intelligenza" (III, 20, 43).*

Gesù è stato l'approdo del suo inquieto vagare, fatto di tante sconfitte, ma anche di vittorie, di sofferenze e di gioie; a Lui arrivò esercitando, allenando le sue gambe e i suoi piedi, cioè la ragione e la fede, per correre spedito verso di Lui, con lui, in Lui.

I giovani troveranno rispecchiato ne Le *Confessioni* il loro volto ora preoccupato, ora angosciato, ora incerto, ora disperato, ma vi troveranno anche la serenità, la gioia, la sicurezza, l'esaltante speranza di chi "*ha corso amando e ha amato correndo*" *(Commento alla prima lettera di san Giovanni 9,9).*

Caro lettore, anche tu corri tutto il giorno, anzi corriamo tutti, giovani e vecchi, ma questa nostra corsa, perché non sia una corsa a vuoto, deve avere una meta: la Verità; è proprio per essa che dobbiamo "*correre amando e amare correndo*". È la tensione verso la meta, il traguardo, che interpreta la corsa; perciò è fondamentale tenere gli occhi fissi alla meta perché tutto il nostro andare sia sensato e degno di essere vissuto.

Ora, però, è l'ora dei ringraziamenti: vogliamo ringraziare prima di tutto Vico Stella per la bella, moderna, giovanile traduzione delle *Confessioni* agostiniane, complimentandoci per l'impresa faticosa ben riuscita. Poi un ringraziamento sincero alla Editrice Shalom che si assunto l'impegno oneroso di stamparla. Ci auguriamo che la diffusione dell'opera agostiniana sia pari all'entusiasmo che il traduttore ha messo nel prepararla, alla grande voglia della Casa Editrice Shalom di diffonderla e alla nostra gioia nel veder coronato il proposito di portare il pensiero e l'opera di Agostino fin dove è possibile.

Remo Piccolomini

Introduzione

Le *Confessioni* narrano la storia di un giovane retore africano di nome Agostino, caparbiamente impegnato a ricercare la verità ad ogni costo il quale, dopo un lungo cammino segnato da profonde interruzioni, la scopre e ne rimane abbagliato. Alla luce di questa verità il giovane ripensa l'intera sua vita e la racconta, convinto che essa potrà leggersi vedendovi rispecchiata la vita di ogni uomo. Agostino è stato capace di creare il mirabile equilibrio tra l'*interiorità*, con la quale come un palombaro scende nelle profondità abissali della persona, e l'*intenzionalità* che gli permette di attingere la ragione stessa del dialogare: l'amore. Così l'interiorità non rimane chiusa in se stessa ma si apre al gioioso abbraccio con l'Altro e con gli altri.

Nasce a Tagaste (oggi Souk-Ahras, Algeria) il 13 novembre del 354, da Monica cristiana e Patrizio pagano; è un "giovane di belle speranze", con sogni di grandezza nella testa. All'età di 17 anni si reca a Cartagine per i corsi universitari e qui fa alcuni incontri importanti. Il primo, a 19 anni, con la lettura del libro di Cicerone l'Ortensio, si sveglia filosofo e si scopre ricercatore appassionato della sapienza. Il secondo lo avrà con i Manichei. Essi, con abile ed allettante propaganda, affermano di essere capaci di offrire la "Verità" a chiunque, senza il peso della "terribile autorità della Chiesa cattolica". Lo stringono nelle loro maglie e ne diventa ardente e fanatico apostolo. Il terzo incontro è quello con la giovane cartaginese, se ne innamora, ne nasce un figlio, Adeodato, non voluto, ma, una volta venuto al mondo, molto amato da Agostino. Laureatosi, lascia l'Africa e parte alla volta di Roma, poi si trasferisce a Milano. Qui arriva coronato di gloria, è infatti il professore ufficiale dell'Impero. A Milano lo raggiunge la madre, la giovane donna cartaginese e il figlio Adeodato.

A Milano incontra una Chiesa molto vivace, impegnata nel sociale (per liberare gli schiavi era perfino disposta a vendere i vasi sacri) e unita profondamente al suo vescovo Ambrogio. Si ricrede su di essa e frequenta il Circolo culturale, retto dal santo e colto prete Simpliciano e animato da uomini colti, aperti alla filosofia neoplatonica, come Manlio Teodoro, Ermogeniano e Zenobio. Da questo Circolo riceve lo stimolo a leggere Plotino e Porfirio. Intanto però si era accostato alla Chiesa cattolica, sostenuto dalla predicazione di Ambrogio, che lo aveva aiutato a capire come leggere le Scritture, aggiungendo alla lettura materiale anche quella spirituale allegorica. Agostino ormai è sicuro e la simpatia verso la Chiesa cattolica si tramuta in scelta: è l'autorità divina che sostiene la sua fede.

Dopo un periodo di titubanze, dovute alla scelta sul modo di servire Dio, se cioè attraverso la vita familiare o con la consacrazione totale, Agostino sceglie quest'ultima, lascia l'insegnamento e s'iscrive tra i catecumeni. Si ritira quindi con alcuni amici, il figlio Adeodato e la madre Monica nella solitudine di Cassiciaco per prepararsi al battesimo, pregando i salmi, studiando e lavorando.

La notte del sabato santo tra il 24 ed il 25 aprile del 387, insieme al fedelissimo Alipio e al figlio Adeodato, riceve il battesimo dalle mani di Ambrogio. Ora tutto è pronto per il ritorno in Africa. Ad Ostia Tiberina, dopo la mirabile estasi a due, madre e figlio, muore Monica e Agostino si ferma a Roma alcuni mesi, che impiega a visitare i monasteri maschili e femminili presenti a Roma ed a scrivere. Verso la metà d'agosto del 387 s'imbarca per l'Africa. Dopo una breve sosta a Cartagine, raggiunge Tagaste.

Qui termina la prima parte della vita di Agostino. Per la seconda, Agostino come pastore d'anime, dobbiamo ricorrere, oltre alla *Vita di Agostino* di Possidio, alle notizie che lui stesso ci dà nelle sue opere: *Lettere, Discorsi* ecc. Opere che c'informano del suo lavoro apostolico, del suo progresso spirituale e del suo impegno a studiare la Parola di Dio, cibo spirituale per lui e per i suoi fedeli: Io vi nutro di ciò di cui io stesso sono nutrito; così era solito ripetere ai suoi diocesani. Questa parte però non riguarda prettamente il nostro argomento, quindi la tralasciamo interamente per ritornare alle *Confessioni*.

L'OPERA

Le *Confessioni* appartengono alla letteratura mondiale, è l'opera più famosa e più letta dell'immensa produzione letteraria agostiniana.

Le *Confessioni* non sono di facile lettura, non solo per la parte dottrinale riguardante la riflessione sui fatti, ma anche per la parte strettamente autobiografica. Agostino infatti narra della sua vita solo quello che serve al suo scopo, il resto non gli interessa. Per Agostino è sufficiente la narrazione essenziale di un fatto, mentre lo troviamo molto impegnato a ricercarne il senso. Si tratta insomma di un'autobiografia dove i fatti diventano eventi ed è occasione di un'analisi interiore fatta al cospetto di Dio. Ciò richiede da parte del lettore un'oculata lettura, che tenga anche conto di conoscenze biografiche e ambientali.

Possiamo sicuramente dire che le *Confessioni* sono il documento più interessante della storia dello spirito umano "pensoso di sé."

ACCOGLIENZA

Nessuna delle opere agostiniane ha avuto più fortuna delle *Confessioni*. L'autore al termine della sua vita scriveva nelle Ritrattazioni II,6: "So che [le mie *Confessioni*] a molti fratelli sono piaciute e piacciono molto"; e ne *Il dono della perseveranza* (*XX, 53*): "*Quale dei miei opuscoli si è diffuso maggiormente ed è stato più gustato dei libri delle mie Confessioni?*" Agostino stesso, nel rileggerle, trovava motivo per riflettere e commuoversi: "*...Per quanto mi riguarda hanno esercitato azione su di me mentre li scrivevo e continuano ad esercitarla quando li leggo*".

Non mancarono però né critici né oppositori ostinati. Infatti alcuni lessero l'opera agostiniana al solo scopo di conoscere le debolezze dell'autore, magari per irriderlo; ce ne furono altri che accolsero le *Confessioni* con sdegno e furono i suoi avversari: pagani, Manichei, Donatisti e Pelagiani.

Le *Confessioni* furono molto lette nel Medio Evo, il lettore più famoso fu il Petrarca. Egli confessa che le portava con sé come un vademecum e spesso le leggeva, si commuoveva e piangeva, e ne consigliava la lettura al fratello Geraldo. Ma anche nel Medio Evo ci furono critici severi; ce lo dice il Petrarca stesso quando parla di "certi uomini ridicoli" che sogliono "irridere le *Confessioni*".

Anche oggi ci sono molti lettori e studiosi delle *Confessioni*, e, quindi, anche molti critici, la maggior parte però le hanno lette e le leggono con piacere e con molto profitto. Ed è vero che in esse gli uomini di oggi vi si possono rispecchiare e rileggervi la propria vita.

SCOPO E CARATTERE

Lascio volutamente da parte il discorso della data di composizione non perché sia meno importante, ma perché non serve per il nostro discorso. A noi basta sapere che Agostino ha incominciato a scrivere le *Confessioni* dopo l'aprile del 397 e le ha terminate verso l'anno 400; alla fine del 398 i primi nove libri erano già nelle mani del pubblico.

Desideriamo invece sapere quale sia stato il motivo che ha spinto Agostino a scrivere le *Confessioni*. Un motivo esterno, come il suggerimento di qualche amico, oppure fu un moto interiore, come quello di chi sente il bisogno di "confessarsi" davanti a Dio?

Al di là di quanto è stato scritto e detto, siamo convinti che solo Agostino ci possa dire come stiano le cose: "*I tredici libri delle mie Confessioni lodano Dio giusto e buono per i miei mali e per i miei beni e verso di lui sollevano la mente e gli affetti degli uomini*".

Nella Lettera 231 al conte Dario, che aveva richiesto ad Agostino una copia delle *Confessioni*, così gli risponde: "*Ecco-*

ti, pertanto, figlio mio… i libri delle Confessioni, che hai desiderato avere. Guardami lì affinché tu non mi lodi oltre il mio merito; e se vi troverai qualcosa che ti piaccia, loda ivi con me Colui che volli fosse lodato per causa mia. E… prega per me perché io non faccia regressi, ma faccia progressi…”.

Da questi due testi appare chiaro che l'intento principale di Agostino è: "dar lode a Dio"; per questo motivo chiede preghiere e con umiltà si raccomanda che non venga lodato al di là dei suoi meriti.

Possidio, nella prefazione della sua *Vita Augustini*, ricorda che tre sono i motivi che spinsero Agostino a scrivere le *Confessioni*: **l'umiltà, la gloria di Dio**, e il **desiderio di essere aiutato** dalle preghiere dei fratelli.

Le *Confessioni* sono prima di tutto una *confessione di lode*, poi una *confessione dei suoi peccati*, che è anch'essa lode a Dio buono e misericordioso, ed infine una *confessione di fede*, cioè di fedeltà a Dio e alla Sua Parola, le Scritture, che Agostino vuole studiare per vivere in sintonia con esse.

In conclusione possiamo dire che *Le Confessioni* sono "*un cantico di lode e di adorazione, azione di grazie e palpito d'amore*". Chi loda è l'uomo peccatore, che è stato salvato, a lui spetta riconoscere il proprio peccato e lodare la misericordia di Dio. Allora le *Confessioni* non sono tanto un'opera di uno scrittore, quanto una manifestazione dei più intimi sentimenti di gratitudine, di pentimento e di perdono, come bisogno del cuore. Possono dirsi autobiografia? Non nel senso moderno, sì se per autobiografia s'intende una commossa rappresentazione di ciò che si agita nell'intimo dell'uomo e degli avvenimenti che danno senso alla vita.

Le *Confessioni* narrano il bisogno interiore di raccogliersi per meditare, in colloquio con Dio, sul passato e sul presente. In Agostino è sempre vivo il ricordo del passato e il rammarico struggente di aver conosciuto Dio troppo tardi: "*Tardi ti amai, bellezza tanto antica e tanto nuova, tardi ti amai…*". Il passato è visto alla luce provvidenziale di Dio che guida gli umani avvenimenti verso la salvezza. L'idea che spinse Agostino a scrivere le *Confessioni* fu una forza, un desiderio intimo di aprirsi a Dio e ai fratelli. (Ogni confessione è fatta davanti a Dio: *coram Te*).

LA CONVERSIONE: TEMA DOMINANTE DELLE CONFESSIONI

Non c'è dubbio che la conversione sia il tema dominante dell'opera agostiniana, ma come intenderla?

È sufficiente da sola a definire le *Confessioni*, oppure, sotto la storia narrata, c'è un pensiero che la illumina?

La conversione può essere vista sotto diversi aspetti: psicologico, razionalistico morale; l'aspetto più rilevante è quello "religioso", che non cancella gli altri aspetti, ma li lega tutti a sé. La conversione è un cammino verso Dio per mezzo di Gesù Cristo e della Chiesa, fino alla consacrazione totale. Dio è presente in tutte le fasi della vita di Agostino dalla nascita alla morte. La vita di Agostino è stata un lento e faticoso cammino dalle tenebre alla luce. La conversione è contenuta nei primi nove libri, ma il suo cammino prosegue negli altri libri (X-XIII) dove racconta il suo stato presente, perseverando nello slancio di preghiera, di lode e di adorazione.

UNITÀ DELL'OPERA AGOSTINIANA

Le *Confessioni* sono un'opera divisa in due parti: la prima comprende i primi nove libri; la seconda gli altri quattro. Questa divisione pone l'importante problema della sua unità.

Alcuni critici sostengono che le *Confessioni* non sono un'opera unitaria per il semplice motivo che Agostino, dicono, non sa comporre. Si è lasciato prendere dall'insistente richiesta da parte degli amici e ha riunito, sotto il titolo di *Confessioni*, il passato (i primi nove libri), il presente (il decimo libro) per concludere con la spiegazione della *Genesi* negli ultimi tre libri (XI-XIII)..

Altri, la maggioranza degli studiosi, sono convinti dell'unità delle *Confessioni*." Quando però si vuole precisare quale sia l'idea unificatrice, non c'è concordia tra di loro.

A. Trapè, studioso di Agostino, sostiene che le *Confessioni* sono un'autobiografia nel senso ricordato sopra, e che l'autobiografia continua anche nella narrazione del presente, rappresentata dal commento alla Genesi degli ultimi tre libri. Il X libro è una preparazione alla parte esegetica: vi si parla di Dio presente nella memoria, e fa un lungo esame di coscienza per arrivare poi a parlare, dall'XI libro, dell'amore per la Sacra Scrittura e della fedeltà ad essa, ristoro e pace della sua anima.

La ragione che ha spinto Agostino a commentare i primi capitoli della *Genesi* è vista nei temi fondamentali della spiritualità agostiniana ivi presenti: *la creazione*, che stabilisce il rapporto di natura tra la creatura ed il Creatore; *il tempo*, la cui forza travolgente proietta l'uomo nella dissipazione del molteplice; la riflessione di Agostino è volta al ricupero del tempo nell'unità dell'anima che, trattenendo i momenti del tempo (passato, presente, futuro), diventa imitazione dell'eternità. La contemplazione agostiniana ha la capacità di raccogliere il disperso (diviso, sparpagliato) nell'Uno. Il terzo punto è rappresentato dai *giorni della creazione* che Agostino legge in senso allegorico, scorgendovi i gradini ascensionali verso Dio, terminanti nel *sabato senza tramonto*.

VALORE STORICO DELLE CONFESSIONI

Lungo il corso della storia non era mai stato messo in dubbio il valore storico delle *Confessioni*. Presso tutti, infatti, era pacifico che Agostino avesse scritte le *Confessioni* e che ciò che vi è narrato rispondesse a verità. Alla fine del secolo XIX A. Harnack e G. Boissier espressero i loro dubbi riguardo la storicità dell'opera agostiniana: l'Agostino delle *Confessioni*, scrissero, è molto diverso da quello dei Dialoghi di Cassiciaco. Quello delle *Confessioni* è pessimista, enfatizza oltre misura i peccati di gioventù e la conversione si presenta come una radicale rottura con il passato. L'Agostino dei Dialoghi invece è più sereno, l'evoluzione della propria conversione è più lenta, meno sorprendente. Le *Confessioni* per questi autori e per altri sono "tendenziose", cioè parziali, non dicono le cose come stanno.

La maggior parte degli studiosi affermano l'esatto contrario: le *Confessioni* raccontano cose vere sia perché Agostino è un innamorato della verità; un uomo così serio non può essere in contraddizione con se stesso; poi, raccontando le sue vicende *coram Deo*, davanti a Dio, non può dire una cosa per un'altra, Dio sa tutto. Alcuni fatti li racconta con tali particolari da indurre a pensare all'esattezza della narrazione.

La conclusione è che le *Confessioni* sono un ***libro storico***. Agostino in realtà narra i fatti come sono accaduti, anche se alcuni ne omette. Inoltre la preoccupazione di Agostino è religiosa, vuole cioè cantare le misericordie di Dio e offrire ai fratelli un esempio edificante. Nel leggere le *Confessioni* occorre distingue due cose: i fatti e il giudizio su di essi. Quelli riguardano gli accadimenti narrati, questo il presente, avvertendo però che il presente è condizionato dalla fede religiosa e dalla delicatezza di coscienza dell'autore. Si può prendere ad esempio il furto delle pere: il fatto in sé è solo una ragazzata, il giudizio no. Il furto infatti è un'azione cattiva, non ci sono motivazioni che lo giustifichino, è solo il proposito di fare il male per il male; l'azione è semplicemente cattiva.

Vorrei infine concludere avvertendo che le *Confessioni* non sono un libro di lettura da passatempo, ma un libro di riflessione e di meditazione, vanno lette lentamente e rilette; solo allora ne raccoglieremo frutti per la nostra vita. Questo è l'augurio che faccio a Tutti.

Remo Piccolomini

LIBRO PRIMO

⌃ SOMMARIO. *Dio ha creato l'intero universo e vi ha impresso la sua impronta. L'uomo, per natura "inquieto", tende verso di lui e solo in lui trova la sua pace e, riconoscente, lo "invoca", lo chiama dentro di sé, lo prega e lo loda: questa è la ragione di essere delle "Confessioni". L'uomo vuole lodare Dio sia per il bene sia per il male; in quest'ultimo caso loda la sua grande misericordia che generosamente perdona. Dio è così grande da non poter essere contenuto da nessun luogo, mentre è lui a contenere tutto. L'uomo intimorito da questa grandezza riconosce l'insaziabile sete che si porta dentro nella sicura convinzione di soddisfarla nell'incontro con lui:* "Ci hai fatto per te e il nostro cuore è inquieto finché non riposa in te".

Tutto viene da Dio, incominciando dal latte materno, che, alimentando l'uomo nel primo anno di vita, lo fa crescere, gli fa muovere i primi passi anche nell'apprendimento del linguaggio. L'infante, pur nella sua innocenza, porta dentro di sé i segni del peccato di origine: è avido quando succhia il latte, è iroso se i suoi gesti non sono capiti, invidioso verso gli altri bambini; certo, nel bambino non c'è consapevolezza, ma sono segni evidenti di ciò che sarà da grande.

Il passaggio dall'infanzia alla fanciullezza è l'occasione per far ritornare in mente i primi ricordi di scuola: l'avversione per lo studio imposto, le bacchettate del maestro, la smania per il gioco, l'amore per le fantasie dei poeti ecc. Educato cristianamente dalla madre, Agostino è iscritto nella lista dei catecumeni, ma non riceve subito il battesimo; lo richiederà a causa di una malattia, ma, una volta guarito, sarà di nuovo rinviato. Questa è l'occasione per ricordare la religiosità della madre Monica e l'indifferenza religiosa del padre pagano.

Agostino vescovo esprime il rammarico di essere andato appresso alle favole, infarcite di errori, di essersi impegnato di più alla correttezza del parlare, piuttosto che al contenuto di ciò che la parola conteneva. Eppure nemmeno, allora, mancavano i doni per cui lodare Dio a cominciare dalla vita, tesa verso la Verità-Dio.

1. Preghiera umile e fiduciosa

1. 1. "*Grande sei, o Signore, e degno di lode*". "*Grande è la tua potenza e la tua sapienza non ha confini*" *(Sal 47,1; 96, 4; 145,3).*

Ecco. Io, misero mortale, voglio lodarti. Questa particella del tuo creato vuole lodarti. Uomo soggetto alla morte, "che si porta dietro la testimonianza dei suoi peccati", ed è prova come tu resisti ai superbi, ebbene, quest'uomo, piccola parte del tuo creato, vuole lodarti. Sei tu che susciti in lui il desiderio di lodarti, perché, tu, o Signore, ci hai fatti per te, e il nostro cuore è "inquieto", finché non trova la sua "quiete" in te.

Adesso, Signore, dammi intelligenza per capire se prima di lodarti devo invocarti, oppure se prima di invocarti devo conoscerti. Certo, chi può invocarti se prima non ti conosce? Si può invocare uno invece di un altro, senza saperlo. O piuttosto è necessario invocarti per conoscerti? "*Ma, come potranno invocare colui in cui non credono? O come potranno credere se nessuno lo ha annunziato?*" *(Rm 10, 14.).* "*Loderanno il Signore coloro che lo cercano*" *(Sal 22, 27).*

"Infatti, coloro che lo cercano lo troveranno" e quelli che lo troveranno lo loderanno.

Signore, che io ti cerchi invocandoti, e invocandoti io creda in te. Ci sei stato annunciato.

T'invochi, o Signore, la mia fede; fede che è tuo dono, e che tu hai suscitato in me per il ministero della predicazione, che mi annunciava l'incarnazione del tuo Figlio.

2. "Perché dobbiamo invocare Dio?"

2. 2. Ma, in che modo invocherò il mio Dio, mio Signore e mio Dio? Perché certamente io lo invito a venire dentro di me, quando lo invoco. E ci può essere in me un luogo adatto per accogliere il mio Dio? Un luogo dove possa venire Colui che ha creato il cielo e la terra? Che forse, Signore mio Dio, in me c'è un luogo capace di contenerti? Nemmeno il cielo e la terra, che tu hai creato, e in essi hai creato anche me, sono capaci di contenerti. Senza di te nulla esisterebbe di quanto esiste, di quanto avviene; pertanto niente di tutto questo può contenerti.

Ora, anch'io esisto, io che chiedo che tu venga in me, io che non esisterei se tu non fossi in me.

Allora, perché lo chiedo? Non sono certo negli inferi, "*tuttavia tu sei anche lì*" (*Sal 139,8)*. E, se anche discendessi laggiù, tu sei là. Sì, perché io non sarei, non esisterei affatto, se tu non fossi in me.

Ripeto: non esisterei, se tu non fossi in me, perché da te proviene ogni cosa, "*in te e per te sono tutte le cose*"(*1Cor 8, 6; Rm 11, 36*).

Così è, infatti, o Signore, è proprio così.

Allora perché ti invoco, dal momento che io già sono in te? Da quale parte tu potresti venire in me? Dovrò forse uscire fuori dal cielo e dalla terra per permetterti di venire in me, o mio Dio, dal momento che hai detto: "*Non sono forse io che riempio il cielo e la terra?*"(*Ger 23, 24*).

3. "Dio riempie l'universo"

3. 3. Dunque il cielo e la terra ti contengono, perché tu riempi tutto l'universo. Ma riescono veramente a contenerti tutto, oppure rimane qualcosa di te che cielo e terra non possono contenere?

E questa parte che resta di te e supera i limiti dell'universo, dove verrà collocata? Ma non è necessario che tu contenga altre cose, dal momento che tu contieni tutto, e contenendo riempi tutto di te stesso.

Non sono i vasi pieni di te, cielo e terra, che ti rendono stabile, perché, qualora venissero infranti, distrutti, tu certamente rimarresti lo stesso, non verresti effuso, disperso. Mentre, quando, effuso, tu discendi su di noi, non rimani a terra, ma sollevi noi dalla terra, e non ti disperdi, anzi ci unisci tutti a te. Ora, riempiendo l'universo lo riempi forse di tutto te stesso? Ma, se l'universo non può contenere tutto te stesso, forse ogni essere riesce a contenerne solo una parte, e questa parte poi sarà contenuta da tutti insieme? Oppure ognuno singolarmente contiene cose singole, chi ha maggiore capacità potrà contenere cose maggiori, e chi ne ha di meno cose minori?

C'è forse in te qualcosa di maggiore grandezza, e altra di minore? Non è forse vero che tu sei tutto in ogni essere, e nessun essere è capace di contenere tutto il tuo essere?

4. "Dio, la mia vita, la mia dolcezza"

4. 4. Chi è dunque il mio Dio?

Chi altri può essere, scusate, se non il Signore Dio? Quale altro signore *all'infuori di te, il "Signore?". Quale altro Dio all'infuori di te, nostro "Dio?"* *(Sal 18, 32).*

Tu sei un Dio eccelso, immensamente buono, potente, onnipotente, misericordiosissimo, eppure giustissimo, invisibile a noi, eppure sempre presente, bellissimo, fortissimo, stabile e incomprensibile, immutabile, eppure rinnovi ogni cosa, tu, mai nuovo e mai vecchio, tutto rinnovi, fai invecchiare i superbi, ed essi non se ne accorgono *(cfr. Gb 9, 5 LXX)*, sempre in azione, e sempre pacifico, non hai bisogno di nulla, eppure raccogli, porti a casa, riempi i magazzini, e proteggi il tuo raccolto, crei ogni cosa, la nutri e la porti a maturazione, cerchi, quando a te non manca nulla.

Ami, ma senza bruciare, sei geloso, ma non ti scomponi, ti penti, ma non provi dolore, ti adiri, eppure sei tranquillo, cambi le tue opere, ma non cambia il tuo progetto, accogli chiunque trovi, e non te lo lasci sfuggire, non sei mai indigente, e godi di ciò che guadagni, non sei affatto avaro, eppure sei esigente nel riscuotere gli interessi.

Ti viene erogato in abbondanza, per renderti debitore, ma chi è colui che abbia qualcosa che non sia tua? Rifondi i debiti, pur non dovendo dare nulla a nessuno, e saldando i debiti non perdi niente. E cosa ho detto di te, Dio mio, mia vita, mia intima dolcezza, e che cosa si può dire di te, quando si parla di te?

Guai però a coloro che non parlano di te, perché, benché ciarlieri, sono sempre muti.

5. "Vieni nel mio cuore e inebrialo di te"

5. 5. Che io possa riposare in te, o Signore. Quale gioia per me se tu vieni nel mio cuore, per inebriarlo di te. Dimentica le iniquità e concedimi di abbracciarti. Quale altro bene potrei desiderare? Chi sei tu, o Signore, per me? Perdonami, se ardisco parlare.

Chi sono io per te, dal momento che mi comandi di amarti, e se non lo faccio ti inquieti con me, anzi minacci grandi sventure. Ed è forse lieve sventura il non amarti? Guai a me se non ti amo! Dimmi, o Signore, Dio mio misericordioso, chi sei tu per me. "*Di' all'anima mia: lo sono la tua salvezza*" *(Sal 35,3)*.

Dillo forte, perché lo possa sentire bene. Ecco qui, davanti a te, le orecchie del mio cuore, aprile e grida all'anima mia: lo sono la tua salvezza. Correrò al suono della tua voce e ti raggiungerò, ti stringerò a me. Non nascondermi la tua faccia. Che io muoia, perché non muoia della morte eterna, affinché possa vederla.

- 6. Se vuoi venire in me, o Signore, è necessario che tu allarghi la dimensione dell'anima mia. Come vedi, è troppo angusta. Non solo: è fatiscente. Ti conviene restaurarla.

Poi ci sono cose che possono offendere i tuoi occhi. Lo so benissimo e ne provo vergogna. A chi altri posso rivolgermi per renderla pulita, se non a te? Pertanto giunga a te la mia preghiera.

"*Assolvimi dalle colpe che non vedo, Signore, e perdona al tuo servo tutte le altre colpe*" *(Sal 19, 13-14).* Parlo così perché credo, tu lo sai, o Signore. "*Ti ho manifestato il mio peccato, non ho tenuto nascosto il mio errore, o mio Dio, e tu hai rimesso la malizia nel mio cuore" (Sal 32, 5).*

Non mi metto a discutere con te, tu sei la verità, e lo non voglio ingannare me stesso, perché la mia iniquità non mentisca a se stessa. Non contesto il tuo giudizio, perché: "*se tu consideri le colpe, Signore, Signore chi potrà sussistere?" (Sal 130, 3).*

6. Nascita e infanzia

6. 7. Lascia ora che io parli alla tua misericordia, io, che sono polvere e cenere. Lascia che io parli: so di parlare alla tua misericordia, e non a un uomo che si prende gioco di me.

Forse anche tu ridi di me, però ti volgerai e avrai misericordia di me. Che cos'è che voglio dirti, o Signore?

Ecco, non so come sia venuto in questo mondo, in questa vita mortale, oppure sarebbe meglio dire: morte vitale? Non lo so. E mi accolsero i conforti delle tue misericordie, come mi dissero i miei genitori; attraverso la loro unione hai formato questo corpo, ma io non ricordo niente.

Mi accolsero, dunque, i conforti del latte materno; ma, né mia madre, né le nutrici erano loro a rifornirsi di latte e a riempire le mammelle; eri tu, che per loro mezzo, alimentavi la mia infanzia, secondo il tuo disegno e quell'abbondanza di mezzi che riempie tutto l'universo.

Facesti anche in modo che io non desiderassi di più di quanto concedevi loro di darmi, e mi nutrivano con quello che tu davi loro.

Per l'affetto che mi portavano, affetto ordinato e sano, volevano darmi tutto quel ben di Dio, che avevano ricevuto da te.

La buona salute che ricevevo da loro, era una soddisfazione per loro. Sì, la ricevevo per mezzo loro, ma non da loro. Solo da te, infatti, proviene ogni bene, o Signore, così la mia buona salute proviene da te, mio Dio. Ma io lo compresi più tardi, quando me lo gridasti attraverso quegli stessi beni, che tu elargisci al nostro corpo e al nostro spirito.

Allora, infatti, ero solo capace di succhiare, e di

bearmi del piacere che provavo. Sì, piangevo anche, se qualche cosa contrariava le mie voglie. Tutto qui. Non ricordo altro.

Natura dei bambini

- 8. Poi cominciai a ridere: prima mentre dormivo, e dopo anche quand'ero sveglio.

Credo a quello che mi hanno detto, e a quello che vedo fare oggi dai bambini. Di me non ricordo niente. Piano piano mi resi conto dell'ambiente dove stavo, volevo far conoscere a chi mi stava intorno ciò che desideravo, ma quelli non potevano capirmi, perché il desiderio era dentro di me e loro invece fuori di me e nessun senso, vista, udito, ecc. poteva penetrare nel mio intimo. E allora mi agitavo, strillavo, facevo altri movimenti per farmi capire, ma non riuscivo, perché quei pochi movimenti che potevo fare, erano imprecisi e non esprimevano tutto ciò che volevo. Mi inquietavo se non mi ubbidivano, forse perché non comprendevano ciò che volevo, oppure non volevano darmi ciò che mi poteva far male, li volevo a mio servizio, benché assai più grandi di me, persone libere dovevano farsi schiave delle mie voglie.

Così mi vendicavo piangendo. I bambini sono fatti così. L'ho appreso dopo anch'io, come ho potuto. E che io sia stato come loro, me lo dicono meglio questi bambini che non capiscono, che non coloro che mi hanno allevato, eppure sono persone che sanno e capiscono.

Eternità di Dio

9. Ecco. Ormai la mia infanzia è passata, non esiste più. Tu invece, o Signore, vivi in eterno, niente in te è soggetto alla morte.

Tu sei prima di tutti i secoli, prima di qualunque cosa che si possa immaginare.

Tu sei Dio e Signore di tutto ciò che hai creato. Presso di te stanno stabili le cause di tutto ciò che nel creato è instabile, e restano immutabili le origini, benché tutto nel mondo sia mutevole. E sono eterne e vivono in te le ragioni per cui hai creato questo mondo limitato nel tempo. Adesso dimmi, o Dio, ti supplico, abbi pazienza con questo misero tuo servo, dimmi dunque: la mia infanzia è subentrata a una precedente vita, che poi è morta?

Oppure è quella che ho trascorso nel seno di mia madre? Mi hanno detto qualcosa su questo argomento; d'altronde anch'io ho visto delle donne incinta. Scusami, Dio, mia dolcezza, prima di essere nel seno di mia madre, dov'ero? Ero in qualche parte?

Ero già qualcuno? Non ho chi sia capace di darmi risposta; né mio padre, né mia madre, né l'esperienza di altri, e nemmeno la mia memoria. Lo so. Tu ridi di me per queste domande che ti pongo; e mi dici: pensa invece a lodarmi e a professare quelle verità che già conosci.

Prime forme di vita

10. "*Ecco, ti lodo, Signore del cielo e della terra*" *(Mt 11, 25)*.

Vorrei parlarti dei primordi della vita e della mia infanzia. Io non ricordo nulla. Infatti, uno può capire l'evolversi della sua vita guardando la vita degli altri, e conoscere molto di se stesso concedendo autorevolezza al racconto delle comari. Anche allora vivevo ed esistevo, e sul finire dell'infanzia cercavo ormai di esprimermi con segni adatti, per far capire agli altri ciò che volevo.

Una creatura così complessa da dove poteva venire, se non da te, o Signore? C'è stato mai qualcuno che si sia fatto da se stesso?

Che forse esiste un'altra sorgente che faccia scorrere in noi l'essere e il vivere, oltre il tuo agire in noi, o Signore?

L'essere e il vivere non sono due cose distinte; non sono forse un'unica realtà la pienezza dell'essere e la pienezza della vita?

Tu sei il Signore eccelso e in te non c'è alcun cambiamento, né l'"oggi" che viviamo si esaurisce in te, pur tuttavia si evolve in te, poiché in te sono tutte le cose. Non avrebbero modo di passare se non fossero contenute in te.

E siccome gli anni tuoi non passano mai così come il tuo "oggi", come i tuoi anni. Quanti giorni nostri e dei nostri antenati sono passati nel tuo "oggi", e lì ricevettero forma ed esistenza; passeranno altri e anch'essi riceveranno in qualche modo l'esistenza.

"*Ma tu sei sempre lo stesso*" *(Sal 102, 28; Eb 1, 12)*. E tutto ciò che avverrà domani e ancora in futuro, e tutto ciò che avvenne ieri e anche nel passato, tu lo compi sempre nell'"oggi", nel passato come nel presente. Che posso farci se qualcuno non capisce? È affar suo. Dica pure: che significa ciò? Si contenti così, di trovare pur non indagando, piuttosto che indagando non trovarti.

7. Anche nei bambini c'è peccato?

7.11. Signore, mio Dio, ascoltami.

Guai ai peccati degli uomini! E chi dice questo? Io, povero peccatore, graziato dalla tua misericordia. Io, povera tua creatura, ma che tu creasti senza peccato. Chi può ricordare i peccati della mia infanzia? Nessuno infatti è senza peccato davanti a te, nemmeno un bambino nato appena ieri *(cfr. Gb 14, 4s. - LXX)*. Chi dunque può dirmi i peccati della mia infanzia? Qualcosa posso capire guardando i bambini di oggi, in loro vedo quello che non ricordo di me. Qual era allora il mio peccato? Forse perché, piangendo, cercavo voglioso le poppe materne.

Oggi, se agissi in quel modo, certamente non nel cercare le poppe da succhiare, ma nell'agitarmi per avere il vitto giornaliero, farei ridere e verrei rimproverato, giustamente.

Allora, da piccolo, commettevo azioni suscettibili di rimprovero, ma siccome non potevo capirlo, non valeva la pena di rimproverarmi. Man mano che si cresce in età pensiamo da soli a estirpare e buttar via quel che ci dispiace.

Non c'è nessuno, infatti, a quanto mi risulta, se ha giudizio, che butti via ciò che in lui è buono, insieme a ciò che è cattivo. O forse erano buoni i capricci dell'infanzia, considerata l'età, come il chiedere, piangendo, che ci venissero date cose in sé nocive per noi, o come il ribellarsi, strillare forte, perché quelle persone che mi avevano generato, persone libere, mature, prudenti, e altre ancora, non ubbidivano alle mie richieste?

E io mi sforzavo di colpirle, con i piedi e con le mani, più che potevo, perché non mi davano quelle cose che ritenevano nocive per me. Le membra del fanciullo sono innocenti, l'animo invece no.

Lo so per esperienza, quando vedo un bambino geloso, che si agita, si inquieta, guarda con occhio severo un altro bambino che gli ruba il latte materno. Non parla, ma si fa capire.

Chi è che non conosce queste cose? Le madri e le nutrici si impegnano nel correggere queste tendenze, non so in che modo. Ma certo non si può chiamare "innocenza" questa: con tanto latte nelle poppe, capace di alimentare più di una vita, un bambino non sopporta che un altro bambino, più bisognoso di lui, ne faccia parte.

Eppure vengono scusati questi comportamenti, non per quel che valgono in sé, ma perché si pensa che scompariranno col passar degli anni. Ne è prova che simili atteggiamenti non vengono ammessi, anzi sono riprovevoli in persone adulte e di una certa età.

- 12. Pertanto, o Signore, Dio mio, tu che hai dato al bambino un corpo, e con il corpo la vita; tu che, come vediamo, lo hai fornito di sensi, hai collegato le sue membra, hai reso decoroso il suo aspetto, e, inoltre, hai immesso in lui l'istinto di difesa, per proteggere la sua esistenza e la sua incolumità, mi comandi di lodarti per questi doni, "*e di confessare e di cantare al tuo nome, o Altissimo*" *(Sal 92, 2)*.

Tu sei un Dio onnipotente e buono, anche solo per queste cose che hai fatto, che nessun altro, all'infuori di te, può fare. Tu sei l'unico, da cui deriva ogni norma di vita, sei bellezza infinita, che rende belle tutte le cose create, e con le tue leggi ordini l'universo.

Ora, o Signore, mi rincresce considerare parte della mia vita, che adesso vivo in questo secolo, quella prima età dell'infanzia, che io nemmeno ricordo di aver vissuto, e che conosco attraverso quello che mi dicono gli altri, o per quello che io vedo negli altri bambini, benché, certamente, ci sia un fondamento di verità. Tuttavia, a me sembra simile a quella vissuta nel grembo materno, l'una e l'altra per me sono avvolte nel buio. Ma se, come dice il Salmista: "*sono stato generato nella colpa, e nel peccato mi ha concepito mia madre*" *(Sal 50,7)* ti prego, dimmi, o Signore, dove e quando io, misero tuo servo, sono stato innocente? È meglio lasciar perdere e non pensare più a quella età, della quale non ricordo nulla, e che ormai non appartiene più a me.

8. Dall'infanzia alla fanciullezza

8. 13. Non so se dall'infanzia sono passato direttamente alla fanciullezza, come naturale evoluzione dell'infanzia. Certamente l'infanzia non se ne è andata; dove poteva andare?

Eppure, l'infanzia non esiste più. Non ero più un bambino che non riusciva a esprimersi a parole: ormai parlavo ed ero loquace. Questo lo ricordo bene. Più tardi compresi come avevo imparato a parlare.

Certamente non ero ancora andato a scuola da maestri, come feci poi quando cominciai a studiare. Se riuscii a parlare, o Dio mio, fu per la capacità intellettiva che tu mi hai dato. Infatti, mediante gemiti, varie modulazioni di voce e anche con infiniti movimenti delle membra, cercavo di manifestare e far conoscere i miei sentimenti, per far capire loro quello che volevo. Ma non comprendevano tutti ciò che desideravo, per quanto io mi sforzassi.

Allora, facevo agire la memoria: quando sentivo da loro pronunciare una parola, guardavo poi dove si dirigevano col corpo; così capivo che quell'oggetto dove si erano diretti veniva appunto chiamato con quel termine. È un linguaggio comune a tutti i popoli, quello di farsi capire attraverso gesti e movimenti del volto, degli occhi e di tutte le altre membra, e anche con diverse modulazioni vocali che esprimono i vari desideri del nostro animo, come il chiedere una cosa, il ritenerla o rifiutarla e lasciarla stare.

Così, un po' alla volta, riuscii a collegare le parole che dicevano con gli oggetti che indicavano, e anch'io mi provavo, con adeguate espressioni della bocca, riguardante quella parola, di far capire ciò che volevo.

Così avvenne che, mediante questi segni, che esprimevano la mia volontà a coloro che mi stavano intorno, cominciai ad entrare nell'agitata società del linguaggio, ancora sotto l'autorità dei miei genitori, e le direttive degli adulti.

9. Inizia la scuola

9. 14. Dio, Dio mio, quale sofferenza provavo allora, quando mi dicevano, certamente prendendosi gioco di me, che per vivere rettamente è necessario ubbidire a coloro che ci istruiscono: se si vuol far fortuna nel mondo, diventare celebre letterato, essere onorato e guadagnare molto denaro.

Così fui mandato a scuola per imparare a leggere e scrivere; ma io, misero, non capivo a che mi servisse, e se mostravo disattenzione me le davano di santa ragione. Che potevo farci? Questo era il sistema voluto dai grandi.

Erano passati loro, prima di noi, per questa trafila; ora toccava a noi continuare a percorrere questo tragitto, retaggio penoso dei poveri figli di Adamo. Per fortuna, incontrammo persone che ti pregavano, e da loro venimmo a conoscere, per quanto a noi possibile, che tu sei un essere grande, che ci ascolti, e vieni in nostro aiuto, anche se non ti vediamo. Così

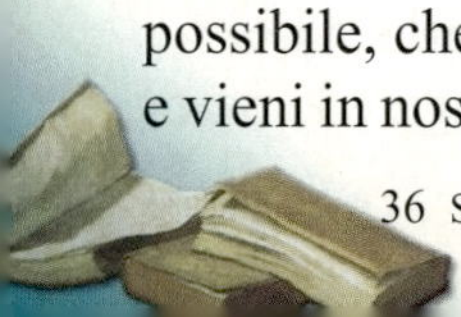

cominciai a pregarti, già da bambino, mio aiuto e mio rifugio, e a sciogliere la mia lingua nell'invocazione del tuo nome.

Ti pregavo, benché piccolo, con grande affetto, perché mi venissero risparmiate altre bacchettate a scuola. "*E tu non mi ascoltavi, certamente per amore del tuo nome*" *(Sal 22, 3 - LXX)* e io stolto, non lo capivo. E le persone adulte e perfino i miei genitori, che pur volevano il mio bene, e trepidavano nel timore che mi accadesse qualcosa di male, se la ridevano quando io venivo bacchettato dal maestro.

Eppure, quelle bacchettate erano per me una sofferenza e un tormento.

- 15. C'è forse qualcuno, o Signore, di animo generoso, e unito a te da grande affetto, c'è qualcuno, dico, lasciamo stare i fanatici, c'è qualcuno, dunque, che innamorato di te non abbia timore alcuno di quei tormenti, come i cavalletti, gli aculei, e altri simili strumenti di tortura, che tutti, in ogni parte del mondo, ti supplicano di tenerli lontani da loro?

E nello stesso tempo stimino di poco conto quei tormenti che spaventano coloro che essi amano con grande affetto, come i figli? Eppure i nostri genitori, come ho detto, se la ridevano quando noi bambini venivamo "martirizzati" dai maestri a scuola.

Per noi erano vere torture, perciò ti rivolgevamo ferventi suppliche, perché ci venissero risparmiate.

Tuttavia, non era certo un grave peccato se nello scrivere, nel leggere e nello studiare non facevamo quanto si esigeva da noi.

Non mi mancava l'ingegno o la memoria, che, grazie a te, ne avevo a sufficienza per quell'età, ma mi piaceva giocare, e venivo punito proprio da quelli che giocavano al par di me. Ma i giochi degli adulti si chiamano "affari".

Anche i giochi dei ragazzi per essi sono "affari", eppure vengono puniti dagli adulti; e non c'è compassione né per noi né per loro. Infatti, un giudice onesto potrebbe approvare l'agire del maestro che mi bacchettava perché giocavo a palla, e quel gioco mi impediva di applicarmi con costanza allo studio delle lettere, con le quali da grande mi sarei divertito ancora peggio.

Ma lo stesso maestro che mi bacchettava si comportava forse diversamente, se in qualche discussione fosse stato superato da un suo collega? Si sarebbe arrovellato più di me, e la bile e l'invidia l'avrebbero sconvolto, più di quanto sarebbe capitato a me se fossi stato sconfitto nel gioco della palla.

10. Amore al gioco e disubbidienza ai genitori

10. 16. E tuttavia io peccavo, o Signore mio Dio, tu che governi con perfetto ordine tutte le cose che hai creato, eccetto il peccato, benché anch'esso conviva con l'ordine del creato.

Dunque io peccavo, Signore mio Dio, disubbidendo ai genitori e ai maestri. In seguito, mi avrebbe giovato quello studio delle lettere, perciò volevano che io mi ci applicassi, qualunque fosse il motivo che li spingeva.

Disubbidendo, però, non è che avessi scelto cose migliori dello studio. Ero attratto dal gioco, amavo le gare e mi esaltava il vincere.

Le mie orecchie venivano solleticate dal racconto di belle favole, e il mio animo le recepiva con ardore. I miei occhi poi sfavillavano sempre più di curiosità morbosa alla ricerca di spettacoli e di giochi riservati agli adulti. Tuttavia tutti coloro che organizzano questi spettacoli, e riescono a svolgerli con dignità e competenza, desiderano che i loro figli facciano altrettanto, da grandi, e sono contenti che vengano puniti a scuola, se per pensare agli spettacoli trascurano lo studio. A loro interessa che diventino esperti un giorno nell'organizzare tali spettacoli. E lo studio è necessario per questo. "*Guarda, o Signore, e considera con misericordia*" tutte queste faccende umane; "*noi ti preghiamo che ci liberi dal loro influsso*" *(Ger 2, 27; Mt 6,13)* ma ti preghiamo anche per quelli che non ti invocano ancora, perché pregando vengano anch'essi liberati.

11. Mi ammalai gravemente da piccolo

11. 17. Avevo sentito parlare, fin da fanciullo, della vita eterna, a noi promessa mediante l'umiliazione del Signore nostro Gesù Cristo, fattosi umile per venire incontro alla nostra superbia.

Fin dal giorno che uscii dal seno di mia madre, che molto sperò in te, fui insaporito col sale benedetto, e segnato col segno della croce.

Ricordi? Tu, Dio mio, eri già il mio custode. Ricordi con quanta fede invocai dalla pietà di mia madre e dalla Madre di tutti, la tua Chiesa, il Battesimo del tuo Cristo, mio Dio e Signore?

E lei, la madre della mia carne, molto interessata a partorire dal suo casto cuore la mia salvezza eterna, si preoccupava di affrettare la mia iniziazione ai sacramenti della salvezza. Così, mediante questi sacramenti, confessando il tuo nome, avrei ottenuto il perdono di tutti i miei peccati. Quando improvvisamente mi ripresi.

E il battesimo fu differito. Quasi fosse necessario che io continuassi a peccare non battezzato, perché più grande sarebbe stata la mia colpa se avessi peccato dopo aver ricevuto il battesimo.

Dunque, allora io credevo, come mia madre e tutta la mia famiglia, eccettuato mio padre.

Questi però non intervenne nel sopprimere nel mio cuore i diritti dell'amore materno, e mi lasciò libero di professare la fede in Cristo, benché egli ancora non credesse.

Mia madre m'insegnava che il vero padre mio sei

tu, o Dio mio, e non lui, e tu l'aiutavi a prevalere sul marito. Tuttavia lo serviva meglio che poteva, perché facendo così ubbidiva alla tua volontà, quando dici: "La donna sia sottomessa al marito".

Differimento del battesimo

- 18. Ti prego, mio Dio, vorrei sapere per quale disegno fu deciso di differire il battesimo.

Fu per il mio bene, nel senso che potevo, come un cavallo senza briglie, fare libere scorribande nelle praterie avvelenate del peccato; oppure sarebbe stato meglio mettermi subito le briglie al collo?

Come dire: "Lasciatelo peccare, tanto non è ancora battezzato".

Ma quando uno è ferito nel corpo non si dice: "Lascialo stare, che si produca pure altre ferite, tanto non è ancora guarito".

Certo sarebbe stato meglio se fossi stato subito risanato dal battesimo, sarebbe stato meglio se io e i miei genitori ci fossimo impegnati, con ogni diligenza, a ricevere la salvezza dell'anima mia e a metterla sotto la tua protezione, fiduciosi nel tuo aiuto.

Ma quella madre, Monica, già prevedeva cosa sarebbe successo dopo la mia puerizia, quale ondata di tentazioni mi avrebbe travolto. Quindi preferì che io crescessi, mi formassi uomo, e nella pienezza di uomo peccatore io ricevessi la pienezza della tua grazia.

12. Non amavo lo studio

12. 19. Già da ragazzo, quando le preoccupazioni erano minori di quando poi divenni adolescente, non amavo lo studio, e mal sopportavo di esservi costretto. Tuttavia mi toccava studiare, per il mio bene; ma lo facevo svogliatamente, e studiavo solo perché vi ero costretto.

Chi fa una cosa contro voglia non agisce bene, quantunque l'azione che compie sia buona. E anche coloro che mi costringevano non agivano bene; fortuna che il mio bene proveniva da te, Dio mio.

Essi volevano che studiassi in vista di un futuro che potesse appagare l'inappagabile brama di ricchezza e il raggiungimento di una posizione di onore nella società; onore purtroppo effimero. "*Tu però, che conosci tutti i capelli del mio capo*" *(Mt 10, 30)*. sapevi rendere vantaggiosa per me questa errata impostazione di coloro che mi costringevano a studiare. E anche a mio vantaggio tu volgevi quella sofferenza che provavo per la poca voglia di studiare.

Ero tanto piccolo, ma già grande peccatore; degno quindi di venire castigato. Così; da chi non agiva bene tu ne ricavavi del bene, e giustamente mi rendevi quello che meritavo a causa del male che facevo. Infatti hai stabilito che ogni animo disordinato subisca la propria pena. Così è in effetti.

13. Lo studio del greco e del latino

13. 20. Odiavo il greco, non mi piaceva; non so perché, e ancora oggi non so spiegarmene il motivo. Forse perché veniva insegnato sin dalle prime classi.

Il latino, invece, era il mio amore; non quello che viene insegnato alle scuole elementari, ma quello dei così detti "maestri di grammatica"[1], i professori.

Le prime lezioni, quando s'impara a leggere, a scrivere e far di conti, che noia e che tormento! Peggio dello studio del greco. Da dove proviene tutto ciò, se non dal peccato e dalla vanità della vita? "*Siamo carne, un soffio che va e non ritorna*" *(Sal 78, 39)*.

Tuttavia, quei primi anni di studio avevano uno scopo preciso: imparare a leggere e a scrivere; non solo: mi insegnavano a scrivere i miei pensieri, e a leggere quello che avevo scritto. Molto meglio che imparare a memoria le favole di un certo Enea, i suoi infelici amori, che mi facevano dimenticare i miei errori, per piangere invece la morte di Didone, suicida per amore.

Queste favole uccidevano la mia anima, o Dio, vita mia, e io andavo tranquillo, senza nemmeno una lacrima di pentimento.

---

[1] Esistevano a quel tempo tre tipi di insegnanti: il *primus magister* che risponderebbe al nostro"maestro" di scuole elementari; il *grammaticus* che avviava gli alunni alla lettura e alla spiegazione dei testi della letteratura e alla composizione, e risponderebbe al professore delle scuole medie e medie superiori; poi il *retor* che risponderebbe al nostro professore universitario.

- 21. Come ero stolto! Invece di pensare alle mie miserie piangevo la morte di Didone, delusa dall'amore di Enea, e non piangevo la morte della mia anima, avvenuta per mancanza di amore a te, o mio Dio, luce del mio cuore, pane vivo dell'anima mia, virtù che feconda la mia intelligenza, e racchiude in sé i miei pensieri. Non ti amavo, e fornicavo lontano da te; e per questo tutti mi acclamavano: bravo! bravo!

L'amicizia di questo mondo si ottiene facilmente quando fornichiamo lontano da te, e si ha vergogna

Agostino condotto a scuola da santa Monica

se non ci comportiamo come loro; non sei un uomo, ti dicono, mentre ti gridano: bravo! bravo! se commetti azioni oscene e peccaminose.

E per queste azioni io non piangevo, piangevo Didone che aveva cercato la morte uccidendosi col pugnale.[2]

Io mi comportavo allo stesso modo abbandonando te: mi uccidevo dilettandomi delle cose ignobili del tuo creato; e sprofondavo sempre più in basso. E guai se qualcuno mi proibiva di leggere quelle avventure; mi affliggevo, anche se leggendole mi avrebbero fatto soffrire. Tali scemenze vengono presentate come studi più nobili e più utili di quelli che servono per imparare a leggere e a scrivere.

La lettura dei poeti

- 22. Ora nell'anima mia risuoni la tua voce, o Dio, mi parli la tua verità e mi dica: non è così, non è così. È molto meglio il primo insegnamento, leggere e scrivere. Sono disposto a dimenticare le faccende di Enea, e altri racconti simili; m'interessa, invece, il saper leggere e scrivere.

Le aule dove si insegna la grammatica hanno delle tende alle porte, per significare la riservatezza e l'importanza dell'insegnamento ivi impartito; invece servono unicamente a nascondere gli errori che lì si commettono.

È inutile che si arrabbino con me; tanto non li temo. Manifesto, invece, a te o Signore, Dio mio, i

[2] Virgilio, *Eneide* VI, 457.

desideri della mia anima, e godo grande pace nel condannare i sentieri tortuosi dove mi ero avviato per camminare finalmente sulla via retta della tua santità. Mi lascino in pace; questi mercanti di grammatica. Vorrei porre loro questa domanda: "È proprio certo che Enea sia arrivato a Cartagine, come dice il poeta?".

Gli indotti mi risponderanno che non è vero. Ma anche essi, i dotti, mi risponderanno che non è vero. Invece, se domando come si scrive il nome Enea, tutti coloro che hanno imparato a leggere e scrivere e conoscono l'alfabeto della propria lingua, sapranno benissimo come si scrive.

Così se domando: preferisci dimenticare a leggere e scrivere, o dimenticare le favole dei poeti, di cui abbiamo parlato?

Chi è che non capisce che tutti mi risponderebbero: "preferisco leggere e scrivere"!

A meno che uno non abbia perduto completamente il senno. Pertanto, io peccavo da bambino, quando anteponevo queste sciocchezze a ciò che è più utile nella vita. E mi entusiasmavo a leggerle. Sì, amavo quelle sciocchezze e odiavo lo studio vero e necessario.

In verità mi dava noia quella cantilena: "1+1=2; 2+2=4".

Mentre mi deliziavo ogni volta che la fantasia mi presentava la scena del "cavallo di Troia", pieno di armati, o l'incendio della stessa città, o mi faceva vedere l'ombra di Creusa, la moglie di Enea.

14. Perché non amavo il greco

14. 23. Strano. Odiavo il greco e amavo i poemi greci. Omero, per esempio, in versi assai eleganti, racconta quelle belle favole, ma in lingua greca; pertanto mi risultava ostica la lettura.

Credo avvenga lo stesso agli scolari greci quando studiano Virgilio, scritto in latino.

Per loro e per me questo studio era odioso, perché veniva imposto. Ed era la difficoltà nell'imparare una lingua straniera che cospargeva di amarezza la soavità letteraria di quelle fantastiche narrazioni.

Io non capivo nemmeno una parola, e con minacce e castighi mi costringevano a impararla.

Anche della lingua latina da bambino capivo poco, eppure riuscii a impararla senza castighi o minacce, anzi iniziai ad apprenderla tra le affettuose carezze delle nutrici, nell'allegria dei giochi e nella spensieratezza dei divertimenti. L'imparai, quindi, senza bisogno di costrizioni e di castighi.

Amavo comporre io stesso dei concetti; non avrei potuto farlo se non avessi imparato qualche parola, non dai maestri, però, ma da coloro che sentivo parlare.

Cercavo di fare entrare dalle orecchie e imprimere bene nella memoria quelle parole che sentivo pronunciare. È chiaro che s'impara meglio sollecitati da una libera curiosità, che non costretti da una petulante necessità. La libertà, però, è regolata dalle tue leggi, o Dio, come dalle tue leggi derivano le sferzate dei maestri e le torture dei martiri.

Sì, ci procurano amarezza, ma ci distolgono da quella pestifera sguaiatezza che ci allontana da te.

15. Tutte le mie facoltà al tuo servizio

15. 24. Ascolta, o Signore, la mia preghiera, fa' che la mia anima non languisca sotto la tua disciplina, né mai mi stanchi di confessare le tue misericordie. Non mi hai liberato forse tu da tutte quelle vie pessime? Mi hai donato somma dolcezza, e mi hai distolto da quelle vane seduzioni dove mi ero incamminato. Che io ti ami intensamente, che stringa la tua mano con immenso affetto; ti prego: fa' che sia libero da ogni tentazione per sempre.

Ecco, o Signore, mio re e mio Dio, metto al tuo servizio quanto imparai di utile da fanciullo, la mia parola, la mia penna, la mia capacità di leggere e di fare i conti. Poiché, mentre studiavo quelle vanità, tu mi venivi ammaestrando, e poi hai perdonato i peccati che io commettevo compiacendomi di quelle vanità.

Pur tuttavia ho imparato molti vocaboli utili in quello studio vano. Ma si possono imparare anche studiando cose serie; e sarebbe questa la via più sicura su cui indirizzare i fanciulli.

16. Giove adultero

16. 25. Guai a te, fiume impetuoso del mal costume! Chi ti resiste? Quando ti prosciugherai? Tu travolgi i miseri figli di Eva, e li sospingi verso un mare grande e tremendo.

Solo coloro che navigano su un certo legno, la croce, riusciranno ad attraversarlo.

In te ho ravvisato un Giove tonante e adultero. Come potevi fare l'una e l'altra cosa simultaneamente? Eppure è così. Con l'allettamento di un falso tuono, hanno combinato l'adulterio di Giove, per poterlo meglio imitare in questo, "se l'ha fatto lui"...

A certi maestri sapientoni vorrei raccomandare di ascoltare con animo sereno la voce autorevole di uno che ne sa più di loro, Cicerone.

"Queste storie l'ha inventate Omero, trasformando gli dei in poveri esseri umani, con tutti i loro vizi. Era meglio se avesse trasformato noi, poveri esseri umani, in altrettanti esseri divini, rivestiti di qualità divine"[3]. Forse sarebbe più esatto dire che Omero, raccontando quelle scene, voleva attribuire qualità divine a uomini ignominiosi, così i vizi non erano più vizi, se erano attributi divini.., e chi l'avesse commessi non venisse considerato uomo perverso, ma addirittura divinità celeste.

16. 26. Ciò nonostante, o fiume tartareo, i figli di Adamo vengono gettati nel tuo vortice, a pagamen-

[3] Cicerone, *Tuscolane* I, 26, 65.

to, perché imparino queste cose a scuola. Non solo. Queste scene vengono rappresentare in pubblico, in piazza, con regolari permessi delle autorità, le quali elargiscono anche sussidi agli organizzatori.

O fiume infernale, t'infrangi sugli scogli e urli: “Qui s'impara il linguaggio, qui si acquista la vera eloquenza, capace di convincere, e necessaria per spiegare le proprie opinioni”.

Certo, non conosceremmo parole come queste: “pioggia aurea”, “grembo”, “trucco”, “templi celesti”, e altre simili, scritte in quell'opera di Terenzio.

Il poeta porta sulla scena un giovane depravato, che sull'esempio di Giove adultero commette uno stupro mentre osserva un dipinto sulla parete, raffigurante Giove, il quale, come si racconta, travestitosi da donna, fa cadere dal cielo una “pioggia aurea”[4] nel grembo di Danae. Senti adesso come quel giovane si eccita alla libidine, incoraggiato dall'esempio di Giove: “E quale dio compie tali azioni!

Proprio lui, il tonitruo, che sconquassa i cieli con immenso fragore. E io, misero mortale, non lo potrei fare?

Invece l'ho fatto e con intensa soddisfazione”.[5]

Non è affatto vero, sì, non è affatto vero, che leggendo o vedendo queste scene disoneste s'impara più facilmente la lingua; anzi, al contrario: questo linguaggio turpe induce a commettere azioni cattive.

---

[4] *La Città di Dio* II, 8.

[5] Terenzio, *Eunuco*, 590s.

Non me la prendo con i vocaboli, che sono vasi eletti e preziosi, ma con il vino del peccato, che ci veniva propinato da quei vasi, da maestri dotti ma ubriachi. E guai a noi se non bevevamo, erano busse, e nemmeno potevamo appellarci a qualche giudice più sobrio.

Eppure io, Dio mio, io, che adesso alla tua presenza ricordo con serena coscienza il mio passato, imparai volentieri quelle nozioni; anzi, miserabile, mi piacevano, e per questo ero considerato un fanciullo di belle speranze.

17. Le gare poetiche

17. 27. Permettimi adesso, o Dio mio, di dire qualcosa riguardo al mio ingegno, tuo dono, che si logorava nello studio di quelle sciocchezze.

Mi si proponeva di declamare dei versi su Giunone, inquieta e addolorata. Un compito che mi agitava, perché, se recitavo bene avrei avuto degli elogi, se andava male erano busse e vergogna.

Dunque Giunone era inquieta perché non riusciva a tener lontano dall'Italia il re di Troia Enea[6]. Ma io Giunone non l'avevo mai intesa; venivamo costretti a trovare questi fatti sfogliando quegli scritti poetici, ricchi di fantasia, e poi raccontarli con le nostre parole. Era premiato e applaudito chi riusciva a immedesimarsi nei personaggi, con atteggiamenti che esprimevano i loro sentimenti, ira, cruccio,

[6] Virgilio, *Eneide* I, 38.

disappunto e altro, e sapeva rivestire i vari concetti con eleganza di parole.

Io riuscivo sempre vincitore, e venivo acclamato per aver superato molti miei coetanei e condiscepoli. Ma, Dio mio, vera vita dell'anima mia, a cosa mi servivano quegli elogi? Ecco: fumo e vento.

Possibile non c'era altro di meglio, per esercitare il mio ingegno e la mia oratoria?

C'erano le lodi, le tue lodi, o Signore, disseminate nella Sacra Scrittura, che meglio avrebbero sorretto il tralcio del mio cuore, e non lo avrebbero lasciato portar via, preda di uccelli rapaci, poggiato com'era su ciance senza fondamento.

Purtroppo ci sono diversi modi per offrire sacrifici agli angeli ribelli.

18. Le vicende del "figlio prodigo"

18. 28. Non c'è da meravigliarsi, Dio mio, se mi allontanavo da te attratto da quelle vanità, quando mi venivano proposti come modello uomini che si turbavano se venivano ripresi per aver narrato, con barbarismi e sgrammaticature, fatti non disdicevoli della loro vita; mentre godevano se venivano lodati se narravano le loro nefandezze con proprietà di linguaggio, con facondia ed eleganza.

Tu, o Signore, conosci queste cose e lasci fare, perché tu sei un Dio misericordioso, lento all'ira e grande nell'amore. Ma ti comporterai sempre così?

Per il momento, però, tira fuori da questa voragine spaventosa l'anima mia che anela a te e ha sete delle tue delizie. "*A te grida il mio cuore: ho cercato il tuo volto, il tuo volto, o Signore, io cerco*" *(Sal 27, 8)*. Lontano dal tuo volto è buio completo.

Da te ci allontaniamo e a te ritorniamo non camminando con i piedi o attraversando spazio e luoghi.

Quel "figliol prodigo" non prese un cavallo, un carro, una nave, non si mise ali visibili, non sfruttò i suoi piedi per andare in regione lontana a dissipare quelle sostanze che un padre così buono gli aveva dato prima di partire, un padre molto buono verso quel figlio, quando ritornò affamato e distrutto.

Questo significa vivere lontano da te, nelle tenebre: darsi a soddisfare sregolatamente la propria libidine.

- 29. Tu, o Signore, conosci queste cose e usi pazienza, benché tu le veda.

Guarda come i figli degli uomini sono scrupolosi nell'osservare quelle regole di linguaggio stabilite dagli oratori che li hanno preceduti, ma non si preoccupano affatto di quelle regole emanate da te, necessarie per la nostra salvezza eterna.

Coloro che sono convinti di quelle regole, e le insegnano, si irritano se qualcuno pronuncia la parola "omo" senza premettere un'aspirazione, h'omo, ma non gli importa affatto se un uomo porta odio a un altro uomo, simile a lui, trasgredendo il comando che tu hai dato.

Si crede più pericoloso un uomo considerato nemico che non l'odio che si ha nel cuore verso quell'uomo: eppure l'annientare un altro perseguitandolo, si crede sia più grave che non l'odio che devasta il suo cuore. Certamente la conoscenza delle lettere non è scritta in noi come è scritta la nostra coscienza, la quale ci comanda di "*non fare agli altri ciò che non vuoi sia fatto a te*" *(Lc 6, 31 e Tb 4, 15)*.

Tu sei un Dio nascosto, che abiti nell'alto dei cieli, e vivi nel tuo silenzio, Dio, il solo grande, ma con legge instancabile condanni a una penosa cecità le illecite passioni; come quando, per esempio, uno che brama eccellere nell'eloquenza, dinanzi al giudice e attorniato dalla folla che assiste, si accanisce contro un suo nemico; è preoccupato più di evitare un errore grammaticale, come sarebbe il dire "inter omines", omettendo l'aspirazione "h", che non per l'odio che lo acceca, che lo porta ad eliminare un suo simile dal consorzio umano.

19. I peccati commessi da piccolo

19. 30. Già da piccolo, misero, m'incamminavo su una strada sbagliata, quella di questi costumi perversi.

Nelle gare poetiche ero preoccupato più di cadere in qualche barbarismo linguistico, che non dell'invidia che provavo per gli altri più bravi di me.

Lo dico e lo confesso a te, mio Dio: sì, l'essere lodato era per me il più bel complimento che potevano farmi coloro che mi lodavano. Era un onore.

Non mi accorgevo invece in quale voragine stavo

precipitando, mentre mi allontanavo dalla tua presenza. Potevo essere più miserabile, quando, per amore del gioco, dicevo un sacco di bugie ai maestri, agli educatori, ai genitori?

Ero attratto da quegli spettacoli frivoli, sciocchi; spasimavo di fare l'attore, e provavo ad imitarli.

Ho commesso anche dei furtarelli, rubando alla dispensa e alla tavola dei miei genitori, spinto dalla gola o per pagare i ragazzi che mi vendevano i loro giochi, benché anch'essi avessero voglia di divertirsi.

Spesso cercavo avidamente la vittoria nel gioco,

Agostino condotto dal maestro di grammatica

tanto da commettere scorrettezze e inganni. Ero accecato dal desiderio di eccellere ad ogni costo. E se mi accorgevo che qualcuno faceva il furbo e si comportava come me, non lo potevo sopportare: lo rimproveravo aspramente. Se però ero io ad essere ripreso, guai!

M'infuriavo e non gliela davo per vinta, non cedevo. Si può chiamare "innocenza puerile", questa? No, non può dirsi innocenza, lo domando a te, o Signore, Dio mio.

È sempre lo stesso. Si comincia così: dalle piccole mancanze verso gli educatori, i maestri, dai furti di noci, di palline e di passeri, si passa poi a trasgredire le leggi dei prefetti e dei re, al furto di oro, di poderi, di schiavi.

Le cattive abitudini, contratte da bambino perdurano anche quando siamo grandi, in forme più gravi, certo; come alla bacchetta del maestro elementare subentra in seguito una fustigazione assai più dolorosa. Perciò tu, nostro Re, bene hai detto che il vero distintivo della puerizia è l'umiltà, quando hai proclamato: "di questi è il regno dei cieli". "*Se non diventerete come fanciulli, non entrerete nel regno dei cieli*" *(Mt 19, 14)*, cioè umili, semplici come loro.

20. Rendimento di grazie

20. 31. Nonostante tutto, o Signore, ti rendo grazie, o mio Dio, supremo e ottimo creatore e reggitore dell'universo.

Ti rendo grazie per la vita vissuta da bambino.

Cosa mi mancava allora? Avevo tutto.

Esistevo, vivevo, sentivo in me l'istinto di conservazione, espressione del tuo disegno, nascosto, di unità del genere umano, al quale anch'io oramai appartenevo. Avevo cura della mia salute, custodivo nel mio intimo l'integrità dei miei sensi. E godevo della verità che, pensando e riflettendo, scoprivo anche nelle piccole realtà umane.

Non volevo essere ingannato, ero fornito di una buona memoria, possedevo un'ottima oratoria, l'amicizia mi commuoveva, temevo soltanto la sofferenza, il disprezzo, l'ignoranza.

Tutto, in quest'essere, era degno di ammirazione e di lode. Ma, tutto era tuo dono, o mio Dio. Di mio non c'era nulla; sono beni che mi hai elargito tu, e tutti costituiscono la mia personalità.

Pertanto è buono colui che mi fece, e lui solo è il mio bene. E sono colmo di riconoscenza per tutti quei doni concessimi quando ero ancora bambino.

Questo, però era il mio peccato: non in te andavo cercando il diletto, la gloria, la verità, ma nelle tue creature, in me stesso e negli altri.

In questo modo andavo incontro solo a sofferenze, umiliazioni, errori.

Ti rendo grazie, Dio mio, mia dolcezza, mia fiducia; ti rendo grazie per i doni che mi hai elargito.

Tu però conservameli, e conserva anche me, perché queste doti di cui mi hai fornito, possano svilupparsi e perfezionarsi; io stesso possa vivere in te, perché tu, creandomi, mi hai concesso di esistere.

DE CIVI
TATE
DEI.

LIBRO SECONDO

SOMMARIO.

Alla puerizia segue l'adolescenza, età difficile per l'esuberanza della crescita che si concretizza nella seduzione della concupiscenza e degli amori. Il giovane Agostino raggiunge il sedicesimo anno che coincideva con l'anno di ozio forzato dopo la scuola di Madaura. Il padre, intanto, raccoglie i soldi necessari per mandare il figlio a Cartagine per gli studi universitari.

Agostino sta crescendo a vista d'occhio; il padre, contento e fiero dello sviluppo fisico del figlio, pensa ai futuri nipoti, mentre Monica è molto preoccupata e raccomanda al figlio di non infastidire le donne altrui.

Insieme agli amici, Agostino scarica una pianta di pere dall'orto di un vicino di casa. Una ragazzata in sé, ma giudicata da Agostino, vescovo da cinque anni, molto severamente, perché fatta senza alcuna ragione.

All'adolescente Agostino importa solo l'atto del rubare, cioè rubare per rubare; per cui superbia e ambizione, potere e sensualità, invidia ed ira, si presentano come tentativi cattivi di andare appresso ai beni che, in realtà, non contano perché solo terreni. In fondo è la ricerca del disordine che mise il giovane a cercare ciò che era proibito con la complicità delle compagnie cattive.

Questo è il peccato con cui si espresse il vagabondare lontano da Dio, che rese il giovane Agostino "regione di povertà e di miseria".

Il sedicesimo anno

1. Un triste ricordo

1. 1. Voglio ricordare il mio triste passato, le sconcezze commesse e la corruzione carnale dell'anima mia. Non certamente perché le ami, ma per amare te, mio Dio. Lo faccio per amore del tuo amore.

Ricordo quel tempo di perversione con amarezza.

Donami la tua dolcezza, dolcezza che non inganna, dolcezza ineffabile e sicura. Raccoglimi e rimettimi a posto.

Illuso, mi ero disperso in vari sentieri, evanescenti, vani, staccandomi da te, che sei l'unità. Nell'adolescenza, infatti, fui preso dalla passione di soddisfare gli istinti più bassi.

Oscuri e tenebrosi amori mi resero inferiore alle bestie. Desideravo solo di piacere a me e agli altri. Non mi interessava se agli occhi tuoi la mia immagine era svanita e putrefatta.

2. Amare e sentirmi amato

2. 2. Mi dilettava amare ed essere amato. Non certo nei limiti di una luminosa amicizia.

Dal limo melmoso della concupiscenza e dagli istinti sessuali della pubertà, esalavano vapori densi, che avvolgevano e oscuravano il mio cuore, tanto da non discernere più l'azzurro luminoso dell'amicizia, in quella fosca caligine della concupiscenza.

La fragile età era trascinata giù per i dirupi delle passioni, e affogava nel gorgo dei vizi.

Assordato dallo stridore di quelle catene di morte, mi allontanavo sempre più da te. Incombeva su di me la tua collera e io non l'avvertivo.

Tu mi lasciavi andare, tacevi, o futuro gaudio dell'anima mia.

E io venivo sballottato qua e là, mi sfogavo, mi immergevo, ribollivo tra quelle fornicazioni.

Tacevi allora, e io me ne andavo alla deriva, sempre più lontano.

Le sofferenze aumentavano, ma chi vi badava?

Andavo orgoglioso della mia abiezione e di quella inquieta stanchezza.

- 3. Sarebbe stato meglio, per calmare l'affanno delle passioni, indirizzare verso ben altre bellezze quelle fugaci e vane attrattive.

Prefiggersi una meta, il matrimonio, per esempio, ove gli ardori della mia età potessero placarsi in più soavi piaceri: la procreazione della prole, come prescrive la tua legge.

Tu, o Signore, fai spuntare virgulti dalla nostra morte, e con il tocco della tua mano lenisci il dolore delle spine a coloro che sono stati cacciati dal tuo paradiso.

La tua onnipotenza non ci ha abbandonato; siamo noi che ci siamo allontanati da te.

Avrei dovuto ascoltare con più attenzione i tuoni che provengono dalle tue nubi (cioè i predicatori):

"*Avrete tribolazioni nella carne in questa vita, e io vorrei risparmiarvele*" *(1Cor 7, 28)*. "*È cosa buona per l'uomo non unirsi a donna*" *(1Cor 7, 1)*.

"*Chi non è sposato si preoccupa delle cose del Signore, come possa piacere al Signore.*

Chi è sposato invece si preoccupa delle cose del mondo, come possa piacere alla moglie" *(1Cor 7, 32-33)*.

Se avessi ascoltato con più attenzione queste parole, e fossi rimasto eunuco per il regno dei cieli, quale felicità mi avrebbero donato i tuoi amplessi.

- 4. Invece.

Mi scatenai, sventurato, abbandonandomi all'impeto della corrente. Non mi curai affatto di te e delle tue leggi. Oltrepassai ogni limite. Ma non potei sfuggire ai tuoi castighi. E chi lo potrebbe? Tu, infatti, nella tua misericordia, mi eri sempre vicino, e cospargevi di profonda amarezza tutte quelle illecite delizie, perché mi decidessi a cercare la vera gioia in te e non nel peccato.

È faticoso l'osservare il tuo comando, ma nella sofferenza è la nostra salvezza. Vuoi che diamo la morte al peccato, per non morire lontani da te.

"*Sono io che do la morte e faccio vivere; io percuoto*" *(Dt 32, 39)*.

Avevo solo sedici anni, e già ero così lontano da te e dalle delizie della tua casa. Lo stimolo della libidine aveva preso il sopravvento in me, come un pazzo mi ero abbandonato mani e piedi ad essa, disonore e vergogna del genere umano, offesa alle tue leggi. I miei genitori non pensarono a curarmi col matrimonio; a loro premeva che divenissi un bravo oratore, e riuscissi nelle dispute a convincere con belle parole.

3. Interrompe gli studi

3. 5. In quell'anno interruppi gli studi.

Ero stato a Madaura, una cittadina vicina a Tagaste, a studiare letteratura ed eloquenza.

Adesso sarei dovuto andare a Cartagine; era l'ambizione di mio padre.

Ma i soldi non c'erano.

Mio padre era un modesto impiegato del municipio di Tagaste. Così si aspettava di rimediare la somma necessaria. Ma perché racconto queste cose? Certamente non perché interessino a te, ma perché, attraverso di te possano arrivare ad interessare i miei simili, gli altri giovani, almeno quei pochi che mi leggeranno. E perché? Perché io e loro riflettiamo seriamente da quale profondo abisso lanciamo il nostro grido a te.

Chi meglio di un cuore contrito, che confessa e vive la sua fede può colpire le tue orecchie? Chi allora non avrebbe lodato mio padre, quell'uomo, che per mantenere suo figlio agli studi, in una città lontana, Cartagine, spendeva oltre le risorse del suo stipendio? Molti cittadini, più facoltosi di lui, non ci pensavano nemmeno a far studiare i propri figli.

Mio padre, però, che tanto si interessava dei miei studi, non si preoccupava affatto della mia castità; a lui premeva che diventassi bravo nella "dissertazione", anche se in me era il "deserto" della conoscenza di te.

Tu solo, Signore, sei infatti l'unico, vero ed esperto agricoltore che può coltivare il campo del mio cuore.

Costretto all'ozio

- 6. Quando nel corso di quel sedicesimo anno, tornai presso i miei genitori e fui costretto all'ozio, non potendo attendere agli studi per mancanza di mezzi, i rovi delle passioni coprirono la mia testa, e nessuna mano venne a sradicarli.

Anzi, mio padre, un giorno che andammo ai bagni insieme, mi vide ben fornito di organi genitali e già voglioso, benché ancora adolescente, di inquieti amori.

In vista dei nipoti che gli avrei potuto dare, tutto contento partecipò la gioiosa notizia a mia madre.

Purtroppo si diventa ebbri quando si pensa solo alle creature, e ci si dimentica di te, loro creatore.

Un vino occulto ubriaca le volontà degli uomini, e le sospinge verso le più ignobili bassezze. Ma nell'animo di mia madre avevi già iniziato la costruzione del tuo tempio, e avevi cominciato ad abitarvi, mentre mio padre era appena catecumeno.

Ella trasalì all'udire le sue parole. E sebbene io non fossi ancora battezzato, fu presa da pia trepidazione e forte timore, paventando che io ti voltassi le spalle e mi rivolgessi altrove.

Preoccupazione della madre

- 7. Povero me! Mi permetto di dire che tu tacevi, mentre mi allontanavo da te. Ma è proprio vero che tu tacevi? E da chi provenivano quelle parole di mia madre, tua devota, che tu facesti risuonare ai miei orecchi?

Nessuna di quelle parole mi scese nel cuore; e non ne tenni alcun conto. Essa mi chiedeva - come ricordo bene nel profondo del cuore l'angosciosa apprensione che trapelava dalle sue parole - di astenermi dalla fornicazione e specialmente dall'adulterio.

A me, però, le sue parole sembravano raccomandazioni da donnicciole, e mi sarei vergognato di metterle in pratica. Invece venivano da te, mentre io credevo che tu tacessi.

Ma non tacevi: la sua voce era la tua voce. E disprezzando le sue parole io disprezzavo te; sì, io, proprio io, tuo figlio, "*figlio della tua ancella*" *(Sal 115, 16)* tuo servo. Nella mia stoltezza io procedevo a capofitto verso l'abisso, tanto cieco da vergognarmi tra i miei coetanei di non essere scatenato come loro.

Li sentivo vantarsi delle loro turpitudini e gloriarsene; io cercavo di fare altrettanto, non solo per il piacere che ne provavo, ma anche per le lodi che ne ricevevo: Bravo! Bravo!

Può esserci una cosa da vituperare più del vizio?

Io invece, per non essere vituperato, diventavo più vizioso, fino al punto di raccontare colpe non commesse, per stare al loro livello.

Sarei stato loro scherno, se mi fossi comportato da “innocentino”, e un vile, se fossi rimasto casto.

- 8. Ecco con quali compagni andavo gironzolando per le piazze di Babilonia, mi ravvoltolavo nel suo fango, come se fosse cinnamomo e unguento prezioso.

Un nemico invisibile mi calpestava, premeva, perché aderissi tenacemente al fondo della palude, mi seduceva; e io, purtroppo, mi lasciavo facilmente sedurre. E mia madre?

Quella santa donna non viveva in Babilonia certamente, ma nei dintorni, e tardava a decidersi: mi aveva raccomandato, si, la pudicizia; ma dopo aver saputo da mio padre lo sviluppo della mia virilità, che non si poteva certo togliere materialmente, avrebbe potuto incanalarla verso il matrimonio, per evitare che degradasse in azioni vergognose, che potevano diventare pericolose in avvenire.

Non lo fece. Perché? Perché temeva che, una volta sposato, venisse meno la speranza; non quella della salvezza eterna, che aveva affidato alla tua misericordia, ma quella che essi riponevano nella rinascita dei miei studi.

Erano tutti e due interessati a questo, ci tenevano troppo alla mia buona riuscita.

Mio padre, più che a te, pensava alla mia carriera.

Mia madre anzi riteneva che la formazione culturale mi sarebbe stata di giovamento per un ritorno a te.

Così mi sembra, oggi, di poter interpretare il comportamento dei miei genitori.

In ogni modo allentarono le briglie e furono meno severi riguardo ai miei divertimenti e a quello sfasamento dei miei affetti.

Tutto, però, o mio Dio, era avvolto da fosca caligine che oscurava il sole della tua verità. "*E l'iniquità eruttava da quella melma*" *(Sal 73, 7)*.

Sant'Agostino apprende le arti liberali

4. Il furto delle pere

4. 9. Lo sappiamo: il furto è punito dalla tua legge, o Signore, e la tua legge è scritta nei nostri cuori, e nessun malvagio può cancellarla. Non c'è nessuno, credo, che ami essere derubato, nemmeno il ladro. Non importa se il derubato sia ricco e il ladro un poveraccio. Eppure io volli commettere un furto, non per necessità, ma, così, per prendermi gioco delle leggi, della giustizia, e spinto da un impulso di malvagità.

Che cosa rubai? Le pere, e dire che ne avevo in abbondanza, e assai migliori e le rubai non per mangiarle, ma solo per il gusto, il divertimento, di rubare e di peccare.

Vicino alla nostra vigna c'era un albero carico di pere, di nessuna bellezza e di nessun sapore.

Così, in piena notte, dopo aver giocato fino a tardi sulla piazza, andammo a scuoterlo e scaricarlo, comportandoci da veri ragazzi scellerati.

Ci caricammo di tutti quei frutti e ce ne andammo. Ne assaggiammo solo qualcuno, ma poi li gettammo ai porci, soddisfatti di aver compiuto un'azione proibita.

Hai capito, Signore, chi ero io, di cui tu hai avuto misericordia? Il mio cuore, come vedi, navigava nel profondo dell'abisso.

Ora questo cuore ti confessi cosa andava cercando laggiù: niente, solo la soddisfazione di fare il male; e a compiere il male lo spingeva solo la sua malizia.

Questa era proprio cattiveria, e io l'amavo. Amavo perdermi, amavo annientarmi; non amavo quelle azioni che mi distruggevano, ma la distruzione stessa del mio essere.

Poteva essere più infelice la mia anima?

Si staccava dal tuo orizzonte e precipitava nel nulla, affamata non di cose disoneste, ma della stessa disonestà.

5. Perché si pecca

5. 10. Siamo attratti dalla bellezza dei corpi, dall'oro, dall'argento; il contatto carnale poi ci gusta moltissimo, come tutto ciò che recepiscono gli altri sensi. Anche l'onore personale, il potere, il dominio, hanno un loro fascino, tanto da suscitare la volontà di reclamare riparazione, qualora venissero offesi.

Tuttavia, per conseguire questi beni non è necessario allontanarsi da te o dalla tua legge, o Signore.

La stessa vita che viviamo qui sulla terra ha le sue attrattive, una sua certa bellezza, che si armonizza con la bellezza di tante piccole cose.

Anche l'amicizia tra gli uomini è un dolce vincolo, che tiene unite insieme persone diverse.

Ora, il peccato subentra quando ricerchiamo questi beni con desiderio malsano, in quanto, benché siano buone, trascuriamo le cose migliori e sublimi, che sono in te, o Signore nostro Dio, come sono la tua verità e la tua legge.

Sì, anche questi beni terreni hanno un loro diletto, ma non è simile a quello che offri tu, o mio Dio, che tutto hai creato: "perché il giusto gioisca nel Signore; in te i retti di cuore ne trarranno gloria".

- 11. Quando si indaga su qualche delitto, e si cerca il perché sia stato commesso, non si è paghi finché non si viene a sapere che è stato commesso per la brama di possedere qualcuno di quei beni di cui abbiamo parlato, o per il timore che vengano portati via. Sono beni dilettevoli, benché vili e abietti, di fronte ai beni supremi e beatificanti.

Per esempio: uno commette un omicidio. Perché l'ha fatto?

Forse era innamorato della moglie dell'ucciso, o, per vivere, voleva impossessarsi del suo podere, o voleva semplicemente derubarlo; oppure temeva di venire derubato da lui, o intendeva regolare qualche conto rimasto in sospeso.

Si può uccidere senza una ragione, solo per il gusto di uccidere? È impossibile crederlo.

Anche quell'uomo malvagio e crudele, come Catilina[1], aveva uno scopo quando sfogava la sua ira per motivi futili o inconsistenti: temeva - dice Sallustio - che l'ozio intorpidisse la sua mano e il suo

---

[1] Lucio Sergio Catilina (n. verso il 108 a.C. a Pistoia e m. nel 68 a. C.); Cicerone e Sallustio lo descrivono come un malvagio, depravato, pieno di debiti che, non potendo raggiungere il potere per vie legali, ordì una congiura di nobili in rovina e di violenti del partito popolare. Il proposito di far uccidere i consoli designati fallì e, di conseguenza, fallì anche la sua candidatura a console nell'anno 63 a.C. Cicerone lo smascherò davanti al Senato; Catilina fuggì in Toscana e morì combattendo contro le istituzioni.

animo. Quindi si manteneva in allenamento, perché una volta occupata la città, avrebbe conseguito onori, potere e ricchezze; non avrebbe avuto più paura delle leggi, né paventato la miseria e la povertà, né tanto meno i rimorsi di coscienza per i delitti commessi. Quindi, nemmeno Catilina amava il delitto per il delitto, ma lo scopo per cui lo commetteva.

6. Filosofia del furto

6. 12. Ebbene. Che cosa ho amato in quel furto da me commesso, in quella bravata notturna compiuta a sedici anni? Non potevi essere bello, eri un furto.

Sei forse un essere perché io possa parlare con te?

Quelle pere da noi rubate erano belle in quanto erano tue creature, o Bellezza infinita, creatore di tutta la magnificenza del creato, Dio buono, Dio sommo bene e unico vero mio bene.

Erano belle quelle pere, ma io miserabile, non le desideravo affatto; ne avevo di più belle e più buone, e in abbondanza.

Se le prendemmo fu solo per il gusto di commettere un furto.

Infatti, appena colte le gettammo via, inebriati e soddisfatti solo per la malvagità del furto commesso. E se qualcuna entrò nella mia bocca, fu solo per insaporire la mia cattiveria.

Ora mi domando, Signore Dio mio, che cosa in

quel furto mi ha dato piacere; non ne vedo.

Non dico la soddisfazione che si prova nell'essere giusti e saggi, e nemmeno quella che deriva dall'essere intelligenti, forniti di memoria, di sensi, di vita vegetativa; che dire poi della bellezza e dell'armonia degli astri, della terra, del mare, popolati di esseri che nascono e che muoiono; non è nemmeno quel piacere intimo ma illusorio dei vizi che ci seducono.

I vari vizi in rapporto a Dio

- 13. La superbia si illude di raggiungere chissà quali altezze; tu solo sei l'eccelso, o Signore.

L'ambizione cerca onori e gloria; tu solo sei degno di onore e glorioso in eterno.

La crudeltà dei potenti vuole incutere timore; tu solo sei l'unico Dio da temere; chi può sottrarsi al tuo potere, quando, dove, come?

La libidine si lusinga di suscitare amore; ma solo il tuo amore riesce ad attrarre.

Niente è più bello e salvifico che amare a lasciarsi illuminare dalla tua verità.

La curiosità si camuffa in interesse per la scienza; tu solo conosci ogni cosa in sommo grado.

L'ignoranza e la stoltezza si ammantano di semplicità e di innocenza; tu solo il vero semplice, non ve n'è altri. Tu solo l'unico innocente.

I malvagi sono condannati dalle loro stesse azioni. La pigrizia ama chiamarsi quiete; tu solo, o Signore, sei il nostro vero riposo.

La lussuria suole definirsi sazietà e abbondanza

di beni; tu solo sei la pienezza, l'abbondanza di una intramontabile felicità.

La prodigalità si nasconde all'ombra della liberalità; tu solo sei l'inesauribile elargitore di tutti i beni.

L'avarizia brama possedere molte cose; tu solo possiedi tutto. L'invidia si rode per non riuscire ad eccellere sugli altri; tu solo sei l'eccelso.

L'ira brama vendetta; tu solo sei il vindice giusto.

Il timore suscita paura di dover perdere le cose che si amano per qualche avvenimento insolito e repentino, nonostante le precauzioni; tu solo non temi fatti insoliti e repentini. Chi può separare da te ciò che tu ami? Dove può essere vera sicurezza se non in te?

La tristezza ci opprime quando siamo privi di beni, che allettano la nostra cupidigia; e si vorrebbe che non ci venissero mai tolti, così come nulla può essere tolto a te.

- 14. Così commettiamo fornicazione quando ci allontaniamo da te, alla ricerca vana di serenità e purezza che solo tu puoi donare.

Tutti vorremmo imitarti, ma alla rovescia, fare da soli, lontani da te, anzi alzare la cresta contro di te.

Così facendo, cercando di copiarti, si dimostra che tu sei il creatore dell'universo, e quindi è un'illusione credersi staccati da te. Dunque, in quel furto di pere quale piacere ho cercato, in che modo ho imitato il mio Signore, sia pure malamente e alla rovescia? Presi gusto nel violare la tua legge con malizia, non potendolo fare con la potenza.

Io schiavo volevo sentirmi libero imitando malamente la tua onnipotenza col fare ciò che non è lecito fare. Ecco, sono come lo schiavo fuggito dal suo padrone, e sono finito nell'ombra.

Che marciume, che mostro vivente, che abisso di morte! Commisi con piena libertà ciò che non era lecito fare, e perché? Per il gusto di fare ciò che non era lecito fare.

7. "Ti ringrazio, Signore"

7. 15. "*Che cosa renderò al Signore?*" *(Sal 116, 12)*. Ecco. Racconto questi avvenimenti del mio passato, e la mia anima non prova alcun turbamento. Ti amo, Signore, e ti rendo grazie, confesserò il tuo nome, perché hai perdonato i miei peccati e tutte quelle scelleratezze che ho commesso.

I miei peccati si sono sciolti come neve al sole, ad opera della tua grazia e della tua misericordia.

Merito della tua grazia anche il male che non ho fatto. Se commisi quel furto di pere per il gusto della trasgressione, chi sa cos'altro avrei potuto commettere. Riconosco che tutto mi è stato perdonato, sia i peccati commessi volontariamente che quelli che riuscii ad evitare sotto la tua guida.

C'è forse qualcuno che, consapevole della sua fragilità, osi attribuire a suo merito l'essersi mantenuto casto e l'essere vissuto nell'innocenza? E ti ami di meno perché non ha avuto necessità della tua misericordia, quella che tu doni ai peccatori che a te ritornano pentiti? Ora, colui che tu hai chiamato e ha risposto alla tua chiamata, se legge questi peccati che io ricordo e riconosco, non mi derida se, malato, sono andato dal medico per essere guarito; mentre lui è stato preservato da questi mali, e non si è ammalato, e ha potuto evitare peccati più gravi.

Anzi dovrà amarti altrettanto, se non di più, perché se io, per tuo merito, sono uscito dalla palude dei miei peccati, lui invece non è stato avviluppato nel groviglio di questi peccati, grazie alla tua bontà.

8. Ancora esame del furto di pere

8. 16. Che cosa ci guadagnai nel commettere quelle azioni, io misero, che al solo ricordo mi vergogno? Quel furto poi, commesso per il gusto del furto in sé...

Non c'era altro scopo, non valeva la pena prendere quelle pere. Per questo mi sento più colpevole.

Tuttavia non l'avrei commesso da solo, posso assicurarlo; ripeto, non l'avrei fatto da solo, assolutamente. Mi diede gusto il farlo in compagnia degli amici.

Dunque, è chiaro che amai il furto come furto, nient'altro che il furto; quelle pere non valevano nulla. Qual è la verità? Chi può spiegarmela se non tu, o Signore, che illumini il mio cuore, e ne dissipi le tenebre? Ho ancora voglia di ricercare, di discutere, di indagare.

Ecco, se mi piacevano quelle pere, e mi veniva voglia di mangiarle, sarei andato a rubarle da solo, e il peccato sarebbe stato frutto della mia volontà, né ci sarebbe stato bisogno della compagnia degli amici per stimolare la mia voluttà. Ma quei frutti non mi facevano affatto gola.

Il gusto era nel compiere quell'impresa, e nel compierla in compagnia degli amici.

9. Le cattive compagnie

9. 17. Qual era allora il mio stato d'animo? Senz'altro malvagio, e mi procurava guai. Insomma qual era? I peccati chi li discerne?

Si rideva di cuore al pensiero di riuscire ad ingannare quanti non avrebbero mai creduto che fossimo capaci di commettere certe azioni, che assolutamente non volevano si commettessero.

Perché dunque ero contento di non essere solo nel compiere certe azioni? Forse c'e qualcuno che ride da solo? Ecco. Può capitare di ridere da soli, quando non c'è nessuno con noi, se alla nostra mente torna il ricordo di qualche atto ridicolo.

Ebbene, io quel furto e quella risata da solo non sarei riuscito a farli, ripeto: assolutamente no!

Ecco, o Signore, il ricordo è vivo dinanzi a te. Da solo non avrei commesso quel furto; quelle pere proprio non mi attiravano; mi gustava il rubare; e da solo non l'avrei fatto, non ci avrei provato piacere.

O amicizia troppo inimicizia!

Non si spiega come si possa essere sedotti dal gioco, e dal desiderio di nuocere così, per scherzo, e dal gusto di recare danno agli altri senza guadagnarci nulla, senza nessun motivo di vendetta, ma solo perché ci viene detto: "Su! Andiamo a rubare!". E uno ci va per non sembrare meno spudorato degli altri.

10. "Solo in te pace e serenità"

10. 18. Chi può sciogliere questo nodo così intricato?

Non ci voglio più pensare, non voglio più vedere il mio essere così deforme.

Voglio te, giustizia e innocenza, bella e circonfusa di nobili splendori, che non finisci mai di saziarci. Presso di te è pace immensa e vita senza turbamenti. Chi entra in te "*entra nel gaudio del suo Signore*" *(Mt 25, 21)*. Non avrà alcun timore e si troverà magnificamente in te, unico e sommo bene.

Come pecora smarrita sono andato errando lontano da te, o mio Dio, troppo ho deviato nella mia adolescenza; ho abbandonato la tua casa, e mi sono ritrovato" in una regione devastata dalla carestia" *(cfr. Lc 15, 14)*.

LIBRO TERZO

SOMMARIO.

All'età di diciassette anni Agostino raggiunge Cartagine per gli studi universitari; lo attraggono gli amori peccaminosi, la smania del teatro che riproduce sulla scena i vizi delle divinità pagane. La partecipazione all'azione scenica da parte del giovane è così intensa da soffrirne fino al pianto.

*A Cartagine gli orizzonti culturali ricevono un'accelerazione rispetto a quelli provinciali di Madaura. La lettura dell'*Ortensio *di Cicerone provoca un autentico incendio nel cuore di Agostino da cambiare radicalmente il modo di pensare e di pregare; si sveglia dal torpore e si scopre filosofo, amante della sapienza. Se solo l'avesse intraveduta, sarebe stato disposto ad abbandonare ricchezze ed onori per mettersi al suo servizio. L'incendio, però, non divampa: in quel libro, non vi trova il nome di Cristo.*

Il nome di Cristo lo rimanda alla lettura della sacra Scrittura, ma questo primo incontro con la Parola di Dio fu un disastro, la trova, infatti, piena di misteri, e, per di più, scritta in un latino barbaro rispetto a quello maestoso di Cicerone.

Agostino, in questo periodo della sua vita, orgoglioso e critichino, ritiene la fede ostacolo alla ricerca della verità e si affida senza riserve alla ragione.

L'incontro con la religione manichea, che gli offre la verità senza ricorrere alla fede, lo conquista e ne diviene convinto apostolo.

Monica intanto segue il figlio con apprensione e preoccupazione; un sogno consolatore, accende in lei la speranza che un giorno suo figlio ritornerà alla casa da cui si era allontanato.

1. A Cartagine

1. 1. Giunsi a Cartagine[1].

Intorno a me era tutto un carosello di amori vergognosi.

Non ero ancora innamorato; mi piaceva però sentirmi amato.

Odiavo me stesso per questo miserevole contrasto, che mi rendeva ancora più indigente.

Desideravo di amare e andavo in cerca dell'oggetto da amare, ma non volevo legarmi e avevo timore di cadere in qualche trappola.

La fame che avevo dentro di me non appetiva i tuoi elementi, cioè te, proprio te, o mio Dio; non avevo fame della tua fame, non desideravo affatto quegli alimenti incorruttibili; non perché ne fossi già sazio, anzi, più ne ero digiuno, più ne ero nauseato.

La mia anima non godeva buona salute, era piena di ulcere, e si proiettava all'esterno, miserabile, avida soltanto di quelle emozioni che si trovano soltanto attraverso contatti carnali.

Ma se non ci fosse vita non ci sarebbe nemmeno amore.

Amare ed essere amato mi procurava maggior

[1] Cartagine, la più grande città dell'Africa, conquistata dal console Scipione Emiliano, fu distrutta nel 149 a.C. Ricostruita, divenne la città più importante dell'Africa romana. Vi fiorirono le lettere e il cristianesimo: Apuleio, Arnobio, Tertulliano, san Cipriano e sant'Agostino uscirono dalle scuole cartaginesi. Al tempo di Agostino veniva chiamata Cartagine lussuriosa per le oscenità che venivano rappresentate nei teatri e per la vita immorale che vi si conduceva.

soddisfazione se potevo godere del corpo della persona amata.

Inquinavo la limpida acqua alla sorgente dell'amicizia con le sozzure della concupiscenza, e con i vapori che uscivano dal Tartaro della libidine, ne oscuravo il candore.

Ciononostante, così fetido e inonesto, ero gonfio di vanità, amavo apparire elegante ed educato. Così precipitai lungo la china dell'amore, bramoso di rimanerne catturato.

Di quanto fiele non cospargesti, "*Dio mio, misericordia mia*" *(Sal 49, 18)*, quell'insana dolcezza!

Trovai chi mi amava e di nascosto si godeva insieme; godimento però pieno di travagli, sottoposto ai colpi di verghe di ferro, infuocate di gelosia, di sospetti, di timori, di cattiverie, di litigi.

2. Gli spettacoli teatrali

2. 2. Ero rapito dagli spettacoli teatrali.

Vi trovavo riproposte le mie miserie, e il fuoco delle mie passioni.

È strano come uno ami soffrire assistendo a spettacoli luttuosi e drammatici, che certamente lui non vorrebbe subire.

E tuttavia va al teatro per partecipare a quei drammi, e il dolore, a teatro, diventa il suo divertimento.

Si può essere più stolti di così? Miserevole follia!

Quei drammi commuovono maggiormente chi li vive in se stesso: i propri vengono chiamati "sventura", mentre quelli teatrali ci commuovono e li accettiamo benevolmente, con compassione, con misericordia.

Per amor del cielo! Misericordia per fatti fittizi e scenici? Lo spettatore non viene invitato a dare offerte o aiuto, ma semplicemente a partecipare a quei drammi o tragedie, e si apprezza l'attore quanto meglio riesce a commuoverci.

Infatti, se quelle tragedie che ripropongono avvenimenti antichi, storici o immaginari, non ci commuovono, ci alziamo e andiamo via delusi e annoiati. Se, invece, ci commuovono, si partecipa attenti e lacrimando.

La compassione

- 3. Dunque, ci piace piangere e soffrire.

Indubbiamente, ognuno vuol godere, a nessuno piace la sventura; tuttavia amiamo essere misericordiosi. Ma siccome non c'è misericordia, compassione, priva di sofferenza, forse per questo amiamo il dolore?

La misericordia sgorga dall'amicizia, come la compassione. Ma poi, dove si dirige? Dove fluisce?

Perché mai diventa un torrente di pece bollente, incendio immane di tenebrosa libidine, nel quale viene trasformata e incanalata per moto spontaneo, distolta e gettata via dalla sua celestiale serenità?

Dobbiamo allora ripudiare la misericordia? Non sia mai! Si ami pur di soffrire, di tanto in tanto, al teatro.

Però, anima mia, guardati dall'impurità; mettiti sotto la tutela del mio Dio, Dio dei nostri padri, degno di lode ed esaltato per tutti i secoli. Guardati dall'impurità!

Non è che oggi io sia privo di sentimenti di misericordia; allora però, a teatro, partecipavo al godimento degli amanti, che commettevano azioni oscene, secondo come richiedeva lo svolgimento scenico, oppure mi rattristavo quando si lasciavano.

In tutti e due i casi provavo diletto.

Oggi provo maggior compassione per chi vive nel vizio, che non di chi soffre per la privazione di piaceri perniciosi e la perdita di una illusoria felicità.

Questa è vera misericordia, ma non prova diletto della sofferenza.

Sì, viene lodato chi partecipa al dolore altrui, ma sarebbe meglio che non esistessero motivi di sofferenza. Chi sente amore fraterno è veramente misericordioso.

Ammettiamo, per assurdo, anche l'esistenza di una benevolenza maligna; però coloro che hanno vera e sincera compassione, sarebbero felici se ci fossero sempre dei bisognosi, per poter esercitare sempre la loro misericordia.

Qualche volta si può accettare il dolore, ma certo non riusciamo ad amarlo. Tu solo, Signore Dio, che ami le nostre anime, hai misericordia di noi, infinitamente diversa dalla nostra: pura, incorruttibile, perché in te non c'è sofferenza. "*Ma, chi di noi è capace di tanto*"? *(2Cor 2, 16).*

Ricerca di sensazioni

- 4. Allora io, povero stolto, amavo il soffrire, e andavo a caccia di occasioni per soffrire, a teatro. Quelle sventure presentate sulla scena, benché irreali, mi strappavano lacrime dagli occhi, specialmente se l'azione veniva presentata da un bravo attore. Come pecora smarrita andavo errando lontano dal tuo ovile. A teatro, quindi, amavo soffrire, non certo che quelle sventure mi toccassero profondamente; infatti le amavo come spettatore, ma temevo di subirle personalmente. Mi toccavano e mi lusingavano solo in superficie. Sì, anche quando ci si graffia con le unghie la pelle, in superficie, sembra una cosa da poco conto, poi però compaiono piaghe purulente e gonfiori brucianti. Era vita, quella che conducevo allora, o Signore mio Dio?

3. La tua misericordia mi avvolgeva

3. 5. La tua misericordia mi avvolgeva, sempre fedele, anche se sembrava lontana da me.

In quante iniquità mi sono infangato, ho assecondato anche una sacrilega curiosità.

Abbandonando te sono stato trascinato nell'abisso più schifoso, fino a rendere ossequio ai demoni, offrendo loro, come oblazione, le mie malefatte. Tu però non cessavi mai di flagellarmi, donandomi amarezze e delusioni.

Anche durante le celebrazioni liturgiche, entro le pareti del tuo tempio, in chiesa, osavo "concupiscere" e mi davo da fare per combinare degli approcci amorosi, che mi avrebbero procurato frutti di morte.

E tu mi frustavi senza misericordia; erano gravi i tuoi colpi, ma più grave la mia colpa. E ti sei dimostrato oltremodo magnanimo, "*o Dio mio, misericordia mia, mio rifugio*" *(Sal 58, 18; 143, 2)*.

A testa alta, baldanzoso, andavo vagando fra quelle micidiali bassezze, allontanandomi da te, preferendo le mie vie alle tue vie, godendo di quella libertà come un evaso dal carcere.

I perturbatori dell'ordine

- 6. Anche gli studi seri, impegnativi, come la retorica, l'eloquenza, conducevano a un fine litigioso: le cause del foro.

Uno eccelle e viene lodato quanto più riesce ad imbrogliare.

Tanta è la cecità degli uomini, che si vantano anche di essere ciechi.

Ero il migliore a scuola di retorica, e ne godevo, ne andavo superbo, gonfio di vanità.

Ero, però, il più quieto tra gli alunni.

Tu, Signore, lo sai: ero estraneo a quei disordini, provocati dai soliti "perturbatori", temine sinistro e diabolico, eppure vessillo di buona educazione. E io vivevo in mezzo a quella gentaglia. Non ero con loro, e mi vergognavo sfacciatamente di non esserlo.

A volte mi piaceva la loro amicizia, non ho mai approvato i loro misfatti, specialmente quei disordini in classe, commessi con spavalderia, prendendosi gioco degli altri più timidi e vergognosi, e facendo allegre e chiassose risate.

Era proprio un comportamento da indemoniati. Niente di più esatto che definirli "distruttori"; "distruttori" di se stessi in primo luogo, invasati da spiriti maligni che, senza che lo avvertissero, li seducevano e si prendevano gioco di loro, proprio mentre loro si prendevano gioco degli altri con proterva malignità.

4. L'*Ortensio* di Cicerone

4. 7. In mezzo a questi indemoniati, io, ancora in giovane età, andavo studiando i libri di eloquenza.

Volevo specializzarmi nell'oratoria, per un fine deplorevole e frivolo, quale è quello di soddisfare la vanità umana. E fu appunto il corso normale degli studi che mi condusse a studiare il libro di un certo Cicerone, ammirato dai più per la lingua, non altrettanto per quel che dice.

Quel libro contiene un incitamento alla filosofia, e s'intitola "*Ortensio*"[2]. Quel libro, in verità, cambiò i miei sentimenti; non solo, o Signore: anche le pre-

---

[2] L'Ortensio è un dialogo di Cicerone scritto tra il 46 e il 45 a.C. redatto nella solitudine dei colli romani dopo le delusioni politiche e le sofferenze per la morte della figlia Tullia. Il dialogo prende nome da uno dei suoi interlocutori, Ortensio, appunto, che ha un atteggiamento ostile alla filosofia. Cicerone difende la validità della filosofia, dimostrandone l'innegabilità, perché anche chi la nega, fa filosofia. L'Ortensio è andato perduto, i frammenti rimasti li troviamo quasi tutti nelle opere di Agostino.

gnava essere umili; se poi si va avanti nella lettura ci si incontra in misteri troppo alti e incomprensibili.

Non ero ancora tale da poter entrare, e piegare il mio intelletto a quanto esso viene dicendo. Sono ben diversi oggi i miei giudizi e le mie parole da quella prima impressione che ricevetti nel leggere la Sacra Scrittura.

Gonfio d'orgoglio, allora, rifuggivo da quel linguaggio, e la mia intelligenza non riusciva a penetrare il significato in esso contenuto.

Quell'opera è fatta per i piccoli, i semplici; io invece disdegnavo di farmi piccolo; gonfio di boria, chissà chi mi credevo di essere.

6. Agostino manicheo

6. 10. Così incappai nella rete di uomini superbi e farneticanti, carnali e ciarlatani all'eccesso[3]. Dalla

---

[3] Nel testo si tratta degli appartenenti alla setta manichea, fondata dal persiano Mani (216-277 d. C.), che aveva messo insieme elementi religiosi i più diversi, anche cristiani. Religione molto fantasiosa, piena di favole. Il principio che sta a fondamento di questa religione è l'opposizione eterna tra il Bene e il Male, di cui è formata tutta la realtà, Dio e l'uomo compresi. Questi due principi opposti stanno sempre in guerra; il principio buono, la Luce vuole ad ogni costo liberarsi da quello cattivo, le Tenebre; da ciò nasce il loro rigido ascetismo: a) non mangiare cibi impuri (carne, alcuni vegetali); b) proibizione dei rapporti sessuali anche nel matrimonio; c) vivere in povertà estrema. Negavano inoltre il Vecchio Testamento perché, dicevano, è pieno di cose cattive: guerre, omicidi, poligamia, e combattevano ferocemente la Chiesa che imponeva la fede ai suoi fedeli. Negatori della libertà umana, ritenevano responsabile del male non l'uomo, ma il principio tenebroso che era in lui.

loro bocca esce il laccio del diavolo, ed emettono un vischio ben confezionato, nel quale si trovano confezionate anche le sillabe del Signore nostro Gesù Cristo e quelle dello Spirito Consolatore, lo Spirito Santo.

Questi nomi erano sempre sulle loro labbra, ma soltanto nel suono e nello schiamazzo del linguaggio; per il resto il loro cuore era completamente vuoto di verità.

Sì, ripetevano sempre: “verità, verità”.

Mi riempivano la testa di questa parola, e mi accorgevo di quante falsità dicevano, non solo riguardo a te, che sei veramente la “Verità”, ma riguardo agli elementi di questo mondo, creato da te. Su questo argomento, per amor tuo, o Padre sommamente buono, bellezza che supera ogni bellezza, io avrei dovuto andare oltre quei filosofi, anche quando qualche volta dicevano cose giuste. O Verità, o Verità, come già allora, e dalle più intime fibre del mio cuore, io anelavo a te! Ma quelli, i manichei, mi stordivano col ripetermi spesso, e in vari modi, il tuo nome.

Solo a parole, e dandomi a leggere molti e voluminosi libri.

Io avevo fame di te, e quelli invece, i manichei, mi porgevano, su splendidi piatti, il sole e la luna al posto di te; bellissime creature, opera della tua creazione, ma pur sempre tue creature, e nemmeno le prime. Le prime opere tue sono opere spirituali; queste invece sono opere corporee, quantunque luminose e celesti.

Ma io non cercavo quelle tue opere prime, cercavo te, proprio te, la Verità per essenza, avevo fame e sete di te, "*in cui non c'è variazione né ombra di cambiamento*" *(Gc 1,17)*.

Sempre su quei piatti infiocchettati mi porgevano delle teorie affascinanti, pure fantasie; sarebbe stato meglio amare questo sole, che almeno vediamo con i nostri occhi ed è reale, che non quelle falsità che attraverso gli occhi ingannano lo spirito.

Eppure, io ingoiavo quelle fandonie, pur senza avidità; non avevano alcun sapore di te e non mi nutrivano affatto, anzi mi rendevano sempre più vuoto. Il cibo che si sogna, quando si dorme, è molto simile a quello che mangiamo da svegli; ma chi dorme non se ne alimenta; se si dorme come possono mangiare?

Quei cibi che allora mi porgevano in nessun modo si rassomigliavano a te. Ora ti conosco bene perché mi hai parlato.

Quelli erano fantasmi rivestiti di materia corporea, corpi irreali ben diversi da questi corpi reali che vediamo direttamente con i nostri occhi corporei: corpi celesti e corpi terrestri: vediamo animali, quadrupedi, uccelli, creature concrete, vere, e non soltanto oggetti della nostra fantasia.

D'altra parte crediamo più vere, benché non esistano affatto, quelle realtà che la fantasia ci porta a sospettare che esistano, mondi grandiosi ed infiniti.

Di queste vanità io allora mi pascevo, ma non mi

sfamavano affatto.

Tu, o Signore, mio diletto, a cui mi abbandono per essere forte, non sei certamente uno di questi corpi che vediamo, anche se sono lassù in cielo, nel firmamento. Né quelli che lì, nel firmamento, non riusciamo a scorgere; sono tutte tue creature, e nemmeno le più importanti.

Come sei lontano da quelle mie fantasie!

Immaginare dei corpi celesti, quando in realtà non esistono!

Meglio allora fantasticare su i corpi esistenti, che almeno sono corpi reali e non fantasie.

Tuttavia questi corpi non sono te.

Non sei nemmeno l'anima, che dà la vita ai corpi.

Certo meglio e più vera la vita dei corpi che i corpi stessi. Tu sei però la vita delle anime, la vita della nostra vita, che vivi in ogni anima e non cambi.

Tu sei la vita dell'anima mia!

- 11. Dove mi ero cacciato, così lontano da te?

Avevo camminato parecchio, ero privo di te, e privo di quelle ghiande che mangiano i porci. Quanto più appetitose le favolette dei maestri di grammatica e dei poeti, che non quelle scempiaggini. Infatti, i versi del carme che narra di Medea che vola, sono più utili certamente dei "cinque elementi", in vario modo trasformati nelle "cinque caverne delle tenebre", che in verità non significano proprio nulla, eppure arrecano tanto male a coloro che ci credono.

I versi del carme di Medea mi davano un certo

alimento; ma, anche se mi piaceva cantarli o sentirli cantare, non credevo vero il volo di Medea.

Mentre credevo vere quelle sciocchezze dei manichei. Più stolto di così.

Di gradino in gradino raggiunsi il profondo degli inferi, affaticato, stanco, assetato di verità, che non riuscivo a trovare. Mi confesso a te, o Dio mio, che hai avuto misericordia di me quando io ancora non ti conoscevo.

Mi confesso e riconosco che allora ti cercavo, non con l'intelligenza che tu mi hai donato e che mi distingue dalle bestie, ma secondo l'appetito carnale. Tu infatti eri dentro di me, nel mio intimo, più di quanto non lo fossi io, e altamente al di sopra della mia intelligenza. M'imbattei in quella donna irrequieta, una sciocca che non sa nulla - di cui parla Salomone nei Proverbi - che sta seduta alla porta di casa, su di un trono, in un luogo alto della città, per invitare i passanti che vanno per la loro strada.

E dice: "Venga chi è inesperto".

E a chi è privo di senno essa dice: "*Le acque furtive sono dolci, bevete! Il pane preso di nascosto è gustoso, mangiate!*" *(Pr 9, 17)*[4].

Mi sedusse, perché mi trovò fuori di me stesso, intento a vedere solo con gli occhi della carne, e a ruminare quel marciume che avevo ingerito.

---

[4] La donna audace di cui parla Agostino è la voluttà, il piacere sensibile che inganna gli uomini esposti al pericolo; in particolare il giovane, come era successo a lui. Il proverbio citato dice che i piaceri vietati sono più desiderati di quelli non leciti.

7. Le teorie dei manichei

7\. 12. Non conoscevo, infatti, l'altra verità, la vera, e quindi accettavo, senza obiettare, quei ragionamenti stolti dei miei falsi maestri; per esempio, quando mi ponevo la domanda: "Da dove viene il male? *Unde malum?*" o quando insinuavano che Dio ha forma corporea, che ha i capelli e le unghie.

E si possono chiamare "giusti" i Patriarchi - dicevano - i quali avevano più mogli, uccidevano uomini, e facevano sacrifici di animali?

Ignaro di queste cose, ne rimanevo turbato, e mentre cercavo di avvicinarmi alla verità me ne allontanavo.

Ancora non conoscevo che il male non è altro che la privazione del bene, anzi non esiste affatto.

Ma come avrei potuto conoscere la verità su questi argomenti, se i miei occhi non andavano più in là dei corpi visibili, e il mio intelletto non vedeva altro che fantasmi?

Non sapevo che Dio è puro spirito, non ha membra che si possano misurare in lungo e in largo.

E nemmeno è una massa di materia, anche se infinita; la materia ha le parti limitate dallo spazio, e non riempie tutto lo spazio, come le riempi tu, che sei Dio, puro spirito.

E ignoravo del tutto cos'è che in noi dà la vita; giustamente la Sacra Scrittura ci dice che siamo fatti a immagine di Dio *(cfr. Gen 1, 17)*.

Santa Monica

Sviluppo della moralità

- 13. E non conoscevo la giustizia vera, quella interiore, che non dipende dalle varie consuetudini, ma è regolata dalla rettissima legge di Dio onnipotente.

In base a questa legge di Dio si regolano i costumi delle regioni e dei tempi, secondo la diversità delle regioni e l'avvicendarsi dei tempi.

Ma la legge di Dio è ovunque e sempre la stessa non può essere qui in un modo e là in un altro.

Secondo questa legge sono considerati giusti Abramo, Isacco, Giacobbe, Mosè e David, e tutti coloro che furono lodati per bocca di Dio.

Sennonché vengono giudicati iniqui da coloro che non conoscono questa legge e ragionano secondo criteri umani, e tutti i costumi del genere umano li misurano sul metro dei propri costumi.

È come se uno che non si intende di armature e non conoscendo le membra su cui vanno applicate, si mettesse il gambale sul capo e l'elmo ai piedi; e inoltre brontola perché mai non calzino bene.

Così, se in un pomeriggio festivo viene proibito il mercato, uno si agita perché non può vendere la merce, mentre al mattino era concesso farlo.

Oppure, in una casa si vede, per esempio, uno schiavo che tocca un oggetto con le mani che nemmeno al coppiere è concesso di toccare.

Ancora.

Uno magari s'indigna perché vede commettere certe azioni dietro la stalla, che sono invece proibite mentre si sta a tavola; e si domanda perché mai, essendo unica la casa, unica la famiglia, non tutti i luoghi siano adatti agli stessi servizi.

Così sono costoro che si indignano perché sentono dire che a quei tempi ai giusti erano lecite certe azioni che ai giusti di oggi sono invece proibite; e perché mai Dio a quelli comandava una cosa a questi un'altra, a seconda dei tempi.

Eppure gli uni e gli altri hanno servito le stesse regole di giustizia.

Ebbene, non vedono come in una stessa persona, nello stesso giorno, nella stessa casa, a ciascuna delle membra conviene una certa cosa, e come una cosa lecita da gran tempo, dopo un'ora non è più lecito fare; come certe azioni sono permesse e si devono fare in quell'angolo, mentre giustamente vengono punite se si vedono fare in un altro.

Allora la giustizia non è sempre uguale, è mutevole?

Sono i tempi, su i quali la legge presiede, che cambiano, non procedono sempre allo stesso modo; infatti sono "tempi".

Gli uomini hanno vita breve sulla terra.

Perciò non possono conoscere e capire la motivazioni che hanno giustificato le azioni dei secoli passati o quelle degli altri popoli, dei quali non hanno alcuna esperienza. Dall'esperienza possono vedere facilmente come nello stesso corpo, in un medesimo giorno, nella stessa casa, quali azioni convengono alla persona e quali alle membra.

Pensando alla giustizia dei secoli passati si offendono, mentre accettano quella che loro subiscono[5].

- 14. Io, allora, non conoscevo queste verità e nemmeno me ne curavo, eppure erano sempre sotto i miei occhi, e non me ne accorgevo.

Quando declamavo una poesia non mi era lecito spostare un "piede" metrico da un posto all'altro, ma ogni "piede" doveva essere collocato al posto giusto: ad ogni verso il suo "piede" e non sempre lo stesso, e a diversi "metri" si devono adattare "piedi" diversi.

E l'arte stessa nel declamare i versi seguiva una regola fissa, non usava modi diversi nella recita dell'uno o dell'altro.

Non riuscivo a intuire che la giustizia, alla quale ubbidivano quegli uomini giusti e santi, era un insieme unitario di precetti, eccellenti, sublimi, invariabile in ogni sua parte; e tuttavia non tutti i precetti per tutti i tempi, ma venivano distribuiti e imposti a seconda del variare dei tempi.

E rimproveravo, nella mia cecità, quei santi padri non solo di essere stati ubbidienti ai comandi e alle ispirazioni del Signore nella loro vita, ma di aver preannunciato il futuro, per rivelazione di Dio.

---

[5] Tutto il testo del capitolo settimo è una risposta alle obiezioni dei Manichei. Il § 13 poi parla dello sviluppo della moralità. Non bisogna confondere l'eterna legge di Dio, sempre valida, con la convenienza, che dipende dagli usi e costumi dei popoli che cambiano con il mutare dei tempi e dei luoghi; certe azioni che si fanno dietro la stalla, sono proibite quando si sta a tavola, così Agostino.

8. La legge naturale e le trasgressioni

8. 15. In ogni luogo e in ogni tempo è giusto il precetto: "*Amerai il Signore Dio tuo con tutto il tuo cuore, con tutta la tua anima e con tutta la tua mente; amerai, inoltre, il prossimo tuo come te stesso*" *(Mc 12, 30; Mt 22, 37; Lc 10, 27)*.

Pertanto, le turpitudini che si commettono contro natura, come quelle commesse a Sodoma e Gomorra, sono sempre da detestare e da punire. Anche se tutti gli uomini commettessero lo stesso reato, tutti verrebbero condannati dalla stessa legge divina; perché Dio non ha creato gli uomini per usare il proprio corpo in quel modo.

È una violazione, inoltre, dell'unione che abbiamo con Dio stesso, il profanare quella medesima natura, di cui egli è l'autore, con perverse azioni libidinose.

Nessun cittadino o forestiero può violare con azioni libidinose i costumi di una città o di una nazione stabiliti per consuetudine o per legge, ma deve uniformarsi ai patti e alle leggi del luogo.

È disonorevole per il singolo non comportarsi come si comportano tutti gli altri.

Ma quando Dio comanda una cosa contro le abitudini o contro qualsiasi convenzione stabilita, bisogna ubbidire, anche se non si era mai fatta; e se prima si faceva e poi è stata trascurata, bisogna rimetterla in vigore, e se mai era stata istituita, bisogna istituirla.

Un re può emanare nel suo regno una legge, mai

emanata prima di lui o da lui stesso, e l'ubbidire a tale legge non va contro la costituzione del regno, anzi lo sarebbe il disubbidire.

È convenzione comune di ogni società umana il dovere di ubbidire ai suoi reggitori.

Si comprende, quindi, quanto più si deve ubbidire a Dio, re dell'universo, senza esitazione, in tutto ciò che comanda!

In ogni società umana, chi comanda di meno deve ubbidire a chi comanda di più.

Ora tutti devono ubbidire a Dio, il reggitore supremo[6].

---

[6] Agostino vuol dire che la morale naturale è universale e inviolabile come lo è Dio. Mutano i costumi, le convenienze, gli usi ed anche le leggi civili. Ogni cittadino ha il dovere di rispettare le leggi dello Stato che ricercano il bene comune. Ora Dio è superiore a tutti, se comanda qualcosa, bisogna ubbidire in tutto anche contro le leggi umane. Dio infatti è superiore ad ogni umana autorità.

- 16. Lo stesso si deve dire delle offese arrecate al prossimo.

Si può recare danno al prossimo per diffamazione, per ingiuria, o per tutte e due, o per motivo di vendetta tra nemici; o quando un ladro assale un viandante per derubarlo, o quando si cerca di evitare un danno, come succede a colui che è temuto; oppure, per invidia: il povero invidia il ricco per le sue fortune; uno, poi, teme che un altro possa uguagliare il suo successo, e ne soffre quando ciò avviene; a volte è solo il gusto di vedere soffrire gli altri, quale è quello degli spettatori alle lotte tra gladiatori, o quello di chi irride e piglia in giro gli altri. Questi sono i tre capi di imputazione, dai quali deriva tutto il male che è nel mondo: "*la concupiscenza della carne, la concupiscenza degli occhi e la superbia della vita*" *(1Gv 2, 16)*.

Può derivare da una sola di queste, o da due o da tutte e tre insieme.

E si vive male, perché la nostra vita non è in accordo con le prime tre corde e poi con le altre sette del salterio, cioè con le dieci leggi del tuo decalogo, o Dio altissimo e dolcissimo.

Ma perché commettere peccati contro di te, dal momento che non ti possono nuocere?

Perché tante scelleratezze contro di te che sei incorruttibile?

Tutte le colpe degli uomini sono a loro danno, e l'iniquità si ritorce contro di loro.

Gli uomini si abbandonano a passioni infami,

corrompendo e pervertendo la propria natura, che tu hai creato e ordinato; oppure usando immoderatamente di ciò che è permesso, o facendo ciò che non è permesso, infiammati dalla passione, come sono gli atti contro natura.

Sono rei anche quando, con l'animo o con le parole, bestemmiano contro di te e ricalcitrano al tuo pungolo; o quando se la godono sfacciatamente, per aver infranto gli ordinamenti dell'umano convivere, organizzando conventicole, o per soddisfare i propri capricci, o per danneggiare gli altri.

Fanno queste cose perché tu li hai abbandonati, o meglio, essi hanno abbandonato te, fonte della vita, unico e vero creatore e reggitore dell'universo; e soltanto per orgoglio personale si ama qualche aspetto di te, però falsificato.

Conviene ritornare a te, in umiltà e fervore, perché ci purifichi da ogni abitudine cattiva.

Perdona i peccati ai penitenti, e ascolta il gemito dei prigionieri.

Sciogli le catene con le quali da soli ci eravamo legati, e fa' che non alziamo più la testa contro di te in nome di una falsa libertà, o di quell'avarizia insaziabile, che ci fa vivere sempre nel timore di perdere tutto, e ci tiene più attaccati a questi beni effimeri che non a te, che sei il sommo bene.

9. Giudizio sugli atti umani

9. 17. Oltre questi peccati gravi, vizi, misfatti e altre iniquità, vi sono i peccati dei buoni che procedono sulla via del bene.

I puritani, i cultori della perfezione, giudicano male anche questi; vanno incoraggiati invece, sperando nei frutti futuri, come si attende che dall'erba venga il grano.

Alcuni vizi, poi, o azioni cattive, possono sembrare peccato, ma non lo sono, perché non offendono te, Signore Dio nostro, e nemmeno la convivenza sociale.

Per esempio: uno acquista dei beni, oggi non necessari, forse domani, come può essere un terreno, una casa; dell'oro, delle obbligazioni, ecc... non si può dire che lo faccia per vizio, per passione.

Un altro, un superiore, punisce un suddito per qualche mancanza, non si può affermare che sia per il gusto di punire.

Pertanto, molte azioni che agli occhi nostri appaiono riprovevoli, vengono invece considerate buone agli occhi tuoi; al contrario, quelle che sembrano buone agli occhi nostri, da te vengono condannate. Che ne sappiamo noi dell'intenzione o del movente che uno ha, o delle circostanze a noi rimaste occulte; noi vediamo solo l'azione che viene compiuta.

Ora, se tu, all'improvviso, ci comandi di fare una cosa, imprevista e mai fatta prima, o che forse tu, in antecedenza avevi proibita, possiamo noi disubbidire, anche se non comprendiamo la ragione, o se vediamo che essa contrasta con patti che alcuni uomini hanno stipulato fra loro?

Certamente una società è giusta, se crede e ubbidisce a te.

Beati coloro che avvertono il tuo comando.

I tuoi servi operano sempre per compiere ciò che richiede il presente, o quello che servirà per il futuro.

10. Ridicolaggini dei manichei

10. 18. Ignaro di tutto ciò, io deridevo i tuoi santi e profeti. E che cosa ottenevo?

Di essere deriso a mia volta, per le scempiaggini che mi ero lasciato indurre a credere.

Tanto da credere che se uno coglie un fico, il fico, frutto, piange lacrime di latte, e così la madre pianta l'albero, piange anche lei.

Se però un "santone", l'eletto della setta, mangia il fico e lo impasta nelle sue viscere, dalla sua bocca escono particelle di Dio, una specie di angeli, fra orazioni e gemiti di dolore[7].

Mentre il povero fedele "l'uditore", che ha colto il fico, viene punito per aver commesso un delitto.

E il fico colto bisogna mangiarlo, altrimenti le

---

[7] Per i Manichei, l'universo è cosparso di particelle luminose della sostanza divina; solo gli "eletti" potevano liberare nel loro stomaco le particelle luminose, contenute nei cibi che i semplici fedeli, gli "uditori", offrivano loro. Agostino fu solo "uditore" della setta.

particelle del vero e sommo Dio rimarrebbero imprigionate, se il dente e il ventre del santone non viene a liberarli.

E io, misero, ho creduto doveroso usare maggiore misericordia verso i frutti della terra, che non verso gli uomini, ai quali i frutti sono destinati.

Anzi, non si potevano dare a un povero affamato, per non condannare quelle particelle di Dio a una fine ingloriosa.

11. Il sogno di Monica

11. 19. Ma tu stendesti la tua mano dall'alto e traesti fuori la mia anima da questo abisso di tenebre. C'era lei, mia madre, tua fedele, che per amor mio piangeva innanzi a te.

Aveva versato più lacrime lei di quante ne versino le madri per la morte corporale dei figli.

Ella vedeva la mia morte, ma aveva fede e speranza in te. E tu l'esaudisti, o Signore.

Tu l'esaudisti, e accogliesti le sue lacrime.

Ovunque pregava, quelle lacrime scorrevano per terra, sotto i suoi occhi. Tu l'esaudisti, o Signore.

Tu l'esaudisti.

Perché; da chi le venne il sogno consolatore, dopo il quale accettò di vivere con me, ed avere in casa la medesima mensa, che da principio aveva rifiutato per avversione e disgusto per il mio traviamento blasfemo?

Nel sogno le sembrò di trovarsi ritta, in piedi,

sopra un regolo di legno. Ed ecco: un giovane radioso e ilare le andava incontro, sorridendo, e le chiedeva i motivi della sua tristezza e delle lacrime che versava ogni giorno. Ed ella rispondeva di piangere sulla mia perdizione. Allora quel giovane la tranquillizzava, e le faceva cenno di guardarsi attorno.

"Non vedi - le disse - chi c'è accanto a te su questo regolo?", le raccomandò, quindi, di stare tranquilla e di attendere, perché dov'era lei, su quel regolo, un giorno ci sarei stato anch'io. Ella infatti si voltò e mi vide accanto a lei, ritto su quel regolo.

Perché questo sogno, se non perché le tue orecchie ascoltavano il gemito del suo cuore, o bontà onnipotente?

Ti prendi cura di ognuno di noi, singolarmente, come se fossimo solo noi ad aver bisogno delle tue cure; e ti prendi cura di tutti come se tutti fossimo una persona singola.

- 20. Ancora eri tu che la ispiravi, chi mai altro?

Dopo che ella mi ebbe raccontato il sogno, io le dissi che l'angelo diceva a lei di non disperare, perché un giorno lei sarebbe stata vicino a me sul regolo; lei, subito e senza esitazione mi rispose: "No! no! ho inteso bene. Non mi ha detto: là dove è lui un giorno sarai anche tu, ma dove sei tu sarà anche lui!"

"*Non ubi ille et tu, sed: ubi tu ibi et ille*".

Ti confesso, Signore, questo mio ricordo, così come l'ho in mente, non l'ho mai nascosto: mi ha scosso più questa risposta che tu mi hai dato per bocca di mia madre sveglia, che non il racconto dello stesso,sogno. Essa non si turbò della mia falsa interpretazione, e vide subito giusto nelle parole dell'angelo, ciò che io invece non avrei visto se lei non me lo avesse detto: la futura mia conversione.

Così, in quel sogno, e molto tempo prima della mia conversione, fu predetto a questa donna pia il gaudio che avrebbe provato in un futuro lontano, per consolarla delle pene che allora soffriva. Passarono in seguito altri nove anni, durante i quali io mi avvoltolai in quel "*fango d'abisso*" *(Sal 68, 3)* e in quelle tenebre d'errore.

Il sogno di santa Monica

Feci molti tentativi per risollevarmi.

Macché! Più pesantemente ricadevo giù.

Ma, quella vedova, casta, pia e sobria, quella vedova, mia madre, benché rasserenata dal sogno, persisteva nel pianto e continuava a far lamenti per me davanti a te nelle sue preghiere, a tutte le ore, e "*le sue preghiere*" arrivavano "*al tuo cospetto*" *(Sal 87, 3)*.

Tuttavia tu mi lasciavi ancora ravvoltolare in quella densa caligine.

12. Un figlio di tante lacrime...

12. 21. Nel frattempo ci fu un altro responso che tu desti a mia madre per bocca di un tuo sacerdote, un certo vescovo, nutrito nella Chiesa ed esperto nei tuoi libri.

Tralascio altri ricordi, perché mi preme raccontarti subito, o Signore, quelli che più mi interessano. Molti li ho dimenticati.

Mia madre, dunque, supplicò questo vescovo che si degnasse di intrattenersi con me, per confutare i miei errori, dissuadermi da quei principi errati, e persuadermi di aderire a quelli giusti.

Ma il vescovo si rifiutò, e credo saggiamente.

Lo compresi più tardi.

Mia madre interpellava tutti quelli che erano idonei a discutere con me.

Io ricordo solo questo incontro con il vescovo.

La ragione per cui il vescovo non voleva incontrarsi con me - come disse a mia madre - era perché non mi vedeva ancora ben disposto, troppo preso e convinto da quell'eresia e dalle sue novità.

Mia madre aveva confermato, dicendogli che infatti io avevo confutato e messo a tacere, nelle discussioni, molte persone impreparate, con i miei argomenti.

"Lascialo stare dove sta - le disse il vescovo - prega soltanto il Signore per lui.

Verrà un giorno che si accorgerà da solo, leggendo e studiando, che cosa sia quell'eresia, e quanto grande sia la sua stoltezza".

Nel mentre le raccontò come anche lui da fanciullo fu affidato dalla madre, sedotta dai manichei, alla loro scuola. E confidò che aveva letto e copiato i loro libri, quasi tutti.

Così aveva scoperto da solo, senza tante discussioni, come sia necessario star lontano da quella setta. Infatti lui l'aveva abbandonata presto.

Mia madre, però, non si acquietò, e cominciò ad insistere per il colloquio personale con me, supplicandolo con gemiti e lacrime copiose.

Alla fine, il vescovo, fiducioso e un po' infastidito per quelle suppliche così insistenti, esclamò: "Suvvia! Vai in pace! Non potrà mai essere che un figlio di tante lacrime perisca!".

Mia madre mi ripeteva spesso, durante i nostri colloqui, queste parole, quasi fossero risuonate dal cielo.

LIBRO QUARTO

SOMMARIO.

Agostino, all'inizio di questo libro, si rimprovera delle vanità a cui è andato appresso: il mestiere di venditore di chiacchiere, la conquista di corone di alloro, che chiama corone di fieno; si rimprovera dell'adesione alla setta dei manichei.

Dopo aver esposta la sua passione per l'astrologia, cioè per gli oroscopi, introduce a parlare i suoi amici: Vindiciano, illustre medico, e Nebridio, che non riescono a dissuaderlo di abbandonare questo interesse, che è una perdita di tempo. Anche se Agostino rimane nel suo proposito, condanna però la pratica degli aruspici, che pretendono di scoprire il futuro dalle viscere degli animali. I fatti centrali di questo libro sono due: l'amicizia con un giovane di Tagaste e il primo scritto sulla "Bellezza". A Tagaste ritrova un amico; è un'amicizia profonda, un'anima sola in due corpi. La morte prematura del giovane amico interrompe violentemente il dolcissimo rapporto umano. La sofferenza di Agostino è indicibile e gli rende insopportabile la permanenza nella sua città natale. Fugge a Cartagine, dove il tempo e il conforto di altri amici sanano la profonda ferita. Perché tanta sofferenza? Perché le cose terrene e umane non si amano in maniera corretta; l'amore giusto è quello che ama le cose in ordine a Dio. Le cose hanno valore solo se sono amate in Dio. A ventisei anni, Agostino scrive un trattato sulla bellezza, dal titolo: "La bellezza e la convenienza" *che dedica ad un certo Gerio, famoso oratore, che non conosce personalmente, spera, però, di avere da lui approvazione per il suo lavoro. La bellezza di cui parta in questo libro è la bellezza sensibile, materiale.*

Legge e capisce da solo il difficile libro di Aristotile "Le Categorie di Aristotile", *un libro di classificazione della realtà materiale che Agostino usa anche quando parla di Dio.*

1. Superbia – Superstizione - Vanità

1. 1. Per nove anni continui, dal diciannovesimo al ventottesimo, vissi una vita di passioni e di inganni. Mi piaceva sedurre, ma ero anche sedotto. Allora insegnavo in pubblico le discipline così dette liberali[1], e in privato una falsa religione, quella manichea.

Nell'insegnamento pubblico mi sentivo orgoglioso, in quello privato ero superstizioso; in tutti e due ero vuoto, senza uno scopo. Il primo mi procurava popolarità, vanagloria; ricevevo applausi a teatro, vincevo le gare poetiche, venivo incoronato di "fieno", corone d'alloro, di quercia, ecc.

Mi abbandonavo a spettacoli frivoli e a passioni sregolate. Nell'altro insegnamento, quello religioso manicheo, cercavo di purificarmi la coscienza da queste nefandezze, facendo servizio di "cameriere" agli eletti e ai santoni. Portavo infatti loro delle vivande perché nel loro ventre, come in un'officina, venissero fabbricati angeli e dei, che ci avrebbero liberato da ogni male. Compivo questo servizio insieme ad altri amici, ingannandoli e rimanendo ingannato.

Lo so, gli arroganti rideranno di me, perché loro

[1] Si chiamavano Arti liberali perché ad esse potevano accedere solo gli uomini liberi; gli schiavi invece esercitavano la manovalanza, le opere materiali, il commercio. Le arti liberali venivano studiate dai romani che ne attribuivano la paternità a Platone e ad Aristotele, secondo quanto ci riferiscono Cicerone e Quintiliano. Agostino ne parla in più di qualche occasione (cfr. L'Ordine e La dottrina cristiana). Il loro studio era ritenuto importante e necessario per raggiungere la vera sapienza. Furono molto studiate nel Medioevo e divise in due blocchi: trivio e quadrivio. Al trivio appartengono: la grammatica, la dialettica e la retorica; al quadrivio l'aritmetica, la geometria, l'astronomia, la musica.

non hanno provato questa salutare umiliazione, come me, e tu non li hai schiacciati, o mio Dio. Non importa, io ti confesserò ugualmente le mie malefatte, *"a gloria della tua lode"* *(Sal 105, 47)*.

Lascia, ti prego, che io ripercorra quei sentieri tortuosi del mio passato errante, e ti offra *"sacrifici di esultanza"* *(Sal 26, 6)*.

Chi sono io senza di te? Sono una guida folle che conduce al precipizio. E quando sto bene in salute, cioè in "grazia di Dio", sono uno che succhia il tuo latte e si nutre di te, cibo incorruttibile. E chi è l'uomo, qualsiasi uomo, in quanto uomo? Mi irridano i forti e i potenti; lo so, io sono debole e misero; non importa, io mi affido a te e ti confesso le mie colpe.

Sant'Agostino insegna retorica

2. Retorica - Concubina - Oroscopo

2. 2. In quegli anni insegnavo retorica. Mi piaceva vendere chiacchiere, perché gli alunni un giorno riuscissero a vincere le gare del foro. Tuttavia, tu lo sai Signore, volevo scolari volenterosi e disciplinati, per insegnare loro, senza inganno da parte mia, la maniera di ingannare nelle cause, non per far condannare un innocente, ma per riuscire a far assolvere qualche reo.

Dall'alto tu, o Signore, mi vedevi ondeggiare su quel viscidume e tra denso fumo, ed emettere di tanto in tanto sprazzi di luce e di rettitudine in quell'insegnamento, offerti a quegli studenti che come me *"amavano la vanità e cercavano la menzogna"* *(Sal 4, 3)*. In quegli anni tenevo con me una donna, incontrata nei miei vagabondaggi amorosi; non però come legittima moglie, come si dice. Tengo a precisare: "una sola", alla quale rimasi sempre fedele, più di un vero marito.

Ho sperimentato quale differenza ci sia fra un matrimonio celebrato regolarmente e ordinato alla procreazione della prole, e una unione cercata solo allo scopo libidinoso. Sì, possono nascere anche figli, benché non desiderati; una volta nati, però, si sente il dovere di amarli.

Avversione per le pratiche degli aruspici

- 3. Una volta volli partecipare a un concorso poetico al teatro. Ricordo che un aruspice mi mandò a dire che mi avrebbe fatto vincere se gli avessi dato una lauta somma, per offrire un solenne sacrificio agli dei per la mia vittoria. Gli risposi che detestavo e aborrivo quelle magie; e se anche in palio ci fosse stata una corona d'oro massiccio, non avrei immolato nemmeno una mosca per conquistarla.

Era evidente l'intervento diabolico in quei sacrifici di animali; e io avrei dovuto accettare l'aiuto del diavolo per vincere? Lo so, non lo feci spinto da rettitudine di coscienza, Dio mio. Ancora non sapevo amarti, Dio del mio cuore. Ancora non concepivo che esistessero splendori divini senza corpo. *"Perisce l'anima che si allontana da te"* (Sal 73, 27) per correre dietro, ansimante, a simili fantasie. Pone la sua fiducia in realtà non esistenti, e con le sue parole "pasce i venti".

Sì, non volli che si sacrificassero vittime ai demoni per me, mentre io, con la superstizione, mi sacrificavo a loro.

"Pascere i venti" equivale a "pascere i demoni", ed essi se la ridono, pasciuti e contenti, dei nostri errori.

3. Tifoso dell'astrologia

3. 4. Non tralasciavo di consultare quei ciarlatani di astrologi, che vengono chiamati "i matematici". Costoro non fanno sacrifici e preghiere a qualche divinità. Tuttavia la Chiesa Cattolica li condanna, perché contrari alla tua retta pietà. Infatti, *"è bello dar lode al Signore e confessare il suo nome"* (Sal 92,

2) e dire: *"Pietà di me, Signore: risanami, contro di te ho peccato"* (Sal 41, 5). E non bisogna abusare della sua misericordia, ma ricordarsi di quelle parole di nostro Signore: *"Ecco, sei stato guarito, non peccare più perché non ti accada qualcosa di peggio"* (Gv 5, 14).

Ora, questa verità di salvezza, che è tuo dono, gli astrologi, i matematici, la annullano con le loro teorie. Dicono infatti: "Il peccato è inevitabile, discende dal cielo; colpa di Venere, di Saturno, di Marte".

L'uomo, *"carne e sangue"* (Mt 16, 17; 1Cor 15, 50) non c'entra, è solo "un superbo marciume". La colpa è del cielo, di colui che ha creato e ordinato il corso delle stelle e degli astri.

Ma il creatore del cielo e della terra chi è se non il nostro Dio, soavità e fonte di giustizia, che rende *"a ciascuno secondo le sue opere"* (Sal 62,13; Mt 16, 27; Rm 2, 6) e *"non disprezza un cuore affranto e umiliato"*? (Sal 50, 19).

Vindiciano e Nebridio, due avversari dell'astrologia

- 5. In quel tempo viveva un uomo saggio, esperto nella medicina e di animo nobile. Come proconsole, e non come medico, di sua mano aveva posto sul mio capo malsano una corona d'alloro, vinta in una gara agonistica. Solo tu, o Signore, puoi guarire certe malattie, tu, *"che resisti ai superbi e dai la grazia agli umili"* (Gc 4, 6; 1Pt 5, 5). Tuttavia, anche per la saggezza di questo vecchio, tu non hai smesso di curare la mia anima.

Ero entrato in confidenza con lui e ascoltavo volentieri e con attenzione i suoi discorsi, poveri di parole ricercate, ma ricchi di sentenze e di pensieri gradevoli e saggi. Così, parlando amichevolmente, si accorse che io mi dedicavo a leggere i libri che parlavano degli oroscopi su i compleanni. Con vera bontà paterna mi consigliò di lasciarli, e di dedicare il mio tempo a letture più utili, e di non andare appresso a quelle curiosità e vanità.

Anche lui, mi disse, da giovane si era dedicato a quello studio, anzi voleva farne la sua professione per vivere; se si era laureato in medicina studiando Ippocrate, tanto più sarebbe riuscito nello studio dagli oroscopi. Più tardi, lasciò perdere gli oroscopi e si dedicò del tutto alla medicina. Aveva scoperto la falsità di quelle teorie, e, da uomo saggio, non voleva guadagnarsi da vivere ingannando il prossimo. "Tu - mi disse - ti dai all'astrologia per diletto, perché hai davanti una bella carriera, quella di avvocato, o di professore di retorica. Quindi, non ti preoccupa il vivere. Fidati di me, che sono più esperto in materia di oroscopi, perché io mi ci applicai con l'intento di farne la mia ragione per vivere".

Gli feci notare che più di qualche volta gli oroscopi indovinano. Mi rispose che in natura, in tutte le cose, esiste "il caso".

Quando si leggono i versi di un poeta qualsiasi, può capitare che qualche verso di quella poesia corrisponda al nostro stato d'animo, anche se il poeta canta ben altri argomenti. Pertanto non c'è da meravigliarsi se a volte, per qualche ispirazione dall'alto, le risposte dell'astrologo coincidano con le attese e con la situazione dell'interrogante.

Ma ciò non avviene per l'abilità o la bravura dell'astrologo, ma solo per caso.

- 6. Fosti tu, o Signore, che mi facesti avere da quell'uomo saggio un saggio insegnamento, per suo mezzo; un insegnamento che poi, nella mia memoria, io avrei continuato a sviluppare.

Allora, però, né il saggio vecchio né il mio carissimo Nebridio, giovane di grande bontà, ed estremamente casto, che derideva ogni sorta di astrologia, riuscirono a persuadermi di abbandonare quelle letture.

L'autorità degli autori di quei libri mi convinceva di più, anche perché non avevo trovato alcun argomento valido, che mi dicesse chiaramente se i responsi degli astrologi, quando corrispondevano al vero, erano frutto del caso o della loro arte, capace di conoscere il responso delle stelle.

4. La morte di un amico

4. 7. In quegli anni, quando iniziai a insegnare a Tagaste, la mia città natale, per ragioni di studio incontrai un amico. Un amico carissimo, della mia stessa età, tutti e due nel fiore della giovinezza. Eravamo cresciuti insieme, insieme a scuola, insieme ai

giochi. Non ancora amici, però. Solo allora fummo veri amici. Ma la vera amicizia viene da te, o Signore, quella che unisce fra loro persone unite dal vincolo della carità, quella carità *"diffusa nei nostri cuori per mezzo dello Spirito Santo che ci è stato dato"* (Rm 5, 5). Un'amicizia per me dolcissima, maturata nell'ardore delle medesime aspirazioni.

Lo avevo allontanato dalla vera fede, con facilità, perché non l'aveva sempre praticata, anche da ragazzo, con profonda convinzione.

E lo avevo convinto a farsi manicheo, a credere a quelle superstizioni, false e perniciose, che facevano piangere mia madre, in continuazione, per me. La sua mente, ormai, era presa dall'errore manicheo, come la mia.

Io non potevo vivere senza di lui.

Ed ecco, all'improvviso, piombare, su i due fuggitivi da te, la tua mano, *"Dio che fai giustizia"* (Sal 94, 1) e insieme fonte di misericordia, che ci richiami a te attraverso mille strade.

Mi togliesti l'amico più caro, appena un anno dopo che eravamo diventati amici.

Un'amicizia a me dolcissima, in quegli anni giovanili, più di ogni altra attrattiva o soddisfazione.

- 8. *"Chi può narrare i prodigi del Signore, far risuonare tutta la sua lode?"* (Sal 105, 2) Io lo posso, o Signore, perché li ho sperimentati personalmente. Cosa hai fatto, o Signore, Dio mio? "*Sì, la tua giustizia è come i monti più alti, il tuo giudizio come il grande abisso" (Sal 35, 7; Rm 11, 33)*. Ecco. Il mio dolcissimo amico si è ammalato gravemente. È stato per giorni in coma, avvolto nel sudore della morte. Disperando che potesse riaversi, è stato battezzato; naturalmente lui non ha avvertito nulla.

Questo battesimo non mi ha preoccupato; nella mia presunzione ero certo, che una volta riavutosi, lo avrei trovato con le stesse idee di prima, le mie. L'acqua del Battesimo, infatti, aveva toccato solo il suo corpo.

Ed ecco si riprende, sembra guarito.

Corro subito a trovarlo e a parlargli.

Aspetto che anche lui sia in grado di poter parlare. Da vero amico, son rimasto sempre al suo capezzale. Così, appena possibile, ho iniziato, accennando al Battesimo: certo, dicevo, ridicolizzandolo, è un Battesimo che non dice nulla: l'acqua ha sfiorato il corpo e non lo spirito.

Ormai, però, sapeva di averlo ricevuto.

Speravo che condividesse il mio ragionamento.

Sennonché, mi guarda inorridito, come fossi diventato suo nemico, e, con tono severo e in tutta franchezza, mi dice: "Se vuoi rimanere mio amico, lascia stare questi discorsi!".

Rimasi stupito e sconvolto, e non dissi più nulla.

Aspettai che migliorasse e ripigliasse le forze; gli avrei esposto meglio il mio pensiero.

Ma tu, o Signore, lo portasti via, prima che ascoltasse le mie demenze, e presso di te mi fosse di conforto.

Dopo pochi giorni, infatti, ebbe un nuovo attacco di febbre, e spirò.

Io ero assente in quel momento.

Sconforto di Agostino

- 9. Per il dolore la mestizia ha invaso il mio cuore. Ovunque guardo vedo tenebre, vedo morte.

La mia città, la casa paterna, mi danno angoscia terribile.

E tutto quanto avevo in comune con lui, si è trasformato in una immane afflizione.

I miei occhi attendono di vederlo apparire da qualche parte, inutilmente. Odio tutto e tutti: purtroppo lui non c'è più, e nessuno può dirmi, come quando era vivo: "Ecco sta venendo".

Per me è diventato un grande problema: mi domando perché il mio animo sia così triste e perché mi angusti tanto; ma non trovo risposta.

E se cerco di farmi coraggio ripetendo "Spera in Dio", come posso aspettare risposta, se mi si comanda di sperare in un Dio "fantasma"? (secondo la dottrina manichea).

Quanto meglio sta lui, il mio carissimo amico.

Sì, l'ho perso, ma la sua presenza è realmente più vicina a me.

Mi è dolce piangere, le lacrime hanno preso il suo posto nel mio cuore, riempiendolo di consolazione.

5. Il conforto del pianto

5. 10. Ora, o Signore, tutto è passato.

Il tempo ha rimarginato le mie ferite.

Posso domandare a te, che sei la Verità, accostare le orecchie del mio cuore alla tua bocca, perché tu mi dica: come mai il pianto è così dolce ai miseri? Forse, benché tu sia presente ovunque, hai sospinto lontano da te la nostra sofferenza?

E tu, "rimanendo in te stesso, tutto rinnovi attraverso lo svolgersi delle nostre età?".

Cosa rimarrebbe della nostra speranza, se le nostre lacrime non venissero accolte da te?

Non può essere altrimenti.

La nostra amarezza raccoglie soavi frutti, dal gemere, dal piangere, dal sospirare.

Tale dolcezza proviene dalla speranza che tu ci hai esaudito.

Ciò avviene quando si prega, perché la preghiera ha questo scopo: far giungere fino a te i nostri desideri. Non so però se questo poteva avvenire per il dolore e il lutto che mi affliggeva per la perdita di quel caro amico.

Non speravo che ritornasse a vivere e le mie lacrime non chiedevano tanto. Soltanto mi affliggevo e piangevo.

Ero infelice e avevo perduto ogni gaudio.

Il pianto è una realtà amara, e dona dolcezza: forse perché ci fa provare nausea di quelle cose che un tempo ci dilettavano e che oggi si aborriscono?

6. La vita di fronte alla morte

6. 11. Ma perché parlare di queste cose?

Non è tempo di fare domande, ma di confessarmi a te. Ero infelice, come è infelice chiunque si affeziona troppo a queste realtà destinate a perire.

Quando vengono meno è uno strazio.

Solo allora avverte la loro caducità, e si sente infelice; ma era infelice anche prima di perderle.

Così ero io in quel tempo: piangevo lacrime amare e *"riposavo nell'amarezza"* *(Gb3, 20; 23, 2; Is 38, 15)*.

Più misero di così. Più che quell'amico carissimo, ormai perduto, ora avevo più cara la mia stessa vita, benché infelice.

Sì, avrei voluto cambiarla e renderla felice, ma non mi sentivo di rinunciarvi per riavere lui.

Non so se sarei stato disposto a fare per lui quello che si racconta di Oreste e Pilade[2]: - almeno che non sia un'invenzione avrebbero preferito morire insieme perché la vita per colui che sarebbe rimasto, dopo la morte dell'amico, sarebbe stata peggio della morte stessa. Io, invece, provavo ben diversi sentimenti, non so perché: ero stanco di vivere, annoiato, ma avevo una paura tremenda di morire.

Credo che l'amore che portavo al mio amico mi faceva odiare maggiormente la morte, perché me lo

[2] Oreste e Pilade, due personaggi greci, cugini e amici strettissimi. Quando Oreste fuggì per aver ucciso la madre e venne minacciato di morte, tra i due amici, si accese una gara da voler essere l'uno al posto dell'altro. Agostino vi fa riferimento per dirci che tale era la sua amicizia con il giovane di Tagaste, anche se con qualche riserva.

aveva tolto.

Odiavo la morte come la più atroce nemica, e credevo che, come aveva portato via lui, ben presto avrebbe portato via tutti gli uomini.

Tale era il mio stato d'animo. Lo ricordo bene.

Ecco il mio cuore, Dio mio, ecco il mio intimo, te lo presento così, come lo ricordo *"speranza mia"* (*Sal 70, 5*). Tu mi hai liberato e purificato dall'impurità di tali affetti disordinati, hai indirizzato il mio affetto verso di te, e *"liberato dal laccio i miei piedi"* (*Sal 24, 15*).

Sant'Agostino ritorna a Cartagine

Mi rammaricavo di vedere gli altri vivere, e colui che io tanto amavo, come un altro me stesso, e che avrei voluto che non morisse mai, era morto; io, invece, vivevo. Dice bene Orazio: un vero amico è la metà della propria anima. Io, infatti, avevo la sensazione che l'anima sua e la mia fossero un'anima sola in due corpi. Perciò, ormai la vita mi era insopportabile, mi sembrava di essere dimezzato. Tuttavia non volevo morire, perché in me, nella mia metà, continuasse a vivere colui che avevo tanto amato.

7. A Cartagine in cerca di sollievo

7. 12. Oh stoltezza, il non sapere amare gli uomini per quel che sono, cioè uomini!

Stolto l'uomo che non accetta di essere uomo. Quest'uomo, allora, ero io.

Non mi davo pace. Ero inquieto, sospiravo, piangevo, mi agitavo. Non sapevo cosa fare.

Mi portavo dietro un'anima dilaniata e sanguinante.

Non ce la facevo più a sopportarla, ma non sapevo dove scaricarla: non nel verde dei boschi, non nel gioco o nel canto, non nei giardini profumati di fiori, non alla mensa imbandita di gustose vivande, e nemmeno negli amplessi amorosi nella camera da letto.

Neppure i libri, o la lettura di poemi mi acquietava. Tutto mi era odioso, la stessa luce del sole, e tutto ciò che mai avrebbe potuto ridarmi la sua presenza.

Solo gemiti e lacrime mi donavano un po' di pace.

Quando cessavano le lacrime, l'anima mia ripiombava sotto il peso della sua infelicità.

Lo so, per guarire avrei dovuto rivolgermi a te, o Signore; ma non volevo e non potevo, perché tu non eri per me un essere esistente e reale; questo era allora il mio pensiero.

Non eri infatti quello che sei, ma un vano fantasma. Questo errore era la mia fede, il mio Dio.

Su questa fede non potevo far riposare l'anima mia, era come appoggiarsi al vuoto; e di nuovo ricadere dentro di me.

Ma il mio era un luogo infelice, non sapevo starci e non sapevo come uscirne.

Dove sarebbe fuggito il mio cuore lontano dal mio cuore? Potevo fuggire io da me stesso senza tirarmi dietro me stesso?

Alla fine mi decisi: fuggii dalla mia città, lasciai Tagaste e mi trasferii a Cartagine.

Qui almeno i miei occhi avrebbero visto altri luoghi, e non quelli che mi riproponevano sempre la sua presenza.

8. Nuove amicizie a Cartagine

8. 13. Il tempo non si ferma, e non passa invano sulle nostre vicende. Compie sul nostro animo meravigliose trasformazioni. I giorni passavano uno dopo l'altro, e in me sorgevano nuove speranze, nuove memorie, e a poco a poco si risvegliavano i primitivi motivi che mi procurarono diletto, e il mio dolore si placava. Certo per il momento non avevo altre sofferenze, però non mancavano motivi per soffrire.

Nel mentre mi domandavo come mai quel dolore fosse penetrato così profondamente nel mio intimo.

E la risposta era perché avevo appoggiato la mia anima sulla sabbia, amando un essere mortale quasi non dovesse mai morire.

Fortuna ebbi il conforto di altri amici che mi diedero sollievo. Avevamo in comune la stessa fede, lo stesso interesse, per quella divinità che non eri tu (amici manichei): una grossa favola e una continua menzogna, ci solleticava e ci corrompeva le menti, per il prurito di udire qualcosa.

Quelle favole non morivano in me, anche se qualcuno degli amici moriva.

Il mio animo si distraeva in mille modi con loro: si parlava, si scherzava, si rideva, ci si scambiava complimenti ossequiosi, si leggevano libri piacevoli, ci si beffeggiava e ci si onorava a vicenda, qualche volta si dissentiva, senza odio, come capita a ognuno di noi con se stesso; i rari dissensi insaporivano i molti consensi. Inoltre ci scambiavamo a vicenda il ruolo di maestro o di discepolo. Si soffriva di nostalgia per l'assenza di qualcuno, si gioiva del ritorno.

Questi e altri segni del genere, che sgorgano dal cuore di coloro che si amano a vicenda, espressi con la bocca, con la lingua, con gli occhi, e con mille altri gesti gradevolissimi, uniscono le anime in un'unica fiamma, molte anime, ma un'unica fiamma. Come fosse un'anima sola.

9. Beato chi ama Dio e il prossimo

9. 14. In questo modo si amano gli amici; e ci si sente colpevoli se non si ama chi ci riama, o non si riama chi ci ama, senza chiedere altro da lui che manifestazioni dì affetto.

E se muore un amico si fa lutto, il dolore ci opprime, l'amarezza subentra al gaudio che si provava quando era vivo, il cuore è gonfio di pianto, e la vita perduta di chi muore è la morte dei vivi che restano.

Beato colui che ama te, o Signore, e l'amico in te, e il nemico per amor tuo.

Nessuno più caro di colui che non muore mai, e in cui tutti sono amici e non muoiono mai. Chi può essere quest'amico che non muore mai se non tu, o Signore, nostro Dio che hai creato il cielo e la terra, e li riempi della tua presenza, perché la pienezza della tua presenza li ha creati?

Nessuno ti perde come amico se non chi ti abbandona, se ne va, fugge lontano dalla tua presenza? Misero! Lascia un amico amabile per ritrovarsi con un nemico irato. Ovunque vada incontrerà sempre la tua legge, e la trasgressione della tua legge sarà il suo tormento. *"E verità è la tua legge"* *(Sal 118, 142)*. E tu sei la verità.

10. Fugacità delle vicende umane

10. 15. *"Rialzaci, Dio degli eserciti, fa splendere il tuo volto e noi saremo salvi"* (*Sal 79, 8*).

In qualunque parte il nostro animo si volga, fuori di te, sempre incontrerà il dolore che lo attanaglia, anche in quelle piacevoli attrattive, che trova fuori di te e fuori di sé. Però anche queste bellezze piacevoli non ci sarebbero se non provenissero da te.

Sorgono e tramontano.

Sì, nascono, crescono, raggiungono la loro perfezione; poi iniziano a invecchiare e finiscono.

Non tutte raggiungono la vecchiaia, ma tutte muoiono. Dunque, nascono e tendono all'esistenza; e più è celere il loro sviluppo verso la vita, tanto più celere è il loro disfacimento verso la morte.

Questo è il limite del loro esistere.

Tanto concedi loro, perché sono parte di realtà che non esistono tutte simultaneamente, ma scomparendo e succedendosi esse danno vita all'universo, del quale fanno parte. Così avviene a noi quando parliamo con accenti sonori.

Una parola sola non forma un discorso, ma una parola cede il posto a un'altra parola, e così via.

"Possa io vivere e darti lode, Dio creatore dell'universo"[3]. Ma senza che il cuore si attacchi a queste cose create spinto dalle passioni dei sensi corporei. Passano e ritornano nel nulla; ma passando lacerano l'anima con passioni pestifere, perché l'anima

[3] Ambrogio, *Hymni* 4, 1.

vuol vivere e riposare nelle cose che ama. Ma in esse non ci può essere riposo stabile, non stanno ferme, sono sempre in movimento, e non si riesce ad afferrarle con i sensi carnali, anche quando sembrano a portata di mano.

I sensi carnali sono lenti, perché sono sensi carnali, hanno un loro limite; sono capaci in altre cose, per le quali sono stati fatti; ma non sono capaci di trattenere realtà sempre in movimento, dall'inizio della loro esistenza fino alla fine.

Dalla tua parola che le ha create hanno udito: "*Fin qui giungerai e non oltre*" *(Gb 38, 11)*.

11. Solo Dio non passa

11. 16. Anima mia, non perderti dietro le vanità, non lasciare che il tuo cuore venga assordato dal tumulto delle tue vanità. Ascolta anche tu: il Verbo stesso ti chiama, ritorna.

Presso di lui è quiete imperturbabile, è amore sicuro, che non abbandona, a meno che non venga abbandonato. Le cose di questo mondo, le vanità passano, una succede all'altra. Questa è la realtà del nostro universo.

Il Verbo di Dio è sempre lo stesso, non tramonta mai. Fissa la tua dimora in lui, riponi in lui ciò che da lui hai ricevuto.

Anima mia, non ti sei stancata di tanti disinganni? Affida alla Verità quanto ricevi dalla Verità, e non perderai nulla; rifiorirà la tua carne putrefatta, verranno *"risanate tutte le tue malattie, le tue piaghe guarite, e tu rinnovi come aquila la tua giovinezza"* *(Sal 102, 3. 5; Mt 4, 23)*.

Staranno unite a te le cose che ricevi dal Verbo, per sempre, e non ti abbandoneranno, mentre il tempo passa, e passano le sue vanità. *"Esse periranno, ma tu rimani, tutti si logorano come veste, si muteranno, passeranno, ma tu resti lo stesso, perché il Signore rimane in eterno"* *(Sal 101, 13. 27)*.

- 17. Perché dai retta alla tua carne "pervertita"? È lei, invece, convertita, che deve dare retta a te.

Tutto ciò che cade sotto i sensi della carne è limitato, è una parte del tutto, che tu ignori, e tuttavia, benché una parte, tu ci provi diletto.

Se i sensi della tua carne fossero capaci di abbracciare tutto l'universo e non fossero stati limitati a comprenderne solo una parte, per tuo castigo, tu certamente vorresti che ogni cosa creata ti passasse davanti, per goderne di tutte.

Avviene, infatti, come quando si parla: tu ascolti con l'udito, un senso del tuo corpo, e non ti accontenti di ascoltare solo una sillaba, ma aspetti che le sillabe escano una dopo l'altra per completare il pensiero e tu possa udire tutto il linguaggio.

Così succede per tutte quelle realtà che formano il tutto, ma che non esistono tutte simultaneamente, benché tutte in esso; certamente, se si potessero percepire tutte simultaneamente, si proverebbe maggior gaudio, di quello che si prova per una singola realtà.

Assai meglio, però, di tutte queste realtà, Colui che ha creato ogni cosa: e questi è lo stesso Signore, Dio nostro, che non passa, perché non esiste nulla che possa sostituirlo: *"Riconoscerete che il Signore è Dio, egli ci ha fatti e noi siamo suoi, suo popolo e gregge del suo pascolo"* *(Sal 99, 3)*.

12. La vera felicità solo in Dio

12. 18. Ti piacciono i corpi? Prendi occasione per lodare Dio, e il tuo amore si rivolga a colui che li ha creati; non ti accada che amando i corpi tu possa dispiacere a lui.

Ti piacciono le anime? Amale in Dio; per se stesse sono mutevoli, ma se si fissano in Dio rimangono stabili, altrimenti passano e periscono.

Si amino, dunque, in Dio, e rapiscile quanto più puoi, conducili a lui e di' loro: amiamo! amiamo! "È lui che dobbiamo amare! È lui che dobbiamo amare!". "Lui ci ha creato" e "non è lontano da ciascuno di noi". Non ci ha creato e poi se ne è andato. Ma siamo e viviamo tutti in lui.

Hai capito dov'è, dove si gusta veramente la verità? È nell'intimo del cuore, ma il cuore si è allontanato da lui. "Come pecora smarrita va errando".

"Rientrate nel vostro cuore, o prevaricatori" *(Is 46,8)* e aderite a colui che vi ha fatto, riposate in lui e troverete riposo. Dove andate girando, per sentieri aspri e selvaggi? Che andate cercando? Il bene che desiderate viene da lui, e solo quello che tende a lui

è vero bene e dona gioia e soavità. Sarà giustamente amaro ciò che si ama ingiustamente, lontano da lui, perché ogni bene proviene da lui. Ancora andate vagando, vagando ancora: *"Ci siamo perduti nelle vie del male e della perdizione, abbiamo percorso deserti impraticabili, ma non abbiamo conosciuto la via del Signore" (Sap 5,7).*

La quiete non è lì dove la cercate. Cercate proprio lì dove non la potete trovare. Non si trova lì.

Andate alla vita beata e la cercate in una regione di morte, *"in terra deserta e ombra di morte" (Is 9, 2; Mt 4, 16)*. Come potrebbe esserci "beata vita" là dove non c'è nemmeno la vita?

- 19. La vita nostra è discesa quaggiù, in mezzo a noi, si è addossato la nostra morte (i peccati) e le ha dato la morte con la pienezza della sua vita (la redenzione dal peccato); e ha lanciato forte il suo richiamo: "Lasciate queste vanità e venite a me, nell'intimo della mia vita, da dove sono partito per venire a voi. Prima, nel seno verginale, sposai l'umana creatura, assunsi carne mortale per renderla immortale; quindi: *"come sposo della stanza nuziale, ho esultato come prode che percorre la via" (Sal 18, 16)*.

Non si è attardato, non si è fermato, il Verbo fatto uomo, ha camminato sempre, lanciando i suoi richiami, con le parole, con le opere, con la morte, con la vita, discendendo e ascendendo, sempre gridando forte a noi il suo richiamo: "Ritornate a me voi tutti!".

Ascendendo al cielo è scomparso alla vista dei nostri occhi; ma ci ha detto che se rientriamo in noi stessi lo troveremo nel nostro cuore. È andato via, eppure è sempre in mezzo a noi. Non volle stare a lungo con noi, ed ecco, non ci ha mai lasciato. È tornato lassù da dove non era mai partito.

"Il mondo è stato fatto per mezzo di lui, e lui era in questo mondo, e venne in questo mondo per salvare i peccatori" (Tm 1, 10).

L'anima mia si confessa a lui per essere risanata, *"perché contro di lui ho peccato"* (Sal 40, 5).

"Fino a quando, uomini, sarete duri di cuore?" (Sal 4, 3). La vita è discesa a voi, e voi non volete ascendere e vivere? Ma dove volete ascendere?, voi, che già state in alto *"e avete levato la vostra bocca fino al cielo?"* (Sal 72, 15). Scendete prima se volete ascendere fino a Dio. Discendete dalla vostra superbia, dalla vostra arroganza. Siete caduti nel tentativo di ascendere contro Dio.

Ricorda loro queste verità, anima mia, perché piangano, *"in questa valle di pianto"* (Sal 83, 7). Rapiscili con te all'amore di Dio. Le parole che loro dici ti vengono suggerite dallo Spirito, ma tu devi dirlo infiammata dal fuoco della verità.

13. Trattato di estetica

13. 20. A quei tempi non ragionavo così, non conoscevo queste verità. Ero innamorato delle bellezze effimere, e me ne andavo verso l'abisso.

Dicevo ai miei amici: ci piace tutto ciò che è bello. Ma che cos'è il "bello"?

E la "bellezza" che cos'è? Che cosa ci attrae e ci concilia con le cose che amiamo? Non ci fosse in loro armonia e bellezza, in nessun modo ci attirerebbero a sé.

Notavo e vedevo che nei corpi una cosa è la bellezza nel suo insieme, altro invece ciò che è decoroso, conveniente, e che si armonizza con gli altri corpi, come un membro del corpo si armonizza con esso, o come le calzature si adattano ai piedi, e così via.

Questa riflessione scaturì nel mio animo, nell'intimo del mio cuore; e per questo ho scritto due o tre libri: "*Del bello e del conveniente o dell'armonia dei corpi*[4]".

Tu lo sai, o Dio. Io li ho dimenticati, li ho smarriti. Non so che fine abbiano fatto.

---

[4] Si tratta di un libro scritto prima della conversione, non pervenutoci. Agostino non se l'è più trovato tra le sue opere. Sappiamo molto poco anche di Gerio. Scritto vent'anni più tardi, vi si tratta di un tema caro a Platone, ma anche importante per la scelta del nostro retore; infatti la bellezza lo affascinerà e sarà la chiave di volta di lettura del suo pensiero. Certamente, quando lo scrisse, Agostino era materialista, si trattava cioè della bellezza sensibile; quando però si convertirà, la bellezza si identificherà con Dio stesso, "Bellezza di ogni bellezza", "Padre di ogni bellezza".

14. Dedica il "De pulchro et apto" a Gerio

14. 21. Non so cosa mi spinse, Signore Dio mio, a dedicare quei libri a Gerio, oratore, cittadino romano. Non lo conoscevo personalmente, ma stimavo l'uomo per la fama della sua dottrina, che lo rendeva illustre. Avevo ascoltato alcuni suoi discorsi e mi erano piaciuti.

Lo stimavo ancor di più per gli elogi che riceveva anche dagli altri uditori, i quali si meravigliavano come un uomo, oriundo dalla Siria, resosi celebre come oratore in lingua greca, prima, ora era ammirato per la sua eloquenza latina. A me piaceva inoltre perché era un cultore e conoscitore degli studi pertinenti alla filosofia.

Si può lodare un uomo e amarlo anche da lontano. Forse che la stima per una persona entra nel nostro cuore dalle parole di elogio che sentiamo dagli altri? Assolutamente no. Ma dall'amore di uno si accende l'amore nell'altro. Infatti si ama chi viene lodato quando siamo certi che le parole di lode provengono da un cuore sincero: cioè, quando veramente si ama la persona che si loda.

- 22. Allora io così amavo gli uomini, seguendo il giudizio degli altri, non il tuo, o Dio mio, seguendo il quale nessuno rimane ingannato. Ma la mia lode e stima per Gerio non è la stessa che si tributa a un esperto auriga, a un cacciatore acclamato dalle folle.

La stima per Gerio è molto più nobile e di alto valore.

Piacerebbe anche a me essere stimato e lodato come lui. Aborrisco e detesto gli applausi e gli elogi che vengono tributati agli istrioni. Anch'io li lodavo e li stimavo, ma preferivo tenermi "alla larga", non farmi notare, essere odiato piuttosto che lodato e amato.

Nel nostro animo quale varietà e diversità di sentimenti! A volte si ama nell'altro ciò che invece ripugna se fosse in noi, e si fa del tutto per detestarlo e tenerlo lontano, come se si odiasse. Eppure siamo entrambi uomini.

Uno ama un buon cavallo senza desiderare di diventarlo, anche se lo potesse.

È diverso quando si parla dell'istrione, è un uomo come noi; lo lodo per quel che fa, ma non vorrei essere come lui. Amo dunque nell'uomo quel che detesto fosse in me, benché anch'io sia un uomo.

Che profondo mistero è l'uomo! E tu, o Signore, conosci perfino il numero dei suoi capelli, non te ne sfugge uno. Eppure è più facile contare i capelli dell'uomo che conoscerne tutti i sentimenti e gli affetti del cuore.

- 23. Quel grande oratore, Gerio, apparteneva a quella categoria di uomini che piacevano a me. Anch'io avrei desiderato essere come loro.

Purtroppo io andavo errando, di vanità in vanità, *"sballottato da ogni vento di dottrina" (Ef 4, 4)*. Fortuna che tu, o Signore, mi guidavi silenziosamente, senza che io lo avvertissi. Ti confesso, o Signore, che non so e non sono certo se stimavo Gerio più per l'amore di quelli che lo lodavano, oppure per le ragioni per cui lo lodavano.

Supponiamo che invece di lodarlo l'avessero biasimato per le stesse ragioni per cui lo lodavano, certamente anch'io non mi sarei lasciato entusiasmare per lui. Eppure, Gerio era Gerio, il grande oratore, e le lodi e le critiche non avrebbero certo intaccato il personaggio. Erano gli altri che mutavano nei loro apprezzamenti.

Così succede a chi è ancora instabile, non bene ancorato alla verità. È come una foglia portata dal vento: va appresso alle opinioni degli altri, gira e rigira, vola di qua, vola di là, su e giù; gli si annebbia la mente e non scopre più la verità. E la verità è qui, davanti a noi, a portata di mano. Per me, poi, sarebbe stato un fatto importante se Gerio, il grande oratore, fosse venuto a conoscenza della mia eloquenza e dei miei studi; se li avesse approvati grande sarebbe stato il mio entusiasmo, al contrario sarebbe stata come una pugnalata alla vanità del mio cuore se li avesse criticati.

Nel mentre, io mi compiacevo di quella mia prima opera, la leggevo e la rileggevo, mi passava davanti come in uno specchio, anche se nessuno l'aveva letta per averne un giudizio.

15. Argomento di quel primo lavoro

15. 24. Ancora non ero riuscito a scoprire il segreto della tua arte creativa, o Signore Dio onnipotente, *"perché tu solo compi prodigi" (Sal 71,18; 135, 4)*.

Io mi fermavo alle forme corporee: una cosa può essere bella e armoniosa in se stessa, oppure in rapporto ad altri oggetti ai quali si adatta per convenienza e armonia. Per questo facevo degli esperimenti pratici: distinguendo e catalogando ogni cosa.

Dalla natura dei corpi passai a considerare la natura dell'anima. Ma la falsa idea che avevo come manicheo delle cose spirituali mi impedì di approfondire questa verità. Eppure la forza di questa verità era davanti ai miei occhi. Ma la mia mente rifuggiva da queste realtà incorporee, per deliziarsi delle forme corporee, delle linee, dei colori, delle grandi e turgide corporature.

Tutte queste cose non le vedevo nell'animo, perciò non avrei mai potuto vedere e conoscere l'animo umano. E siccome la virtù mi dava l'idea stessa della pace, come il vizio, al contrario, l'idea della discordia, nella virtù vedevo l'unità, nel vizio le divisioni. Nell'unità, quindi, scorgevo una mente razionale, l'essenza della verità e del sommo bene. Nel vizio, invece, causa di discordie e divisioni, vedevo una specie di vita irrazionale, e l'essenza del sommo male, che io consideravo non solo sostanza, ma addirittura "vita", che certamente non proviene da te, o mio Dio, *"dal quale tutto proviene" (1Cor 8, 6; Rm 11, 36)*. E io, allora misero, la pensavo in quel modo. Quella, la virtù, la chiamavo "monade", un'intelligenza senza sesso; quest'altra la chiamavo "diade", che genera collera, causa dei delitti, e tendenze libidinose. Non sapevo che cosa dicevo. Non conoscevo ancora e non avevo imparato che il male non è una sostanza, e anche la nostra intelligenza non è il bene supremo e immutabile[5].

- 25. Come i delitti avvengono quando gli impulsi del nostro animo sono corrotti, orgogliosi si scatenano torbidi e ciechi, come si cade nel vizio quando l'anima è presa da morbosi appetiti, così si incappa negli errori e nelle false dottrine quando il nostro intelletto è corrotto.

Così era la mia anima in quel periodo.

C'era un'altra luce che avrebbe potuto illuminarmi, se volevo essere partecipe della verità. Non è la nostra intelligenza, la nostra anima, la verità: *"Perché, tu, o Signore, sei luce alla mia lampada, il mio Dio rischiara le mie tenebre"* (Sal 17, 29). *"Dalla sua pienezza noi tutti abbiamo ricevuto"* (Gv 1, 16).

"Venne nel mondo la luce vera, quella che illumina ogni uomo" (Gv 1, 9). *"In te non c'è variazione né ombra di cambiamento"* (Gv 1, 17).

---

[5] Nel trattato sulla "Bellezza", Agostino dice: una cosa è la bellezza in sé (una bella scarpa), un'altra è la bellezza che si adatta a qualche altra cosa (la scarpa al piede; questa scarpa è fatta per il tuo piede). La bellezza in sé è rappresentata dall'unità che Agostino chiama "monade", la bellezza nell'armonia delle sue parti; quando queste parti vengono viste separatamente, allora l'unità si scolla: lo scollamento è la "diade". La monade è la virtù; la diade il vizio. Ricompare il dualismo manicheo di cui abbiamo già fatto cenno.

- 26. Mi sforzavo di salire a te, e tu mi respingevi, perché volevi che mi convincessi che cos'è la morte, dopo averla assaporata: tu, infatti, resisti ai superbi. E chi più superbo di me che asserivo, da pazzo, di essere per natura come sei tu? Io sono un essere mutevole, e la prova è che desideravo diventare sempre più dotto, o da cattivo diventare migliore. Così mi piaceva pensare che anche tu sei mutevole, per non affermare che invece io non sono quello che sei tu. Perciò mi respingevi e resistevi alla mia sfrontatezza. Andavo fantasticando forme corporee, e io uomo, carne, accusavo la carne, *"un soffio che va e non ritorna a te"(Sal 77, 39).*

Vagabondavo, gironzolavo, fra cose che non esistono, né in te, né in me, né in qualche corpo, né sono state create da te per me, dalla tua verità, ma erano parto della mia vanità, che dava loro un corpo. Dicevo ai semplici tuoi fedeli, miei concittadini, dai quali ero in esilio, pur senza saperlo; dunque dicevo loro, garrulo e delirante: "Perché l'anima sbaglia? Eppure l'ha creata Dio". E non volevo che mi rispondessero con un'altra domanda: "E perché Dio dovrebbe sbagliare?". Quant'ero stolto! Avrei preferito sapere che fosse la tua sostanza immutabile costretta a mutare, piuttosto che ammettere che era la mia natura mutevole ad aver deviato dalla strada giusta in piena libertà e a continuare a errare come meritato castigo.

- 27. Avevo forse ventisei o ventisette anni quando scrissi quei libri, ruminando dentro di me quelle immagini corporee, materiali, che assordavano le orecchie del mio cuore. Avrei voluto che queste orecchie si rivolgessero a te, per ascoltare, o dolce verità, quella soave e intima melodia, proprio mentre mi dilettavo della bellezza e dell'armonia delle cose, desideroso di ascoltare te, ed *"esultare di gioia alla voce dello sposo"(Gv 3, 29)*. Ma non potevo.

Il richiamo dell'errore mi conduceva fuori, e il gravame della superbia mi trascinava in basso. Non c'era per me "gioia e letizia", e non potevano *"esultare le ossa"*, perché non erano state ancora *"umiliate"(Sal 50, 10)*.

16. Le dieci categorie di Aristotele

16. 28. Su i vent'anni mi capitò in mano un'opera di Aristotele, intitolata "Le dieci categorie"[6]. Non so a cosa doveva giovarmi. Naturalmente la lessi e la compresi subito, da solo. Mentre - ricordo - che il mio professore di eloquenza a Cartagine, e anche altre persone che si davano l'aria di intellettuali, si

[6] Le Categorie sono il primo libro della grande opera di Aristotile, chiamata *Organon*, l'insieme degli scritti di logica, lo strumento, l'armamentario che serve a costruire un discorso. Quando parliamo non lo facciamo a caso, ma rispettiamo delle regole: soggetto, predicato, complemento, proposizione principale, secondaria ecc. Le categorie sono le opere di logica; nella lingua latina si dicono predicamenta in italiano predicamenti, classificazioni della realtà, e sono dieci: sostanza, quantità, qualità, azione, passione, relazione, luogo, sito, tempo, abito. Di queste dieci classificazioni la più importante è la

riempivano la bocca del titolo dell'opera, senza magari comprenderla, come invece avevo fatto io, che ero rimasto estasiato, come di fronte a un'opera stupenda e divina.

Ne parlai con persone che l'avevano letta, ma per capirla avevano avuto bisogno di maestri i quali la spiegavano non soltanto a parole ma con segni sulla lavagna. Eppure, non ne sapevano più di me, che l'avevo letta da solo e da solo avevo compreso tutto. L'opera, infatti, parla della "sostanza" dell'uomo e delle sue "qualità".

L'opera presenta l'uomo e le proprietà che sono dell'uomo: la persona, la sua natura, quanti "piedi" sia alto, la parentela, a chi sia fratello, dove abiti, quando è nato, se stia in piedi o è seduto, se porta i sandali ai piedi o armature addosso, se è occupato o disoccupato, e tutto ciò che può essere compreso in queste nove categorie, e nella stessa sostanza in cui esistono innumerevoli esempi del genere.

Io ho riportato solo alcuni esempi.

---

sostanza, che resta sempre la stessa, sia che si tratti di una mollica di pane, sia di una fetta; tutte le altre classificazioni riguardano le modifiche della sostanza. Per esempio: il pane rimane sempre pane, ma può essere grande o piccolo, soffice o duro, chiaro o scuro etc. C'è la sostanza che è sempre la stessa, tutte le altre classificazioni, che si chiamano accidenti perché *accedunt*, cioè si aggiungono alla sostanza e ci dicono che essa è grande o piccola, rossa o bianca, dolce o amara etc.

- 29. La conoscenza e la comprensione delle "dieci categorie" a che mi serviva? Anzi poneva degli ostacoli quando volevo riferirle a te, Dio mio, che sei mirabilmente semplice e immutabile. Eppure, siccome pensavo che ogni cosa fosse compresa in quelle categorie, così credevo che anche la tua grandezza e la tua bellezza fossero comprese in quelle categorie, come se tu fossi condizionato da un corpo. Invece tu stesso sei la grandezza e la bellezza per eccellenza.

I corpi non sono grandi e belli per il fatto di essere corpi; anche i corpi meno grandi e meno belli sono sempre "corpi".

Era falso tutto ciò che pensavo di te, niente di vero. Tutta elaborazione della mia povertà spirituale, lontano dal firmamento della tua beatitudine[7]. Avevi comandato alla terra di produrre triboli e spine, e veramente così avveniva per me, e dovevo guadagnarmi il "pane" col sudore della fronte.

---

[7] Agostino riteneva dannosa la dottrina delle dieci classificazioni di Aristotile per la sua vita, perché pensava che anche Dio vi fosse incluso. La dottrina aristotelica, invece, riguardava solo le cose create; le clssificazioni messe tutte insieme sono dette di ciascuna cosa: per esempio, il pane è grande e piccolo (è la quantità), è bianco o scuro (è la qualità), occupa uno spazio grande o piccolo (è il luogo) e così di seguito. Dio non può esservi incluso, perché non ha parti; Egli è semplicemente l'ESSERE, lo stesso ESSERE, sostanza semplice e immutabile. Non Gli si può aggiungere proprio nulla, perché ha tutto, è tutto. Dio è la sua grandezza, la sua bellezza.

Letture di altre opere

- 30. Così, a che mi giovava l'aver letto tutti i libri delle arti così dette liberali e di averli compresi da solo, se poi rimanevo schiavo delle peggiori passioni? Mi dava diletto il leggerli, ma non mi importava di conoscere la fonte di alcune verità e certezze in essi contenute.

Avevo voltato le spalle alla luce e la faccia a ciò che veniva illuminato; così, mentre i miei occhi leggevano alcune verità illuminate, il mio intelletto rimaneva all'oscuro.

Tu sai, o Signore Dio mio, con quanta facilità imparai l'eloquenza e la dialettica, la geometria, la musica, la matematica, senza bisogno di maestro. Sono tuo dono l'intelligenza che ho e la facilità di apprendere. Ma non per questo ti offrivo "un sacrificio di lode". Anzi ne facevo cattivo uso: pretesi di avere in possesso la parte migliore delle mie sostanze, e *"a te mia forza io non mi rivolgevo"(Sal 58, 10).*

Anzi *"partii per un paese lontano, e là sperperai le mie sostanze, vivendo da dissoluto, con le meretrici"(Lc 15, 13)*. Che cosa mi giovava possedere delle buone qualità e poi usarle male? Mi accorsi che quelle discipline rimanevano difficili anche a persone di studio e d'ingegno, quando a scuola io mi sforzavo di spiegarle loro; e tra loro eccelleva chi per primo riusciva a capirmi.

Inutilità dell'ingegno e della cultura separati da Dio

- 31. Ma tutto ciò a che mi serviva, quando io ti pensavo, o Signore Dio di verità, un corpo luminoso e immenso e io una particella di quel corpo?

Quanta perversità!

Purtroppo ero così, non mi vergogno di confessarlo, o mio Dio, e ti ringrazio per la tua misericordia. Non mi vergogno ora di invocarti, come allora non mi vergognavo di lanciare bestemmie contro di te, davanti agli altri, come un cane rognoso.

A che mi serviva allora quell'ingegno, così sveglio, capace di apprendere quelle dottrine senza bisogno di alcun maestro, e senza il loro aiuto l'aver districato libri intricatissimi, se poi erravo, con sacrilega sfacciataggine, proprio nella dottrina della fede?

Quanto meglio i semplici, gli "umili di cuore", che non possiedono grande ingegno, ma non si allontanano dalla tua casa, e come i piccoli della rondine riposano tranquilli nel nido della tua Chiesa, e alimentano le ali del loro amore col sano nutrimento della fede.

O Signore Dio nostro, noi ci rifugiamo, pieni di speranza, all'ombra delle tue ali, proteggici e sorreggici. Tu sei il nostro sostegno, tu ci sostieni fin dall'infanzia e ci sosterrai fino alla vecchiaia.

Siamo sicuri solo quando siamo fissi in te; quando invece ci affidiamo a noi stessi, allora siamo insicuri. Il nostro bene è vivere sempre presso di te, nell'avversione a te è la nostra perversione.

Ritorniamo subito a te, o Signore, per non essere sconvolti, perché è presso di te il nostro bene, indefettibile, sei tu questo bene; e siamo certi di trovare al nostro ritorno ancora caldo quel nido da dove siamo caduti; non è sparito durante la nostra assenza, perché è inserito nella tua eternità.

LIBRO QUINTO

SOMMARIO.

Agostino nei nove anni di militanza nella setta manichea aveva accumulato molti dubbi. Ora desidera parlare con qualcuno; e, di fatto, riesce ad incontrarsi con il vescovo manicheo Fausto. Il colloquio, assolutamente insoddisfacente, lo delude; il vescovo è brillante, ma non sa rispondere all'interlocutore e dimostra scarsa cultura.

Cartagine gli diventa città insopportabile, anche perché i suoi alunni sono indisciplinati. Decide allora di trasferirsi a Roma, e lo fa ingannando sua madre.

Raggiunge Roma ed ivi si ammala gravemente di malaria da morire.

La madre lontana non sa nulla del figlio, ma continua a pregare e a piangere.

I manichei lo aiutano nelle sue necessità, ma, oramai, non ha più fiducia nella loro religione. Se ne distacca.

Con il manicheismo si chiude un'altra strada di accesso alla verità. Lo scetticismo lo sorprende fino a dubitare di raggiungerla.

Vittima del materialismo, non riesce a risolvere né il problema di Dio né quello del male.

La permanenza a Roma, comunque, è di breve durata.

Vince un concorso di professore di retorica per Milano e parte, a spese dello Stato, per la città lombarda. Qui s'incontra con il vescovo Ambrogio, che l'accoglie paternamente, ne ascolta la catechesi e si avvicina alla Chiesa, fino ad allora disprezzata per la propaganda manichea. Da questo momento Agostino vede la Chiesa sotto una nuova luce.

1. Lodi al Signore

1. 1. Accetta il sacrificio delle mie Confessioni, offerto a te "dalla mano" della mia lingua. Sei tu che mi hai dato questa lingua, e adesso la solleciti "a lodare il tuo nome". Risana tutte le mie ossa, e dicano: "*Chi è come te, o Signore?*" *(Sal 6, 3; 34, 10)*.

Chi si confessa a te non è che sveli qualcosa di nuovo del suo intimo, perché il tuo occhio penetra anche in un cuore chiuso, né la resistenza degli uomini può respingere la tua mano, se tu vuoi fai presto ad annullarla, o con la misericordia o con la vendetta, "*nulla si sottrae al tuo calore*". "*Possa io vivere e darti lode*" *(Sal 18, 7)*.

Voglio amarti, lodarti e ringraziarti per la tua misericordia. Ogni creatura non cessa di cantare le tue lodi; ogni essere vivente, ritornato a te, ti loda con la sua voce, e anche gli esseri animati o inanimati ti danno lode con la voce di chi li contempla.

Appoggiandosi alle cose che tu hai creato la nostra anima si solleva dal suo languore, e da loro trascende a te, che le hai create, perché tu solo compi prodigi. E lì, presso di te, troveremo ristoro e nuovo slancio.

2. Dio è in ogni luogo

2. 2. Dove andare lontano dal tuo spirito, dove fuggire dalla tua presenza? Se ne vadano, fuggano lontano da te gli inquieti e gli iniqui. Tanto tu li hai sempre presenti al tuo sguardo, scorgi anche le loro ombre. Le bellezze del creato rimangono belle lo stesso, anche se deturpate dalla loro presenza. E a te quale danno possono arrecare? E nemmeno riusciranno a discreditare il tuo regno, che è giusto e perfetto in ogni sua parte, dall'alto dei cieli fino alle estremità della terra. E, fuggendo lontano dalla tua presenza, dove sono andati a nascondersi? C'è forse un luogo dove tu non possa trovarli? Sono fuggiti per non vederti, ma il tuo occhio è sempre su di loro. E se pure accecati si scontrano sempre con la tua presenza. Hanno occhi per non vedere e orecchi per non sentire; i loro occhi sono oscurati sì da non vedere.

Ma tu, Signore, nulla disprezzi di quanto hai creato. Sono loro gli ingiusti, che scontrandosi con te vengono giustamente puniti. Hanno voluto sottrarsi alla tua bontà e hanno trovato la tua giustizia; sono caduti pertanto sotto i colpi della tua severità. Non sanno che tu sei presente in ogni luogo, non sei circoscritto da nessuna parte, tu solo sei sempre vicino anche a coloro che si sono allontanati da te. Si convertano dunque e ti cerchino, perché anche se essi ti hanno abbandonato, tu però non abbandoni mai le tue creature. Confidino in te quanti conoscono il tuo nome, perché non abbandoni chi ti cerca, o Signore.

Ecco, si convertano a te e ti troveranno nel loro cuore.

Tu, infatti, o Signore, sei in ogni cuore che crede in te, specie in coloro che si abbandonano a te e versano lacrime di contrizione sul tuo petto, dopo essere ritornati dalle loro vie perverse.

Ci siamo saziati delle vie del male e della perdizione, abbiamo percorso deserti impraticabili, e non abbiamo conosciuto la via del Signore. E tu, pieno di bontà, asciugherai le loro lacrime, e più piangono e più godono di piangere, perché tu Signore, non sei un uomo, "*carne e sangue*" *(Mt 16,17; 1Cor 15, 50)*, tu sei il nostro Signore, il nostro creatore, ci ristori e ci consoli.

E io dov'ero quando ti cercavo? Eri davanti a me. Sennonché io mi ero allontanato da me stesso: come potevo vederti se non vedevo nemmeno me stesso?

3. L'incontro con Fausto manicheo

3. 3. E adesso voglio raccontare, al cospetto del mio Dio, le vicende di quell'anno 383, quando avevo ventinove anni.

Era arrivato a Cartagine un celebre vescovo manicheo, Fausto[1]. Era un grande conquistatore, un vero laccio del diavolo; ammaliava l'uditorio con la sua smagliante favella. Anch'io ammiravo ed elogiavo la sua oratoria, ma sapevo ben distinguerla dalla verità delle cose che bramavo conoscere.

Non badavo tanto alla bellezza dell'esposizione, cioè all'esteriorità del vassoio su cui erano le vivan-

[1] Fausto, vescovo manicheo, arriva a Cartagine all'incirca nel 382 e vi rimane fino alla partenza di Agostino. Venne cacciato da Roma perché manicheo, per questo motivo si era rifugiato a Cartagine, dove incontrerà Agostino.

de, quanto alla sostanza e al sapore delle vivande stesse; avevo fame della vera scienza, e aspettavo che quel celeberrimo Fausto mi sfamasse. Il suo nome, infatti, era sulla bocca di tutti.

Lo aveva preceduto la fama di un uomo dottissimo in tutte le nobili discipline, particolarmente erudito nelle lettere. Io però, ricordando le opere di molti filosofi, per averle lette e studiate, le trovavo più convincenti delle favole prolisse dei manichei. Per loro vale quanto è scritto nel libro della Sapienza: "*perché, se tanto poterono sapere da scoprire l'universo, come mai non sono riusciti a trovare il suo Signore?*" *(Sap 13,9)*. "*Eccelso è il Signore e guarda verso l'umile, ma al superbo volge lo sguardo da lontano*" *(Sal 137, 6)*. "*Il Signore è vicino a chi ha il cuore ferito, egli salva gli spiriti affranti*" *(Sal 33, 19)*. I superbi, invece, non possono trovarti, anche se riuscissero a contare le stelle del cielo e i granellini della sabbia del mare, oppure a esplorare gli spazi siderei e conoscere il movimento degli astri.

La scienza e i suoi limiti

- 4. Sì, essi indagano e studiano tutto questo con l'acume dell'intelligenza che tu hai dato loro, e hanno scoperto molte cose e ne hanno predetto l'avverarsi, come gli eclissi di sole e di luna, stabilendo anche con esattezza il giorno, l'ora, la durata, quando si sarebbero ripetuti; e tutto è avvenuto con precisione, senza sbagliare nei calcoli. E hanno lasciato scritto questi calcoli, che oggi noi leggiamo e dai quali veniamo a sapere l'anno, il mese, il giorno, l'ora e la durata delle eclissi del sole o della luna. E così avviene, come loro hanno predetto. E tutti noi restiamo meravigliati, stupiti, non conoscendo tale scienza.

Essi, gli scienziati superbi, se ne vantano, esultano, e la loro superbia li pone in eclissi con la tua luce.

Prevedono con precisione le future eclissi di sole e non conoscono il loro presente, cioè non si danno pensiero di riflettere, con spirito religioso, chi ha dato loro questo ingegno, capace di scoprire queste cose. E se anche riconoscono che tu li hai creati, non si preoccupano di pregare che tu conservi loro quell'intelligenza che hai creato in loro, quasi fossero stati loro a crearla.

"Riconoscete che il Signore è Dio, egli ci ha fatto e noi siamo suoi, suo popolo e gregge del suo pascolo".

Non ti rendono un sacrificio di lode per la loro intelligenza, non danno la caccia alla loro tracotanza, come si dà la caccia agli uccelli, non affogano, come i pesci, negli abissi del mare la loro morbosa curiosità e non lavano le loro impurità, "*come i greggi e gli armenti e le bestie della campagna, gli uccelli del cielo e i pesci del mare, che percorrono le vie del mare*" *(Sal 8, 8s)*.

Ma tu, o Signore, che sei un fuoco divoratore, brucia i loro desideri mortali, e ricrea in loro il tuo spirito immortale.

- 5. Ma non conobbero la via, il tuo Verbo, per mezzo del quale hai fatto tutte quelle cose delle quali essi sanno bene calcolare i movimenti; e ha fatto anche loro con la loro sapienza, con la loro intelligenza, capace di percepire tali movimenti e di descriverli.

"*Grande è il Signore, onnipotente, la sua sapienza non ha confini*" (Sal 146, 5).

"*L'Unigenito, Verbo di Dio, è diventato per noi sapienza, giustizia, santificazione e redenzione*" (1Cor 1, 30). Si è fatto uno di noi e ha pagato anche il tributo a Cesare.

Non conoscono questa via, l'umiltà, da dove discendere fino a lui dalla loro altezza, la superbia, per risalire, aiutati da lui che è la verità. Non conoscono questa via e credono di essere nel firmamento, insieme alle stelle, lucenti come loro; ed ecco sono caduti in terra, da veri insensati, e il loro cuore è precipitato nel buio.

Sì, dicono molte cose vere riguardo al creato, ma non cercano, con cuore sincero, la Verità, artefice di tutte le cose create. Pertanto non riescono a trovarla, e se la trovano e arrivano alla conoscenza di Dio, non lo onorano come Dio, non gli rendono grazie, anzi, da veri insipienti, nelle loro vane elucubrazioni, si proclamano sapienti, attribuendosi le sue opere, e nella loro perversa cecità si studiano di inserire tra le tue opere anche quello che non è tuo, attribuendo a te, che sei la Verità, le loro menzogne, trasformando la gloria del Dio incorruttibile simile all'immagine corruttibile dell'uomo, degli uccelli, dei quadrupedi e dei serpenti *(Rm 1, 13)*.

"*Hanno cambiato la verità di Dio con la menzogna, e hanno venerato e adorato la creatura al posto del Creatore*" *(Rm 1, 25)*.

- 6. Tuttavia io appresi molte nozioni vere dai loro studi sul creato; me ne davano la prova nei calcoli fatti: come il susseguirsi delle stagioni, l'esatto movimento degli astri.

E confrontavo queste nozioni con la dottrina di Mani, il quale aveva scritto molte cose su questo argomento, delirando spesso e con insistenza, ma non trovavo nei suoi scritti la spiegazione dei solstizi, degli equinozi, delle eclissi, né di altri fenomeni che avevo appreso nei libri scritti dai sapienti di questo mondo.

Ed ero costretto a crederci, anche se i calcoli che io facevo e le esplorazioni fatte con i miei occhi, non corrispondevano, anzi risultavano molto divergenti.

4. Scienza e fede

4. 7. "*O Signore, Dio verità*" *(Sal 31, 6)*, basta forse conoscere queste cose per piacerti?

Io, invece, reputo infelice colui che conosce queste cose e poi non arriva alla tua conoscenza.

Beato invece colui che conosce te, anche se ignorante in queste cose. Chi poi conosce te ed è anche sapiente in queste dottrine, non si creda beato per la sua sapienza, ma perché conosce te, per la gloria e le grazie che ti rende, e non vaneggi nei suoi ragionamenti *(cfr. Rm 1, 21)*.

Per esempio: più felice colui che possiede un albero, e ti rende grazie perché gli concedi di godere dei suoi frutti, anche se non sa quanto sia alto e quanto lunghi siano i suoi rami, di colui che è esperto nel misurarne l'altezza e la larghezza, che è capace di contare tutti i suoi rami, ma poi non conosce te e quell'albero non è suo.

Così, all'uomo di fede appartiene tutto il mondo e tutte le sue ricchezze *(Pr 17, 6 - LXX)*, anche se lui è nullatenente, perché è unito a te, al quale appartiene.

Forse non conosce nemmeno cosa sia l'Orsa Maggiore e i suoi movimenti. E per questo?

Sarebbe più stolto pensare che sia più felice di lui chi sa misurare il cielo, contare le stelle, pesare gli elementi, ma non si cura di te, "*che tutto hai disposto con misura, calcolo e peso*" *(Sap 11, 20)*.

5. Presunzione di Mani

5. 8. Non era meglio per Mani pensare a vivere da uomo di fede, piuttosto che perdere tempo a scrivere quelle sciocchezze? "*Ecco* - hai detto agli uomini - *temere Dio, questa è sapienza, e schivare il male, questa è intelligenza*" *(Gb 28, 28 - LXX)*.

Avesse almeno conosciuto alla perfezione quelle dottrine, potremmo scusarlo per aver trascurato il "santo timor di Dio"; invece aveva la sfrontatezza di insegnare dottrine che non conosceva affatto. Come poteva conoscere la dottrina della fede?

È stolta vanità esibire la propria scienza, anche quando si ha la conoscenza dei fenomeni celesti, ma non si ha l'umiltà di riconoscerla come tuo dono.

Eppure parlava molto, e a sproposito, di cose che non conosceva, addirittura fuori strada dalla vera scienza. Confutato da chi ne sapeva più di lui, si vide chiaro come fosse limitata la sua intelligenza.

Come avrebbe potuto affrontare questioni più difficili? Ciononostante, per acquistare credito e farsi stimare, volle far credere di essere la personificazione dello Spirito Santo.

Lo Spirito Consolatore, cioè, ricchezza dei tuoi fedeli, abitava in lui personalmente, con tutta la sua autorità.

Mani si presentò come l'ultimo dei profeti, in cui Cristo, secondo la sua promessa, inviò il Paraclito a rivelare pienamente e autenticamente la verità.

Con sacrilega sfacciataggine, da temerario, faceva passare come dottrine religiose gli studi intorno al cielo, alle stelle, ai movimenti del sole, della luna, e per di più con argomentazioni del tutto false.

Appariva chiara la sua ignoranza e la spudoratezza di attribuire a se stesso, come persona divina, la realtà di queste cose create.

- 9. Quando sento parlare alcuni fratelli cristiani di queste dottrine che non conoscono e in merito alle quali hanno delle idee sbagliate, io compatisco pazientemente le loro opinioni; e credo che questa ignoranza dei corpi creati da te non nuoccia alla loro fede in te, Creatore dell'universo, purché la loro fede sia sincera.

Sarebbe pericoloso, invece, pensare che la conoscenza di questi corpi faccia parte dell'insegnamento religioso, e ostinarsi, da stolti, nell'affermare cose che si ignorano. Eppure, anche in tal caso, la carità materna della Chiesa aiuta la debolezza nella fede dei "novellini", aspettando lo sviluppo dell'"*uomo nuovo*" *(Ef 4,13)* "*finché arrivi alla maturità di un uomo perfetto, e non sia più sballottato dalle onde, e portato qua e là da qualsiasi vento di dottrina*" *(Ef 4, 14)*. Ma come non condannare chi aveva osato proclamarsi dottore, maestro, duce, capo di coloro che egli aveva convinto a seguirlo non come semplice essere umano, ma addirittura come fosse il tuo Santo Spirito?

Una tale demenza, una volta dimostrata falsa, meritava esecrazione e un netto rifiuto.

Eppure io ancora mi domandavo se era possibile spiegare, secondo i suoi insegnamenti, l'avvicendarsi di giorni e di notti ora più lunghi ora più corti, e il giorno che subentra alla notte e la notte al giorno, e altre cose del genere che io avevo letto in diversi libri. Se fosse stato possibile, in me sarebbe rimasto comunque il dubbio se le cose stavano come le diceva lui oppure no.

Tuttavia alla mia fede io anteponevo la sua autorità, per la fama di santità che riscuoteva.

6. Fausto il “grande sapiente”

6. 10. Per circa nove anni vissi tra i manichei, ascoltando le loro dottrine, ma sempre con animo incerto. Pertanto attendevo con vivo desiderio l’arrivo di questo Fausto.

Tutti gli altri, ai quali esponevo le mie obiezioni, non sapevano rispondermi, e mi dicevano di aspettare l’arrivo di Fausto.

Egli - mi dicevano - avrebbe risolto ogni mia difficoltà, e avrebbe risposto a tutte le mie domande, anche sulle questioni più difficili che gli avessi presentato.

Così, quando arrivò questo Fausto, feci la conoscenza di una persona amabile, un parlatore piacevole, capace di esporre le medesime cose dette da altri, ma in forma più attraente.

Io però avevo sete, e non era certo un elegante coppiere che poteva dissetarmi, porgendomi da bere in bicchieri di lusso.

Ero ormai stufo di ascoltare sempre le stesse cose, né mi convinceva il modo di esporle con più eleganza di stile, né erano più vere perché presentate con prolissi ragionamenti, né lui, Fausto, poteva ritenersi il “grande Fausto” solo perché aveva un linguaggio accattivante, mellifluo. E coloro che me lo presentavano, magnificando ed esaltandone la scienza, non capivano niente del suo sapere, era la sua parola che li incantava, e solo per questo lo ritenevano un uomo sapiente e saggio.

D’altra parte ci sono delle persone che dubitano

di una verità proprio perché viene presentata loro con un linguaggio fiorito, dotto.

Grazie al cielo, io avevo già ricevuto istruzioni dal mio Dio, in modo misterioso e meraviglioso; e sono convinto che fosti tu ad insegnarmi la verità, e che solo tu sei l'unico maestro, anche se la sua fama risplende da un capo all'altro della terra.

Avevo certo imparato da te a non credere vera una cosa solo perché esposta con eleganza di linguaggio, e a non giudicare falsa un'altra solo per la povertà delle parole. E, viceversa, accettarla come vera perché detta con linguaggio rozzo, o rifiutarla come falsa perché esposta con eleganza di parole.

La sapienza e la stoltezza sono come i cibi, utili e nocivi: non dipende dal piatto, d'argento o di legno, se fanno bene alla salute o fanno male; così le parole di scienza, la loro verità non dipende dal "piatto", cioè dal modo di esporla in una forma elegante oppure disadorna.

- 11. L'avidità, con cui avevo aspettato per tanto tempo il personaggio, Fausto, era appagata dall'eccitazione patetica delle sue dispute, e dalla scelta di parole adatte a rivestire i vari concetti che man mano egli esponeva.

Mi dava diletto l'ascoltarlo e, insieme agli altri, e ancor più degli altri, io lo elogiavo e lo esaltavo. Tuttavia mi dava fastidio non riuscire a parlargli a tu per tu, per la continua ressa degli ascoltatori, e ad esporgli familiarmente, dialogando, le mie questioni.

Quando finalmente mi fu data l'opportunità di un dibattito a due, alla presenza dei miei amici, in un'ora in cui non aveva altri impegni con gli uditori, gli esposi alcuni dubbi che mi turbavano.

Mi accorsi subito che non conosceva la letteratura, sapeva un po' di grammatica, anche questa non troppo bene.

Aveva letto qualche orazione di Cicerone, pochi libri di Seneca e di alcuni poeti.

Aveva letto anche qualche altro libro scritto da quelli della sua setta in buona lingua latina, e ogni giorno teneva discorsi in pubblico.

Per questo aveva un parlare facile, gradito e affascinante, un ingegno accorto, e un garbo naturale che lo rendeva simpatico. Era proprio così, come adesso io lo ricordo?

Lo domando a te, Signore Dio mio, arbitro della mia coscienza. Ecco, il mio cuore e la mia memoria sono davanti a te.

Tu allora agivi in me nel segreto della tua provvidenza. Mi rimproveravi e già ponevi innanzi a me i miei peccati perché io li potessi vedere e odiare.

7. Fausto riconosce la sua ignoranza

7. 12. Così mi apparve chiara l'incompetenza del "celebre" Fausto, proprio in quelle materie in cui l'avevo creduto eccellente. Così persi la speranza di avere da lui l'aiuto necessario per risolvere le questioni che mi angustiavano.

Sì, non era necessario conoscere quei problemi per possedere la verità della fede, se non fosse stato manicheo. I libri scritti dai manichei sono pieni di favole interminabili: riguardo al cielo, alle stelle, al sole, alla luna. E io speravo che dimostrasse intelligentemente se la spiegazione offerta dai testi manichei fosse preferibile a quella offerta dai libri matematici da me studiati. Ma non ci speravo più.

Tuttavia, gli esposi ugualmente le mie questioni perché le esaminasse e le discutesse con me. Egli, con innegabile modestia e cautela, si rifiutò di addentrarsi in una tale discussione, riconoscendo la sua ignoranza in materia. E non si vergognò di riconoscerla. Non era quindi come quei chiacchieroni che mi avevano intontito, cercando di istruirmi con la verità delle loro ciance.

Fausto almeno aveva un'intelligenza per capire; anche se non "*retta davanti a te*" *(Sal 78, 37; At 8, 21)* era onesta di fronte a se stesso. Non del tutto inesperto della propria inesperienza, evitò di rimanere incastrato in una discussione della quale già prevedeva un difficile esito, e ancor più una non facile ritirata per lui.

Mi piacque questo suo atteggiamento. La modestia di un animo che confessa la propria ignoranza, vale assai di più di quella scienza che io desideravo. E così si comportò sempre, ogni volta che discutevamo di argomenti difficili e complicati.

Sfiducia verso il manicheismo

- 13. Raffreddatosi l'interesse per le dottrine manichee, e persa ogni fiducia nei loro maestri, dopo aver conosciuto la limitatezza di ingegno e di cultura di colui che eccelleva su tutti, mi limitai a tenere alcuni rapporti con lui. Aveva passione per la letteratura, che io allora insegnavo, come retore, a Cartagine.

Gli leggevo i libri di cui aveva udito parlare, o quelli che desiderava conoscere, e quelli che io ritenevo adatti alla sua capacità d'intendere.

Dopo l'incontro con Fausto cominciò a svanire l'interesse che avevo di progredire in quella setta. Per il momento, però, non mi staccai del tutto. Non trovando altro di meglio di quella situazione in cui mi ero cacciato, decisi di tirare avanti, in attesa di una luce che illuminasse meglio il mio cammino.

Così quel celebre Fausto, che fu per molti "un laccio mortale", senza volerlo e senza saperlo, aveva cominciato ad allentare i miei legami con i manichei.

Le tue mani, o Dio mio, nel segreto della tua provvidenza, non abbandonavano la mia anima. Dal cuore sanguinante di mia madre ti si offriva per me, giorno e notte, il sacrificio delle sue lacrime. In me, tuo Signore, hai compiuto meraviglie. Fu tutto opera tua, Dio mio. *"Il Signore - infatti fa sicuri i passi dell'uomo, e segue con amore il suo cammino" (Sal 37, 23)*. Come ottenere la salvezza se la tua mano non "ricrea ciò che ha creato?"

8. Partenza per Roma

8. 14. Fu dunque per la tua azione verso di me che mi lasciai indurre a raggiungere Roma, e ad insegnare là piuttosto che a Cartagine.

Certo, anche in questa circostanza si deve riconoscere e proclamare la tua misericordia verso di noi, misteriosa e pur sempre presente.

Ecco. A raggiungere Roma non fui spinto dalle promesse di più alti guadagni e di maggiori onori, come mi lusingavano e sollecitavano gli amici, benché anche queste prospettive non mi dispiacessero.

No. L'unica e vera ragione fu un'altra. Sentivo dire che a Roma i giovani studenti erano più quieti e docili alla disciplina, a differenza di quelli di Cartagine, i quali, arrogantemente, cambiano professore, con facilità e senza una precisa ragione, creando confusione e scompiglio.

A Roma no, per questi cambiamenti si richiede il permesso del maestro. Invece qui a Cartagine, l'eccessiva libertà degli scolari è indecorosa e sregolata. Irrompono sfacciatamente nelle aule durante le lezioni, col volto infuriato e gridando all'impazzata; sconvolgono l'ordine che il maestro aveva instaurato per il profitto degli alunni.

Come fossero degli ubriachi commettono ogni sorta di vandalismo, degno di essere punito severamente, se le leggi funzionassero.

Ormai la tradizione che si è instaurata, rende quasi lecito quel che commettono, a loro maggior vergogna.

Secondo la tua legge, invece, non sarà mai lecito; e pensano di agire impunemente, mentre vengono puniti dall'insensatezza che li acceca. Così ne riportano un danno personale peggiore di quello che hanno commesso.

Io da studente, non avevo mai voluto contrarre simili abitudini, e adesso, da insegnante, ero costretto a doverle subire. Per questo desideravo trasferirmi a Roma, dove, a quanto mi dicevano, tali fatti non succedevano. Veramente eri tu, "*mia speranza e mia sorte nella terra dei viventi*" *(Sal 142, 6)* a indurmi a cambiare città, per il bene della mia anima. "Sono io la tua salvezza", sembrava mi dicessi. Così suscitavi in me dei motivi per potermi staccare da Cartagine, e dei motivi che suscitavano in me il desiderio di andare a Roma. Per questo ti servivi di gente che ama una vita morta, qui a Cartagine perdendo tempo a commettere pazzie, e prospettando di là, a Roma, promesse vane.

E per mettermi sulla strada buona, ti servivi, segretamente, della loro e della mia perversità.

Quelli che disturbavano il mio lavoro di insegnante erano accecati da un furore malsano; gli altri che mi spingevano a partire per Roma "erano tutti intenti alle cose della terra". Ed io: qui a Cartagine detestavo questa miserevole realtà, là, a Roma, andavo in cerca di una vana felicità.

Difficile congedo dalla madre

- 15. Ma le ragioni per cui lasciavo Cartagine per Roma tu le conoscevi, o Dio mio, anche se non le rivelavi né a me né a mia madre, che pianse atrocemente la mia partenza. Mi seguì fino al porto. Mi strinse forte a sé, quasi non volesse staccarsi mai, nella speranza di dissuadermi dal viaggio, o altrimenti partire con me. Io la ingannai, dicendole che ero lì per accompagnare e salutare un amico che doveva partire, mentre si attendeva il vento favorevole. Mentii a mia madre, a "quella" madre!

Eppure scampai, perché la tua misericordia mi perdonò anche questa colpa, mi salvò dalle acque del mare, malgrado le esecrande mie nefandezze, per condurmi all'acqua di grazia. Le abluzioni di quest'acqua di grazia, il Battesimo, avrebbero asciugato i fiumi delle lacrime, che ogni giorno sgorgavano dagli occhi di mia madre e irrigavano la terra sotto il suo volto.

Si rifiutò di tornare indietro senza di me. E faticai a persuaderla di passare la notte nell'interno di una chiesetta dedicata al beato Cipriano, vicinissima alla nostra nave.

Ma, in quella stessa notte, io partii di nascosto.

Ella rimase nella chiesetta a pregare e a piangere.

E che cosa ti chiedeva, Dio mio, con tante lacrime, se non d'impedire che io partissi?

Ma tu ormai avevi il tuo piano per la mia salvezza, e non ascoltasti quanto ti chiedeva in quel momento, perché già avevi accolto quello che maggiormente l'assillava ed era motivo delle sue continue preghiere e delle sue lacrime.

Finalmente soffiò il vento favorevole e gonfiò le vele. "*Flavit ventus et implevit vela*". E la nave partì.

La spiaggia scomparve ai nostri occhi.

La mattina, ella, mia madre, folle di dolore, riempiva le tue orecchie di gemiti e di lamenti. Ma tu non l'ascoltavi in quel momento, non ti curavi del suo profondo dolore.

Quali disegni mirabili tu nascondi ai nostri occhi, o Signore.

Ti servivi della mia ambizione e delle mie passioni proprio per liberarmi e dell'una e delle altre.

E la disperazione di mia madre, quella mattina, ti serviva per distaccarla da un affetto troppo morboso per me.

Amava la mia presenza vicino a lei, come tutte le madri, ma in modo più intenso. Sembrava che tu non l'ascoltassi.

Invece, non immaginava quante gioie le avresti procurato con la mia partenza. Non lo immaginava.

E perciò piangeva e gemeva. Era una vera discendente di Eva: mi partoriva una seconda volta nel dolore, come mi aveva partorito nel dolore la prima volta.

Tuttavia, dopo avermi accusato di falsità e crudeltà per averla così ingannata, tornò a implorarti per me, mentre io veleggiavo alla volta di Roma.

9. Arrivato a Roma si ammala

9. 16. Ed ecco, appena giunto a Roma, mi accolse il tormento della febbre. Temevo di andarmene agli "inferi" con il carico di tutte le colpe commesse, contro di te, contro di me e contro il prossimo.

Colpe numerose e gravi, aggiunte al peccato d'origine, quello di Adamo, a causa del quale venne la morte *(cfr. 1Cor 15, 22)*.

Nessun peccato finora mi era stato perdonato nel nome di Cristo, né egli aveva pagato sulla croce l'inimicizia che io avevo contratto con te per i miei peccati. Ma come poteva pagarla quel Gesù sulla croce, che io allora credevo un fantasma e non un corpo reale, tanto vera era la morte dell'anima mia? Così, come era vera la morte in croce del suo corpo, tanto era falsa la mia vita, che non credevo in lui.

La febbre intanto aumentava ed io ero lì lì per andarmene. E andarmene in perdizione. Dove infatti sarei andato se fossi morto, se non al fuoco e ai tormenti, meritati per i miei misfatti, commessi contro la verità dei tuoi comandamenti?

Mia madre non sapeva della mia malattia, ma, seppure assente, pregava per me.

E tu, che sei presente in ogni luogo, eri presente dove era lei, e la esaudivi; ed eri presente dove ero io, per avere pietà di me. Infatti, ricuperai la salute, ma rimasi malato nel cuore traviato.

Eppure, anche in un pericolo così grave, non mi preoccupai del Battesimo. Ero più buono da piccolo.

Allora lo richiesi con insistenza a mia madre.

Adesso, divenuto adulto, deridevo il Battesimo, medicina salutare per la nostra salvezza.

Non permettesti che io morissi due volte, trovandomi in quella situazione di peccato, morte fisica e morte eterna.

Il cuore di mia madre non si sarebbe mai più dato pace: troppo grave il sapermi morto in peccato. Una ferita insanabile.

Non dirò mai abbastanza dell'affetto che mia madre aveva per me, e quanto grande era la sollecitudine nel riuscire a partorirmi alla grazia, più di quanta ne ebbe nel partorirmi nella carne.

Le preghiere della madre

- 17. Non vedo, infatti, come avrebbe potuto risanarsi. La notizia della mia morte in quello stato, avrebbe trafitto in modo irreparabile le viscere esuberanti di affetto per me.

Dove sarebbero finite le preghiere così ferventi, che ripeteva senza interruzione davanti a te?

Avresti tu, Dio di misericordia, potuto trascurare *"il cuore contrito e umiliato"* *(Sal 50, 19)* di una vedova, casta, sobria, assidua nell'elemosina, devota e sottomessa ai tuoi ministri, che non lasciava passare giorno senza recare l'offerta al tuo altare, che due volte al giorno, mattina e sera, visitava la tua chiesa, senza mancarvi mai?

E non andava in chiesa per confabulare e pettegolare, come di solito fanno le donne, le "vecchiette", ma ci andava per pregare e ascoltare la tua parola: lei ascoltava te, e tu ascoltavi lei.

Non ti chiedeva per me oro e argento, né onori e vanità di questo mondo che passa, ma ti chiedeva, con lacrime, la salvezza dell'anima mia.

E tu avresti osato non ascoltare e disprezzare le sue lacrime, tu che l'avevi dotata di tanta grazia? Certamente no.

Tu, Signore, gli eri vicino, l'esaudivi, e predisponevi con ordine ciò che già avevi prestabilito di fare. Lungi da me il pensiero che tu l'avresti potuta ingannare nelle sue visioni e nei tuoi responsi, delle quali ho già parlato, e di quelli che non ricordo.

Ella li custodiva gelosamente nel suo petto, e li presentava a te nelle sue preghiere, come a ricordartelo e a mostrarti la tua "firma".

Pertanto, era sicura che tu avresti mantenuto l'impegno. Se "*grande ed eterna è la tua misericordia*" *(Sal 117, 1; 137, 8)* nel rimettere tutti i nostri debiti, anche tu sei debitore con noi delle promesse fatte.

10. A Roma vive con i manichei

10. 18. Dunque, mi guaristi da quella malattia, e salvasti "*il figlio della tua ancella*" *(Sal 115, 16)*.

Allora mi risanasti nel corpo, come caparra che un giorno mi avresti dato una salute più preziosa e sicura. E anche a Roma mi ero unito a quei "santoni", falsi e inaffidabili, che t'ingannano con le loro scemenze *(cfr. Sal 40, 5)*.

Erano gli "eletti" della setta; mentre io abitavo

nella casa di un "uditore", di colui che mi accolse malato appena giunto a Roma.

Ero ancora del parere che non siamo noi a peccare, ma un'altra natura, chissà poi quale.

Questo concetto lusingava la mia superbia, mi scagionava dalla responsabilità di considerarmi io l'autore dei miei peccati. Avrei dovuto dire: *"Pietà di me, Signore, risanami, perché ho peccato contro di te"*. Invece, preferivo scusare la mia coscienza, per il peccato commesso contro di te, e accusare un'entità ignota dentro di me, ma che non ero io.

In verità io non ero diviso, ero tutt'uno come persona; era la mia empietà che mi aveva diviso nell'intimo. Ma il peccato difficile da sanare era quello che non mi consideravo peccatore; ed esecrabile iniquità il preferire che fossi tu, Dio onnipotente, ad operare in me la mia rovina, causa del mio peccato, invece di pensare di affidarmi a te per ottenere la salvezza e il perdono.

Non avevi ancora posto "*una custodia alla mia bocca, e una porta di sorveglianza alle mie labbra, perché il mio cuore non si piegasse al male, e compisse azioni inique con i peccatori"* (Sal 141, 3 e ss.), per trovare poi delle scuse ai propri peccati.

Pertanto la pensavo ancora come i loro "eletti":

Ma ormai disperavo di poter progredire in quella falsa dottrina. Ritenni tuttavia di rimanervi ancora, però senza entusiasmo, con freddezza e indifferenza, finché non avessi trovato una dottrina più convincente.

Scetticismo accademico

- 19. Mi era sorta infatti l'idea che i più accorti di tutti i filosofi fossero stati i cosiddetti "accademici"[2], i quali avevano affermato che bisogna dubitare di tutto, e avevano sentenziato che l'uomo non potrà mai raggiungere e comprendere la verità.

Questo era quello che sentivo dire comunemente, ma non avevo ancora compreso le loro intenzioni. Così raccomandai al mio ospite romano di non dare eccessiva fiducia, come dimostrava di avere, a quelle favole, delle quali sono pieni i libri manichei.

Tuttavia mi mantenni in stretti rapporti di amicizia con loro, senza andare a cercare quella di altri non iscritti alla nostra setta.

Però, non mi accaloravo più nel propagandare quella dottrina.

Roma era piena di manichei, anche se occulti per le pene emanate dagli imperatori. E io mi trovavo bene in loro compagnia, tanto che ero diventato

---

[2] L'Accademia, così nominata dal leggendario eroe greco Accademo, presso i cui giardini aveva posto la sua sede, fu fondata da Platone ed ebbe il carattere specifico di una comunità religioso-culturale, riconosciuta giuridicamente, con un patrimonio che ne assicurò una lunga vita. Questa è l'*Accademia antica* che professava lo spiritualismo platonico e aveva come scopo la preparazione della nuova classe politica. Il secondo periodo iniziò con Arcesilao (315-240 a.C.) ed annoverò tra i suoi più noti rappresentanti, Carneade di Cirene (214-129 a.C.). Questa è l'*Accademia di mezzo* che prese un indirizzo scettico, per essa la verità o non esiste o, se esiste, è irraggiungibile. Il terzo periodo è quello dell'*Accademia nuova*, i cui illustri rappresentanti furono Filone di Larissa (c. 148-80 a. C.) e Antioco di Ascalona (m. nel 68 a. C.), maestro di Cicerone. Agostino, parlando dell'*Accademia*, si riferiva all'*Accademia di mezzo* e al suo indirizzo scettico.

pigro nella ricerca di altre dottrine, specialmente non avevo più fiducia di trovare la verità nella Chiesa Cattolica, "*Signore del cielo e della terra, creatore di tutte le cose visibili e invisibili" (Gen 24, 3)*.

Mi avevano allontanato loro, i manichei. Eppure mi ripugnava e lo ritenevo turpe, il pensarti, o Dio, come una figura umana, che ha carne, membra e limiti come i nostri corpi mortali.

E quando volevo pensare al mio Dio, non potevo fare a meno di immaginarlo come una massa corporea, perché questa era la mia fede: niente esiste di incorporeo. E questa era la causa principale, e forse la sola, del mio inevitabile errore.

Il male pensato come sostanza

- 20. Di conseguenza credevo che il male fosse una sostanza, composta di una massa tenebrosa e deforme, da una parte densa, che veniva chiamata "terra", dall'altra parte sottile, evanescente come la sostanza dell'aria, una specie di spirito maligno che alita sulla terra. Così i manichei immaginavano il "male". Ma quella certa religiosità che avevo in me, mi impediva di credere che un Dio buono potesse aver creato una natura cattiva.

Così dividevo le due masse, contrapposte tra di loro: benché tutte e due infinite, ritenevo quella cattiva più limitata, quella buona invece assai estesa.

Da questo principio pestifero derivavano tutte le altre mie idee sbagliate. E se nell'animo mi sentivo spinto verso la fede cattolica, venivo subito bloccato, perché non era fede cattolica quella che allora era nella mia mente. E mi sembrava un concetto più religioso e pio, "O Dio mio, la cui misericordia ti rende grazie per me" il crederti infinito in ogni parte, eccetto in quella in cui trovavi di fronte la massa del male, che pensarti un corpo umano, limitato da ogni parte.

Così mi sembrava meglio credere che tu non hai creato alcun male, anziché derivata da te la natura del male come la pensavo io.

Infatti, nella mia ignoranza, io credevo che il male fosse non solo una sostanza, ma addirittura una sostanza corporea, perché non potevo immaginare uno spirito, anche sottile, che non fosse corporeo, benché diffuso nello spazio. Così io credevo che il nostro Salvatore, il tuo unigenito Figlio, fosse una emanazione della tua massa corporea, uscito dalla tua luminosissima mole per la nostra salvezza. Di lui credevo solo quello che poteva immaginare la mia vanità. Certamente non poteva nascere dalla Vergine Maria una natura come la sua, così come io la pensavo, senza unirsi alla carne. E non riuscivo a rendermi ragione che un essere come io lo pensavo, una volta unitosi alla carne di Maria non venisse inquinato. Pertanto ero titubante nell'ammettere che fosse nato nella carne, per non ammettere poi che fosse inquinato dalla carne.

I tuoi fedeli, o Signore, anime buone e spirituali, se leggeranno queste mie Confessioni, rideranno di me; spero abbiano comprensione e mi compatiscano. Ma allora io la pensavo così.

11. Critiche dei manichei alle Sacre Scritture

11. 21. I manichei, inoltre, criticavano alcuni passi delle Sacre Scritture. E a me sembrava di non poterle confutare. Mi sarebbe piaciuto discuterne con qualcuno che avesse avuto profonda conoscenza di quei libri, e sentire cosa ne pensasse.

A Cartagine c'era un certo Elpidio che discuteva pubblicamente con i manichei, e non era facile per loro rispondere alle sue asserzioni. Aveva incominciato a interessarmi il suo ragionamento, mentre le risposte dei manichei erano assai deboli.

A noi della setta li spiegavano in segreto, non in pubblico. Ci dicevano che gli scritti del Nuovo Testamento erano stati falsificati, non si sa da chi, per inserire nella fede cristiana la legge giudaica. Ma non riuscivano a trovare un testo integro, non falsificato, da presentarci come controprova.

Io, ancora incapace di concepire un essere incorporeo, rimanevo soffocato da quelle due masse corporee del bene e del male, mentre anelavo di respirare l'aria limpida e pura della tua verità. Purtroppo ancora non riuscivo a liberarmene.

12. Gli scolari romani

12. 22. Iniziata con buona volontà l'attività per cui ero venuto a Roma, cioè l'insegnamento della retorica, cominciai ad adunare in casa mia un buon numero di allievi, ai quali e grazie ai quali, cominciai a farmi conoscere. Ed ecco vengo a conoscenza di certe abitudini romane, diverse da quelle che dovevo subire in Africa. A Roma, infatti, non si verificavano i famigerati disordini degli scolari depravati di Cartagine. Però mi dissero che gli scolari romani, per eludere il pagamento dovuto al professore,

Sant'Agostino insegna a Roma

usano mettersi d'accordo per lasciarlo in "asso", e tranquillamente passano alla scuola di un altro professore, tradendo così la buona fede e calpestando la giustizia per amore del denaro.

In cuor mio odiavo costoro, non però con odio perfetto come dice il Salmo: *"Li detesto con odio implacabile, come se fossero miei nemici"* *(Sal 139, 22)*. Forse mi dispiaceva più il danno che ne ricevevo io, che non il loro comportamento sfacciato. Certo il loro comportamento era turpe, *"perirà chi da te si allontana"* *(Sal 73, 27)*, amano l'effimero di questo mondo che passa, e lo sporco denaro che inquina le mani che lo toccano. Si dilettano di queste mondanità fuggenti, e disprezzano te, che vivi in eterno. Eppure tu li richiami e perdoni chi a te ritorna, e accogli la povera anima "meretrice" tra le tue braccia. Anche ora non posso sopportare gente malvagia e corrotta, tuttavia amo correggerli perché al denaro antepongano quella dottrina che insegna a preferire te, Dio vero, verità e fecondo di beni sicuri e di castissima pace. Allora, però, sopportavo quegli scolari per mio interesse, invece di renderli migliori per amor tuo.

13. A Milano

13. 23. Nel mentre, da Milano, allora capitale dell'impero, avevano richiesto a Roma, al prefetto Simmaco, un professore di retorica da inviare subito a mezzo trasporto pubblico, a spese dello Stato.

Feci di tutto per ottenere quel posto, anche con l'aiuto dei fratelli manichei, esaltati per la scelta di uno della loro setta a ricoprire un così alto incarico. E non sospettavano che la mia partenza per Milano mi avrebbe definitivamente staccato da loro.

Così il prefetto Simmaco, dopo una prova di oratoria, mi inviò a Milano. Appena giunto a Milano andai ad ossequiare il vescovo Ambrogio[3], uno tra i migliori, conosciuto in tutto il mondo, un degno tuo ministro, celebre per la sua eloquenza. Dispensava, in modo instancabile, ai suoi fedeli, "la sostanza del tuo frumento - la letizia del tuo olio - e la sobria ebbrezza del tuo vino". Eri tu, o Signore, che mi conducevi da lui, senza che io lo sapessi, perché lui poi mi conducesse a te, ormai consapevole anch'io di questo tuo disegno di grazia.

---

[3] Ambrogio era nato a Treviri, città fondata da Augusto sulla Mosella, ai confini tra Germania e Francia, dove il padre era Prefetto. Appartenendo all'alta società romana ricevette un'ottima educazione letteraria greca e latina. Intraprese il *cursus honorum* e a 34 anni era Prefetto della provincia di Emilia e Liguria allorché, a furor di popolo, venne consacrato vescovo, il 7 dicembre del 373. Quando Agostino arrivò a Milano (384) era vescovo da dieci anni. Stimato dal popolo e temuto dalla Corte imperiale nella quale Giustina, madre dell'Imperatore Valentiniano II, favorevole agli Arian, esercitava il suo influsso a favore degli eretici. Fu profondo conoscitore del neoplatonismo e fondatore di un fiorente circolo culturale esistente a Milano.

Quell'uomo di Dio mi accolse come un padre, e si compiacque di quel mio *peregrinare* a Milano, da vero vescovo, da solerte pastore.

Presi subito ad amarlo per il momento, certo, non come maestro di verità, ma come persona che mi mostrava la sua benevolenza. Non avevo ancora speranza di trovare la verità nella tua Chiesa.

Frequentavo assiduamente le sue catechesi pubbliche. Volevo sincerarmi se la sua eloquenza meritasse la fama di cui godeva, se era maggiore o minore. Stavo attento, sospeso alle sue parole; non mi interessava però ciò che diceva, erano argomenti che io allora disdegnavo. M'incantava la soavità della sua parola. Era più dotta, meno gioviale, però, e meno suadente di quella di Fausto, quanto alla forma. Per quanto riguarda la sostanza nessun paragone è possibile: Fausto vagolava tra le menzogne dei manichei, Ambrogio, invece, con sapienza, insegnava le vie della salvezza. "Lontano dagli empi è la tua salvezza". Io, allora, facevo parte di questa categoria. Tuttavia, insensibilmente, a poco a poco, senza accorgermene, mi avvicinavo ad essa.

14. Ambrogio insegna ad Agostino il senso spirituale delle Scritture

14. 24. Dunque, non mi interessava apprendere ciò che Ambrogio insegnava, ma il piacere di ascoltare come lo diceva. Ero sfiduciato; l'uomo non avrebbe mai potuto trovare la strada per giungere a te.

Mi era rimasto solo il gusto di ascoltarlo. Ma, insieme alle parole che ascoltavo con piacere, scendevano nel mio animo quegli argomenti verso i quali mi mostravo distratto. Non potevo evitarlo.

E mentre aprivo il cuore alla sua predicazione feconda, vi entrava pure la verità che insegnava, sia pure per gradi, a goccia a goccia.

Per prima cosa cominciai a capire che gli argomenti che esponeva Ambrogio era possibile accettarli.

E anche riguardo alla fede cattolica mi convinsi che era possibile sostenere quanto affermava, mentre fino allora avevo creduto che niente si poteva opporre alle tesi dei manichei. Specialmente quando sentivo Ambrogio risolvere, una dopo l'altra, le difficoltà che si incontrano negli scritti del Vecchio Testamento, perché presi così alla lettera uccidono: *"La lettera uccide, lo spirito dà vita" (2Cor 3, 6)*.

Questa esposizione spirituale, e non letterale, di molti passi della Sacra Scrittura, incideva sul mio atteggiamento, sostenuto fino allora, per cui avevo creduto che nessun argomento poteva opporsi a coloro che deridevano la Legge e i Profeti.

Tuttavia non me lo sentivo di aderire alla fede cattolica, benché anch'essa disponeva di dotti assertori, che esponevano la dottrina con eloquenza di parole e la difendevano con argomentazioni rigorose.

E non riuscivo ancora a condannare del tutto le dottrine manichee: i due fronti opposti si equivalevano. Sì, la fede cattolica non mi sembrava sconfitta, ma non mi appariva ancora vittoriosa.

L'abbandono del manicheismo

- 25. A questo punto mi misi di impegno a cercare argomenti per confutare le teorie false dei manichei.

Se fossi riuscito a concepire una sostanza spirituale, sarebbero crollate tutte le loro tesi, e io mi sarei liberato da quelle fandonie.

Purtroppo ancora non ci riuscivo.

Per quanto riguarda questo mondo fisico e la natura delle cose che cadono sotto i nostri occhi, mi

Sant'Agostino parte per Milano

convinsi ogni giorno di più che le teorie in proposito della maggior parte dei filosofi erano assai più attendibili di quelle dei manichei.

Così, secondo il costume degli Accademici, i quali, come si dice, dubitano di tutto, anche io ero attanagliato dal dubbio, e sempre alla deriva da una dottrina all'altra.

Decisi intanto di abbandonare definitivamente i manichei. Infatti non avevo più dubbi che le loro teorie fossero ormai superate da quelle di filosofi più attendibili. E tuttavia non me la sentivo di porre tutta la mia fiducia in questi filosofi, perché nei loro scritti non trovavo il nome del nostro Salvatore Gesù Cristo. Decisi dunque di rimanere ancora catecumeno nella Chiesa Cattolica, raccomandatami dai miei genitori, in attesa che si accendesse una luce di certezza, sulla cui scia indirizzare il mio cammino.

LIBRO SESTO

SOMMARIO.

Nel 385 Monica raggiunge Milano, Agostino l'informa di aver lascito il manicheismo. Monica gioisce, ma continua a pregare. Agostino vorrebbe parlare con Ambrogio ma non gli riesce, ne ascolta, però, la catechesi, prima per curiosità, poi con interesse. Dalla predicazione di Ambrogio apprende che la Scrittura va letta spiritualmente: la Scrittura è un libro di vita. Inoltre, Ambrogio parla spesso della spiritualità di Dio e dell'anima. Si convince che la Chiesa ha ragione ad inculcare la fede nel cuore dei fedeli.

Questo accostamento alla Chiesa non è così forte da infondere in lui il coraggio di abbandonare gli onori, il denaro e il matrimonio; ne discute, però, con gli amici Alipio e Nebridio; Agostino rimane sempre il più inquieto e resiste a lasciare tutto per seguire il Signore.

Appassionato ricercatore della verità, organizza con gli amici una comunità, dedita solo alla ricerca della sapienza. Purtroppo, il progetto andrà in fumo per il disaccordo delle donne che i componenti della comunità volevano portare con loro.

La partenza per l'Africa della donna, alla quale si era mantenuto fedele come un marito per ben quattordici anni, lo fa molto soffrire, "il mio cuore - *dice* - sanguinò a lungo"*. Si consola prendendo con sé un'altra donna.*

Il libro si chiude con la tentazione di unirsi ad Epicuro, che respingeva la spiritualità e l'immortalità dell'anima; argomento questo di infuocate discussioni con gli inseparabili amici, Alipio e Nebridio.

1. Monica a Milano

1. 1. *"Sei tu, o Signore, la mia speranza, la mia giovinezza"* (Sal 71,5). *"Perché, Signore, eri lontano, e ti tenevi nascosto?"* (Sal 9,22).

Non sei forse tu che mi hai creato, e mi hai dato la sapienza, che non hanno i quadrupedi e i volatili?

E io camminavo per una strada buia e scivolosa (cfr. Sal 9,22), ti cercavo fuori di me e non ti trovavo, non trovavo *"il Dio del mio cuore"*, avevo toccato invece *"il fondo del mare"* (Sal 72,26).

Non avevo più fiducia e disperavo di arrivare a trovare la verità. Già mi aveva raggiunto mia madre, a Milano. Forte della sua fede, m'inseguì per terra e per mare, sicura del tuo aiuto in ogni pericolo, tanto da rassicurare gli stessi marinai di un arrivo tranquillo e felice alla meta, nonostante le inevitabili burrasche di mare.

Tu l'avevi assicurata mediante una visione.

Mi trovò in grave pericolo; non speravo più di trovare la verità. Tuttavia, le diedi una bella notizia: "Non sono più manicheo, ma non ancora cattolico cristiano".

Mia madre, invece, non sobbalzò di gioia, come mi sarei aspettato dopo una notizia del genere.

Ma su questo stato miserevole della mia vita, da tempo lei era tranquilla e sicura: da tempo si aspettava che, da un momento all'altro, avrei lasciato i manichei.

Mi considerava come morto, ma era sicura della mia resurrezione. Accompagnava il feretro con le sue lacrime, come la vedova di Nain e attendeva il tuo comando: *"Giovane, dico a te, alzati! E il giovane si alzò, cominciò a parlare, ed egli lo riconsegnò a sua madre"* (*Lc 7,14*).

Perciò, il suo cuore non si scompose in un'eccessiva esultanza, all'udire che quanto ti chiedeva ogni giorno, piangendo, si era ormai avverato.

Sì, non avevo ancora raggiunto la verità, ma avevo abbandonato quelle dottrine false e menzognere. Anzi, ormai sicura che quanto le avevo promesso si sarebbe avverato, tranquilla e piena di fiducia mi rispose: "Credo in Cristo, che prima che io parta da questo mondo, ti vedrò convertito e divenire un cattolico convinto". Questa risposta la diede a me.

Ma a te, fonte di misericordia, rivolse preghiere più intense, e lacrime, perché tu affrettassi quel giorno col tuo aiuto.

"Il mio aiuto è nel Signore", così pregava, *"Il Signore rischiarerà le sue tenebre"* (*Sal 18,29*).

Con maggior fervore correva in chiesa, ove pendeva dalle labbra di Ambrogio, alla fonte, *"sorgente di acqua zampillante per la via eterna"* (*Gv 4,14*). Amava quell'uomo come angelo di Dio. Lo amava soprattutto a causa della mia salvezza.

Aveva saputo che per mezzo suo ero arrivato allo stato del dubbio, ed ella era certa, che superato questo passaggio critico, come avviene per i malati gravi, sarei arrivato alla salvezza.

2. Monica e Ambrogio

2. 2. Un giorno, mia madre, secondo un'abitudine che aveva in Africa, si recò al cimitero, sulle tombe dei martiri, portando una farinata, del pane e del vino. Ma il custode la respinse, perché il vescovo aveva proibito quelle usanze.

Essa accettò docilmente questo divieto, da stupire me stesso, al vedere la facilità con cui rinunziava alla sua consuetudine, per ubbidire alle ordinanze del vescovo, senza discutere.

Non era l'amore al vino che la spingeva su quelle tombe, dove altri addirittura si ubriacavano.

Lei (la fanciulla "meribibula", cioè *ubriacona* come vedremo), portava vino annacquato, riempiva un piccolo bicchiere, e su ogni tomba faceva un sorsetto con i fedeli presenti, secondo l'usanza.

Portava anche un canestro con le vivande rituali, da distribuire ai fedeli presenti, dopo che lei le aveva assaggiate un pochino. Lei faceva tutto con sincera devozione, e non per gusto personale. Altri, invece, sia maschi che femmine, non vogliono sentir parlare di sobrietà, provavano nausea, come gli ubriachi davanti a un bicchiere d'acqua. Pertanto, una volta informata che l'illustre predicatore e santo Vescovo aveva proibito quel riti, ella se ne astenne subito e volentieri.

Ambrogio era stato radicale: per evitare che molti ubriaconi approfittassero di quelle cerimonie per mangiare e bere, aveva ordinato il divieto per tutti, anche per quelli che andavano con sobrietà e vera devozione. Inoltre, quei riti erano simili alle pratiche superstiziose dei pagani dette "parentali"[1].

Mia madre, tuttavia, seguitò a recarsi sulle tombe dei martiri, ma invece di portare un canestro pieno di vivande, vi portava il suo cuore pieno di castissimi voti. E come poteva, aiutava i bisognosi. E al cimitero partecipava alla comunione del corpo di Cristo, perché i martiri avevano immolato la propria vita, e ora erano coronati di gloria, per aver partecipato alla passione del Signore.

Tuttavia, a me sembra, o Signore mio Dio, anzi sono convinto, "tali sono davanti a te i miei pensieri", che mia madre non si sarebbe arresa con facilità, nel sospendere una tale consuetudine, se la proibizione fosse venuta da un altro vescovo, invece che da Ambrogio, che lei amava.

Amava Ambrogio per la fiducia che riponeva in lui, sempre riguardo alla mia salvezza; e Ambrogio, da parte sua, amava mia madre per la sua vita religiosissima, *"sia nell'esercizio delle buone opere" (Sal 16,11)*, *"sia nel fervore dello spirito" (1Tm 5,10; 6,18)*, e perché frequentava assiduamente la chiesa.

Incontrandomi il vescovo Ambrogio, mi faceva l'elogio di mia madre, e si felicitava con me perché avevo una tale madre. Non sapeva, però, quale figlio ella avesse, sempre attanagliato dal dubbio, e convinto di non riuscire a trovare la via della verità.

---

[1] I *parentalia* erano dei riti funebri pagani che ancora persistevano, in base ai quali nella festa dei parenti defunti usavano portare sulle tombe offerte di vario genere ed anche vino e farinate, una specie di focacce di farina di farro, e qui consumare una specie di pasto commemorativo (Alici).

3. Elogio del vescovo Ambrogio

3. 3. La mia preghiera non era ancora fatta di gemiti per implorare il tuo aiuto. Ero sempre inquieto e intento alla ricerca e alla discussione.

Lo stesso Ambrogio mi sembrava un uomo felice, secondo il giudizio che possono dare gli uomini, onorato e stimato dalle massime autorità. Pensavo che l'unica sofferenza che potesse avere fosse il celibato che praticava.

Non potevo conoscere certamente, anche per inesperienza, ciò che avveniva nella sua vita interiore:

Milano: incontro con sant'Ambrogio

delle speranze, delle lotte contro le tentazioni di superbia per l'autorità che ricopriva e gli onori che riceveva, delle consolazioni che trovava nelle avversità, delle gioie intime che provava nel "ruminare il tuo pane" con la bocca del suo cuore

E lui non conosceva il groviglio dei miei travagli, né il pericolo che correvo di cadere in una fossa.

Non mi era consentito di interrogare Ambrogio su ciò che volevo e come volevo, perché era sempre attorniato da gente bisognosa.

I pochi momenti liberi che aveva li impiegava per prendere qualche pasto, o per dedicarsi alla lettura di qualche libro.

Quando leggeva, i suoi occhi scorrevano le pagine, accompagnati dall'intelletto e dal cuore, mentre la voce e la lingua riposavano.

Spesso, andando da lui, poiché la porta del suo studio era sempre aperta, lo vedevamo leggere in silenzio, quasi assorto.

E chi avrebbe osato disturbarlo?

Allora ci mettevamo seduti in anticamera, a guardarlo e ammirarlo. Poi ce ne andavamo, dopo un lungo silenzio, in punta di piedi.

Non volevamo rubargli quel poco di tempo disponibile da dedicare allo studio, una volta libero dall'assalto dei problemi altrui.

Può essere anche che leggesse in silenzio per timore che qualche ascoltatore, udendo qualche passo difficile, lo interrompesse per domandargli spiegazioni, e così fargli perdere del tempo prezioso, che poteva impiegare nel leggere più volumi.

Poteva esserci anche il motivo di risparmiare la voce, la quale era debole e con facilità si abbassava.

Non so se si fosse accorto di noi.

Ad ogni modo, qualunque fosse la sua intenzione nel comportarsi così, non poteva essere che buona, in un uomo come lui.

L'uomo immagine di Dio

- 4. Così non riuscivo mai a interrogare quel tuo santo profeta su quanto mi assillava, ed ascoltare il suo cuore. Si, quando ci incontravamo ci scambiavamo qualche breve e fugace parola. Ma io volevo sfogarmi con lui su ciò che mi interessava e mi tormentava, e avrei avuto bisogno di lunghi colloqui, per travasare il mio cuore nel suo. E non mi era mai possibile. Tuttavia ogni domenica andavo ad ascoltarlo, mentre parlava al popolo: *"scrupoloso dispensatore della parola di verità" (2Tm 2,15)*.

Così mi convinsi sempre di più che i nodi astuti e calunniosi, opposti alla Sacra Scrittura da quegli stolti ignorantoni, potessero essere sciolti. Come quel passo che dice: *"Dio fece l'uomo a sua immagine e somiglianza" (Gen 1,26s)*, non si deve intendere che Dio abbia corpo umano, ma si deve intendere, come intendono i tuoi fedeli, che l'immagine di Dio è *"l'uomo interiore" (1Cor 13,12)*.

L'anima quindi è dotata delle stesse prerogative di Dio. Io allora non credevo e non riuscivo a scorgere, sia pure debolmente e come in enigma, cosa fosse una sostanza spirituale; così fui contento di dovermi vergognare per aver latrato per tanti anni, non già contro la fede cattolica, ma contro fantasmi prodotti dai nostri pensieri carnali.

Ero stato, dunque, temerario ed empio, perché avrei dovuto indagare e conoscere, prima di lanciare accuse contro la Chiesa Cattolica.

Tu, infatti, eccelso e pur sempre vicino a noi, ascoso e pur sempre presente, che non sei composto di membra grandi e piccole, ovunque sei tutto intero e in nessun luogo sei del luogo, pur non avendo questa nostra forma corporea, hai fatto l'uomo "a tua immagine e somiglianza", circoscritto, dalla testa ai piedi, in un determinato luogo.

4. L'unica e vera Chiesa

4. 5. Non riuscendo dunque a capire come la tua immagine fosse in un corpo umano, avrei dovuto bussare e chiedere spiegazioni, e non lanciare insulti a chi vi credeva.

Adesso era acuto in me l'assillo di riuscire a conoscere quel che dovevo ritenere per certo, e grande la vergogna di essermi lasciato ingannare per tanto tempo dalla promessa di cose certe, e di aver sbandierato tante dottrine incerte come fossero certe, con la puerile leggerezza e animosità di un bambino.

Che fossero false lo venni a sapere dopo.

Ero certo, tuttavia, che erano incerte, e io le avevo

accettate come certe. E io accusavo la tua Chiesa Cattolica, così, alla cieca, con argomentazioni fasulle, attaccandola su dottrine che non insegnava, e non sapendo ancora che lei insegna la verità.

Le mie idee erano confuse e finalmente mi stavo cambiando.

Che gioia, Dio mio, l'aver capito che la tua Chiesa, nel cui grembo fin da bambino mi fu inculcato il nome di Cristo, non insegnava favolette da bambini, ma che la sua dottrina era sana e veritiera. Insegna infatti che tu, Creatore dell'universo, non sei una figura umana composta di membra, e non sei limitato e racchiuso in uno spazio, fosse pure eccelso e immenso.

Il senso spirituale delle Scritture

- 6. Gioivo pure nell'apprendere che la lettura dell'antica Legge e dei Profeti mi venisse proposta con una visuale diversa da quella dei manichei, i quali, nel modo come la presentavano, me la facevano ritenere assurda, e rimproveravo ai tuoi santi di credere ciò che in realtà non credevano.

Così mi rallegravo quando sentivo il santo vescovo Ambrogio ripetere spesso nei suoi sermoni al popolo: *"La lettera uccide, è lo spirito che dà vita" (2Cor 3,6)*.

Benché non fossi certo se quanto diceva fosse vero o no, mi davano conforto le sue parole quando spiegava in senso spirituale, tolto il velo mistico, certe frasi che, prese così alla lettera, sembrava che insegnassero cose perverse.

Tuttavia frenavo ancora il mio intelletto dall'aderirvi.

Temevo di non riuscire a superare il fossato; e questa esitazione aggravava maggiormente la mia situazione. Volevo rendermi conto di quella verità che non vedevo ancora, averne una certezza matematica, come il dire: sette più tre fanno dieci.

Non ero, però, così sciocco da credere che fosse impossibile comprendere questa verità; ma come questa, desideravo comprendere anche le altre verità, sia quelle corporali che non cadevano sotto i miei sensi, e quelle spirituali, che io non sapevo pensarle se non sotto forma corporea. Potevo essere risanato credendo, così la mia intelligenza avrebbe potuto dirigersi, una volta purificata, in un modo o nell'altro, verso la tua verità, che "dura in eterno" e non viene mai meno.

Ma come succede quando si è avuta l'esperienza di un medico cattivo si ha timore anche di quello buono, così la mia anima ammalata respingeva la guarigione che avrebbe potuto ottenere mediante la fede, temendo di sbagliare ancora e andare incontro al falso.

Resistevo alle tue mani, che avevano confezionato questa medicina della fede, e l'avevano cosparsa su i malanni dell'universo, conferendole un immenso potere.

5. Si avvicina alla fede cattolica

5. 7. In ogni modo, da allora incominciai a preferire la dottrina cattolica, anche perché la trovavo più equilibrata e assolutamente sincera nel prescrivere una fede senza dimostrazioni, che a volte ci sono, e non tutti possono intenderle, ma spesso non ci sono.

I manichei irridevano la fede dei cattolici, e poi imponevano di credere a un gran numero di favole assurde, che non riuscivano nemmeno loro a dimostrare. La tua mano, o Signore, mitissima e misericordiosissima, poco alla volta, condusse la mia intelligenza, a rendersi conto di quante cose aveva fede, anche senza vederle o senza essere presente mentre accadevano. Per esempio, gli avvenimenti storici, notizie su luoghi e città mai viste, quello che ci dicono gli amici, i medici, e anche altri uomini; a tutti costoro dobbiamo prestar fede se vogliamo saper vivere e bene agire. Infine, non prestavo fede cieca ai miei genitori, quando parlavano della mia nascita, che io certo non potevo ricordare?

Così mi convinsi che non merita biasimo chi crede nelle tue Sacre Scritture, che riscuotono tanta autorità presso tutti i popoli; ma piuttosto chi non ci crede merita il nostro biasimo.

Non dovevo quindi dare ascolto a coloro che mi dicevano: “Come puoi essere sicuro che quei libri furono trasmessi al genere umano sotto l’azione dello Spirito dell’unico vero Dio, Dio assolutamente veritiero?”.

Io invece proprio per questo avevo grande fede, perché tutte le calunniose dispute dei filosofi, che avevo letto nei loro libri, non mi avevano mai tolto la certezza che tu esisti, anche se non sapevo in che modo, e che a te appartiene il governo delle vicende umane.

- 8. Sennonché la mia fede a volte era robusta, a volte debole, ma sempre costante nel credere che tu esisti, e hai cura di tutti noi, anche se ignoravo in che modo bisogna concepire la tua sostanza, e quale fosse la strada che conduceva e riconduceva a te.

Sì, avevo cominciato a credere ormai che tu avevi attribuito tanta autorità alla Sacra Scrittura, perché gli uomini non sarebbero mai riusciti a raggiungere la Verità con la sola ragione, e tu volevi che per mezzo di essa l'uomo credesse in te, e per suo mezzo ti cercasse.

Quei fatti assurdi letti nelle Sacre Scritture, che un tempo mi avevano scandalizzato, dopo le molte spiegazioni ascoltate, le attribuivo adesso alla sublimità del mistero[2].

---

[2] Agostino ha scoperto che nella Scrittura si deve cercare soprattutto il senso spirituale; ha capito come fosse importante salire al di sopra dell'orizzonte sensibile e materiale e ricercare il senso profondo che si nasconde dietro la lettera. Al di sopra del significato letterale c'è il significato allegorico. La parola *allegoria* viene dalla lingua greca ed è composta di due parole: *àllos* con il significato di *altro* e *agorà,* derivante da *agorèuo,* con il significato di *adunanza, discorso*; allora *l'allegoria è* un *discorso*, fatto per mezzo di un'immagine, con un *altro* significato, in questo caso spirituale. Gesù ha detto: "*io sono la vite e voi i tralci*", cioè fa un discorso servendosi dell'immagine della vite e dei tralci; l'immagine sta a significare la profonda unione spirituale di Cristo con tutti i cristiani, proprio come la profonda unione materiale del tralcio con la vite.

L'autorità della Sacra Scrittura mi appariva ancor più venerabile e degna di fede assoluta, in quanto il suo linguaggio e il suo stile, era accessibile ad ogni lettore, pur conservando la maestà del mistero, per intelletti più profondi.

Erano a disposizione di tutti, e tutti potevano accedere alla lettura delle Sacre Scritture.

Ma soltanto pochi riuscivano, attraverso alcuni spiragli, *"a passare per la porta stretta"* *(Mt 7,13s)* e arrivare alla loro comprensione.

Sarebbero stati ancora di meno se le tue Sacre Scritture non avessero avuto una così eminente autorità e nello stesso tempo una così profonda umiltà, da attrarre alla loro lettura e conoscenza una moltitudine di gente. Mentre pensavo a queste cose tu mi eri vicino; sospiravo, e tu raccoglievi i miei sospiri; andavo alla deriva, di qua e di là, ma tu eri al timone della mia navicella; percorrevo una via larga, ma tu non abbandonavi il tuo servo nel suo cammino.

6. L'allegro mendicante di Milano

6. 9. Bramavo di conseguire onori, ricchezze e anche una moglie. E tu te la ridevi!

"Se ne ride chi abita i cieli, li schernisce dall'alto il Signore". Questi desideri mi procuravano infinite amarezze. Era la tua bontà che mi impediva di godere di questi desideri, perché non erano rivolti a te.

"Guarda, o Signore, la miseria del mio cuore" *(Lm 1,9;11)*.

Tu hai voluto che io ricordassi queste cose e li confessassi al tuo cospetto. *"A te si stringe, ora, l'anima mia"* (Sal 62,9) che hai tirato fuori da quel vischio di morte, così tenace.

Oh, povera anima mia, quanto eri misera.

Tu aumentavi ancor più il dolore della mia ferita, perché mi decidessi a lasciare tutto, "e io, misero peccatore, tornassi a te"; "Dio benedetto nei secoli", senza di te nulla esisterebbe di ciò che esiste.

Tu, pertanto, volevi che io mi convertissi e venissi risanato. Quanto ero misero, o Signore!

E tu ti sei dato da fare perché io comprendessi la mia miseria. E proprio quel giorno, quando io mi preparavo a recitare un elogio all'imperatore, pieno di menzogne, eppure capace di meritare a me che le dicevo grandi favori e applausi da chi ascoltava.

Avevo il cuore agitato da varie preoccupazioni e in ansia per quella cerimonia. Ed ecco. Mentre percorrevo un vicolo di quella città, vidi seduto lì, per terra, un povero mendicante.

Aveva bevuto ed era molto allegro. Io lo guardavo sospirando e feci notare ai miei amici la differenza che c'era fra noi e quel povero mendicante: lui allegro e noi sotto l'assillo opprimente delle nostre folli ambizioni.

Cosa infatti andavo a cercare alla corte dell'imperatore? Gloria e onori, gioia sicura. Ma quell'uomo lì, l'aveva raggiunta prima di noi, già la possedeva. E in che modo l'aveva raggiunta? Accattando pochi spiccioli, e con questi poi procurarsi del vino.

Un sistema molto semplice.

Io invece inseguivo la felicità per vie tortuose e anfratti penosissimi. Lo so. Quella del mendico non era la vera gioia.

E quella che cercavo io non era forse più fallace ancora?

Intanto, in quel momento, lui era allegro e io no, lui soddisfatto e io angosciato.

Cosa fare, mi domandavo: rinunciare alla mia cultura, abbandonare i sogni di gloria, rinunciare alla carriera, agli onori, ubriacarmi come quel mendico, gustare quell'effimero godimento?

Manco per sogno!

Preferivo essere com'ero: pieno di affanni e ansietà.

Ma ero forse nella verità o non piuttosto nella perversità?

Mi dovevo forse anteporre al mendico perché io ero più dotto, se poi ero più infelice di lui?

Il mio scopo era quello di piacere agli uomini, sì, non per istruirli, ma solo per piacere a loro.

"Pertanto tu, col tuo bastone e il tuo vincastro" (Sal 22,4), *"spezzavi le mie ossa" (Sal 41,11)*.

- 10. Lontano da me coloro che vanno dicendo:

"L'importante è godere qualunque sia la fonte. Il mendico la fonte la trovava nel vino, tu nella gloria".

Ma quale gloria, o Signore? Non c'è gloria fuori di te.

Certo non era vera gioia quella del mendico, ma

nemmeno la mia era vera gloria, se mi procurava solo dei tormenti.

Il mendico, però, avrebbe smaltito la sbornia in una notte; io, invece, la mia sbornia, non la smaltivo mai: mi ci addormentavo e mi ci svegliavo, mi ci addormentavo di nuovo e di nuovo mi ci risvegliavo. Chi può dire quanti giorni così?

Certo bisogna conoscere la fonte da dove deriva la gioia. Lo so. E so anche che la felicità che sgorga da una speranza di fede, non si può paragonare a quella effimera del mendico.

Milano: sant'Agostino parla con sant'Ambrogio

Intanto, però, quella mattina, c'era una grande differenza fra noi due: non c'è dubbio che egli fosse più felice di me. E non solo perché il vino lo rendeva allegro, mentre io ero sempre tormentato dai miei affanni; c'era anche un'altra ragione: lui chiedeva l'elemosina (i soldi) augurando del bene, io invece chiedevo la gloria con le mie menzogne.

Queste considerazioni, e altre ancora, feci insieme ai miei amici mentre ci avviavamo al Palazzo.

Sennonché questo riflettere continuamente su me stesso, mi faceva male e mi dava dolore, e decuplicava i miei affanni.

Se poi si affacciava qualche momento favorevole di serenità, non vi ponevo troppa fiducia, tanto sapevo che presto si sarebbe dileguato.

7. Gli amici: Alipio

7. 11. Noi, tre amici: Alipio, Nebridio ed io, si gemeva, si sospirava, parlando di queste cose.

Eravamo tutti e tre attanagliati dagli stessi problemi. Alipio era mio paesano, figlio di genitori rispettabili. Era più giovane di me ed era stato mio alunno, prima a Tagaste e poi a Cartagine.

Mi amava molto, mi stimava buono e dotto.

Io lo ricambiavo di sincero affetto, per la sua indole portata ad amare la rettitudine, fin da quando era giovane.

Sennonché, arrivato a Cartagine, città piena di spettacoli e divertimenti frivoli, era stato preso da una forte passione per i giochi del circo.

Allora, non frequentava ancora la mia scuola di retorica, che si svolgeva all'aperto, per certi dissapori che io avevo con suo padre.

Venuto a conoscenza di questa sua passione per il circo, mi dispiacque moltissimo; temevo che ben presto, se ancora non era avvenuto, avrebbe frustrato quelle belle speranze che io riponevo in lui.

Ma, come ammonirlo o farglielo capire? Né come amico, né come maestro potevo farlo ancora, perché pensavo che nutrisse verso di me gli stessi sentimenti di suo padre. Invece non era così.

Infatti, a differenza di suo padre, cominciò a salutarmi, e di tanto in tanto veniva ad ascoltare le mie lezioni; passava, si fermava un poco nella mia aula, e poi se ne andava.

- 12. Io ormai non avevo più intenzione o speranza di correggerlo, e di impedire che quei giochi finissero per rovinarlo del tutto.

Ci pensasti tu, o Signore, che presiedi alla navigazione di tutti noi, creati da te.

E non avevi abbandonato il tuo servo Alipio, predestinato a diventare dispensatore dei tuoi misteri; Alipio sarà poi Vescovo di Tagaste.

Tuttavia tu ti servisti di me, senza che io me ne rendessi conto, perché fosse chiaro che eri tu ad agire direttamente.

Ed ecco. Un giorno sedevo, come al solito, di fronte ai miei alunni. Alipio entrò, mi salutò e si sedette.

Capii che aveva intenzione di seguire la mia lezione. Tenevo in mano un libro e lo stavo spiegando.

Per rendere più facile e piacevole la mia spiegazione, mi sembrò opportuno portare il paragone dei giochi del circo, irridendo e condannando coloro che erano infetti di quella insana malattia.

Tu lo sai, o Signore, che in quel momento, con le mie parole, non pensavo affatto di rivolgermi ad Alipio, e di indurlo a liberarsi da quella febbre pestifera.

Egli invece mi ascoltò con attenzione, e credette che io mi rivolgessi direttamente a lui.

Un altro si sarebbe risentito e mi avrebbe contraddetto.

Alipio, invece, da vero giovane virtuoso, accolse volentieri le mie parole come rivolte a lui, e da quel momento crebbe il suo amore e la sua amicizia verso di me.

Infatti tu, o Signore, hai fatto scrivere nei Sacri Testi: *"Rimprovera il saggio ed egli ti amerà" (Pr 9,8)*.

Io non avevo rimproverato Alipio, quel bravo giovane. Ma tu ti servi di tutti noi, o l'avvertiamo o non l'avvertiamo, per compiere il tuo disegno, già prestabilito, disegno quanto mai giusto e ordinato alla nostra salvezza. Facesti, così, del mio cuore e delle mie parole come tanti carboni ardenti per cauterizzare quella piaga che infettava l'animo così bello di Alipio, e risanarlo.

"Ecco ho toccato le tue labbra, con carboni ardenti, perciò è scomparsa la tua iniquità, e il tuo peccato è espiato".

Non può cantare le tue lodi chi non comprende la tua misericordia. Ma io rendo lode dalla intime fibre del mio cuore.

"Ringrazio Dio per la sua misericordia, per i suoi prodigi a favore degli uomini".

Così Alipio, dopo aver ascoltato quelle mie parole, scattò e uscì subito da quella fossa così profonda, dove se ne stava tranquillo, al buio, completamente cieco, e quasi godeva in quella oscurità.

Con fortezza di spirito si liberò da quella lebbra circense, e non mise più piede nell'anfiteatro.

Vinte poi le resistenze del padre, mi scelse come suo maestro. Il padre non si oppose, anzi acconsentì. Sennonché, ascoltando le mie lezioni, cadde anch'egli nell'errore manicheo.

Nei manichei ammirava la sicurezza che ostentavano nel praticare la virtù della continenza, credendo che agissero con sincerità e per convinzione.

Invece non era altro che un'esca per accalappiare anime volenterose, ancora incapaci di raggiungere la vetta della virtù, e che si lasciavano ingannare dalle apparenze di una virtù praticata con insana ipocrisia.

8. Alipio ricade nella passione del circo

8. 13. Aspirando di fare carriera nella società, lusingato e spinto dai suoi genitori, Alipio era partito per Roma prima di me, per studiare diritto e diventare avvocato. E a Roma gli capitò una strana e stravagante avventura, che lo infiammò per gli spettacoli delle lotte dei gladiatori.

Alipio detestava ed evitava di andare a quegli spettacoli. Ma un giorno, alcuni suoi amici e condiscepoli, tornando da un pranzo, allegri e spensierati, lo costrinsero, a forza, ad andare con loro a tali spettacoli. Furono vani i suoi dinieghi e la sua resistenza. Accettò ed andò, ma col proposito di non lasciarsi travolgere.

"Io vengo - disse - potete spingere il mio corpo, e costringerlo a sedersi in quel luogo, ma non potete costringere i miei occhi a guardare e il mio animo a partecipare a quegli spettacoli cruenti. Vi sarò, ma sarò come assente, così avrò la meglio su di voi e su quei giochi".

"Va bene - risposero gli amici - vediamo se sei capace di fare quello che dici"

Andarono e si sedettero, come poterono, sui gradini. Intorno era tutto un gridare, un clamore indemoniato. Egli chiuse gli occhi e si propose di non partecipare, distraendo il suo animo da quello spettacolo. Ma non si curò di tappare le orecchie. Se l'avesse fatto!

A un certo momento l'anfiteatro esplose con fragore: un gladiatore era caduto, colpito dall'altro. Alipio, vinto dalla curiosità, credendo di riuscire a dominarsi, qualunque fosse la visione, aprì gli occhi e ricevette nel suo animo una ferita più grave di quella subita dal gladiatore. Egli lo volle guardare, e cadde miseramente nel vizio, assai peggio di quel gladiatore disteso per terra, morto.

La sua caduta aveva sollevato un forte grido nell'anfiteatro.

Quel forte grido gli era penetrato nelle orecchie e gli aveva fatto spalancare gli occhi.

Credeva di poter resistere, qualunque fosse stata la visione dell'accaduto. Una mossa temeraria e presuntuosa, che ferì profondamente il suo animo, ancora debole.

Aveva confidato troppo in se stesso invece che in te, o Signore, come avrebbe dovuto fare.

Quando vide il sangue scorrere per terra, anche il suo sangue ribollì nelle vene.

Ci prese gusto a guardare quelle scene di violenza, e il suo animo tornò a inebriarsi di questi spettacoli sanguinari.

Non era più quell'Alipio quando era entrato; era ormai uno dei tanti che gridavano esultanti, e un vero socio di quelli che ve lo avevano condotto. Che devo dire? Vide, gridò, s'infiammò. Il suo animo fu avvinto di nuovo da quell'insana passione.

Fu spinto a tornarvi di nuovo, non solo con i soliti amici, che ve lo avevano trascinato quasi a forza, ma vi andava anche da solo e convinceva altri ad andare con lui.

Fortuna per lui! La tua mano forte e misericordiosa lo trasse fuori e lo liberò da quella passione. E gli facesti capire che non bisogna riporre la fiducia in se stessi, ma solo nel tuo aiuto.

Questo però lo capì molto più tardi.

9. Alipio accusato di furto

9. 14. Quest'avventura gli era rimasta impressa nell'animo, gli sarebbe servita come medicina in futuro.

Racconterò di lui un altro increscioso avvenimento.

Eravamo ancora a Cartagine, e lui veniva ad ascoltare le mie lezioni. Un giorno verso mezzogiorno, passeggiava nel foro, ripassando una lezione, che avrebbe poi dovuto recitare a scuola, come in genere si usa fare con gli alunni, per esercizio. Ed ecco: tu o Signore, permettesti che venisse arrestato, come ladro, dalle guardie del foro. Perché lo permettesti? Io penso perché imparasse fin d'allora quanto sia difficile giudicare, nelle cause, tra uomo e uomo, e stare attenti nell'emettere una sentenza di condanna, e di evitare di credere facilmente alle accuse.

Questa lezione gli sarebbe servita in futuro.

Dunque. Mentre passeggiava davanti al tribunale, avendo in mano le tavolette e lo stilo, ecco arrivare un giovane, il vero ladro, un alunno di scuola. Senza essere visto da Alipio, il ladro si accosta ai cancelli che immettono nella via dei banchieri. Con una scure che aveva in mano si mette a battere sulle sbarre di piombo dei cancelli.

I banchieri se ne accorgono, e segretamente mandano ad avvisare le guardie.

Il ladro capisce e si dà alla fuga, lasciando la scure. Alipio che non lo aveva visto entrare, lo vede invece mentre esce e fugge. Incuriosito si accosta ai cancelli, prende in mano la scure e si mette ad osservarla.

Proprio in quel momento arrivano le guardie. Lo arrestano e lo portano via, vantandosi con la gente di averlo preso in fragrante. E si avviano per consegnarlo alla giustizia.

- 15. Ma la lezione che volevi dargli finì qui. Subito, infatti, tu o Signore, venisti in soccorso della sua innocenza, della quale eri il solo testimone. Mentre dunque veniva condotto in carcere, per poi essere giustiziato, ecco che s'imbattono in un architetto, sovrintendente agli edifici pubblici. Le guardie furono contente di aver incontrato proprio lui, che spesso li accusava di essere loro gli autori dei furti che si commettevano.

Sennonché l'architetto conosceva Alipio, l'aveva incontrato nella casa di un certo senatore, che Alipio, di tanto in tanto, andava a salutare.

Appena lo riconobbe, l'architetto lo prese per mano, e lo liberò dall'assedio della folla che tumultuava. E alla folla che, indignata, faceva rimostranza, disse di seguirlo. Ad Alipio domandò il perché dell'accaduto.

L'architetto condusse tutti davanti alla casa di quel giovane che aveva tentato di fare il furto.

Davanti alla porta sedeva un ragazzo, uno schiavo. Con semplicità, senza pensare al danno che avrebbe arrecato al suo padrone, raccontò come si erano svolte le cose. Infatti lo aveva accompagnato nel foro.

Alipio stesso lo aveva visto e lo disse all'architetto. Allora gli fece vedere la scure e gli domandò di chi era. Il ragazzo rispose subito con sincerità: “Quella scure è nostra”.

Interrogato, raccontò tutto.

Così l’accusa del tentato furto cadde su quella casa, con grande disappunto della folla, che già pregustava il suo trionfo su Alipio.

E il futuro dispensatore della tua parola, o Signore, e colui che avrebbe dovuto esaminare un’infinità di cause nella tua Chiesa, come vescovo, uscì da questa incresciosa esperienza, più saggio e più equilibrato.

10. Alipio assessore al tribunale di Roma

10. 16. Lo ritrovai al mio arrivo a Roma. Crebbe la nostra amicizia. Poi partì con me per Milano, non voleva lasciarmi.

Venne anche per trovare modo di esercitare la sua avvocatura, per assecondare il desiderio dei suoi genitori, più che il suo. Era stato già tre volte assessore giudiziario al Tribunale di Roma. Era stato notato subito dai colleghi per la sua rettitudine, mentre egli aveva notato in loro uno smisurato attaccamento al denaro più che al loro dovere. La sua indole, il suo carattere, vennero messi alla prova: e con profferte vantaggiose e anche con minacce.

A Roma era assessore presso il ministero delle finanze italiche.

Vi era a Roma, allora, un potente senatore; teneva soggetti a sé molti cittadini, o con favoritismi o con le minacce.

Come al solito, fidando nella sua potenza, si permise di compiere un'azione illecita e proibita dalla legge. Alipio si oppose. Il senatore gli promise una lauta ricompensa. Alipio gli fece una bella risata in faccia. Venne allora minacciato, ma egli non se ne curò. Tutti lo ammirarono e rimasero meravigliati perché aveva avuto il coraggio di opporsi a un personaggio così potente, incurante degli allettamenti e delle minacce. Lo stesso giudice, di cui Alipio era consigliere, avrebbe avuto timore di opporsi al senatore, apertamente, benché in cuor suo condannasse la prepotenza del senatore. E, in questo caso, si mantenne distante, dicendo al senatore di non poter intervenire, altrimenti Alipio si sarebbe opposto e lo avrebbe accusato e lasciato. Tuttavia, anche lui stava sul punto di lasciarsi corrompere dall'amore per la letteratura: aveva infatti cominciato a farsi trascrivere alcuni codici, a spese del suo ufficio di assessore. Poi, preso dagli scrupoli, si attenne a ciò che era giusto: meglio l'onestà che non ammetteva tale modo di agire, che la possibilità di abusare del suo ufficio di assessore.

Può sembrare irrilevante, ma che cosa dice la Sacra Scrittura? *"Chi è fedele nel poco è fedele anche nel molto"* (*Lc 16,10*). E le parole che escono dalla tua bocca di verità non sono parole vane. "Tu solo hai parole di vita eterna".

"Se non siete stati fedeli nell'iniqua ricchezza,

chi vi affiderà quella vera? E se non siete stati fedeli nella ricchezza altrui, chi vi darà la vostra?" (Lc 16,11).

Così era fatto Alipio. Adesso si stringeva a me. Tutti e due eravamo assillati dal problema della vita. Cosa fare? E l'animo nostro era agitato e turbato.

Nebridio, l'altro amico

- 17. Nebridio era nato in un paesino vicino Cartagine. Era venuto poi a Cartagine e ci incontravamo spesso.

In seguito volle venire a Milano per stare con me, e con me impegnarsi nella ricerca della verità e della sapienza. Aveva lasciato i suoi possedimenti di campagna e la splendida casa paterna, nonché la madre, non disposta a seguirlo.

Ricercatore appassionato della felicità, come me anelava nell'attesa, ma oscillava nel dubbio di non incontrare quella vera.

Eravamo tre poveri indigenti, mendici affamati, con le fauci rivolte verso di te, *"che dai il cibo a tempo opportuno"* (Sal 104,27;145,15).

Ci comunicavamo a vicenda la nostra amarezza, cercando di capire le ragioni della nostra sofferenza.

Ci domandavamo: quando finirà questa angosciosa attesa? Quanto tempo durerà ancora questo tormento?

Eravamo avvolti nelle tenebre. Per quanto tempo ancora? Fino a quando? Fino a quando?

Ripetevamo spesso.

Ma intanto non ci decidevamo a lasciare quella vita. Anche perché nessuna luce spuntava all'orizzonte, per darci certezza e tranquillità, dopo aver abbandonato quella in cui ci trovavamo.

11. L'inquieto mendicante della verità

11. 18. Io in modo particolare ero inquieto e mi tormentavo.

Ripercorrevo tutto quel periodo, da quando, a diciannove anni, m'innamorai della sapienza, dopo aver letto l'Ortensio di Cicerone.

Avevo deciso di abbandonare tutto, vane aspirazioni di carriera, tutte le illusorie speranze, e di non perdere più il tempo alla ricerca di fallaci menzogne.

Volevo dedicarmi del tutto allo studio della sapienza. Invece, eccomi arrivato a trent'anni, immerso ancora nelle "sabbie mobili", pago di godere l'attimo fuggente e dispersivo. E ogni giorno dicevo a me stesso: "Ci penserò domani, forse domani incontrerò la "sapienza", mi si manifesterà e potrò possederla".

"A proposito, fra qualche giorno arriverà Fausto, il maestro, e mi spiegherà tutto con chiarezza e convinzione".

"O illustri filosofi Accademici! Avete ragione. Non si può avere alcuna certezza, non si ha nessuna regola precisa su cui indirizzare la nostra vita". "In ogni modo - ripetevo ai miei amici - non disperiamo, continuiamo a cercare diligentemente.

Ormai, ciò che ci sembrava assurdo nelle Sacre Scritture, avete inteso da Ambrogio che non lo è più, e possono essere spiegate in maniera diversa e più intelligente". Pertanto voglio rimanere saldo e che i miei piedi poggino sempre su quella base dove mi posero i miei genitori da bambino, finché non mi si palesi appieno la verità.

Ma, dove cercarla la verità? Quando cercarla? Chi ci aiuterà? Ambrogio sembra non abbia tempo per noi. Noi non abbiamo tempo per leggere.

E dove trovare i libri adatti? A chi chiederli? Quando?

Però non perdiamo tempo, adesso che una grande speranza è spuntata, dopo che Ambrogio ci ha dimostrato che gli insegnamenti della fede cattolica non sono quelli che noi pensavamo. Le nostre accuse non hanno più valore. Per gli studiosi cattolici è un'empietà credere che Dio sia limitato e chiuso entro una forma corporea. Sù, diamoci da fare!

Riserviamo del tempo per dedicarci alla salvezza dell'anima.

Seguitiamo a bussare. Si apriranno queste benedette porte della verità. Sì. Ma il tempo per dedicarci a questo - dicevamo - dove lo troviamo? Al mattino la scuola, le lezioni, nel pomeriggio preparare le dissertazioni, andare a trovare gli amici influenti, perché favoriscano la nostra carriera. Eppoi, bisogna pensare anche al mangiare, al riposo, per rilassarsi dopo tanta tensione.

- 19. Alla malora! Periscano tutte queste vanità e futilità! Pensiamo invece solamente a trovare la verità. Questa vita è miseria, la morte è certa, e ti potrebbe piombare addosso all'improvviso. E in quale stato d'animo usciremo da questo mondo? Dove andremo ad apprendere quelle nozioni che qui abbiamo trascurato di imparare?

Ne sentiremo rimorso per sempre.

Si dice che con la morte tutto finisce: tutti gli affanni e le preoccupazioni. Sarà vero?

È un problema da indagare. Io non voglio credere che con la morte tutto finisca.

Non invano la Chiesa Cattolica, con la sua autori-

Milano: sant'Agostino e Alipio ascoltano sant'Ambrogio

tà, diffonde questi insegnamenti su tutta la terra.

No. Non voglio credere che con la morte tutto finisca. Non è possibile che questi elementi del divino che sono in noi - come insegna la Chiesa Cattolica - abbiano ad estinguersi con la morte del corpo.

Che aspettiamo, dunque, a lasciar perdere tutte queste vane speranze del mondo, e a impegnarci seriamente a cercare Dio e la vita beata in Dio? Aspetta. Aspetta ancora un momento. Non vedi quanta giocondità è intorno a te?

E anche queste "vanità" del mondo hanno una loro dolcezza e un loro diletto. Pensaci prima di lasciarle e di distaccartene.

Sarebbe disdicevole, turpe, tornare indietro.

Cosa ti manca adesso per essere felice? Già hai quanto basta per avere un posto onorifico.

Se poi desideri far carriera, e presto, hai molti amici, e amici potenti, e potresti avere subito una presidenza di tribunale. Così ti sarà facile trovare una moglie, una donna altolocata e ricca, che ti liberi da ogni preoccupazione per l'avvenire, e tu potrai dedicarti liberamente ai tuoi studi e ai tuoi affari.

Quanti intelletti illustri e degni di imitazione si dedicarono allo studio della sapienza, pur con le mogli a fianco?

- 20. Sballottato qua e là da questi venti, i giorni passavano e la mia conversione a te, mio Dio, tardava a venire. Differivo di giorno in giorno di vivere con te, ma non differivo la morte che ogni giorno era dentro di me.

Amavo vivere una vita beata, eppure temevo di accostarmi là dove si trovava. La cercavo nel momento in cui la fuggivo.

Pensavo di essere infelice senza una donna accanto. Ancora non sapevo che la tua misericordia è capace di "curare ogni sorta di malattie e di infermità". Non ne avevo fatto ancora l'esperienza.

Credevo che la continenza fosse possibile mantenerla poggiando solo sulle nostre forze; e certamente non mi fidavo delle mie.

Come ero stolto! Purtroppo ancora non sapevo quanto sta scritto: *"Nessuno può essere continente se tu non glielo concedi"* *(Sap 8,21)*. Certamente tu me l'avresti concessa se avessi bussato alle tue orecchie, pregando e gemendo, dal profondo del mio cuore, e avessi gettato in te il mio affanno, con fede viva. *"Chiedete e vi sarà dato, cercate e troverete, bussate e vi sarà aperto"* *(Mt 7,7s; Lc 11,9s)*. *"Getta sul Signore il tuo affanno, ed egli ti darà sostegno"* *(Sir 3,27)*.

12. Il problema del matrimonio

12. 21. Giustamente Alipio mi sconsigliava di prendere moglie.

Mi ripeteva in tutti i toni: "Se ti sposi non possiamo più dedicarci allo studio della sapienza, in piena libertà, come da tempo andiamo desiderando". In questa materia egli era castissimo.

Era tanto più da ammirare in quanto, ancora adolescente, si era lasciato andare a qualche avventura sessuale. Però, non si era lasciato incatenare, ma ne aveva riportato disgusto e rimorso; e da allora in poi visse sempre in perfetta castità.

Io gli resistevo e gli portavo gli esempi di uomini sposati, dediti allo studio della sapienza, ben accetti a Dio, e anche agli amici, ai quali rimasero sempre fedeli.

Ma io ero abbastanza lontano dalla grandezza d'animo di queste persone. Ero avvinto dal piacere mortifero della carne, e godevo di essere trascinato da questa catena, e temevo che qualcuno me la sciogliesse, con mano suadente e a forza di buoni consigli. E questo è grave: per mia bocca il serpente parlava ad Alipio cercando di prenderlo nei suoi lacci, che la mia lingua poneva davanti ai suoi passi, con allettanti lusinghe, cercando di impigliarlo e farlo cadere. *"Nel sentiero dove cammino mi hanno teso un laccio"* (Sal 141,4).

- 22. Alipio mi stimava molto, e si stupiva che io non riuscissi a liberarmi da quella sensualità in cui mi ero invischiato.

Si discuteva spesso e io cercavo di fargli capire che non sarei mai riuscito a vivere da celibe.

Non ci poteva credere, e io gli spiegavo che la mia situazione era ben diversa da quella sua esperienza sessuale, fatta quando era adolescente: un'esperienza durata poco e presto dimenticata.

Per me era diverso, convivevo infatti con una

donna. Se mi fossi sposato regolarmente non avrebbe avuto più nulla da dire; il matrimonio è uno stato di vita che certamente non si può disprezzare.

Così venne anche a lui il desiderio di sposarsi, non tanto per il piacere sessuale, ma per curiosità.

Diceva di voler conoscere che ci fosse di tanto attraente e soddisfacente nella convivenza coniugale, più che il vivere da celibe come lui, al quale tale stato di vita piaceva tanto. Per me, invece, il celibato sarebbe stato un tormento, e non una vita piacevole.

Libero da ogni legame, si meravigliava di me, che ero schiavo di quella situazione. E per questo, incuriosito, era spinto a farne l'esperienza.

Se l'avesse fatta, anch'egli sarebbe caduto in quella schiavitù di cui si meravigliava, avrebbe stretto un patto con la morte. *"Chi ama il pericolo* - infatti - *cade in esso"* (Sir 3,27).

In verità nessuno di noi due se la sentiva di accedere alla dignità del matrimonio, che avrebbe comportato la responsabilità di mantenere una famiglia e di educare i figli.

A me bastava soddisfare quella passione insaziabile, dalla quale, da tempo, ero stato catturato, e che mi bruciava dentro, senza mai appagarmi.

Tale era la nostra situazione.

Finché tu, o Signore altissimo, che non abbandoni mai la nostra miserevole condizione, di povere creature impastate di fango, pieno di misericordia, venisti in soccorso di noi miseri, attraverso vie misteriose e mirabili.

13. Monica sceglie una fidanzata per Agostino

13. 23. Volevano per forza che io mi sposassi. "Sposati. Sposati" - mi ripetevano ogni giorno.

Alla fine mi decisi a chiedere la mano a una ragazza, e a ricevere da questa la promessa.

Specialmente mia madre si dava da fare. Era certa che il battesimo mi avrebbe lavato da ogni colpa commessa fino allora, e una volta sposato sarei vissuto in castità coniugale.

Godeva nel vedermi finalmente tornato alla fede, e ringraziava il Signore perché aveva accolto i suoi voti e mantenuto le sue promesse attraverso la visione dell'angelo che le indicava la mia presenza sul "regolo" accanto a lei - e la risposta di quel vescovo: "non è possibile che perisca un figlio di tante lacrime".

Tuttavia attendeva ancora qualche segno rivelatore; e ogni giorno ti pregava, anche su mia insistenza, per risolvere quel problema del matrimonio. Ma tu non l'esaudisti, e non ebbe alcuna visione in sogno.

Sì, aveva delle visioni, ma frutto del suo stato d'animo, ben diverse da quelle che riceveva da te.

Me le raccontava, ma senza attribuire ad esse alcuna importanza, anzi ne provava disgusto. Sapeva ben distinguere, non so per quale ragione, le visioni autentiche da quelle sue fantastiche immaginazioni.

A parole non riusciva a spiegarmelo.

Tuttavia lei premeva per questo mio matrimonio, e venne fatta la richiesta ufficiale alla ragazza. Sennonché la ragazza prescelta aveva solo dieci anni, e si doveva attendere due anni per il matrimonio, finché avesse raggiunto l'età prescritta, dodici anni.

La ragazza piaceva a tutti. Pertanto si decise di aspettare.

14. Progetti di vita comune tra amici

14. 24. Un giorno tra amici, progettammo di ritirarci lontano dalla folla, e vivere in pace, per evitare le noie e i disturbi della vita quotidiana. Avevamo studiato bene il programma: mettere tutto in comune, e formare un unico patrimonio. L'amicizia si trasformava in una vera "fraternità"; nessuno poteva più dire: questo è mio, o, questo è tuo, ma ogni cosa era a disposizione di tutti e di ciascuno. Una comunità formata da circa dieci persone, alcune molto facoltose, specialmente Romaniano.

Romaniano era mio concittadino, anche lui di Tagaste. Amico di famiglia fin da quando ero ancora piccolo.

Era proprio lui ad insistere per realizzare questo progetto, e il suo consistente patrimonio dava a noi maggior fiducia. Romaniano era venuto a Milano, sede della Corte, per risolvere alcuni gravosi problemi inerenti ai suoi affari.

Il nostro progetto prevedeva anche, ogni anno, l'elezione di due di noi in veste di magistrati, i quali avrebbero dovuto pensare a tutto e lasciare gli altri tranquilli. Ma c'era di mezzo il problema delle donne, che alcuni di noi già avevano, e io e altri stavamo per prendere. Avrebbero dato il loro consenso?

Così non se ne fece più nulla: il magnifico progetto ci si infranse fra le mani, e venne abbandonato del tutto. Così tornammo a sospirare e a gemere, e i nostri passi ripresero a percorrere le vie larghe e battute del mondo. *“Molte sono le idee nella mente dell'uomo”* *(Pr 19,21)*. E il nostro cuore brulicava di molti pensieri. *“Ma il piano del Signore sussiste per sempre”* *(Sal 33,11)*. Tu avevi pronto il tuo disegno di salvezza, e ridevi dei nostri progetti, delle nostre decisioni. E già era pronto il cibo che ci avrebbe sfamato. *“Gli occhi di tutti sono rivolti a te in attesa, e tu provvedi loro il cibo a suo tempo”* *(Sal 145,15ss)*.

15. Nel mentre trova una nuova concubina

15. 25. Intanto i miei peccati si moltiplicavano.

“Si moltiplicano i miei errori e aumentano di numero i miei peccati”. Mi fu strappata dal fianco, perché di impedimento alle mie nozze, la donna con cui convivevo e con la quale mi coricavo. Il mio cuore da sempre attaccatissimo a lei, ne riportò una dolorosa e straziante ferita, e sanguinò a lungo. Ella tornò in Africa, col voto che non avrebbe mai più “conosciuto uomo”[3].

[3] Agostino conobbe questa donna a Cartagine quando era ancora studente; l'amò e ne ebbe un figlio, Adeodato. Le rimase fedele come un marito per ben quattordici anni. Una donna forte, coraggiosa, innamorata, che seguì Agostino lungo tutto il suo vagare di città in città. Non la poté sposare perché la legge civile proibiva il matrimonio con una donna di grado sociale inferiore. Appena la madre di Adeodato capì di essere di ostacolo alla sistemazione di Agostino, se ne tornò in Africa, lasciandogli il figlio.

Il figlio naturale, Adeodato, avuto da lei, rimase con me. Io non ebbi la forza di imitarla. Ero schiavo della libidine, e indifferente al matrimonio. Non riuscii a pazientare per due anni, quando mi sarei sposato regolarmente con quella ragazza, scelta e promessa. Così mi procurai un'altra donna con la quale convivere, non certo come sposa, ma come concubina, per soddisfare la mia passione, alimentare e mantenere sempre viva la malattia dell'anima mia. Mi sarebbe stata compagna fino al giorno delle nozze.

Intanto, però, non si rimarginava la ferita che mi aveva procurato il distacco della concubina precedente. Anzi, dopo il primo bruciante straziante dolore, si era imputridita e il dolore si era raffreddato, ma in me era rimasta più forte la disperazione di non riuscire a liberarmene.

16. Discute con Alipio e Nebridio del bene e del male

16. 26. A te la lode, a te la gloria, Dio di misericordia, tua, Signore, è la grandezza, la potenza, la gloria, la maestà, lo splendore, tutto, nei cieli e sulla terra è tuo. Per questo, nostro Dio, ti ringraziamo, e lodiamo il tuo nome glorioso.

Più io ero misero e più tu eri vicino a me. La tua destra già era pronta su di me, *"pronta a trarmi fuori dal fango della palude"* *(Sal 39,3)* e a lavarmi da quelle brutture. E io lo ignoravo. Soltanto il timore della morte e del tuo futuro giudizio mi tratteneva dall'immergermi ancor più profondamente nel vortice dei piaceri carnali.

Questo timore non si era mai allontanato da me, nonostante il variare delle mie opinioni.

Si disputava, con Alipio e Nebridio, "quale fosse l'estremo dei beni e dei mali".

Da parte mia, Epicuro avrebbe ricevuto la palma della vittoria[4].

Sennonché io credevo nell'immortalità dell'anima, e nei meriti che l'anima porta con sé.

Epicuro invece non credeva a queste cose.

Ci domandavamo: che dire se fossimo realmente immortali, non solo nell'anima ma anche nel corpo con tutti i suoi piaceri sensuali, senza timore di perderli mai? Non sarebbe questa una vera vita beata? Che altro dovremmo chiedere?

E non mi rendevo conto quanto era stolto questo ragionamento; dimostrava tutta la nostra miseria.

Quanto eravamo scesi in basso!

---

[4] Epicuro (341-270 a.C.), filosofo greco, aprì ad Atene una scuola chiamata "Giardino", dove viveva in comunità con i suoi amici. Scrisse molto ma di lui ci rimangono solo tre lettere (a Erodoto, a Meneceo, a Pitocle), che ci ha conservate Diogene Laerzio, e una raccolta di *Massime capitali*, riunite da un suo discepolo. La sua filosofia è materialista, tutto è ridotto a materia; però ha l'alto compito di liberare l'uomo dal timore degli dèi, dalla paura della morte, dal dolore e rende accessibile un piacere moderato. La felicità consiste in un equilibrato uso dei piaceri che procurano all'uomo tranquillità, pace e *atarassia* (distacco totale del saggio da tutto ciò che angoscia l'uomo come il dolore e la morte).

Eravamo ciechi e ci era impossibile anche solo immaginare l'onestà e la bellezza; il loro splendore non è certo percepibile dai sensi carnali, ma solo dalle potenze dello spirito.

Né mi chiedevo, misero, da dove provenisse quella voglia di parlare con gli amici, piacevolmente, di certi argomenti laidi e vergognosi.

E non sarei potuto vivere felice senza gli amici, in quella felicità come allora la intendevo. E dire che avevo piena soddisfazione nei piaceri carnali. Certamente amavo gli amici con vero amore, disinteressato, e loro me lo ricambiavano nello stesso modo. Quante vie tortuose sul nostro cammino! Guai a quell'anima temeraria, che sperò, allontanandosi da te, di trovare di meglio. Sembro uno che non trova riposo sul letto: si gira e si rigira, disteso, supino, oppure a pancia all'aria, prova sul fianco destro, prova sul fianco sinistro. Macché! Non trova pace, il giaciglio è troppo duro. Tu sei il nostro riposo! Ed ecco: sei sempre a noi presente, tu o Signore, e ci scampi da molti stravaganti e miserevoli errori; "*ti farò saggio* - tu mi dici - *ti indicherò la via da seguire" (Sal 31,8)*. Ci consoli e ci stimoli: *"Correte! Correte, in modo da conquistare il premio" (Is 46,4)*. "Io vi sosterrò; vi porterò, vi condurrò alla salvezza, e lì continuerò ancora a sorreggervi".

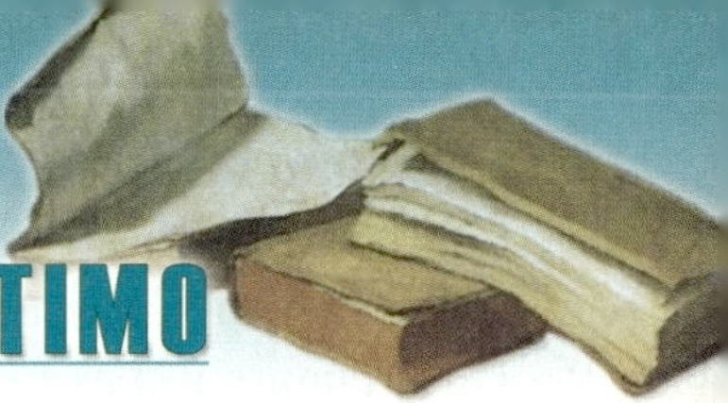

LIBRO SETTIMO

SOMMARIO.

Agostino materialista non riesce a pensare Dio come spirito; per lui, Dio è infinito, incorruttibile, inviolabile, ma sempre materiale, anche se di materia sottilissima. Accanto a questo problema ce n'è un altro non meno importante: il problema del male, soprattutto la sua origine: Da dove viene il male? Questa è la domanda che lo mette continuamente in crisi.

Intanto si sbarazza della sua passione per l'astrologia, per l'oroscopo. Il racconto dell'amico Firmino lo convince.

La lettura dei libri dei "neoplatonici", filosofi spiritualisti, gli insegna: primo, il metodo della ricerca; ogni ricerca parte dall'uomo, dalla sua interiorità; poi apprende che esiste il mondo dello spirito: Dio, l'anima umana; terzo trova in quei libri l'indicazione per risolvere il problema del male. Il male non è una "sostanza", che è una realtà buona, ma la corruzione della stessa sostanza, il bene che si deteriora.

Così Agostino, in un alternarsi di progressi e regressi, incomincia la sua risalita verso Dio.

Quando, leggendo soprattutto san Paolo, capirà il mistero di Cristo, unico Mediatore tra Dio e gli uomini, potrà realizzare l'unione con Dio.

1. Ragionamenti sull'essenza di Dio

1. 1. La mia adolescenza, piena di vizi e di azioni nefande, era ormai passata, ed entravo nell'età matura. Però, quanto più avanzavo negli anni, tanto più il mio pensiero andava appresso a concezioni vane, ancor più deplorevoli.

Per esempio: non potevo concepire una sostanza diversa da quella che vediamo con i nostri occhi.

Sì, credevo, o Signore, che tu non hai un corpo umano. Ormai l'avevo capito, da quando mi era applicato alla sapienza. Avevo sempre ripudiato questa immagine di te.

E godevo di aver trovato conferma nella fede della nostra Santa Madre Chiesa Cattolica.

Ma non riuscivo a trovare un'altra immagine nella quale avrei potuto pensarti.

Mi sforzavo di vederti come uomo, un uomo, sì, ma sempre il sommo, "l'unico e vero Dio".

Ti credevo, dal profondo del mio cuore, incorruttibile e inviolabile e immutabile.

Comprendevo bene, anche se non sapevo darmene la ragione, che ciò che si corrompe è sempre inferiore a ciò che non si corrompe, ciò che è inviolabile è superiore a ciò che è soggetto ad essere violato, e ciò che non subisce mai alcuna mutazione è assai migliore di ciò che è mutevole.

Il mio cuore si ribellava a tutte queste fantasie illusorie.

Avrei voluto sbarazzarmi, in "un batter d'occhio", di tutte quelle nefandezze che, come uno sciame d'api, mi ronzavano nella mente.

Sennonché, appena scacciate, come le api o le mosche, subito, in "un batter d'occhi", ritornavano.

In gruppo compatto si ripresentavano davanti ai miei occhi, e mi toglievano ogni visuale, offuscando la mia intelligenza.

Benché ormai ero convinto che tu non hai un corpo umano, tuttavia ancora credevo che tu avessi qualcosa di corporeo, evanescente, immesso nel mondo, in ogni luogo e spazio, oppure diffuso fuori dal mondo, nello spazio infinito, anche esso incorruttibile e inviolabile e immutabile, superiore a ciò che è corruttibile, violabile e mutevole.

Perché, senza un limite nello spazio, qualunque cosa per me era un nulla; non un semplice vuoto, come quello che si ha, per esempio, quando da un luogo si toglie un oggetto concreto: sia terrestre, oppure acqueo, o anche aereo o celeste.

In questi casi, il luogo rimane pur sempre un "luogo", anche se è un "nulla", però sempre compreso nello spazio.

- 2. La mia mente era confusa, ottenebrata.

Non vedevo chiaro nemmeno nei miei ragionamenti.

Per me rimaneva sempre un nulla tutto quanto non è compreso nello spazio, che non si diffonde, non si condensa, non si dilata, insomma una di queste o altre qualità che possono farlo rientrare nei limiti dello spazio.

Per me equivaleva al “nulla”, al “non esistente”.

La mia mente andava dietro a quelle forme corporee che cadevano sotto la visuale dei miei occhi.

Non mi rendevo conto come la tensione d’animo, che mi faceva riprodurre le stesse immagini, me le presentava in modo ben diverso dalla realtà. Tuttavia, se non fosse stata anch’essa qualcosa di reale, non avrebbe potuto elaborarle nella mia mente.

Così anche di te, Signore, vita della mia vita, avevo una concezione come di una entità grandiosa, che, attraverso spazi infiniti, penetra tutto l’universo e si diffonde anche fuori di esso, nell’immenso infinito, che non ha alcun limite.

Così ti possiede la terra, il cielo, e ogni altra cosa, e tutte sono racchiuse in te, mentre tu non sei circoscritto da nessuna parte.

Come i raggi del sole penetrano la massa dell’aria che avvolge la terra, senza scinderla o romperla, anzi riempiendola tutta di luce e di calore, così - questo era il mio pensiero - tu penetri e riempi di te non solo il cielo, l’aria e il mare, ma anche la terra, in ogni sua parte, grande o piccola, perché tu, col tuo soffio invisibile, governi, dall’interno e dall’esterno, tutto ciò che hai creato.

Mi andavo perdendo e logorando in tutte queste falsità. Allora non riuscivo a immaginare altro.

Senti che sciocchezze ne deducevo: una creatura più grande avrebbe avuto una porzione di te più grande, una creatura più piccola, una porzione più piccola, ma tutte sarebbero state ripiene di te.

Certamente il corpo di un elefante avrebbe avuto una porzione di te assai maggiore che non il corpo di un passerotto, perché il corpo dell'elefante occupa nello spazio un'area più grande di quella del passero.

E tu verresti spezzettato in varie parti, piccole o grandi, a seconda della grandezza dei corpi.

Certamente non è così. Assolutamente!

Ma tu, o Signore, non avevi ancora *"rischiarato le mie tenebre"* (*Sal 17,29*).

Sant'Agostino confuta gli eretici

2. Gli argomenti di Nebridio

2. 3. Per confondere e mettere a tacere quei ciarlatani di manichei, ingannati e ingannatori, che parlano tanto e non dicono nulla - la tua parola infatti non è mai sulla loro bocca - sarebbe bastato l'argomento proposto da Nebridio, fin da quando eravamo a Cartagine.

Quando ce lo espose ne rimanemmo tutti scossi. Ecco l'argomento di Nebridio:

Queste potenze del Male, le Tenebre, che i manichei oppongono a te, o Signore, che sei la luce, cosa avrebbero potuto fare se tu ti fossi rifiutato di combattere con loro?

Se rispondono che ti avrebbero potuto danneggiare, allora tu non saresti inviolabile e incorruttibile.

Se invece avessero detto che non potevano danneggiarti, allora che scopo aveva combattere?

Una lotta che avrebbe mescolato una parte di te, qualcosa delle tue membra o della tua sostanza, con le potenze avverse, a nature non create da te. E questa mescolanza avrebbe finito per corrompere e degradare quelle parti della tua sostanza da trascinarle dalla loro beatitudine nella miseria. Ci sarebbe poi voluto l'intervento di qualcuno per liberarle e purificarle. Questa parte della tua sostanza ridotta in miseria, è l'anima, e l'aiuto a lei, divenuta schiava del Male, e contaminata, doveva venire dal tuo Verbo, libero, puro, integro, ma anche lui corruttibile, perché composto della medesima e unica sostanza, come l'anima.

Dunque, se ammettono che tu sei incorruttibile, qualunque sia la sostanza di cui sei composto, allora, tutte le loro affermazioni sopra riportate, sono false ed esecrabili.

Se invece sostengono che sei corruttibile, già al solo pronunciarla, questa affermazione è falsa e del tutto abominevole[1].

Sarebbe stato sufficiente questo argomento contro i loro falsi ragionamenti, per farmeli vomitare fuori e liberarmi così da quel peso che mi stava sullo stomaco.

Affermare certe cose di te, come facevano loro, era semplicemente un orribile sacrilegio, una bestemmia, della mente e del cuore.

3. Il problema del male e del libero arbitrio

3. 4. Questa era la mia fede, anche allora: tu, Dio nostro, Dio vero, sei intangibile, inalterabile e immutabile, nessuna delle tue parti è soggetta a mutazioni.

Credevo fermamente che tu hai creato non solo la nostra anima, ma anche i nostri corpi, tutti gli esseri viventi e tutto ciò che è nell'universo. Mi restava

[1] La teoria manichea è ambigua. Agostino dimostra l'assurdo delle due conclusioni: se si dice che Dio è incorruttibile, allora sono false le teorie dei Manichei per quanto riguarda la particella divina caduta nella sostanza del male, e circa la composizione dell'uomo, fatta di luce e di tenebre; Dio diventerebbe corruttibile; se si dice che Dio è corruttibile, si dice il falso; Dio non può pensarsi che come quello che è "il migliore"; infatti è migliore l'incorruttibile che il corruttibile.

oscuro ancora il problema del “male”:

“*unde malum*?” - mi domandavo - da dove ha origine il male?

Comunque, qualunque fosse l’origine del male, certamente non mi si poteva costringere a credere mutevole un Dio immutabile; sarei stato un “malvagio”, e quindi una causa del male, di cui cercavo l’origine.

Dunque ero tranquillo in questa ricerca, convinto della falsità delle loro asserzioni. Li aborrivo di vero cuore, perché li vedevo pieni di malizia, nella ricerca dell’origine del male, “sono colmi di ogni genere di ingiustizia, di malvagità, di malizia, di malignità” *(cfr. Qo 9,3; Rm 1,29)*. Dove trovare un’affermazione più grave di questa: “La sostanza di Dio è soggetta al male!”. Mentre la loro natura sarebbe impeccabile!

- 5. Cercavo di capire meglio ciò che andavano dicendo:

“La causa del male è il libero arbitrio della nostra volontà”, e “*il retto tuo giudizio*” *(Sal 118, 137)* la causa delle nostre sofferenze.

Tutto ciò, però, non mi convinceva troppo. Ci provavo e riprovavo più volte a spingere la mia mente fuori da questa confusione.

Una cosa certa, sicura, mi sollevava verso la tua luce: sapevo di avere una volontà, come ero certo di avere una vita; infatti io “vivevo”.

Ero certissimo che ero io a volere o non volere una cosa, nessun altro poteva volere o non volere per me; e sempre meglio comprendevo che la causa del peccato risiede nella mia volontà.

Invece, le azioni che compivo contro voglia, io le subivo, cioè, non era la mia volontà ad agire; le consideravo una pena, non una colpa, giustamente inflittami da te, che sempre, senza mai esitare, ho riconosciuto giusto. Di nuovo, però, mi ponevo la domanda: chi mi ha creato? Non è stato forse il mio Dio? E questo Dio non è forse buono, anzi la bontà in persona?

Da dove proviene, dunque, il fatto che la mia volontà preferisca il male e ripudi il bene? Sarà forse per scontare qualche giusto castigo?

Chi ha seminato e poi lasciato crescere "questa radice velenosa", se io sono tutto opera del mio dolcissimo Dio? Se è stato il diavolo, dove si trova questo diavolo? E se anche lui, da angelo buono, per sua perversa volontà, è diventato diavolo, da dove gli è venuta questa volontà perversa, da farlo diventare diavolo, quando, come angelo, è stato creato da un ottimo creatore?

Questi pensieri mi davano tormento, mi soffocavano, non al punto da farmi toccare il fondo dell'errore: "Nessuno tra i morti ti ricorda, e chi negli inferi canta le tue lodi?".

L'errore sommo è di credere soggetto al male, te, sommo Bene, anziché ammettere che solo l'uomo è capace di commettere il male

4. Dio è incorruttibile

4. 6. Adesso cercavo di risolvere altri problemi, dopo averne risolti alcuni: cioè che una cosa incorruttibile è migliore di una corruttibile, e quindi che tu, qualunque fosse la tua sostanza, sei incorruttibile. Questa è la mia fede.

Nessuno mai potrà pensare qualcosa di diverso, cioè che esista qualcuno migliore di te, qualora tu fossi creduto incorruttibile.

Dal momento, dunque, che io ero convinto che l'incorruttibile era migliore del corruttibile, da lì dovevo partire e riuscire a capire dove sta il male, cioè da dove provenga la corruzione, che, come abbiamo visto, non può toccare in nessun modo la tua sostanza.

In nessun modo la corruzione, assolutamente, può violare l'incorruttibile nostro Dio: non nella sua volontà, né per qualche necessità né per qualche caso imprevisto, perché egli è Dio per essenza, e ciò che vuole per sé è bene, anzi egli stesso è il "Bene assoluto".

Ora, l'essere soggetti a corruzione, non è bene. Né sei costretto ad agire contro la tua volontà, perché la tua volontà non è maggiore della tua potenza. Sarebbe maggiore se tu fossi maggiore di te stesso. La volontà e la potenza di Dio sono Dio stesso. E cosa può esservi d'imprevisto a te, che conosci ogni cosa e sei "l'Onnipotente"?

Pertanto ogni cosa, ogni natura, esiste in quanto tu la conosci. Niente esisterebbe fuori della tua conoscenza. Ma perché sprecare tante parole, per dimostrare che la sostanza di Dio non è corruttibile, quando si ammette che se Dio fosse corruttibile non sarebbe più Dio?

5. Allora: quale l'origine del male?

5. 7. Mi domandavo, dunque: "*unde malum*"?

Da dove proviene il male, quale la sua origine?

Ma lo cercavo in modo sbagliato, e non mi accorgevo che c'era del male anche nella mia ricerca.

"Ponevo innanzi al mio spirito" l'universo creato e tutto ciò che in esso si vede: la terra, il mare, il cielo, le stelle, gli alberi, gli animali mortali, inoltre tutto ciò che non è visibile; il firmamento oltre le stelle, gli angeli, e tutti gli spiriti celesti, anch'essi però in forma corporea, che la mia immaginazione collocava, ben ordinati, in diversi luoghi.

Per me il creato era come una grande massa, dove si distinguevano i vari corpi, sia quelli reali, visibili, sia quelli spirituali, invisibili, ma che la mia immaginazione considerava anch'essi corporei. Nella mia fantasia questa massa era immensa, non potevo concepire quanto fosse realmente, ma la consideravo finita, limitata, da ogni parte, avvolta tutta e penetrata dalla tua presenza, o Dio, tu che sei infinito in ogni direzione. Come fossi un mare immenso, infinito in ogni lato. E in questo mare come vi fosse una grande spugna, grande quanto si vuole, ma sempre limitata, e tutta imbevuta dell'acqua del mare. Così credevo la tua creazione, finita, ma tutta ripiena di te, che sei l'infinito. E dicevo: Ecco Dio ed ecco ciò che Dio ha creato. Dio è buono, certamente di gran lunga superiore e onnipotente in rapporto a tutto ciò che è creato. Ora, Dio buono non poteva che creare cose buone, e, come abbiamo visto, le avvolge e le riempie tutte di sé. Dunque: "*Ubi malum*"? Dov'è questo male? Da dove proviene, e come è penetrato nel creato? Quale la sua radice? Quale il suo seme? Oppure non esiste affatto? Allora perché temere ed evitare ciò che non esiste? Se lo temiamo, ma non esiste, questo vano timore è già un male in se stesso, perché suscita un tormento angoscioso nel nostro cuore. Ed è un male tanto più grave proprio perché non esiste, e noi lo temiamo quando non ci sarebbe nulla da temere. Dunque, o il male che temiamo esiste realmente, o, se non esiste, è il nostro timore ad essere un male.

In conclusione: da dove proviene il male, dal momento che tutte le cose sono state create da Dio, Dio buono ha creato tutte le cose buone.

"Dio vide quanto aveva fatto, ed ecco, era cosa molto buona". Lui che è grande e sommamente buono, ha creato buone le cose inferiori; ma, sia il Creatore, sia il creato, tutto è buono.

"*Unde malum*" Da dove sbuca fuori questo male? Forse dalla materia presa da Dio per formare il creato? E creando e dando forma alle cose, ha lasciato qualcosa in esse, che non si è cambiata in bene?

E per quale motivo Dio avrebbe agito così? Lui è

onnipotente da non riuscire a far diventare tutta buona la materia con la quale ha formato le cose create, e lasciando in essa qualche particella del male? Infine, perché ha voluto prendere qualcosa da questa materia del male, invece di annientarla del tutto con la sua onnipotenza? Poteva forse, questa materia del male, esistere contro la sua volontà? Se poi era eterna questa materia, perché l'ha lasciata sussistere così a lungo, attraverso gli spazi infiniti del tempo, e dopo tanto gli piacque di prendere da lei qualcosa per formare le cose create?

Se invece l'idea di dar vita al creato fu improvvisa, perché con la sua onnipotenza non la distrusse subito? Una volta liberatosi da essa, sarebbe rimasto solo lui il vero, il sommo e l'infinito bene.

In altre parole: se era necessario che la bontà realizzasse qualcosa di buono, perché non eliminare subito quella materia del male, e creare subito una nuova materia, buona, da cui trarre poi tutte le cose create? Non sarebbe stato onnipotente se non fosse stato capace di creare cose buone senza fare a meno della materia del male da lui non creata.

Questi erano i ragionamenti che frullavano nella mia testa.

Mi assillava il pensiero di dover morire senza riuscire a risolvere tali angosciosi problemi. Ma nel mio cuore era salda la fede nella fede cattolica, la fede del tuo Cristo, *"nostro Signore e Salvatore" (2Pr 2, 20)*.

Fede ancora informe su molti argomenti, e fluttuante oltre le norme di una sana dottrina. Ma non mi sentivo l'animo di abbandonarla, anzi sempre più ne ero convinto.

6. Non credevo più nell'astrologia

6. 8. Ormai avevo ripudiato le menzognere arti divinatorie e i vaneggiamenti degli astrologi.

Anche per questo, o Dio mio, dal profondo del cuore, "ti ringrazio della tua misericordia" *(cfr. Sal 106,8)*.

Tu solo, infatti, e chi altri mai poteva richiamarmi alla vita da quella morte a cui l'errore l'aveva condannata?

Tu, che sei la vita, che non conosci il morire, che illumini, con la tua sapienza, le menti ottenebrate, senza che tu abbia bisogno di luce, che governi l'universo, fino ad interessarti anche di una foglia di albero trasportata dal vento.

Tu rompesti la mia ostinazione, quando dissentivo dalla saggezza del vecchio Vindiciano, e da quell'anima così bella del giovane Nebridio. Vindiciano, infatti, affermava con certezza, e Nebridio con qualche esitazione, ma costantemente, che non esiste nessuna arte che possa predire il futuro, ma è il caso che a volte fa coincidere ciò che si predice con ciò che avviene.

Certamente, l'astrologo, a forza di parlare, tra le molte chiacchiere, a volte indovina, senza saperlo, però, e senza aver previsto.

Avevo un amico, che tu, o Signore, mi facesti incontrare. Era un patito dell'astrologia, e assiduo nell'ascoltare e nell'accettare i responsi degli astrologi, per curiosità, senza peraltro conoscere la scienza e i meccanismi.

Mi raccontò un episodio, narratogli dal padre. Non immaginava che quell'episodio avrebbe fatto crollare del tutto la mia simpatia per l'astrologia e per gli oroscopi.

Questo amico si chiamava Firmino. Aveva studiato letteratura ed aveva una bella eloquenza. Un giorno venne a consultarmi, come suo amico carissimo, su certi problemi che lo interessavano.

Si trattava di un affare vistoso, su cui egli poneva le speranze per una splendida carriera.

Mi chiese cosa ne pensassi in base al suo oroscopo.

Io, già mezzo convinto dalle argomentazioni di Nebridio, pur non rifiutandomi di fare qualche pronostico, così, come si presentava, gli dissi chiaramente che ormai quelle cose per me erano ridicole e vane. Allora egli mi narrò di suo padre, un lettore accanito di trattati di astrologia.

Aveva un amico, anch'egli appassionato studioso di oroscopi.

Le loro abitazioni erano vicine, e facevano esperimenti sugli animali domestici, studiando e calcolando la posizione degli astri.

Firmino, inoltre, mi raccontò un caso suo personale.

Quando sua madre lo concepì, anche una domestica dell'amico del padre concepì. Questo avvenimento non rimase nascosto al padrone della domestica, intento com'era a studiare il parto delle sue cagne alla luce delle costellazioni.

Così i due amici, il padre di Firmino e il padrone della domestica, venuti a conoscenza del caso, si misero a calcolare scrupolosamente, giorno per giorno, ora per ora, minuto per minuto, l'andamento delle due gravidanze, il padre di Firmino quello della moglie, l'amico quello della sua domestica.

Le due donne, poi, partorirono nello stesso giorno, alla medesima ora, quasi nello stesso minuto.

Così i due amici si videro costretti a fare due oroscopi uguali, fin nei minimi particolari, il padre di Firmino per il figlio, l'amico per il piccolo schiavo nato dalla sua domestica.

Quando le due donne avvertirono le doglie del parto, i due amici si tenevano informati per captare subito l'ora e il minuto del parto avevano due staffette pronte a partire da una casa all'altra per comunicare il lieto evento, come per la nascita di un re.

Avvenne così che i due messaggeri si incontrassero a metà strada, segno che i due parti erano avvenuti nello stesso istante. L'oroscopo risultava quindi uguale per tutti e due: nessuna differenza nella posizione degli astri e nella frazione di tempo.

La differenza, però risultò evidente nella vita dei due bambini: Firmino, figlio di una famiglia altolocata e benestante ebbe un avvenire di amori e di ricchezze. L'altro, il figlio della schiava, rimase schiavo, e non riuscì mai a sottrarsi al giogo della schiavitù.

Questo mi disse Firmino, che conosceva bene il suo coetaneo.

- 9. Dopo questo racconto di Firmino, al quale io prestai fede, scomparvero tutti i miei dubbi in proposito. Mi sforzai anche di distogliere Firmino da quella morbosa curiosità per gli oroscopi. Mi provai a fargli l'esame dei due oroscopi, il suo e quello dello schiavo.

Per lui avrei dovuto tener presente la situazione familiare, la nobiltà dei genitori e dei parenti, la stessa nascita avvenuta in casa di nobili, la sua educazione, la sua istruzione e la sua cultura. Se poi anche il piccolo schiavo mi avesse chiesto di consultare la posizione delle costellazioni, - che era la stessa per Firmino - per pronosticare anche a lui la verità, sarei dovuto partire dalla condizione della sua famiglia, una famiglia di schiavi, di miseria e di lavoro, ben diversa e di gran lunga lontana dal benessere e dalla posizione sociale dell'altra.

Tenendo conto di queste diversità familiari e sociali, avrei dovuto dare responsi diversi, ma veri.

Avrei detto il falso, invece, se pronunciavo due responsi uguali.

In conclusione, una certezza ne ricavai:

i responsi che risultavano veri dall'osservazione delle costellazioni, non erano frutto dell'arte matematica, ma del caso.

E quelli che risultavano falsi in relazione agli

astri, non erano frutto dell'ignoranza o incompetenza del povero astrologo, ma piuttosto della mala sorte, menzognera.

- 10. Dopo questo racconto e le sue conclusioni, andavo trovando altri argomenti per confondere quei pazzi di astrologi, che vivono sull'ignoranza della povera gente. Desideravo proprio metterli in ridicolo, confutarli, svergognarli, come tanti fattucchieri.

Certamente se avessi fatto loro considerare il caso di Firmino, mi avrebbero risposto che Firmino aveva raccontato favole, e se non era invenzione sua, era sicuramente di suo padre.

Ebbene, pensai, mettiamo da parte Firmino, prendiamo il caso dei bambini che nascono gemelli.

Il loro parto, come si sa, avviene quasi simultaneo, a volte intercorrono pochi minuti tra il primo e il secondo.

Sì, agli effetti civili questa minima differenza di nascita può avere la sua importanza. Ma per l'astrologia essi nascono sotto la stessa costellazione. Eppure l'oroscopo dà risultati diversi, e per l'astrologo è difficile trarne pronostici veritieri.

Prendiamo i due gemelli "biblici": Esaù e Giacobbe. Un astrologo avrebbe dovuto pronosticare la stessa sorte per l'uno e per l'altro, in base ai suoi studi su gli astri e le costellazioni. Invece, i suoi pronostici sarebbero risultati falsi. Per fare oroscopi giusti per tutti e due, avrebbe dovuto farli diversi, ma falsi, poiché la posizione delle stelle era la stessa.

Pronosticando un avvenire diverso per Esaù e Giacobbe, l'astrologo avrebbe indovinato, ma per caso, non certo per i suoi studi e le sue teorie. Tu solo, o Signore, che governi con giustizia l'universo, all'insaputa di chi consulta e di chi è consultato, attraverso interne ispirazioni e secondo i meriti personali di ciascun'anima, sai dare la risposta giusta e utile a chi ti consulta, "dal profondo del tuo retto giudizio".

E nessuno osi indagare il tuo giudizio e dire: "Che cos'è questo?", oppure "Perché questo?". Non lo dica, non ci provi nemmeno! Si ricordi di essere un uomo, una povera creatura.

7. "*Unde malum*"? Ancora il problema del male

7\. 11. Ti siano gradite le parole della mia bocca, davanti a te i pensieri del mio cuore, Signore, "*mia rupe e mio redentore (Sal 18,15; 58,18)*".

Mi avevi sciolto da quelle catene degli astrologi. Tuttavia continuavo nella ricerca dell'origine del male, "*unde malum*"? Ma senza trovare soluzione. Per fortuna non mi lasciavi sommergere dai flutti di tutti quei ragionamenti. La mia fede in te era salda: credevo nella tua esistenza, che sei immutabile nella sostanza, che hai cura degli uomini, che il tuo giudizio è retto. Credevo che la via della salvezza degli uomini per raggiungere la vera vita dopo la morte, è Cristo, tuo Figlio, nostro Signore, e le Sacre Scritture avvalorate dall'autorità della tua Chiesa Santa e

Cattolica.

Poste queste fondamenta, inconcusse, della fede, ero tormentato dalla febbre che mi bruciava dentro per conoscere l'origine del male, "*unde malum*"?

Una febbre che mi faceva emettere gemiti e sospiri, o Dio mio. E tu eri lì ad ascoltarli, e io non lo sapevo. Quando tra me e me maggiormente mi sforzavo in questa ricerca, i silenziosi spasimi del mio animo diventavano grida strazianti verso la tua misericordia. Tu solo sapevi quanto soffrivo, nessun altro. La mia lingua ben poche cose trasmetteva agli amici più stretti. Avrebbero mai potuto comprendere tutto il tormento del mio spirito, se io non avevo né il tempo né la voglia di manifestarlo?

Tutto però arrivava alle tue orecchie.

"Afflitto e sfinito all'estremo, ruggisco per il fremito del mio cuore. Signore davanti a te ogni mio desiderio e il mio gemito a te non è nascosto. Palpita il mio cuore, la forza mi abbandona, si spegne la luce dei miei occhi" (Sal 37,9-11).

Sì, la luce era dentro di me, ma io ero fuori. Non era in qualche luogo, mentre io andavo considerando solo le cose contenute in un luogo determinato, ma senza trovarvi un posto di riposo per me.

Ma queste cose non mi accoglievano in modo da farmi esclamare: "Finalmente! Qui sto bene. Fermiamoci". E nemmeno mi lasciavano libero di tornare là dove sarei stato assai meglio. Ero superiore a queste cose, ma sempre inferiore a te. Avrei provato vera gioia se mi fossi assoggettato a te, a te che hai assoggettato a me tutte le altre cose create al di sotto di me. E Dio disse: *"Siate fecondi e moltiplicatevi, riempite la terra; soggiogate e dominate su i pesci del mare e sugli uccelli del cielo e su ogni essere vivente che striscia sulla terra"* (*Gen 1,28*).

Questo avrei dovuto fare: comprendere l'ordine e l'equilibrio da te stabilito nelle cose create, rimanere in quella regione intermedia che mi avrebbe arrecato salvezza, cioè rimanere così come mi avevi creato: *"fatto a tua immagine e somiglianza"* (*Gen 1,26s*).

E, sottostando a te, rimanendo al tuo servizio, sarei riuscito a dominare il mio corpo.

Invece, spinto dalla superbia, levavo la mia testa contro di te, e mi lanciavo, di corsa, contro il mio Signore: "Correvo contro di te a testa alta, a riparo dal curvo spessore del mio scudo".

Anche queste creature basse, infime, mi erano saltate addosso e mi opprimevano, mi soffocavano e non mi lasciavano respirare. Venivano da loro stesse, da ogni parte, in massa, tutte intorno a me, mentre io le guardavo. Se poi chiudevo gli occhi e ci riflettevo sopra, queste immagini di corpi, loro stesse, mi sbarravano la via del ritorno, come per dirmi: "Dove vai, così come sei: indegno e sordido?".

Erano, queste, come tanti virgulti cresciuti sulla mia ferita, poiché: *"hai calpestato come un vinto e vulnerabile il superbo"* (*Sal 88,11*). Il tumore della superbia mi separava da te, e la faccia gonfia di alterigia mi ostruiva gli occhi.

8. La salvezza medicina di Dio

8. 12. *"Ma tu, o Signore, rimani in eterno, il tuo ricordo per ogni generazione". "E non per sempre sarai adirato con noi" (Sal 18,15; Dn 3,40).*

Hai avuto pietà di me, che sono terra e cenere, e piacque agli occhi tuoi riformare le mie deformità.

Mi pungolavi interiormente, mi sospingevi, mi rendevi impaziente, sempre insoddisfatto, fino a quando tu non ti fossi svelato certezza agli occhi della mia anima. E la mia superbia calava di tono sotto la pressione benefica della tua mano, e la cecità della mia mente guariva di giorno in giorno, sotto l'effetto di quel collirio bruciante che sono le sofferenze della vita.

9. Inizia a studiare i neoplatonici

9. 13. In primo luogo volesti farmi capire *"che tu dai la grazia agli umili, mentre resisti ai superbi" (Gc 4,6; 1Pt 5,5)*, e con quanta misericordia hai mostrato agli uomini la via dell'umiltà, poiché *"il tuo Verbo si è fatto carne e venne ad abitare in mezzo a noi" (Gv 1,14)*.

Poi, tramite uno studioso gonfio della sua scienza, ebbi modo di avere tra le mani alcuni libri di filosofi platonici, tradotti dal greco al latino[2].

---

[2] Il neoplatonismo fu un movimento filosofico sorto ad Alessandria nel secolo III d.C.. Attraverso varie scuole che ne seguirono durò fino al secolo VI. Ripropose lo spiritualismo platonico. Il maggiore rappresentante e vero fondatore della scuola fu Plotino di Licopoli (203 – 270). Le sue opere vennero pubblicate dal discepolo Porfirio con il

In quei libri trovai scritto, anche se non con le stesse parole, ma con molti argomenti simili, che *"in principio era il Verbo, e il Verbo era presso Dio, e il Verbo era Dio. Egli era in principio presso Dio*".

"Tutto è stato fatto per mezzo di lui, e senza di lui niente è stato fatto di tutto ciò che esiste. In lui era la vita, e la vita era la luce degli uomini. La luce splende nelle tenebre, ma le tenebre non l'hanno accolta" (Gv 1,1-12). E l'anima dell'uomo, benché renda testimonianza della luce, non è essa la luce, ma solo il Verbo di Dio *"è la luce vera, quella che illumina ogni uomo che viene in questo mondo, poiché era in questo mondo, e il mondo fu fatto per mezzo di lui, eppure il mondo non lo riconobbe."*

Ma non ho letto in quei libri quanto segue: *"Venne tra la sua gente e i suoi non l'hanno accolto. A quanti però l'hanno accolto ha dato il potere di diventare figli di Dio: a quelli che credono nel suo nome"*[3].

titolo di *Enneadi*. Il principio di tutto è l'Uno, da cui emanano come da una fonte di luce: il Logos, da questo l'Anima, principio vitale del mondo corporeo, che si chiama Materia. Dopo questa discesa, l'essere generato tende a risalire verso l'Uno, da cui tutto è disceso.

[3] Ivi. Agostino rimane stupito della consonanza che vede tra il testo di san Giovanni e quello di Plotino: ambedue parlano del logos cioè del Verbo, della Parola; ad una maggiore riflessione però avverte che la differenza tra i due testi è tanta: il cristianesimo è una religione rivelata, il platonismo è una filosofia. La filosofia non potrà mai spiegare il mistero dell'Incarnazione; infatti, per la loro superbia, dice il nostro autore, non riuscirono a capire: Il Verbo si è fatto carne".

- 14. Ancora. Trovai scritto in quei libri che: *"Il Verbo, Dio, non da carne, non da sangue, né da volere di uomo, ma da Dio è stato generato"*. Ma non c'era scritto che: *"Il Verbo si fece carne e venne ad abitare in mezzo a noi" (Gv 1,13s)*. Indagai ancora in quei libri, e trovai scritto, molte volte in diversi modi, che il Figlio: *"pur essendo di natura divina, conforme al Padre, non considerò un tesoro geloso la sua uguaglianza con Dio"*, perché questa uguaglianza deriva dalla sua natura. Ma in quei libri non c'è affatto scritto quanto segue: *"Spogliò se stesso, assumendo le condizioni di servo, e divenendo simile agli uomini. Apparso in forma umana, umiliò se stesso, facendosi ubbidiente fino alla morte e alla morte di croce.*

Per questo Dio l'ha esaltato, risuscitandolo dai morti, e gli ha dato un nome che è al di sopra di ogni altro nome. Perché nel nome di Gesù ogni ginocchio si pieghi, nei cieli, sulla terra e sotto terra, e ogni lingua proclami che Gesù Cristo è il Signore, a gloria di Dio Padre" (Fil 2,6-11).

Vi si trova scritto, invece, che il tuo Figlio unigenito, coeterno a te, esiste prima del tempo e al di sopra del tempo, immutabile, e che dalla "sua pienezza" le anime ricevono la beatitudine, e partecipando della sapienza diventano sapienti, e che: "pur rimanendo in se stesso tutto rinnova".

Non c'è scritto però che:

"Morì per gli empi nel tempo stabilito" (Rm 5,6).

E ancora:

"Dio non ha risparmiato il proprio Figlio, ma lo ha dato per tutti noi" (Rm 8,32).

"Ha nascosto, infatti, queste cose ai sapienti e le ha rivelate ai piccoli" (Mt 11,25), perché vengano a lui *"tutti gli affaticati e gli oppressi, perché egli li ristori, poiché è mite e umile di cuore"* (Mt 11,28s). *"Guida, inoltre, i miti secondo giustizia, e insegna ai poveri le sue vie"* (Sal 24,9), *"perché vede la nostra miseria e le nostre pene, e perdona tutti i nostri peccati"* (Sal 24,18).

Ma costoro, elevandosi sopra i "coturni"(la calzatura degli attori tragici) della loro superbia, stimandosi chissà che cosa per la loro sapienza, non ascoltano la tua voce che dice: *"Imparate da me che sono mite e umile di cuore, e troverete ristoro per le vostre anime"* (Mt 11,29). Quantunque conoscano Dio non lo glorificano come Dio e non gli rendono grazie, ma si perdono nei loro pensieri, e il loro cuore di insipienti si oscura. Proclamandosi sapienti non si accorgono di essere diventati "*insipienti*", cioè "*stolti*" (Rm 1,21s).

- 15. Così leggevo ancora in quei libri (neoplatonici) che la tua gloria incorruttibile può essere raffigurata in forma di idoli o di altri simulacri del genere, *"con l'immagine e la figura dell'uomo corruttibile, di uccelli, di quadrupedi e di rettili"* (Rm 1,23).

E anche Esaù perdette la sua primogenitura perché, in un certo senso, si rivolse alle divinità egiziane, vinto dalla gola per un piatto di lenticchie. E ancora: il tuo popolo primogenito si prostrò davanti alla testa di un vitello, invece di dare gloria e onore a te, *"ti respinsero e si rivolsero in cuor loro verso l'Egitto" (At 7,39)*, piegando la loro anima, che sarebbe la tua anima, davanti *"alla figura di un vitello d'oro che mangia fieno" (Sal 105,20)*.

Lessi queste corbellerie in quei libri, ma non le ingoiai.

Ti piacque, Signore, "allontanare vergogna e disprezzo" da Giacobbe, per aver usurpato la primogenitura, e costretto il fratello maggiore, Esaù, a servire il minore.

"Così le genti sono entrate nella tua eredità" (Sal 78,1).

Anch'io sono venuto a te dalle "genti", dai pagani. E ho apprezzato l'oro che il popolo ebreo asportò dall'Egitto, per tuo volere, perché apparteneva a te, e appartiene sempre a te, in qualunque parte si trovi

Ad Atene, nell'areopago, il tuo apostolo Paolo disse a quei filosofi pagani: *"Noi viviamo in te, in te ci muoviamo ed esistiamo, come anche alcuni dei loro poeti hanno detto" (At 17,28)*, e certamente quei libri provenivano da là , ma non mi interessavano gli idoli degli egiziani, ai quali davano culto con il tuo oro, *"poiché* - dice il tuo Apostolo - *hanno cambiato la verità di Dio con la menzogna e hanno venerato e adorato la creatura al posto del creatore" (Rm 1,25)*.

10. La luce della verità nell'intimo dell'uomo

10. 16. Compresi da quei libri che dovevo tornare a riflettere su me stesso. Così, sotto la tua guida, *"poiché tu ti sei fatto mio sostegno" (Sal 29,11)*, entrai nell'interiorità della mia anima, così come potei.

Appena entrato vidi con l'occhio ancora ottenebrato della mia anima una luce immutabile, al di sopra della mia vista e della mia stessa intelligenza.

Non era questa luce che vediamo con i nostri occhi corporei, visibile a tutti; e nemmeno una luce speciale, ma sempre della stessa natura, anche se più grande, più forte, molto splendente e che illumina tutto l'universo. No, non era questa la luce che vedevo nel mio intimo, era ben altra e assai diversa da tutte le luci di questo mondo.

E nemmeno era sopra la mia intelligenza come l'olio sta a galla sopra l'acqua, o come la volta celeste sta sopra la terra.

Era una luce molto più in alto di me, poiché fu quella luce che mi fece, ed io ero assai più in basso, perché da lei fui creato.

Chi è nella verità conosce questa luce, e chi è in questa luce conosce l'eternità.

L'amore la conosce.

O eterna verità, o vera carità, o cara eternità! *"Tu sei il mio Dio" (Sal 42,2)*, a te sospiro *"giorno e notte" (Sal 1,2. Ger 9,1)*.

Appena ti conobbi "tu mi hai raccolto", mi hai sollevato perché potessi vedere ciò che dovevo vedere, e così vedessi di non essere ancora in me. Mi folgorasti con il tuo raggio potente, e abbagliasti i miei occhi malati, e io tremai tutto di amore e di timore. E mi vidi assai lontano da te, in una regione ben diversa dalla tua, e mi sembrava di udire la tua voce dall'alto che mi diceva: "Io sono il cibo dei forti, degli adulti; cresci e mi potrai mangiare. Ma non sarai tu ad assimilarmi in te, come fossi nutrimento per la tua carne; ma sarai tu ad essere assimilato in me". E compresi che *"castigando il suo peccato tu correggi l'uomo, corrodi come tarlo i suoi tesori" (Sal 38,12)*. E mi domandai: "Forse la verità è un nulla, poiché non la vedo diffusa nello spazio, sia finito che infinito?". E mi gridasti da lontano:

"In verità io sono Colui che sono" (Es 3,14).

Queste parole le udii nel mio cuore. Ormai non avevo più motivi per dubitare. Mi era più facile dubitare della mia stessa esistenza che non dell'esistenza della verità, *"Infatti può essere contemplata con l'intelletto nelle opere create" (Rm 1,20)*.

11. Le cose esistono e non esistono

11. 17. Considerai poi tutte le altre cose che sono sotto di te, e mi accorsi che in realtà esistono eppure non esistono: esistono in quanto sono state create da te, ma non esistono in quanto non sono simili a te. Infatti esiste solo ciò che è immutabile.

"Il mio bene è stare vicino a Dio" (Sal 72,28), perché se non rimango in lui, non rimango nemmeno in me stesso.

"Egli rimanendo in se stesso tutto rinnova" (Sap 7,27).

"Sei tu il mio Signore, perché non hai bisogno dei miei beni". Io, invece, senza di te *"non ho alcun bene"* (Sal 15,2).

12. Tutto ciò che esiste è buono

12. 18. Mi apparve inoltre chiaro che le cose corruttibili sono buone. Non si potrebbero infatti corrompere qualora fossero di somma bontà, né se non fossero buone: poiché se fossero di somma bontà sarebbero incorruttibili, e se non fossero buone non ci sarebbe in loro nulla che potrebbe corrompersi.

La corruzione infatti è un danno, ma se nelle cose la bontà viene a mancare, non ci sarebbe nulla cui arrecare danno.

Dunque, o la corruzione non è un danno, il che è impossibile, oppure, e questo è certissimo, tutte le cose che si corrompono vengono private della loro bontà. E una volta private della loro bontà, non esistono più. Se infatti continuano ad esistere senza avere la possibilità di corrompersi, certamente diventano sempre migliori, perché rimarranno stabili nella loro incorruttibilità.

Pertanto è mostruoso affermare che le cose create, una volta persa la loro bontà, diventano migliori.

Dunque, se vengono private della loro bontà non esistono affatto; al contrario, se esistono sono buone.

In conclusione, tutto ciò che esiste è buono, e il "male", quel male di cui mi domandavo dove fosse, non è una sostanza; se fosse una sostanza sarebbe "buona".

Infatti, se fosse una sostanza incorruttibile questa non potrebbe corrompersi se non fosse buona.

Pertanto, osservando bene mi resi conto che tu hai creato buone tutte le cose, e che non esiste alcuna sostanza al mondo che tu non abbia creato. E poiché tutte le cose create non sono uguali, ognuna è buona singolarmente, e tutte insieme sono sommamente buone, perché tu, o Signore, nostro Dio, *"vedesti quanto avevi fatto: ed ecco, era cosa molto buona" (Gen 1,31)*.

13. Il male non esiste

13. 19. Il male in te, o Dio, non esiste affatto. E nemmeno nelle tue creature che popolano l'universo; poiché al di fuori di esso non esiste nulla che possa intromettersi e corrompere l'ordine che tu vi hai stabilito.

Ora tra le singole parti del creato vi sono alcune che non sono in armonia con altre, e vengono giudicate cattive, mentre se sono in armonia con altre sono giudicate buone; tutte le cose create, però, in se stesse sono buone.

Tutte queste parti del creato che non sono in armonia tra loro, si accordano invece con la parte più bassa del creato: la terra.

La terra ha il cielo coperto da nubi e percorso dai venti, secondo le sue esigenze.

Lungi da me l'esclamazione e il desiderio che queste realtà (pioggia e vento) non esistessero. Potrei, sì, desiderare cose migliori, ma dovrei ringraziarti e lodarti anche se vedessi solo terra, cielo, nuvole e vento. E tutte le altre creature sulla terra ci inducono a lodarti: *"I draghi e tutti gli abissi, il fuoco, la grandine, la neve, il ghiaccio, vento di bufera che ubbidisce alla tua parola, monti e voi tutte, colline, alberi da frutto e tutti voi, cedri, voi fiere e tutte le bestie, rettili e uccelli alati.*

I re della terra e i popoli tutti, i governanti e i giudici della terra, i giovani e le fanciulle, i vecchi insieme ai bambini, lodino il nome del Signore" (Sal 148,12).

Ma, poiché anche dai cieli sale a te la lode, ti lodino, o Dio nostro, *"nell'alto dei cieli, tutti i tuoi angeli, tutte le tue schiere, il sole, la luna, tutte le fulgide stelle, i cieli dei cieli, le acque che sono al di sopra dei cieli, lodino tutti il tuo nome" (Sal 148,1-5).*

Ormai non potevo desiderare cose migliori di queste.

Pensando a tutte le cose create stimavo, con un ragionamento più retto, le creature superiori migliori di quelle inferiori, certamente; ma tutte le creature nel loro insieme sono migliori ancor più di quelle superiori soltanto.

14. Il dualismo manicheo

14. 20. *"Non c'è nulla di sano in loro" (Sal 37,4.8)*. Chi sono "loro"?

Sono i manichei, ai quali non piace qualcosa del tuo creato, come anch'io non apprezzavo molte cose di quelle che hai creato.

Ma siccome la mia anima temeva di incorrere nel dispiacere di Dio, dicevo che le creature che non mi piacevano non erano opera tua.

Per questo ero arrivato ad ammettere l'esistenza di due sostanze; ma non ero tranquillo e anche il linguaggio non era il mio. Poi, ripensandoci, avevo cambiato opinione, e mi ero costruito l'immagine di un Dio esteso ovunque nello spazio infinito, credendo che questo Dio fossi tu, e lo avevo accolto nel mio cuore, divenendo così tempio del proprio idolo.

"Quale accordo fra il tempio di Dio e gli idoli?" *(cfr. 2Cor 6,16)*.

Una situazione pertanto, abominevole ai tuoi occhi.

Quando, però, a mia insaputa, prendesti in grembo la mia testa e la riscaldasti, *"e distogliesti i miei occhi dalle cose vane" (Sal 118,37)*, lasciai da parte, per un poco, il mio modo di pensare, e si assopì la mia follia.

Mi risvegliai in te, sulle tue ginocchia, e ti contemplai infinito, ma in un altro modo, e questa visione non proveniva dalla carne.

15. Tutte le cose esistono in Dio

15. 21. Volgendo lo sguardo alle altre cose create, vidi che tutte devono la loro esistenza a te, e tutte raggiungono in te il loro limite. Ma non sono chiuse in te, come fossero raccolte in un luogo; tu, invece, sorreggi ogni cosa con la tua mano, nella verità. E tutto ciò che esiste è realtà vera, non c'è nulla di falso.

È falso il pensare che esistano delle cose che in realtà non esistono.

Ho considerato ancora come ogni cosa sia adatta al luogo a lei conveniente e alla propria epoca, e che tu, il solo Eterno, non hai iniziato la tua opera creatrice chissà dopo quanti innumerevoli secoli, perché il tempo, quello passato e quello futuro non potrebbe andare e venire se tu non fossi sempre in azione, e nello stesso tempo restassi stabile, immutabile.

16. La volontà perversa

16. 22. Si sa per esperienza, non è una novità, che per un palato malato è una pena masticare il pane, mentre è un gusto per palati sani.

Così la luce è un tormento per occhi malati, mentre è amabile a chi ha gli occhi sani. La tua giustizia non piace agli iniqui, come non piacciono le vipere e i vermi, che pure sono tue creature e sono buone, e sono in armonia con le parti inferiori del tuo creato. Alle vipere e ai vermi si rassomigliano gli iniqui, quando si allontanano da te e deformano la tua immagine. Solo chi si innalza a realtà superiore si fa più simile a te.

Mi domandai poi che cos'è l'iniquità, e conclusi che non è una sostanza. L'iniquità, la malvagità, deriva da una volontà perversa, che allontanandosi da te, finisce in "basso loco".

"Mostra le sue viscere ripugnanti, e si gonfia di superbia chi è terra e cenere" (Sir 10,10).

17. Dalle cose create a Dio

17. 23. Mi meravigliavo con me stesso di essere arrivato ormai ad amarti e di non amare più un fantasma al tuo posto.

Solo che non godevo stabilmente di questo amore.

Ero rapito dalla tua bellezza, ma poi il peso della mia miseria mi trascinava giù, e gemendo, mi ritrovavo in basso.

Era diventata veramente un grave peso l'abitudine ormai della ricaduta nei peccati di sesso.

Ma, ti pensavo sempre, e non ho mai dubitato della tua esistenza.

Ero consapevole che avrei dovuto aderire a te; purtroppo ancora non mi era possibile, *"perché un corpo corruttibile appesantisce l'anima, e la tenda d'argilla grava la mente di molti pensieri"* (Sap 9,15). Ed ero certissimo che *"dalla creazione del mondo in poi le tue perfezioni invisibili possono essere contemplate con l'intelletto nelle opere che hai compiu-*

to, come la tua potenza e la tua divinità" (*Rm* 1,20).

Mi misi a ricercare la ragione per cui apprezzavo la bellezza sia nei corpi terrestri sia in quelli celesti, e i motivi che mi spingevano a formulare dei giudizi su realtà mutevoli con espressioni come queste: "questa cosa va bene, così infatti deve essere, quell'altra invece no, non dovrebbe essere così".

Dunque, cercando cosa giudicare e come giudicare, arrivai ad avvertire, al di sopra del mio essere mutevole, l'eternità immutabile e vera della verità. Così a poco a poco dalle cose corporee passai a considerare l'anima, ancora partecipe dei sensi del corpo, e quindi alla forza interiore della stessa anima, a cui i sensi del corpo comunicano le cose esteriori.

Di questa facoltà godono anche gli animali. Poi ascesi in alto, al raziocinio dell'intelletto, al quale è demandato di esaminare le percezioni che provengono dai sensi corporei.

Compresi però che anche il raziocinio è mutevole.

Pertanto, mi rivolsi a considerare me stesso, la mia intelligenza, e distolsi il mio pensare dalla consuetudine di ragionare sempre sulle stesse cose, sottraendolo dalle contraddizioni di una fantasia folle.

Così scoprii da quale luce veniva inondato il mio intelletto quando, senza esitazione, affermai che l'immutabile è da preferirsi a ciò che è mutevole. E certamente da quella luce mi era venuta la possibilità di conoscere l'immutabile, ciò non mi sarebbe stato possibile in altro modo, e non sarei arrivato a preferire l'immutabile al mutevole.

Invece, all'improvviso, pervenni alla conoscenza dell'essere, trepidando di gioia nella contemplazione di questa visione.

Allora compresi finalmente che "le tue perfezioni invisibili possono essere contemplate con l'intelletto nelle opere che hai compiuto".

Ma non ebbi la forza di fissarvi la mente. La mia cronica infermità mi risospinse in basso, alle solite bassezze.

Non mi rimase che un amabile ricordo, e il desiderio struggente di quel cibo profumato che ancora non ero capace di amare e di gustare.

18. Il mediatore, Cristo Gesù

18. 24. Cercavo la strada che mi desse coraggio di camminare fino a raggiungere te e a godere di te, ma non la trovavo. L'avrei trovata solo affidandomi a lui, *"il mediatore tra Dio e gli uomini, l'uomo Cristo Gesù" "che è al di sopra di ogni cosa, Dio benedetto nei secoli"* (*Rm 9,5*).

Egli chiama e dice: *"Io sono la via, la verità e la vita"* (*Gv 14,6*).

Egli mescola quel cibo, che non ero capace di prendere perché malato, con la sua carne, perché la tua sapienza, che ha creato l'universo, divenga latte nutriente per la nostra infanzia.

Non ero ancora così umile da poter accogliere in me Gesù umile, lui; mio Dio, né riuscivo a compren-

dere il suo umiliarsi, e quale insegnamento era per noi la sua debolezza.

Il tuo Verbo, eterna Verità, eccelso al di sopra di tutte le creature, eleva fino a sé chi si fa umile di cuore, come lui.

Per sé si *"è costruita una casa" (Prv 9,1)*, umile e povera su questa terra.

Col suo esempio ci invita ad umiliarci e a sottometterci a lui. Ci attrae a sé per liberarci della superbia e nutrirci del suo amore, perché, fidando troppo in noi stessi, non ci allontanassimo troppo da lui.

Si è abbassato, prostrato ai nostri piedi, rivestendo la sua divinità con "la tunica della nostra pelle", per farci diventare come lui, umili e poveri.

E, stanchi e affaticati, appoggiandoci alla sua umanità, possiamo essere sollevati in alto con lui.

19. Opinioni errate su Gesù, sue e di Alipio

19. 25. Io però pensavo diversamente.

Per me il Signore nostro Gesù Cristo era un uomo di grande sapienza, superiore ad ogni altro.

Specialmente l'essere nato da una Vergine in modo mirabile, un esempio per noi a disprezzare le cose temporali per conseguire l'immortalità, mi sembrava gli avesse meritato quella grande autorità di magistero, per la sollecitudine che Dio aveva per noi.

Ma, nemmeno lontanamente potevo immaginare il mistero racchiuso in quelle parole:

"E il Verbo si fece carne" (*Gv 1,14*).

Conoscevo soltanto quanto di lui è stato scritto: che mangiava, beveva, dormiva, camminava, gioiva, provava tristezza, parlava, che quella carne assunta dal tuo Verbo aveva un'anima e una mente umana.

Ognuno che crede che il Verbo è immutabile capisce questo.

Io già l'avevo compreso, per quanto ne ero capace, e lo credevo senza ombra di dubbio.

Infatti, il muovere le membra del corpo volontariamente, oppure non muoverle, provare un sentimento o non provarlo, l'esprimere a parole discorsi sapienti, oppure tacere, sono tutte proprietà di un'anima e di una mente mutevole.

Se poi ciò che è stato scritto di lui è falso, allora anche tutto il resto diventa menzogna, e in quella Scrittura non ci sarebbe più nulla da credere che possa giovare alla salvezza del genere umano.

Ora, poiché quelle Scritture sono vere, io riconoscevo Cristo vero uomo, non solo come semplice corpo umano, o un'anima col corpo, ma senza intelligenza; ma un uomo completo, che per la sua straordinaria natura umana e per una partecipazione più perfetta alla sapienza, era superiore a tutti gli altri uomini. Ma non vedevo in lui la persona divina, ossia la personificazione della verità.

Alipio invece pensava che i cattolici, credendo in un Dio incarnato, ritenessero che in Cristo ci fosse solo Dio e la carne, senza avere un'anima e una intelligenza.

E siccome era ben convinto di questo, ma nello stesso tempo non si poteva ammettere che tutto quanto è stato scritto di lui fosse avvenuto senza un'anima vitale e intelligente, si stava avvicinando alla fede cristiana, ma lentamente.

Ma dopo aver saputo che questo errore era le teoria degli eretici Apollinaristi[4], ne fu contento e si uniformò alla fede cattolica.

Devo confessare che anch'io, alquanto più tardi, riuscii a capire che la dottrina cattolica sul "Verbo Incarnato" è del tutto diversa dalle falsità di Fotino, vescovo di Sirmio[5], il quale vede in Cristo un uomo straordinario, dotato di attributi divini, ma non vero Dio.

Veramente, la condanna delle eresie fa risaltare la sana dottrina della tua Chiesa e la rettitudine del suo pensiero.

"Verranno giorni - dice il tuo Apostolo - in cui non si sopporterà più la sana dottrina".

"È necessario, infatti, che avvengano divisioni tra voi, che vi siano eretici, perché si manifestino i veri credenti tra coloro che sono vacillanti nella fede" (1Cor 11,19).

---

[4] Gli Apollinaristi erano eretici che prendevano il nome da Apollinare (310-390 circa),vescovo di Laodicea, secondo cui Cristo avrebbe una sola natura, la divina, poiché nell'Incarnazione non ha assunto una natura umana (corpo, anima,intelligenza) ma solo la carne.

[5] Fotino, vescovo di Sirmio e seguace dell'eresia ariana, morì verso l'anno 370/6. Egli riteneva che Gesù fosse un semplice uomo, Dio l'aveva elevato in dignità per le sue straordinarie virtù.

20. Fede e umiltà

20. 26. Dopo aver letto i libri dei filosofi platonici, compresi che la verità è incorporea e va cercata oltre la realtà delle cose create.

"Le tue perfezioni invisibili possono essere contemplate con l'intelletto nelle opere create" (*Rm 1,20*).

Così, a prezzo di sconfitte, riuscii finalmente a vedere ciò che fino allora le tenebre della mia anima mi avevano impedito di vedere.

Ormai ero certo che tu esisti, che sei infinito, e non ti estendi per spazi finiti o infiniti.

Tu esisti realmente, sei sempre lo stesso, non puoi diventare un altro o cambiare luogo, tutto proviene da te: "da te, grazie a te e per te sono tutte le cose".

Valga come prova questo inconfutabile argomento: io esisto.

Dunque ero convinto di queste verità, ma ero ancora troppo debole per poterne godere.

Garrivo, credendomi un esperto in queste cose, un perito, ma, se non mi fossi incamminato sulla via da te indicatami, cioè *"Cristo nostro Salvatore"* (*cfr. Rm 11,36*), altro che esperto-perito, sarei veramente "perito". Volevo apparire sapiente, mentre ero tutto dubbi e tormenti.

I miei occhi non si gonfiavano di pianto, al contrario io mi gonfiavo di scienza.

Dov'era quella carità che edifica sul fondamento dell'umiltà, che è Cristo Gesù? Potevano forse insegnarmela quei libri?

Credo che prima di passare a leggere le Sacre

Scritture tu hai disposto che io leggessi prima quei libri platonici, e mettessi bene in testa ciò che dicevano, perché una volta reso umile dai tuoi Sacri Libri e risanato nelle mie ferite dalla tua mano, io riuscissi finalmente a distinguere quanta differenza passa tra la presunzione e l'umile confessione dei propri limiti, e tra coloro che credono di vedere la meta da raggiungere, ma non conoscono la strada, e coloro che non solo vedono la meta, ma conoscono anche la strada per arrivare a quella patria beata, non solo per contemplarla, ma per possederla e abitarvi per sempre.

Se invece avessi letto prima le Sacre Scritture e tu mi avessi fatto gustare la dolcezza della tua parola, leggendo poi quei libri platonici forse mi avrebbero strappato dal saldo fondamento della pietà, oppure, anche se fossi rimasto fermo nei miei sentimenti, tuttavia avrei pensato che era possibile ottenere una vita onesta e virtuosa mettendo in pratica l'insegnamento che mi veniva da quei libri.

21. Si interessa alle Lettere di san Paolo

21. 27. Pertanto mi misi di proposito, con vivo interesse, a studiare ciò che avevano scritto, nella Sacra Scrittura, quei venerabili autori sotto l'ispirazione del tuo Spirito.

Più degli altri mi applicai allo studio delle Lettere di san Paolo.

Scomparvero così quelle impressioni che avevo

avuto, credendo in contraddizione il testo dei suoi discorsi con la parola della Legge e dei Profeti. ("*Non pensate che io sia venuto ad abolire la Legge e i Profeti*").

Mi apparve allora l'unità pura e limpida delle tue parole.

"I detti del Signore sono puri, argento raffinato nel crogiuolo, purificato nel fuoco sette volte" (Sal 11, 7).

Appresi ad esultare, trepidando di gioia. *"Con tremore esultate" (Sal 2,11)*.

Man mano che leggevo mi accorgevo che quelle verità trovate altrove, specie nei platonici, qui, nella Sacra Scrittura, vengono espresse sotto l'ispirazione della tua grazia.

Pertanto, nessuno può vantarsi di quello che vede o conosce, come se non avesse ricevuto da te sia quello che vede e conosce, sia la facoltà di poter vedere e conoscere.

"Che cosa mai possiedi che tu non abbia ricevuto?

E se l'hai ricevuto perché te ne vanti come se non l'avessi ricevuto?" (1Cor 4,7).

Inoltre siamo avvisati non solo a conoscere te, *"che resti sempre lo stesso e i tuoi anni non hanno fine" (Sal 101,28)*, ma anche a guarire dalle nostre infermità per possederti.

Chi poi è troppo lontano da te, come il Figliol prodigo, e non ti vede, intraprenda il cammino del ritorno per vederti e possederti.

"Benché, infatti, l'uomo acconsenta nel suo intimo alla legge di Dio", deve ricordarsi che nelle sue membra esiste un'altra legge, in contrasto con la legge dello spirito, che lo trascina sotto la legge del peccato, che agisce nelle sue membra.

"Infatti, acconsento nel mio intimo alla legge di Dio, ma nelle mie membra vedo un'altra legge, che muove guerra alla legge della mia mente, e mi rende schiavo del peccato che è nelle mie membra" (Rm 7, 22ss).

"Tu sei giusto, o Signore, noi invece abbiamo peccato, abbiamo agito da iniqui" (Rm 7,22).

Sant'Agostino legge le Lettere di san Paolo

"Si è aggravata su di noi la tua mano" (Sal 31,4), e giustamente siamo stati consegnati nelle mani dell'antico peccatore, il diavolo, principe della morte, che ha sviato la nostra volontà e l'ha assoggettata al suo volere; a lui, che non è rimasto nella tua verità.

"Voi avete per padre il diavolo, e volete compiere le opere del padre vostro. Egli è stato omicida fin da principio e non ha perseverato nella verità, perché non vi è verità in lui" (Gv 8,44).

"Sono uno sventurato. Che posso fare?

Chi mi libererà da questo corpo votato alla morte se non la tua grazia, per mezzo di Gesù Cristo, nostro Signore? Per questo ti rendiamo grazie, o Dio" (Rm7,24). Tu l'hai generato coeterno a te.

"Il Signore mi ha creato all'inizio della sua attività, prima di ogni altra opera, fin d'allora" (Prv 8, 22).

In lui, il "principe di questo mondo" "non ha trovato nessuna colpa di cui accusarlo", eppure lo fece morire, così venne annullato *"il documento scritto della nostra condanna" (Col 2,14)*.

In quei libri dei filosofi platonici queste cose non ci sono scritte.

In quelle pagine non appare il volto misericordioso del tuo Figlio, non si parla di lacrime di pentimento, né di *"spirito affranto", "di cuore contrito e umiliato" (Sal 50,19)*, della salvezza del popolo, della città santa "scendere dal cielo come una sposa", della *"caparra dello Spirito Santo, o del calice del nostro riscatto" (2Cor 5,5)*.

Né si canta col Salmista:

"Solo in Dio riposa l'anima mia, da lui ogni mia salvezza.

Lui solo è mia rupe e mia salvezza, mia roccia di difesa, non potrò vacillare" (Sal 61,2 e e ss.).

Nessuno di coloro che hanno scritto quei libri ascolta la sua voce che invita:

"Venite a me voi tutti che soffrite".

Non si degnano di imparare da lui che dice: *"Io sono mite e umile di cuore"* (Mt 11,28s).

"Hai nascosto queste cose ai sapienti e le hai rivelate ai piccoli" (Mt 11,25).

Altro è contemplare dall'alta cima di un monte la città della pace, come Mosè che contemplò la terra di Canaan dal monte Nebo, e poi non trovare la strada per cui arrivarci; o andare vagando, tra inauditi sforzi, per impervi sentieri, esposti all'agguato e all'assalto di coloro che hanno disertato dall'esercito celeste, i diavoli, guidati dal loro capo, leone e drago.

Ben diverso, invece, è incamminarsi sulla via che conduce lassù, difesi dalla Milizia dell'Imperatore divino, dove non ardiscono arrivare per derubarci i disertori della milizia celeste; sarebbe per loro un supplizio. Questi pensieri andavo sviscerando in mille modi, mentre leggevo le Lettere dell'ultimo dei tuoi Apostoli.

"Signore, ho ascoltato il tuo annunzio, Signore, ho avuto timore della tua opera" (cfr. Ab3,2).

LIBRO OTTAVO

SOMMARIO.

Il libro ottavo è centrale nell'economia dell'opera agostiniana che stiamo leggendo, vi si narra infatti la conversione di Agostino al servizio totale di Cristo. Agostino è già ritornato alla Chiesa, si tratta di decidersi se servirla nella vita matrimoniale o consacrandosi interamente a Dio. Questo è l'oggetto che il giovane retore discute con l'anziano prete Simpliciano. Questi, per stimolarlo a decidersi, gli narra la conversione del retore romano Mario Vittorino, il quale si converte con pubblica professione di fede.

L'entusiasmo di Agostino va alle stelle e vuole imitarlo.

Intanto incontra Ponticiano, suo conterraneo, che gli racconta la vicenda di due impiegati a corte dell'imperatore, i quali, leggendo la vita di Antonio, monaco egiziano, scritta da sant'Atanasio in greco e tradotta in latino, abbandonano tutto, non ritornano a Palazzo e si fanno monaci. Il loro esempio è seguito dalle loro rispettive fidanzate.

Di fronte a questi fatti, Agostino si vergogna di se stesso, e, preso da una forte agitazione, se ne va nel giardino di casa, Alipio lo segue passo dopo passo. Si siede sotto un fico, il suo viso porta i segni della lotta interiore tra la continenza e il legame carnale, che ancora lo tiene avvinto a sé. Quando, dalla casa vicina, ode una voce, come una cantilena che ripete: "Prendi e leggi" più volte. Agostino le intende come voce scesa dal cielo, prende le lettere di San Paolo che erano sul tavolo, le apre a caso, e vi legge di abbandonare le cose mondane e di rivestirsi di Cristo Gesù. È la conversione; passa il libro ad Alipio, che, continuando la lettura, legge: "Accogliete chi è debole nella fede", e le riferisce a sé. Insieme vanno da Monica, le raccontano l'accaduto; spontanea sorge la lode a Dio per averle concesso più di quanto avesse chiesto.

1. L'incontro con Sempliciano

1. 1. *"Ti loderò, Signore mio Dio, con tutto il cuore e darò gloria al tuo nome sempre, perché grande con me è la tua misericordia"* (*Sal 85,13*).

"Le mie ossa - ripiene del tuo amore - dicano: Chi è come te, Signore?" (*Sal 34,10*) *"Hai spezzato le mie catene, a te offrirò sacrifici di lode"* (*Sal 115,16*). Adesso narrerò come le hai spezzate, e quelli che ti adorano, ascoltando il mio racconto, dicano: *"Benedetto il Signore, Dio Israele, egli solo compie prodigi" "in cielo e in terra"* (*Sal 134,6*), *"grande e mirabile è il suo nome"* (*Sal 75,2*).

Le tue parole mi erano penetrate nel cuore, e da ogni parte ero assediato da te.

Ero certo della tua vita eterna, benché *"la vedessi come in uno specchio, in maniera confusa"* (*1Cor 13,12*).

Era scomparso ogni dubbio sulla tua sostanza incorruttibile, e sulle altre sostanze che derivano da quella.

Non desideravo avere maggiore certezza su di te, ma piuttosto di essere più saldo in questa fede.

Ma nella mia vita privata tutto vacillava, avevo bisogno di essere liberato dal "vecchio fermento". Amavo la via, cioè il nostro Salvatore, ma mi rincresceva ancora il dover passare "per la via stretta e angusta che conduce alla vita".

Allora mi ispirasti di far visita a Simpliciano[1], che

[1] Di Simpliciano sappiamo solo che era prete della Chiesa di Roma e che aveva una profonda amicizia con il retore Mario Vittorino. Fu mae-

io stimavo come un tuo degno sacerdote.

Questa ispirazione mi parve ottima: in lui riluceva la tua grazia. Avevo sentito dire che fin da giovane si era consacrato a te.

Adesso era avanzato negli anni e mi sembrava avesse acquistato grande esperienza e fosse molto erudito nella tua dottrina.

Non mi sbagliavo, era veramente così. Andai da lui per aprirgli il mio cuore e perché mi indicasse la via migliore per arrivare a te.

Il legame della donna

- 2. Vedevo la tua Chiesa piena di fedeli ove ciascuno avanzava secondo il proprio dono, "ricevuto da Dio, chi in un modo chi in un altro". Io ero disgustato della mia vita mondana.

Si erano calmate le passioni di un tempo, non aspiravo più alla ricchezza e agli onori; tutto ciò mi spingeva a vivere, mentre adesso la vita stessa mi era diventata un peso.

Quelle passioni non mi davano più diletto; ero ormai innamorato dello splendore della tua casa: *"Signore, amo la casa dove dimori e il luogo dove abita la tua gloria" (Sal 25,8)*.

---

stro di Ambrogio da quando questi venne eletto vescovo di Milano. Morto Ambrogio, lo sostituì nella sede episcopale della città. Uomo molto stimato e profondo conoscitore del neoplatonismo, animatore del Circolo culturale milanese, raccoglieva intorno a sé le menti più elette del cristianesimo cittadino di allora. Proprio Simpliciano raccontò ad Agostino la conversione del noto retore Vittorino, traduttore in latino degli scritti dei Neoplatonici.

Ma era ancora forte in me l'attrattiva della donna.

È vero, il tuo Apostolo non mi proibiva di sposarmi, benché esortasse a uno stato più perfetto: *"Chi si sposa fa bene, ma chi non si sposa fa meglio"* *(1Cor 7, 26-38)*.

La mia debolezza mi induceva a preferire una vita più comoda.

La vita coniugale alla quale ormai ero impegnato con una promessa, mi prospettava ben altre cose e preoccupazioni che volentieri avrei voluto evitare.

Oscillavo di qua e di là e questi assilli troppo umani mi avevano snervato e illanguidito.

Avevo sentito dire dal tuo Figlio, che è la verità, *"che vi sono eunuchi divenuti tali per il regno dei cieli. Chi può capire, capisca"* *(Mt 19,12)*. *"Davvero stolti per natura tutti gli uomini che vivevano nell'ignoranza di Dio, e dai beni visibili non riconobbero colui che è"*. *(Sap 13,1)*

Io, però, non mi consideravo stolto, ero diventato sapiente in quanto tutte le creature mi parlavano della tua esistenza, che sei il nostro creatore, che il tuo Verbo è presso di te, vero Dio anche lui, ma un solo unico Dio con te, per mezzo del quale hai creato tutte le cose.

Vi è poi un altro genere di iniqui, e sono quelli *"che, pur conoscendo Dio, non gli hanno dato gloria, né gli hanno reso grazie"* *(Rm 1,21)*.

Ecco, io ero uno di questi, ma *"la tua destra, che stendesti dall'alto, mi prese"* *(Sal 17,36)*, e togliendomi di là mi hai posto in un luogo dove potessi guarire. Infatti hai detto all'uomo: *"Ecco, temere Dio è sapienza"* (*Gb 28,28*), e ancora: *"Non ti credere saggio o apparire tale"* (*Prv 26,5*), perché: *"Mentre si dichiaravano sapienti sono diventati stolti"*.

Dunque, avevo già trovato la "perla preziosa". Però avrei dovuto vendere tutto per acquistarla (*cfr. Mt 13,46*).

Ma ancora non mi decidevo.

2. La conversione di Vittorino

2. 3. Andai, dunque, a trovare Simpliciano.

Aveva rigenerato alla grazia il vescovo Ambrogio. (Ambrogio era stato battezzato adulto, da Simpliciano, dopo essere stato acclamato vescovo dal popolo di Milano).

Ambrogio, quindi, amava Simpliciano come un padre.

Gli narrai le varie vicende degli errori in cui ero incorso. Nella conversazione gli accennai che avevo letto alcune opere dei filosofi neoplatonici, tradotti dal greco in latino da Vittorino[2], grande e celebre letterato di Roma. Avevo saputo che era morto dopo essersi convertito al cristianesimo.

[2] Mario Vittorino (300- 380 d. C. ca), africano di origine e pagano; nel 340 venne a Roma, prima aveva combattuto il cristianesimo. Fu famoso per la sua cultura e per le sue capacità oratorie. Nel 355 circa si convertì al cristianesimo, facendo la professione pubblica di fede. Tradusse in latino, come abbiamo già detto, le opere dei neoplatonici e scrisse opere teologiche: trattati contro gli Ariani, tre inni sulla Trinità e commentari sulle lettere di san Paolo.

Simpliciano si congratulò con me perché non mi ero imbattuto con gli scritti di altri filosofi, pieni di menzogne e di ragionamenti *"secondo i principi di questo mondo"* *(Col 2,8)*. Nei platonici, invece, si può trovare l'idea di Dio e del suo Verbo, espressa in vari modi.

Poi, per esortarmi ad essere umile come Cristo, *"che aveva nascosto queste cose ai sapienti e le aveva rivelate agli umili"* *(Mt 13,46)*, mi raccontò come avvenne la conversione di Vittorino, da lui conosciuto a Roma e divenuto suo intimo amico.

Voglio narrare tutto quello che mi disse di lui. Lo faccio perché siano rese grazie a te, a lode e gloria del tuo nome.

Vittorino possedeva vasta dottrina, era esperto nelle arti liberali, aveva letto molti libri di filosofi e su ciascuno aveva espresso il suo giudizio. Aveva fatto scuola a diversi senatori, i quali riconoscenti per il suo altissimo insegnamento, innalzarono una statua in suo onore nel Foro Romano. Fino alla vecchiaia aveva persistito nel culto degli dei e partecipato ai loro sacrifici.

Quasi tutta la nobiltà romana, a quei tempi, era diventata fanatica per alcune divinità egiziane, come il dio Horus, il poppante, per altre figure mostruose, per il dio Anubi, il cane che abbaia; divinità che in passato avevano combattuto contro Nettuno, Venere e Minerva

Roma adesso pregava questi dei che prima aveva sconfitto. Lo stesso Vittorino li aveva difesi per tanti anni con la sua eloquenza irruente.

Adesso non si vergognava di essersi fatto piccolo per amore del tuo Cristo, e di ricevere il Battesimo come un bambino. Aveva sottoposto il collo al "giogo dell'umiltà" e piegato quella fronte indomita allo "scandalo della croce".

- 4. O Signore, Signore, "che hai piegato il cielo e sei disceso, hai toccato i monti ed essi hanno emesso fumo", come hai fatto a penetrare in quell'anima?

Simpliciano lo aveva convinto a leggere la Sacra Scrittura ed altri libri di autori cristiani. Vi si era applicato con vivo interesse, senza pregiudizi, da vero studioso.

Così, un bel giorno, Vittorino si presentò a Simpliciano e gli disse: "Ormai sono cristiano. Ma non dirlo a nessuno".

Simpliciano replicò: "Finché non ti vedo entrare in chiesa non ci credo". "Che forse sono le mura del tempio a rendermi cristiano?" - rispose sorridendo Vittorino.

Per un po' di tempo durò questa schermaglia fra i due amici.

Temeva di recare dispiacere a coloro che lo stimavano, superbi adoratori di divinità demoniache. Paventava che, come tanti cedri del Libano, che il Signore non aveva ancora abbattuto, arroccati nella loro maestà babilonica, la superbia, avrebbero scaricato su diluite loro ire furibonde. Ma poi, le letture dei Sacri Testi lo resero saldo.

Ebbe timore di essere *"rinnegato da Cristo davanti ai suoi angeli, se avesse avuto timore di testimoniarlo davanti agli uomini"* (*Lc 12,9; Mc 8,38*).

Gli sembrava di essere reo di grave colpa se si fosse vergognato dei sacramenti dell'umile tuo Verbo, invece di vergognarsi del culto tributato a quelle divinità demoniache, da lui spavaldamente accettate e difese. Finalmente si decise. Era riuscito a superare un certo rispetto umano che lo tratteneva dal dichiararsi e presentarsi ormai cristiano.

Racconta Simpliciano che all'improvviso, senza aspettarselo più, Vittorino andò da lui e gli disse: "Ebbene, andiamo in chiesa. Voglio diventare cristiano". Tutta Roma rimase stupita, immensa fu la gioia della chiesa.

I superbi rimasero scornati, *"digrignarono i denti dalla rabbia"* (*Sal 111,10*). Ma tu, o Signore Dio, eri ormai la sua speranza, *"non si era messo dalla parte dei superbi, né si era volto a chi segue la menzogna"* (*Sal 39,5*).

- 5. Venne il momento della professione di fede.

A Roma chi si accosta a ricevere il battesimo prima deve salire sull'ambone e recitare a memoria, davanti all'assemblea dei fedeli, la formula prescritta, cioè il Credo o Simbolo apostolico.

A Vittorino i presbiteri proposero di recitarla privatamente, per risparmiargli una ben comprensibile emozione. Vittorino, invece, preferì salire sull'ambone, senza timore.

Quando apparve al cospetto della folla radunata in chiesa, un alto grido si levò da tutti i presenti: "Vittorino! Vittorino!".

Tutti lo conoscevano, e applaudirono commossi a questo nuovo trionfo della grazia del Signore, mentre i pagani, superbi, restarono ammutoliti, digrignavano i denti e si rodevano di rabbia.

Si fece un profondo silenzio per ascoltare la sua professione di fede. Egli la recitò a memoria con straordinaria padronanza di sé. Tutti volevano portarselo appresso, nel loro cuore. E lo rapivano amando ed esultando di gioia.

Amore e gaudio erano le mani dei "rapitori".

Sant'Agostino visita Simpliciano

3. È festa nel cielo

3. 6. O Dio, padre di bontà e di misericordia, è vero: si fa più festa in cielo per la salvezza di un'anima della quale si disperava di riuscire a liberarla da un grave pericolo, che per un'altra che è vissuta sempre nella speranza e non è andata incontro a gravi pericoli.

Infatti tu, Padre misericordioso, *"gioisci più per un peccatore pentito che non per novantanove giusti che non hanno bisogno di penitenza" (Lc 15,7)*.

E con immenso gaudio partecipiamo alla gioia del pastore che sulle sue spalle riporta all'ovile la pecorella che era smarrita. O di quella donna che ritrova la dramma perduta, e chiama le vicine a far festa con lei; la dramma, ossia l'anima che viene ritrovata e salvata.

E scorrono lacrime di gioia quando nella tua chiesa, "il luogo dove abita la tua gloria", sentiamo leggere del "figliol prodigo" che ritorna a casa, e ci viene descritta la festa per questo fratello minore *"che era morto ed è ritornato in vita, era disperso ed è stato ritrovato" (Lc 15,32)*.

Tu gioisci in noi e nei tuoi santi nella santità di quell'amore che ci santifica. Tu infatti, "resti sempre lo stesso", *"Dio eterno, che conosci i segreti, che conosci le cose prima che accadano" (Dn 13,42)*, o in un modo o nell'altro.

- 7. Che cosa dunque avviene in un'anima, la quale gode più per un oggetto ritrovato e restituito, a lei tanto caro, che se invece l'avesse sempre avuto con sé?

Lo confermano molti fatti, e sono molte le testimonianze che lo attestano. Un imperatore esulta per la vittoria, ma non avrebbe vinto se non avesse combattuto, quanto più dura è stata la battaglia tanto più grande è la gioia del trionfo.

Si scatena la tempesta e minaccia di naufragio i naviganti, tutti impallidiscono all'avvicinarsi della morte: all'improvviso il cielo si rasserena, il mare si placa, la gioia è grande poiché grande fu il pericolo.

Una persona cara si ammala, e le pulsazioni del polso accusano la gravità del male; tutti coloro che desiderano la sua guarigione soffrono con lei: ecco che si alza dal letto, e già il rivederla fare alcuni passi infonde negli animi tanta gioia quale non si provava prima, quando era sana e camminava speditamente.

Gli stessi piaceri della vita gli uomini se li procurano non conoscendo i disagi e gli imprevisti che comportano, ma anche accettando volentieri rischi e disagi.

Se non si ha fame o sete, non si prova alcun gusto a mangiare e bere.

Gli ubriaconi condiscono le vivande con salse piccanti per stimolare il bisogno di bere, così più bevono più provano diletto.

Si è stabilito anche di non consegnare subito la sposa allo sposo, ma di far intercorrere un po' di tempo dopo la promessa, prima che diventino marito e moglie, perché il loro amore sia più vivo e sincero dopo averlo tanto desiderato.

- 8. È certo quindi che un grande piacere è preceduto da una grande sofferenza, sia il piacere turpe ed esecrando, sia quello che si prova in cose lecite e concesse, specie quello che si ha per un'amicizia sincera. Così è la gioia che ci invade l'animo al sentire *"che colui che era morto è tornato in vita, e chi era perduto è stato ritrovato"*. Che significa questo, Signore mio Dio, che tu sei un gaudio eterno a te stesso, e anche alcuni esseri vicino a te sono sempre nella gioia?

E come mai in quest'altra parte dell'universo alterni mancanze e virtù, odio e pace?

Forse questo è quanto hai stabilito per noi, quando dalla sommità dei cieli all'estremità della terra, dall'inizio dei tempi fino alla fine, dall'angelo che è nei cieli al verme che striscia sulla terra, dal nascere fino alla morte, hai assegnato ad ogni creatura il suo posto, dotandola di ogni genere di beni, secondo il tuo disegno di giustizia, intervenendo su ciascuna a tempo opportuno?

O Signore mio Dio, quanto sei eccelso lassù nei cieli, e come penetri nelle profondità della terra! *"Su tutti i popoli eccelso è il Signore, più alta dei cieli è la sua gloria"* *(Sal 33,6)*. E non ti allontani mai da noi. Siamo noi che a stento ritorniamo a te.

4. Esulta per la conversione di Vittorino

4. 9. O Signore, datti da fare, agisci, svegliaci e richiamaci a te, rapiscici su un carro di fuoco, infiammaci, mostrati allettante, e correremo verso di te sospinti dall'amore. Non è forse vero che molti ritornano a te da un Tartaro di cecità più profondo di quello di Vittorino? Si avvicinano a te e vengono illuminati, e chi riceve la tua luce avrà il potere di diventare tuo figlio.

Se però non sono personaggi celebri, sarà minore il gaudio di coloro che li conoscono.

Quando siamo in molti a gioire anche la gioia di ciascuno è maggiore: ci si infiamma ed entusiasma a vicenda.

Inoltre, molti vengono attratti alla salvezza dall'esempio di personaggi illustri convertiti alla fede: costoro precedono e molti altri seguono. Così anche colui che è andato avanti gioisce di più nel vedere molti che lo seguono, che non per la salvezza.

Con questo non voglio dire che nella tua casa vengano accolte di preferenza persone ricche invece di gente povera, i nobili a preferenza degli ignobili.

"Fratelli miei - dice san Giacomo - *non mescolate a favoritismi personali la vostra fede nel Signore nostro Gesù Cristo" (Gc 2,1.9)*.

"Hai scelto - infatti - *ciò che nel mondo è stolto per confondere i sapienti, ciò che nel mondo è debole per confondere i forti, ciò che nel mondo è ignobile e disprezzato e ciò che è nulla per ridurre al nulla le cose che sono" (1Cor 1,27 e ss.)*.

E tuttavia lo stesso Paolo, l'ultimo dei tuoi apostoli, del quale ti sei servito per farci sentire queste parole, quando riuscì a debellare la superbia del proconsole Paolo e a renderlo sottomesso al giogo del tuo Cristo, a farlo diventare umile suddito del grande re, per la grande gioia che provò per tale conquista, assunse il nome di Paolo al posto di quello di Saulo. Il nemico infernale viene maggiormente scornato quando si converte uno che teneva saldamente in catene e mediante il suo prestigio teneva legati a sé molti altri.

Il diavolo conquista più facilmente i superbi concedendo loro nobiltà e onori, e aiutandoli a raggiungere posti di potere e di comando.

Con quanta maggiore gratitudine, quindi, si pensava all'animo di Vittorino, che il demonio considerava una sua inespugnabile fortezza, e a quella lingua eloquente per mezzo della quale egli, usandola come dardo forte e acuminato, aveva portato molti alla rovina.

Per questo fu grande l'esultanza dei tuoi figli: il nostro re aveva incatenato il forte, e adesso vedevano le sue armi, la sua cultura e la sua lingua, purificate dalla grazia, divenire utili, a lode e gloria del tuo nome, o Signore.

"Sarà un vaso nobile, Vittorino, santificato, utile al padrone, pronto per ogni opera buona".

5. Il contrasto tra due volontà

5. 10. Dopo che il tuo santo sacerdote Simpliciano mi aveva narrato la conversione di Vittorino, mi sentii infiammato ad imitarlo. E certamente a questo scopo egli me l'aveva narrata.

Mi disse ancora che in seguito all'editto emanato dall'imperatore Giuliano l'Apostata, con il quale si proibiva ai professori cristiani di insegnare nelle scuole dello Stato, Vittorino preferì lasciare quella cattedra da dove sfoggiava la sua cultura e la sua eloquenza, piuttosto che rinunziare al tuo Verbo, *"che scioglie la lingua degli infanti" (Sap 10,21)* e la rende più eloquente di quella dei dotti.

Lo ammiravo più per la sua felicità che per la sua fortezza: ora aveva tutta la possibilità di dedicarsi completamente al tuo servizio. Anch'io aspiravo a tale e tanta felicità, ma ero ancora incatenato non da altri, ma dalla ferrea catena della mia volontà.

La mia volontà era posseduta dal nemico, e mi teneva stretto alla catena. Non c'è dubbio che una volontà pervertita conduce alla libidine, l'acquiescenza alla libidine poi crea la necessità.

Con questi anelli legati tra loro a formare una catena, la passione mi teneva costretto a dura servitù.

La volontà nuova che stava sorgendo in me, tesa a dedicarsi completamente al tuo servizio e a godere di te, unica e certa felicità, non era ancora capace di sovrastare all'altra volontà: una inveterata, l'altra nuova, una carnale, l'altra spirituale. Lottavano tra di loro, e questa lotta lacerava l'anima mia.

- 11. Avevo compreso per esperienza quanto avevo letto: *"La carne ha desideri contrari allo Spirito, e lo Spirito ha desideri contrari alla carne" (Gal 5,17)*.

Era questo il mio stato d'animo: da una parte attratto dalla carne, dall'altra parte sentivo in me i richiami dello Spirito. E devo dire che mi riconoscevo più in questi richiami dello Spirito che approvavo, che non in quelli della carne che disapprovavo.

Queste passioni carnali, infatti, non ero io a volerle, ero costretto a subirle, soffrivo per quanto facevo contro voglia.

Sennonché l'abitudine si era accanita contro di me, per colpa mia, perché volontariamente ero arrivato dove certamente non avrei voluto arrivare. E come potevo giustificare una tale situazione quando si sa che al peccato segue una giusta punizione?

Adesso, inoltre, ero arrivato alla conoscenza sicura della verità, quindi non potevo più addurre la scusa di prima, quando davo la colpa di non riuscire ad abbandonare il mondo per mettermi al tuo servizio al fatto che non ero ancora certo della verità.

Ero ancora avvinto dai legami di questo mondo, e non mi decidevo ad entrare nell'esercito dei tuoi combattenti.

"Nessuno, quando presta servizio militare, s'intralcia nelle faccende della vita comune, se vuol piacere a colui che l'ha arruolato".

Temevo di liberarmi da quei lacci, mentre piuttosto era da temere di restarne per sempre avvinti.

- 12. Mi addormentavo piacevolmente sotto il gravame delle faccende umane, e i tentativi che facevo per pensare a te assomigliavano ai tentativi che uno fa per svegliarsi dal sonno: malgrado la buona volontà di svegliarsi, viene vinto dal sopore del sonno e ricade sul letto.

Sì è vero, a nessuno piace dormire sempre, e giustamente si ama più la veglia che il dormire.

Eppure, quando siamo assaliti dal sonno ci dispiace scuoterlo e liberarcene, e anche se ci dispiace si rimane a dormire oltre l'ora stabilita per alzarci.

Così, anch'io ero convinto che era assai meglio dedicarmi al tuo servizio che cedere alle passioni.

Il tuo servizio mi piaceva e "vinceva" in me; il cedere alle passioni, tuttavia, mi attraeva di più e mi "avvinceva".

Non sapevo cosa rispondere a queste tue parole: *"Svegliati, o tu che dormi, destati dai morti, e Cristo ti illuminerà"* *(Ef 5,14)*.

Ovunque mi appariva chiaro e vero ciò che tu dicevi, ne ero convinto del tutto, eppure non sapevo cosa rispondere.

Mi limitavo a formulare qualche frase lenta e sonnolenta: "ora, fra poco", "ecco, ancora un poco", "lasciami ancora un poco".

Così, "fra poco e ancora un poco" non mi decidevo mai, e quel " lasciami ancora un poco" andava troppo per le lunghe.

Invano mi compiacevo della tua legge nel mio intimo, se poi nelle mie membra c'era un'altra legge contraria alla legge dello spirito che mi teneva schiavo sotto le legge del peccato.

La legge del peccato è la forza dell'abitudine, che trascina e incatena l'anima anche contro la sua volontà, ma sempre per sua colpa, perché c'è cascata per sua volontà.

Povero me! *"Chi poteva liberarmi da questo corpo di morte, se non la tua grazia, per mezzo di Gesù Cristo, nostro Signore?"* (Rm 7,22-25)

6. I racconti di Ponticiano

6. 13. Voglio raccontare adesso, e confessare davanti a te, "o Signore, mio sostegno e mio redentore", in che modo tu mi hai liberato dalla catena del desiderio sessuale che mi tormentava, e anche liberato dalla schiavitù degli affari secolari.

Svolgevo sempre la mia attività di insegnante, ma in continua agitazione e ogni giorno mi rivolgevo a te, sospirando.

Andavo in chiesa quando ero libero da altri impegni e da quelle preoccupazioni che aumentavano il mio gemere.

Alipio era con me, disoccupato, dopo essere stato per tre volte assessore al tribunale.

Per il momento svolgeva attività privata, aspettando qualcuno che venisse a consultarlo e vendere così i suoi pareri, come io, del resto, vendevo la mia arte del saper parlare, benché non credo che l'insegnamento possa considerarsi una vendita.

Nebridio[3], cedendo alle insistenze di noi, suoi cari amici, aveva accettato di fare l'assistente scolastico a Verecondo, un professore di Milano, nostro intimo amico. Verecondo aveva molto desiderato che uno di noi lo aiutasse nello svolgimento del suo insegnamento. Ce lo chiese con insistenza, in nome della comune amicizia.

Nebridio accettò, non per brama di guadagni e vantaggi personali; poteva benissimo ottenerli dalla sua cultura letteraria; ma lo fece per non dire di no alla nostra richiesta, da vero amico, dolcissimo e affettuosissimo.

Svolse questa attività con scrupolo, prudenza e umiltà, evitando di apparire colto presso "i grandi di questo mondo". Voleva conservare la sua pace interiore; quando aveva delle ore libere si applicava alla lettura o partecipava a discussioni e studi sulla sapienza.

- 14. Un giorno, mentre ero in casa, solo con Alipio, Nebridio era assente, venne a trovarci Ponticiano, anche lui africano e quindi nostro compatriota.

---

[3] Nebridio era un intimo amico di Agostino, più giovane di lui; Agostino lo chiama "amico dolcissimo", il "mio" Nebridio, "giovane di grande anima", che va a Milano "con l'unico intento di vivere insieme a me nella ricerca ardente della verità e della sapienza, investigatore appassionato della felicità umana, scrutatore acutissimo dei più difficili problemi". Questi due amici, fatti l'uno per l'altro, non hanno potuto mai stare insieme, hanno vissuto ambedue la nostalgia della lontananza, a cui hanno cercato di supplire con una fitta corrispondenza. La vita di Nebridio fu breve, ma intensa: troppo prematuramente venne "liberato dalla carne".

Era alto ufficiale alla corte dell'Imperatore. Non so per quale ragione venne da noi. Ci sedemmo. Nel mentre, Ponticiano vide sopra un tavolo, di fronte a noi, un codice. Lo prese, lo aprì. Con grande meraviglia si avvide che erano le "Lettere di san Paolo". Mi guardò sorridendo, anzi si congratulò con me che mi ero dato a leggere tali libri, mentre sapeva che ero assiduo lettore di altre opere.

Quel giorno avevo tra le mani quel codice e solo quello. Figurarsi come sussultò quando gli dissi che non solo leggevo quel codice, ma mi interessava molto quel che c'era scritto.

Ponticiano era cristiano, battezzato, molto devoto, andava spesso in chiesa, prostrandosi davanti a te, in lunghe e diuturne preghiere.

Avviato il discorso su quel mio interesse per san Paolo, Ponticiano prese spunto per narrarci la storia di Antonio[4], un monaco d'Egitto, il cui nome era conosciuto e venerato presso tutti i tuoi fedeli, mentre noi, fino a quel giorno, non ne sapevamo niente. E, vedendo che seguivamo con vivo interesse il suo racconto, Ponticiano continuò nel magnificare un tale uomo, a noi purtroppo ancora ignoto.

---

[4] Antonio, detto il grande, nacque in Egitto da famiglia agiata; morti i genitori vendette i suoi averi, li distribuì ai poveri, si ritirò nel deserto, dedicandosi alla preghiera in solitudine. Ebbe però molti discepoli, i quali lo cercavano per la saggezza e per la testimonianza di preghiera che offriva loro. Diventato famoso, si ritirò in un deserto più lontano, da dove si allontanò momentaneamente per aiutare sant'Atanasio nella lotta contro gli Ariani, eretici che negavano la divinità di Cristo. Atanasio ne scrisse la vita a edificazione dei cristiani. Antonio diventò sant'Antonio abate, tutt'ora molto venerato.

Noi ascoltavamo con meraviglia fatti del genere, avvenuti di recente, ai nostri tempi, nella vera fede della Chiesa Cattolica.

Eravamo tutti meravigliati, noi nel sentire cose strabilianti, Ponticiano nel constatare la nostra ignoranza di tali fatti.

- 15. Ponticiano, vedendoci così attenti e interessati alle sue parole, continuò a parlare volentieri, non solo di Antonio, ma anche dei suoi monasteri, dei numerosi monaci che lo avevano imitato, della loro vita, dei vari eremi sparsi nel deserto. A Milano stessa, fuori le mura della città, vi era un monastero sotto la guida di Ambrogio, e non lo sapevamo.

Ponticiano si infervorava e continuava a parlare, e noi attenti lo ascoltavamo in silenzio.

Un giorno capitò, non ricordo quando, che lui e tre suoi amici militari, così ci raccontò, si trovavano a Treviri, insieme all'imperatore. Nel pomeriggio, mentre l'imperatore era al circo per assistere a degli spettacoli, Ponticiano e i tre militari uscirono a passeggiare nel parco. Camminavano in coppia, vagando per i giardini. A un certo punto i due dell'altra coppia si staccano da quella di Ponticiano, e li perdono di vista. I due, camminando, si imbattono per caso in una capanna, abitata da monaci, i tuoi *"poveri di spirito, dei quali è il regno dei cieli" (Mt 5,3)*. Entrano e trovano sul tavolo un codice: era la vita di Antonio monaco d'Egitto. Uno dei due si mise a leggere. Mentre leggeva ne rimaneva ammirato e il suo cuore si infiammava dal desiderio di imitarlo.

Erano addetti all'amministrazione del palazzo imperiale.

Pieno di santo ardore si rivolge all'amico e gli dice: "Dimmi, ti prego, dove vogliamo arrivare con la vita che facciamo? Al massimo possiamo diventare amici dell'imperatore a corte. Ma questo sarà mai possibile ottenerlo? Invece, se voglio diventare amico di Dio, ecco, lo posso diventare subito".

E seguitò a leggere, infiammandosi sempre di più.

Man mano che leggeva un mutamento avveniva nel suo intimo, che tu, o Signore, certamente vedevi; e pensava seriamente di abbandonare le vanità del mondo.

Come infatti avvenne.

A un certo punto ebbe un fremito, riconobbe che quella era la soluzione migliore, e si decise subito per quella. E ormai conquistato da te, o Signore, si rivolse all'amico e gli disse: "Io rimango qui. Se tu non vuoi restare fai pure; ma non mi dire nulla, non mi contrariare".

Per tutta risposta, invece, l'altro gli disse: "Rimango anch'io. Voglio condividere con te l'alta ricompensa riservata a chi milita a servizio del Signore".

E tutti e due, ormai conquistati da te, "iniziarono a costruire la torre", sborsando il prezzo necessario, cioè: "lasciare tutto e seguirli". *"Chiunque non rinuncia a tutti i suoi averi non può essere mio discepolo" (Mt 19,27).*

"Si faceva tardi - continua Ponticiano - e andammo in cerca degli amici. Alfine li trovammo. Li esortammo a tornare con noi a Palazzo. Ma essi ormai avevano deciso di rimanere lì.

Ci salutammo piangendo e ci raccomandammo alle loro preghiere. Anzi ci congratulammo con loro per tale decisione.

Così tornammo indietro, con il cuore ancora attratto dalle cose di questo mondo, mentre essi rimasero a fare penitenza con il cuore fisso alle realtà del cielo.

Erano fidanzati. Quando le fidanzate vennero a sapere della scelta dei loro promessi sposi, anch'esse consacrarono la loro verginità al Signore".

7. Le agitazioni nell'animo di Agostino

7. 16. Questo il racconto di Ponticiano.

Mentre parlava, tu o Signore, mostravi me a me stesso.

Per non vedermi io mi ero nascosto dietro le spalle, tu invece, o Signore, mi hai preso e mi hai messo davanti a me stesso, così com'ero: misero, indegno, ricoperto di piaghe e di nefandezze. Mi spingevi, per così dire, davanti ai miei occhi, perché vedessi quello che ero, e mi decidessi.

Mi vedevo e ne provavo ribrezzo. Ma non sapevo dove fuggire. *"Dove andare lontano dal tuo spirito, dove fuggire dalla tua presenza?" (Sal 138,7).* E se cercavo di distrarmi, di non pensarci, di non guardarmi, c'era Ponticiano che parlava e raccontava, e c'eri tu, o Signore, che mi richiamavi e mi costringevi a non chiudere gli occhi su me stesso, perché mi rendessi conto della mia iniquità e la condannassi.

"L'empio si illude con se stesso, nel ricercare la sua colpa e detestarla" (Sal 35,3). Io la conoscevo bene la mia colpa, e facevo finta di non vederla, la coprivo, la dimenticavo.

- 17. Ora, da quanto avevo ascoltato sulla vicenda dei due giovani militari, ero spinto ad amarli con ardore e ad apprezzare il loro slancio di amore e la loro decisione di consegnarsi a te, o Signore, per ottenere guarigione e salvezza. Io, al contrario, mi vedevo esecrabile, ne provavo vergogna, invidia e mi odiavo.

Quanti anni avevo perso, forse dodici, da quando la lettura dell'*Ortensio* di Cicerone mi aveva fatto sentire forte il desiderio della sapienza.

E ancora non mi decidevo a disprezzare le vanità della terra per dedicarmi al conseguimento della vera felicità, che vale assai di più di qualsiasi tesoro o piacere mondano.

Già quando ero adolescente, abbastanza misero fin dall'esordio della mia giovinezza, ti avevo chiesto la castità e ti dicevo: "Dammi la castità e la continenza, ma non subito".

Temevo infatti che tu mi avresti esaudito subito, e mi avresti liberato dal male della concupiscenza, che io invece preferivo soddisfare piuttosto che estinguere. E andavo per vie perverse, dietro una superstizione sacrilega, senza essere certo della sua verità (la dottrina manichea); pur tuttavia la anteponevo ad altre dottrine che combattevo senza darmi pensiero di conoscerle prima, con sentimenti umili e devoti.

- 18. Poiché non avevo certezza di niente, non conoscendo una strada sicura su cui incamminarmi, differivo di giorno in giorno la decisione di abbandonare ogni cosa e seguirti, mio Dio. Ed ecco, era arrivato il giorno: mi vedevo nudo e la coscienza mi rimproverava severamente: "Adesso non parli più? Andavi dicendo che non volevi liberarti dal gravame delle vanità perché non eri ancora certo dove fosse la verità. Ebbene, adesso l'hai trovata, eppure non ti decidi a scuotere il peso di quelle vanità.

Hai ascoltato il racconto di Ponticiano? Sulle spalle più libere delle tue (quelle di Antonio e dei due soldati) sono spuntate subito le ali per volare verso l'alto, senza tanti studi e ragionamenti, come invece stai facendo tu da circa dieci anni".

Mi rodevo dentro e morivo di vergogna, mentre Ponticiano parlava di tali fatti.

Finito di parlare e sbrigato l'affare per cui era venuto, Ponticiano se ne andò. Ed io rientrai in me stesso.

Che cosa non dissi contro di me? Flagellai la mia anima a forza di rimbrotti, perché non mi voleva seguire nello sforzo che stavo facendo per venire dietro a te. Ricalcitrava, si ricusava, e non si scusava. Tutti gli argomenti erano stati sviscerati e confutati. Era rimasta un'attesa trepidante, e la mia anima temeva come la morte il doversi ritirare e abbandonare quelle abitudini che la scioglievano nella morte.

8. “Se questi e quelli...”

8. 19. In mezzo a questa lotta atroce che si svolgeva nel mio intimo tra me e la mia anima, sconvolto nel volto e nella mente, agitatissimo, aggredisco Alipio e gli grido: “Perché ancora tutta questa sofferenza? Hai inteso? Cosa vuol dirci tutto quel discorso? Ecco. Gente ignorante, non istruita, ci passa avanti e ci ruba il cielo! E noi? Con tutta la nostra cultura non sappiamo fare altro che ravvoltolarci nel fango dei piaceri carnali. Forse abbiamo vergogna di seguirli perché ci hanno preceduto; e non è maggiore vergogna il non seguirli?”.

Più o meno mi espressi in questo modo. Poi la tempesta che avevo dentro mi strappò da lui.

Aveva compreso e taceva attonito.

Quelle mie parole avevano un suono ben diverso dal solito. Ma più delle parole parlavano il mio animo, la fronte, le gote, gli occhi, il colore, il tono della voce. Sudavo freddo, avevo bisogno di aria.

La casa dove abitavamo aveva annesso un orticello. Era a nostra disposizione, come tutto il resto; il padrone che ci aveva ospitato non abitava lì. Mi rifugiai là, avevo bisogno di restare solo. Il petto mi batteva forte. Nessuno avrebbe potuto comprendere la lotta che avevo ingaggiato con me stesso.

Tu, o Signore, eri già a conoscenza dell'esito. Io no. Stavo diventando pazzo, in attesa di rinsavire; sentivo la morte dentro, in attesa di tornare a vivere. Ero consapevole di tutto il male che mi opprimeva, e non sapevo ancora quale bene mi attendeva di lì a poco.

Mi ritirai dunque nell'orto.

Alipio però non mi lasciò solo, mi seguì passo passo. Tuttavia ero solo con me stesso, anche lui presente. Ma lui come avrebbe potuto lasciarmi solo in quello stato?

Ci sedemmo lontano il più possibile dalla casa. Fremevo dentro di me, indignato della più accesa indignazione, perché non venivo incontro alla tua volontà e non mi decidevo a stringere alleanza con te. O Dio mio, tutte le mie ossa gridavano che bisognava andare da quella parte, le loro esclamazioni di lode arrivavano fino al cielo. E da quella parte - verso la tua volontà e la tua alleanza - non si va con le navi, o con le quadrighe e nemmeno a piedi, erano troppi anche quei pochi passi che avevo fatto dalla casa per raggiungere il luogo dove stavamo seduti.

Infatti, non solo per andare là, ma anche per arrivarci, non si richiede altro che la volontà di andare, ma una volontà forte e decisa, non una mezza volontà, lacerata, per di più ferita nella lotta sostenuta per spiccare il volo e subito richiamata in basso.

- 20. Nell'ardore della lotta, poi, facevo tanti gesti col corpo che a volte gli uomini desiderano fare ma non possono: o perché sono privi delle membra o perché le hanno legate, oppure le hanno paralizzate per malattia, o impedite in altro modo.

Io invece facevo volontariamente tutti questi gesti: mi strappavo i capelli, cioè, mi percuotevo la fronte, stringevo forte le ginocchia con le mani incrociate. Anche volendo non avrei potuto fare tali gesti se le membra non fossero state sciolte e rispondenti.

Feci dunque tanti di quei gesti che il volerli equivaleva a poterli fare. Invece non facevo quel gesto che mi sarebbe piaciuto fare, assai di più e incomparabilmente desiderato con affetto.

Se avessi voluto, subito avrei potuto farlo, bastava volerlo perché subito l'avrei potuto.

In questo caso infatti, quella capacità che ha la volontà e lo stesso volere equivalgono a poter fare. E tuttavia non avveniva; il corpo ubbidiva più facilmente a quella fiacca volontà dell'anima che metteva in moto le sue membra, piuttosto che la stessa anima pensasse ad attuare in sé una sua grande volontà in un solo volere.

9. Ragionamenti sulla volontà

9. 21. Come mai avvengono queste cose strane in noi? E perché?

Mi illumini la tua misericordia, o Signore, mentre

io interrogherò i figli di Adamo, afflitti da infinite pene nascoste e da turbolente agitazioni d'animo.

Non so se potranno rispondermi.

Perché dunque questa mostruosità in noi? E perché questo? Il nostro animo comanda al corpo, e questi subito ubbidisce; comanda a se stesso e non ubbidisce. Per esempio, comanda alla mano di muoversi, e istantaneamente la mano si muove, tanto da non avvertire il tempo che intercorre tra il comando e l'azione che segue.

L'animo è animo, la mano invece appartiene al corpo. L'animo comanda all'animo di volere, a se stesso, quindi, e non a un altro, e tuttavia non esegue ciò che gli viene comandato.

Mi domando ancora: perché questa mostruosità? E perché questo?

Ripeto: comanda alla sua volontà di volere, l'animo, non comanderebbe se non volesse; ma non fa ciò che comanda.

Ecco: la volontà non è decisa, non è totale, pertanto anche il comando non è imperioso, deciso. Comanda solo quel tanto in quanto lo vuole, e non fa quel tanto che comanda in quanto non lo vuole, poiché la volontà comanda, perché sia lei a volere, e non un'altra volontà, ma proprio lei stessa. E siccome non comanda in piena convinzione, pertanto non avviene quello che comanda. Se fosse pienamente convinta e decisa non ci sarebbe bisogno di comandare, perché avverrebbe subito quello che vuole.

Non è quindi una mostruosità il volere e il non

volere del tutto, ma semplicemente una malattia del nostro animo, una debolezza, perché non riesce a innalzarsi sulle ali della verità, così gravato dal peso dell'abitudine.

Quindi sono due le volontà, tutte e due incomplete: ciò che manca in una si trova nell'altra, e viceversa.

10. Ritorna a confutare i manichei

10. 22. *"Periscano gli empi davanti a te, o Dio"* (Sal 67,3). *"Così periscano quei chiacchieroni e ingannatori della gente"* (Tt 1,10).

Costoro, avendo avvertito la presenza di due volontà nell'atto di deliberare, asseriscono che vi sono due anime con due nature, una buona e l'altra cattiva.

Cattivi, in verità sono loro, che ragionano in questo modo; diventeranno buoni quando ragioneranno diversamente, secondo verità, e aderiranno alla verità.

Dica loro l'Apostolo: *"Se un tempo eravate tenebre, ora siate luce nel Signore"* (Ef 5,8).

Infatti, credendosi nella luce, non in quella del Signore, ma nella propria luce, dicendo che la natura dell'anima è la natura stessa di Dio, rimangono nelle tenebre più fitte. La loro stolta arroganza li ha portati lontani da te, da te, vera luce che *"illumina ogni uomo che viene in questo mondo"* (Gv 1,9). Badate bene a quello che dite e vergognatevi!

"Guardate a lui e sarete raggianti, non saranno confusi i vostri volti" (Sal 33,6).

Io, quando stavo decidendo di mettermi al tuo servizio, o Signore, Dio mio, come già da tempo avevo pensato, ero io a volerlo, oppure a non volerlo, ero io, sempre io. Volevo e non volevo, la mia quindi era una volontà indecisa, incompleta. Per questo ero sempre in lotta con me stesso, e ciò avveniva contro la mia volontà.

Tuttavia, non c'era in me un'anima estranea alla mia, ma era il tormento proprio della mia anima. E non ero nemmeno io che agivo e lo provocavo, *"ma il peccato che abita in me. Io so infatti che in me, cioè nella mia carne, non abita il bene; c'è in me il desiderio del bene, ma non la capacità di attuarlo" (Rm 7,17)*.

Ero figlio di Adamo, e il mio peccato derivava dal suo, commesso in piena libertà, superiore alla mia.

- 23. Se vi fossero, infatti, tante nature contrarie tra loro quante sono le volontà che si oppongono a vicenda, non sarebbero solo due, ma molte di più. Supponiamo che uno si ponga davanti questa scelta: o andare a una loro adunanza o andare a teatro; certamente loro, i manichei, direbbero subito: "Ecco due nature, una buona, quella che decide per l'adunanza, una cattiva, quella che decide per il teatro. Da dove deriva questa esitazione di due volontà in contrasto tra loro?".

Per me sono tutte e due cattive, e quella che decide per l'adunanza e quella che decide per il teatro.

Per loro, invece, solo quella che decide per l'adunanza è buona. Che dire? Facciamo un altro esempio.

Supponiamo che uno dei nostri, cristiano, sia ancora indeciso, contrastato da due voleri diversi: se andare al teatro oppure alla nostra chiesa; essi, i manichei, come risponderebbero? Certamente non saprebbero come rispondere: dovrebbero dire che la scelta di andare in chiesa è buona, come era buona la scelta di andare a una loro adunanza.

Ma questo non lo diranno mai.

In chiesa ci va chi ha fede e partecipa ai sacramenti.

E allora? Diranno che ci sono due nature cattive e due volontà cattive a combattere nella stessa persona? È possibile questo, dal momento che affermano che c'è una natura buona e una cattiva?

Oppure alla fine si convertiranno e capiranno la verità, ammettendo che quando uno delibera di fare una cosa, è un'anima sola, combattuta tra volontà diverse.

- 24. Non vengano più a dirmi, dunque, che quando nella stessa persona si combattono due volontà diverse si tratta di due anime diverse, una buona e l'altra cattiva, derivate da due sostanze contrarie o da due principi contrari in lotta tra loro.

Tu, Signore Dio verace, non approvi quanto dicono, anzi li redarguisci e li convinci con esempi pratici.

Ammettiamo che vi siano due volontà cattive, come nel caso di chi sta decidendo se uccidere un altro o col veleno o con la spada, o sta pensando se sia meglio appropriarsi di questo o quel terreno, che sono proprietà di un altro, poiché non potrebbe fare le due cose contemporaneamente; ancora, non sa decidersi se spendere il denaro per procurarsi un piacere lussurioso, oppure risparmiarlo e tenerselo per avarizia, andare al circo o al teatro, quando gli spettacoli avvengono nella stessa ora, sia al teatro che al circo.

Aggiungo a queste due una terza eventualità: andare a rubare in casa d'altri, se si presenta l'occasione; e ancora una quarta eventualità: commettere adulterio.

Quindi ha di fronte quattro possibilità di scelta: andare al teatro o al circo, rubare o commettere adulterio.

Ebbene, tutte e quattro le azioni sono voleri della stessa persona, ma non possono essere compiute tutte simultaneamente. L'animo allora è dilaniato da quattro volontà contrarie, e a volte possono anche essere più di quattro, essendo molti gli oggetti voluti.

Ma loro, i manichei, non vogliono ammettere tanta moltitudine di sostanze diverse.

Abbiamo parlato di volontà perverse. Vediamo adesso le volontà buone. Domando loro: "È bene leggere e gustare l'Apostolo, è bene gustare la bellezza di un salmo, è bene discorrere di ciò che dicono i Vangeli?

Ad ogni domanda rispondono: "È bene".

Bravi! E se queste tre cose buone fossero volontà

della stessa persona, la quale però non potrebbe compierle nel medesimo istante, che succede nell'animo di quella persona, agitata da queste volontà contrastanti? E sono tutte volontà buone, eppure in lotta tra loro.

Alla fine bisogna decidersi solo per un'azione da compiere, e tutte quelle volontà in contrasto si ridurranno a un'unica volontà

Così avviene quando siamo attratti in alto dall'eternità, e ritenuti in basso dalla voluttà dei piaceri temporali.

È la medesima anima a volere quello o questo, ma la volontà non è del tutto decisa, e questa indecisione procura gravi molestie alla persona, scissa tra due voleri.

L'amore alla verità la spinge ad "anteporre" il primo: l'eternità; ma l'abitudine contratta non lascia "deporre" il secondo: cioè il piacere dei beni temporali.

11. Pene e angosce nell'animo di Agostino

11. 25. Mi sentivo male, avevo la febbre, e torturavo me stesso accusandomi più acerbamente del solito. Mi rivoltavo e mi avvoltolavo in quella catena che ancora non si spezzava, benché si fosse assottigliata di molto.

Benché così sottile ancora mi teneva stretto. E c'eri poi tu, o Signore, nel mio intimo. Eri lì a flagellarmi con severa misericordia, e a farmi gemere di timore e di vergogna, perché non tornassi di nuovo a cedere alle passioni, e così, invece di rompere finalmente quel tenue legame che ancora mi teneva avvinto, l'avrei reso più robusto.

Andavo dicendo tra me: "Ecco, ora mi decido, ora lo faccio".

Sì, a parole mi preparavo ad agire, a fare quello che avevo deciso. Ero lì lì per farlo, ma non lo facevo. Rimanevo impalato. Non tornavo indietro, rimanevo lì a riprendere fiato.

Poi un altro piccolo sforzo, un altro ancora: ecco ci sono, già sto per toccarla, raggiungere la meta e rimanerci.

E invece, niente: non avevo toccato e raggiunto nulla.

Ero ancora indeciso: morire alla morte o vivere alla vita?

Aveva in me il sopravvento il "solito" peggio che non "l'insolito" meglio.

E quanto più si avvicinava il momento in cui sarei diventato migliore, tanto più temevo che arrivasse.

Così non andavo né avanti né indietro. Rimanevo lì, sospeso, indeciso.

- 26. Mi trattenevano ancora le frivolezze degli scellerati, nonché le vanità dei gaudenti di questo mondo, vecchie amicizie. Solleticavano le mie passioni e mi sussurravano: "Che fai, Agostino? Ci lasci?", e ancora: "Da questo momento non saremo più con te per sempre". "Da questo momento non ti sarà più concesso di fare questa o quell'altra cosa, mai più".

E lo so io cosa volevano intendere con quei sussurri, quali brutture e sozzure mi mettevano davanti.

Mio Dio, mio Dio, meglio non pensarci!

La tua misericordia le allontani dall'anima del tuo servo.

È vero. Ormai la loro voce si era affievolita. Non mi venivano più davanti a fare le loro proposte, mi venivano dietro, mentre io tentavo di andare avanti; e, dietro le spalle mi sussurravano, mi sollecitavano, perché mi voltassi nuovamente indietro, a guardarle. E in questo modo rallentavano il mio cammino, e io indugiavo a staccarmi da loro, a scuoterle di dosso, e slanciarmi dove ero chiamato.

L'abitudine inveterata, lenta a morire, mi ripeteva: "Credi di farcela? Potrai vivere senza di loro?"

Esortazione della Continenza

- 27. La loro voce si era fatta debole.

Dall'altra parte, dove avevo rivolto lo sguardo e dove attendevo trepidante di passare, mi si presentava la casta dignità della continenza, serena, sorridente, pudica, che mi invitava con dolci maniere ad andare là, senza timore, allungando le braccia per accogliermi e abbracciarmi e presentandomi un gregge di anime, ricolme di buone opere.

Fanciulli e fanciulle, giovani molti, gente di ogni età, vedove dignitose, donne anziane vissute in perfetta verginità.

E in tutte queste anime la continenza non era rimasta sterile, “ma era quale madre gioiosa di figli”, generati dall’amore casto con te, o Signore, suo sposo.

Mi guardava sorridendo, mi invitava ad andare con loro, quasi volesse dirmi: “Perché non vieni? Non riesci a fare quello che hanno fatto loro? Se questi e quelli ci sono riusciti, potrai riuscirci anche tu. Pensi forse che lo abbiano fatto fidando nelle proprie forze, o non piuttosto in quelle del Signore loro Dio? Hanno ottenuto me, la continenza, come dono del Signore Dio. Perché stai lì indeciso? Gettati in lui, non temere. Non ti lascerà cadere, vai sicuro, ti accoglierà e ti guiderà”.

Diventavo rosso per la vergogna. Sentivo ancora i sussurri delle mie frivolezze, esitavo, combattuto da queste e attratto da quelle. E lei, la continenza, riprendeva a parlare e mi diceva: “Non dare ascolto al richiamo delle tue membra immonde, a quella parte di te che appartiene alla terra, fornicazione, impurità, passioni, desideri cattivi”. “Calpestali. Ti propongono azioni contrarie alle legge del Signore Dio tuo”.

Tutto ciò avveniva nel mio intimo, una discussione tra me e me stesso. Alipio era lì, al mio fianco, in silenzio, e attendeva l’esito di questa mia insolita agitazione.

12. "Prendi e leggi"

12. 28. Ad un certo punto, questa profonda agitazione e l'alta riflessione su quel mio miserabile stato, scatenò un'ingente procella, e giù, un ingente scroscio di lacrime. Per dare loro libero sfogo mi alzai e mi allontanai da Alipio. Volevo stare solo. Alipio però intuì il mio tormento; forse mi era sfuggita qualche espressione accorata. Rimase a guardarmi stupito. Mi gettai sotto un albero di fico. Allentai i freni alle lacrime, che irruppero come fiume dai miei occhi, *"sacrificio a te gradito"* *(Sal 50,19)*.

Ti parlai a lungo in questi termini: *"Fino a quando o Signore? Fino a quando sarai adirato con me? Fino alla fine ? No. Dimentica le mie passate iniquità"* *(Sal 78,5.8)*. Sentivo che quelle "iniquità" ancora mi trattenevano, e allora lanciavo grida disperate: "Quanto tempo ci vorrà ancora? Quanto? Domani e domani. Ma quale domani? Perché non adesso? Perché non finirla subito con queste stupidaggini? Sì, subito! Proprio in questo momento!".

Così dicevo e piangevo, nell'amarissima contrizione del cuore.

- 29. Ed ecco. Sento una voce giungermi dalla casa vicino.

Una voce di fanciullo o di fanciulla, in canto. Ripeteva più volte: "Prendi e leggi. Prendi e leggi".

Mutai subito d'aspetto. Rimasi in silenzio, attentissimo per capire se quella voce, se quel modo di cantare facesse parte di qualche gioco di ragazzi. A me sembrò di non averla mai udita.

Repressi il pianto. Mi alzai.

Non poteva essere altro che una voce divina, che mi invitava ad aprire il codice e a leggere la prima pagina che avrei trovato.

Avevo sentito dire che Antonio d'Egitto si era convertito dopo avere ascoltato quelle parole del Vangelo: *"Va', vendi tutto quello che possiedi, dallo ai poveri e avrai un tesoro in cielo. Poi vieni e seguimi" (Mt 19,21)*.

Il "Prendi e leggi" e l'annuncio della conversione a Monica

Antonio aveva ascoltato queste parole come un invito rivolto a lui. Pertanto, concitato, ritornai al luogo di prima, dove ancora era seduto Alipio.

Lì avevo lasciato "Le lettere di san Paolo", quando mi ero alzato.

Presi quel codice, lo aprii, e lessi in silenzio le prime parole che mi caddero sotto gli occhi:

"NON NELLE CRAPULE E NELLE UBRIACHEZZE NON NELLA LUSSURIA E NELLA IMPUDICIZIA NON NELLE LITI E NELLE INVIDIE MA RIVESTITEVI DEL SIGNORE NOSTRO GESU' CRISTO E NON ASSECONDATE LA CARNE NELLE SUE PASSIONI" (Rm 13,13 e ss.).

Non volli leggere più oltre, non ce n'era bisogno. Appena infatti terminai di leggere questa frase, il mio cuore si illuminò di una luce di certezza e tutte le tenebre del dubbio si dileguarono.

- 30. Chiuso il codice, tenni il dito o altra cosa nella pagina che avevo letto, e, col volto disteso, lo mostrai ad Alipio. Anche nel suo cuore, mi accorsi, avveniva qualche cosa.

Mi chiese di vedere e di leggere la frase paolina. Volle leggere oltre quello che avevo letto io.

Il testo così continuava: *"Accogliete chi è debole nella fede" (Rm 14,1)*. Lo riferì a se stesso e me lo confidò.

Questa frase confermò maggiormente in lui il buon proposito che già aveva fatto, conforme alla sua indole e ai suoi illibati costumi.

Era assai migliore di me e molto più avanti di me nel bene. Senza dover sottostare a delle lotte o a delle esitazioni, subito si decise e si unì a me. Immediatamente ci rechiamo da mia madre, a darle la buona notizia.

Le raccontiamo come ciò era avvenuto.

Esulta. Trionfa. Ti benedice. Ti ringrazia. Perché tu concedi più di quanto ti chiediamo, e hai il potere di fare molto più di quanto possiamo domandare o pensare.

Aveva ottenuto da te più di quello che sperava, fiduciosa nei gemiti e nelle lacrime di una madre.

Eccomi rivolto completamente a te; svanito ogni altro desiderio, né moglie, né altre aspirazioni mondane. Mi aveva finalmente accanto a lei su quel "regolo della fede", come gli fu rivelato molti anni prima.

E il lutto divenne gaudio immenso, ancor più godibile e casto di quello che avrebbe potuto avere dai nipoti che io gli avrei generato.

TE DEV LAV DAM
TED OMINV CO FIEM
ADI PRIMO DAPRILE MILLE CCCC LXIIII

LIBRO NONO

SOMMARIO.

Finalmente Agostino ha trovato la sua pace. Dio lo ha raggiunto, Agostino si è fatto raggiungere e può goderlo con il cuore gonfio di gioia.

Decide di dimettersi dall'insegnamento, ma senza chiasso; la lesione polmonare ne è la motivazione sufficiente. Si ritira a Cassiciaco, nella Brianza, nella villa di Verecondo, dove, con gli amici più cari, la madre e il figlio Adeodato, si prepara al battesimo, lavorando, pregando, studiando e discutendo sui massimi problemi di filosofia: la verità, la felicità, l'ordine.

Ritorna a Milano, segue la catechesi di Ambrogio, e viene battezzato, insieme al figlio e ad Alipio, la notte del Sabato santo 24/25 aprile del 387.

La comitiva decide di ripartire per l'Africa; nella sosta ad Ostia Tiberina, in attesa della nave, Monica si ammala e muore a 56 anni nell'autunno del 387.

Agostino, volendo ricordarla, scrive di lei ciò che di più bello un figlio può scrivere di sua madre. Poco prima della morte, Monica ed Agostino, madre e figlio, godono insieme il momento sublime dell'estasi; è la premessa della gioia del Paradiso.

Il libro IX si chiude con l'invito a pregare per Monica e suo marito.

1. Ringraziamento a Dio salvatore

1. 1. *"O Signore, io sono tuo servo, io sono tuo servo e figlio della tua ancella. Hai spezzato le mie catene. A te offrirò sacrifici di lode"* *(Sal 115, 16 e ss.)*.

"Di questo gioisce il mio cuore, esulta la mia anima" *(Sal 15, 9; 44, 2.)*.

Ti lodi la mia lingua e tutte le mie ossa dicano: *"Chi è come te, o Signore?"* *(Sal 34, 10)*. Rispondi e dimmi: *"Sono io la tua salvezza"* *(Sal 34, 3)*. E io chi sono? In quale stato ero ridotto!

Quanta malizia nelle mie azioni, e se non nelle mie azioni, nelle mie parole, e se non nelle mie parole, nella mia volontà.

"Ma tu, Signore, buono e misericordioso" *(Sal 102, 8. Es 34, 6)*, con la tua destra hai scandagliato le profondità del mio abisso, e hai risucchiato ed espurgato da dentro il mio animo, tutto quel marciume di iniquità. E ciò avvenne, finalmente, quando mi decisi a non volere più quello che volevo io, ma quello che volevi tu. *"Padre, sia non come voglio io, ma come vuoi tu"* *(Mt 26, 39; Mc 14, 36)*.

Dopo tanti anni vissuti con una volontà indecisa ed esitante, all'improvviso tu hai convinto il mio libero volere ad uscir fuori da quel fango profondo e tenebroso, e a sottomettersi docile al tuo giogo e prendere sulle sue spalle il carico tuo leggero: *"Il mio giogo è dolce e il mio carico leggero"* *(Mt 11, 30)*, o Signore Gesù, *"mia rupe e mio redentore"* *(Sal 18,15)*. Quale soavità inondò subito la mia anima dopo essermi liberato dal laccio di quelle frivolezze;

il timore di perderle, ora si era mutato nella gioia per averle perdute.

Tu le traevi fuori di me, o vera e somma dolcezza, le traevi fuori, e al loro posto entravi tu, assai più dolce di tutti quelli insani piaceri, non più secondo la carne e il sangue. Tu sei per me più luminoso di ogni altra luce, più intimo di qualsiasi altro segreto, più sublime di ogni altro onore, ma non per coloro che si credono sublimi.

Ero ormai libero dai tormenti assillanti dell'ambizione, della camera, della ricchezza, dei piaceri; libero dallo stimolo insaziabile della libidine. E garrivo a te, gioivo, cantavo, mia gloria, mia ricchezza, mia salvezza, o Signore, Dio mio.

2. Decide di lasciare l'insegnamento

2. 2. Ormai nella tua luce, decisi, con vero sollievo, di lasciare l'insegnamento. Non subito, però, e senza clamore. Non volevo che la mia lingua seguitasse a vendere chiacchiere, e che gli alunni, invece di meditare la tua legge e cercare la tua pace, apprendessero da me l'arte del mentire, e ciò che avevano ascoltato dalla mia bocca divenisse come un'arma per combattere con furore le battaglie del foro.

Per fortuna mancavano pochi giorni alle ferie vendemmiali. Pertanto decisi di aspettare la fine dell'anno scolastico. Allora mi sarei congedato ufficialmente, e ormai "comprato" da te non sarei più tornato a "vendermi", con le chiacchiere del mio insegnamento.

Tu solo conoscevi questo nostro proposito e gli amici più intimi; agli altri non dicemmo nulla. *"Passando dalla valle del pianto, avevamo deciso nel nostro cuore il santo viaggio" (Sal 83, 6 e ss.)*; "*ascendendo cantavamo i salmi graduali*"[1].

Ci avevi fornito *"frecce acute e carboni di ginepro contro lingue ingannatrici" (Sal 119,3 e ss.)*, che volevano contrastare il nostro cammino, con buoni consigli, e pian piano ingoiarci "per amore" come si usa fare con il cibo.

- 3. Avevi trafitto il mio cuore col dardo del tuo amore, e le tue parole si erano conficcate nelle mie viscere *(cfr. Sal 10 (11),3)*.

Gli esempi dei tuoi servi che, da oscuri mortali, avevi reso splendenti di santità, e da morti avevi introdotto nella vita immortale, infiammavano i miei pensieri e scuotevano il mio torpore, perché non tornassi a ripiegarmi su me stesso.

Ero così "acceso", che ogni soffio che tentava di spegnermi, alimentava sempre più la fiamma che ardeva in me.

Sì, a gloria del tuo nome, "santo su tutta la terra" *(cfr. Ez 36,23)*, molti avrebbero lodato il mio proposito. Tuttavia, lasciare l'insegnamento prima della scadenza normale avrebbe suscitato rumore e curiosità

---

[1] Agostino qui allude al salmo 53, 6: la valle del pianto è la nostra vita mortale. Si parla di salmi "graduali" (dal salmo 119al 133), cioè i salmi dei gradini che si salivano, cantando, per giungere al tempio di Gerusalemme.

nella città, e poteva sembrare che lo facessi per apparire grande, per acquistare una certa notorietà.

A che scopo quindi dare motivo di congetture, di discussioni? *"Non divenga motivo di biasimo* - dice l'apostolo - *il bene di cui godete!" (Rm 14,16)*.

Una lesione polmonare

- 4. Durante quell'estate, inoltre, i miei polmoni avevano risentito dell'eccessivo lavoro scolastico. Respiravo a fatica e parlare a scuola mi dava dolori al petto.

In un primo tempo ero preoccupato di dover lasciare l'insegnamento per un periodo di cure, necessario per riprendere le forze. Ma quando fui fermamente deciso di dedicarmi a te, per considerare che *"tu solo sei il Signore" (Sal 45,11)*, allora, come tu ben conosci, fu per me motivo di sollievo aver trovato una valida ragione, che non avrebbe creato malintesi e dispiaceri presso le famiglie degli alunni.

Non potevo rinunciare alla mia "libertà" per attendere all'educazione dei loro "liberi", cioè i figli.

Sopportai, quindi, con trepida gioia, e pazienza, il peso di quei venti giorni di scuola che dovevo sostenere prima dell'inizio delle vacanze.

Fu veramente un peso, anche perché adesso non era più alleggerito, come prima, dalla prospettiva del guadagno che ricavavo dal mio insegnamento.

Qualcuno dei tuoi fedeli, miei fratelli, forse dirà che ho peccato a rimanere in cattedra, a vendere menzogne, anche solo un'ora in più dopo essermi convertito e consacrato al tuo servizio.

Non discuto. Ma tu, o Signore, ricco di misericordia, avrai perdonato e lavato anche questo peccato, insieme a tutti gli altri misfatti, nell'acqua rigeneratrice del Santo Battesimo.

3. Conversione di Verecondo e Nebridio

3. 5. Verecondo, il quale aveva messo a nostra disposizione la sua villa di campagna Cassiciaco, moriva d'invidia per non poter venire con noi, trattenuto da impegni. Non era ancora cristiano. Aveva però una moglie cristiana.

Paradossalmente era proprio lei che rallentava la sua conversione, poiché lui diceva che voleva diventare cristiano come noi, cioè libero da ogni altro legame, anche quello della moglie.

Però ci concesse piena disponibilità nella sua villa di Cassiciaco, per tutto il tempo che ci occorreva, nell'attesa del battesimo.

E tu, o Signore, lo ricompensasti largamente.

"Sarai beato perché non hanno da ricambiarti.

Riceverai, infatti, la tua ricompensa, alla resurrezione dei giusti" (Lc 14,14).

Gli concedesti presto questa ricompensa, "nel possesso dei giusti". Verecondo, infatti, mentre noi eravamo a Roma, in attesa di imbarcarci per l'Africa, si ammalò, chiese il battesimo e da buon fedele partì da questo mondo nella tua pace.

Hai usato misericordia non solo a lui, ma anche a noi; sarebbe stata per noi un'indicibile sofferenza il non saperlo aggregato al tuo gregge, dopo tanta umanità che ci aveva dimostrato e i favori che ci aveva concesso.

"Grazie a te, o Signore, nostro Dio" (Lc 18,11).

Noi siamo tuoi. Lo dimostrano le tue esortazioni e le tue consolazioni: fedele alle tue promesse hai concesso a Verecondo l'amena pace del tuo paradiso, un giardino sempre verde e sempre in fiore.

Gli hai rimesso i peccati commessi qui sulla terra e lo hai trasportato sul tuo monte, pingue, ubertoso: *"Monte di Dio, il monte di Basan, monte dalle atte cime, il monte di Basan" (Sal 67,16)*.

Egli aveva concesso a noi di godere della sua casa di campagna, in serena tranquillità, lontano dalle "calure" mondane.

- 6. Dunque, mentre Verecondo invidiava il nostro proposito, Nebridio ne era entusiasta. Era ancora manicheo, però; purtroppo persisteva in quel funestissimo errore. Non riusciva a comprendere come sotto le apparenze del pane fosse presente la carne del tuo Figlio.

Ma già si stava avviando all'uscita da quella setta.

Non era iniziato a nessuno dei sacramenti della tua Chiesa, ma seguitava a ricercare con passione la verità.

Infatti, non molto tempo dopo il nostro battesimo, anche Nebridio si fece cristiano.

Tornato in Africa si dedicò al tuo servizio, o Signore, e si adoperò per convertire a te tutti i suoi familiari. Dopo alcuni anni lo chiamasti a te. Visse sempre in perfetta carità e continenza. Ora il mio Nebridio, il mio dolce amico Nebridio, vive lassù, nel "seno di Abramo".

Qualunque cosa voglia significare "il seno di Abramo", egli vive lassù, una volta divenuto tuo figlio.

Lassù, in quel luogo del quale mi chiedeva spesso spiegazioni. Spiegazioni a me, che ne sapevo meno di lui.

Ora non ha più bisogno di ascoltare le mie parole, di porre le sue orecchie vicino alla mia bocca, perché attinge direttamente alla tua fonte, e la sua bocca può bere quanto vuole, e saziarsi delle tue parole di sapienza. Il mio Nebridio ormai vive eternamente felice e beato.

Tuttavia non credo possa inebriarsi tanto da dimenticarsi di me, poiché tu, o Signore, che lo disseti, *"nella nostra umiliazione ti ricordi di noi, perché eterna è la tua misericordia" (Sal 135,23)*.

Ci trovavamo quindi in questa situazione: da un lato consolavamo Verecondo, rattristato per quella nostra decisione, pur rimanendo nostro intimo amico, e lo esortavamo a rimanere fedele al suo stato coniugale; dall'altro lato aspettavamo Nebridio perché ci seguisse.

Era già prossimo alla conversione, e sembrava fosse deciso a venire con noi. Finalmente passarono quei giorni di attesa.

Mi parvero lunghi e molti; era grande l'amore per la libertà che non vedevo l'ora di poter cantare, in tutta tranquillità, con tutto lo slancio delle mie fibre:

"Di te ha detto il mio cuore: cercate il suo volto; il tuo volto, Signore, io cerco" (*Sal 26,8*).

4. A Cassiciaco – L'amore dei Salmi

4. 7. E venne il giorno in cui potei liberarmi dall'insegnamento, come già avevo stabilito di fare.

Di fatto già mi sentivo di essere interiormente libero.

Così, dopo il mio cuore, anche la lingua sottraesti da quella attività, perché ti potesse lodare, o Signore, lassù, a Cassiciaco, insieme a tutti i miei cari[2]. Anche lì, a Cassiciaco, svolsi attività letteraria, messa ormai a tuo servizio, benché risentisse ancora di una certa orgogliosa erudizione, specie nelle accalorate dispute che si svolgevano tra noi.

Ne fanno testimonianza i libri che ho scritto lì, cioè i "Tre libri dei dialoghi" avuti con i miei amici: - *Contro gli accademici* - *La Vita beata* - *L'Ordine* - o quelli avuti con me stesso davanti a te: *"I Soliloqui"*.

---

[2] Con Agostino, andarono a Cassiciaco la madre Monica, il fratello Navigio, i discepoli e concittadini Licenzio, figlio di Romaniano, e Trigezio; inoltre Lastidiano e Rustico, suoi cugini, il figlio Adeodato e Alipio.

Le discussioni avute con Nebridio, assente, sono documentate nel mio epistolario.

Non so se avrò tempo per mettere in iscritto tutti i benefici da te ottenuti in quel periodo. Mi preme di più raccontare quelli ancora maggiori.

Mi ricordo, infatti, e mi è dolce il farlo, confessare a te, o Signore, come sei riuscito a domarmi, con l'incessante tuo pungolo, infisso ne! mio intimo; e come mi hai reso umile, spianando i monti e i colli della mia superbia: rendendo dritte le vie tortuose, hai spianato sul mio cammino luoghi impervi e sentieri spinosi.

"Ogni monte e colle sia abbassato, i passi tortuosi siano dritti, i luoghi impervi spianati" *(Is 40,4; Lc 3,4s)*.

Ricordo ancora come sei riuscito a convincere Alipio, fratello del mio cuore, ad accettare il nome "salvatore", nome proprio del tuo unigenito figlio, nostro salvatore, Gesù Cristo.

Prima infatti non voleva che fosse usato nei nostri scritti[3].

Alipio, quindi, preferiva che i nostri scritti "profumassero" della cultura dei grandi nomi, degli alti "cedri", invece della pudica e mite fragranza delle "erbe" ecclesiastiche, che servono anche a difender-

[3] Alipio, per scrupolo letterario, non voleva usare la parola *salvator*, riferito a Gesù, traduzione del termine greco *sotèr*, che invece la classicità attribuiva a Zeus. Il latino classico non ha la parola *salvator* ma *servator, conservator*. Solo più tardi, ci dice Agostino, la latinità accolse il vocabolo salvator.

ci dai "serpenti". *"Il tuono del Signore schianta i cedri, il Signore schianta i cedri del Libano"* (Sal 28,5).

- 8. Quali voci di gioia, mio Dio, non elevai a te leggendo i salmi di David, canti di fede, gemiti di pietà, insieme ad Alipio e a mia madre, stretta al nostro fianco, *"mulieri habitu - virili fide - anili securitate - materna cantate - Christiana pietate!"* - femminile nel portamento - virile nella fede - matura nella sicurezza - materna nell'amore - cristiana nella preghiera.

Io e Alipio, ancora catecumeni, nel quieto silenzio della villa, stavamo sperimentando e assorbendo le primizie del tuo amore.

Cantavo a piena voce e prendevo fuoco, e avrei voluto che tutto il mondo prendesse fuoco nel cantarli, *"e nessuno sfuggisse al suo calore"* (Sal 8,7).

Ero preso da grande dolore e forte indignazione contro i manichei; tuttavia provavo pietà per loro: stolti, non conoscevano i tuoi sacramenti, medicina efficace che avrebbe risanato le loro piaghe, anzi si scagliavano contro la dottrina cattolica.

Avrei voluto che mi fossero vicini in quei momenti, senza però farsi vedere da me, e contemplassero la mia faccia, ascoltassero la mia voce mentre leggevo il salmo 4, nella quiete del corpo e dello spirito, e comprendessero cosa volevano dire quelle parole per me: *"Quando ti ho invocato mi hai risposto, o Dio, mia giustizia, dalle angosce mi hai liberato.*

Pietà di me, o Signore, ascolta la mia preghiera" *(Sal 4,2).*

Avrei voluto, ho detto, che mi ascoltassero senza che io lo sapessi, altrimenti avrebbero potuto intendere che le parole che io intercalavo alle parole del salmo, le dicevo per loro; erano espressioni dei sentimenti del mio animo.

Certamente, non l'avrei dette o l'avrei dette in altro modo se mi fossi accorto che stavano guardando e ascoltando.

In ogni modo non avrebbero potuto capire il significato di quelle parole che io dicevo tra me e per me.

Riflessione sul salmo quarto

- 9. Timore e tremore mi invasero, sperando ed esultando *"nella tua misericordia, o Padre" (Sal 30,7 e ss.)*. E tutti questi sentimenti si manifestavano nel suono della mia voce e nel fulgore dei miei occhi.

Ascoltavo le parole che "il tuo spirito buono" rivolge a noi: *"fino a quando, o uomini, sarete duri di cuore? Perché amate cose vane e cercate la menzogna?" (Sal 4,3).*

Io, infatti, avevo amato cose vane e cercato la menzogna.

Tu, o Signore, avevi reso glorioso il tuo Santo, *"quando lo risuscitasti dai morti e lo facesti sedere alla tua destra" (Ef 1,20)*, perché inviasse dall'alto, secondo la tua promessa, *"un altro consolatore, lo Spirito Paraclito, Spirito di verità, che il mondo non può conoscere"* (Gv 14,16 e ss.). Ed egli l'aveva già inviato, come narrano gli "Atti" (cfr. At 2,1-4). Eppure io non lo sapevo. Lo aveva mandato dopo essere stato glorificato "risorgendo dai morti", e dopo essere asceso al cielo. Prima, infatti, "lo Spirito" non era stato inviato, perché Gesù non era stato ancora glorificato. E il salmista continua a gridare: *"Fino a quando sarete duri di cuore? Perché amate cose vane e cercate la menzogna? Sappiate che il Signore ha glorificato il suo Santo"* (Gv 7,39).

Grida: *"Fino a quando?"*, e ancora: *"Sappiate!"*.

E io, per tanto tempo ignaro di tale voce, *"ho amato cose vane e cercato la menzogna"*.

"Ho udito, e fremette il mio cuore" (Ab 3,16). Ho udito e ho tremato, poiché quelle parole mi ricordavano il triste mio passato.

Le verità alle quali credevo in quegli anni erano "cose vane e menzogna". Fantasmi.

Il loro ricordo adesso mi procurava dolore, e mi rimproveravo molte cose con forza e con asprezza.

Ascoltassero, magari, coloro che ancora amano cose vane e cercano la menzogna! Forse si offenderebbero, e rigetterebbero quelle parole.

Ma tu li esaudirai quando grideranno a te, perché *"è morto davvero in croce Colui che intercede per noi presso di te"* (Rm 8,34).

- 10. Seguitavo a leggere:

"Adiratevi, ma non vogliate peccare" (Sal 4,5).

Queste parole mi turbavano, o Signore Dio mio.

Ero inquieto, infatti, con me stesso per il mio passato e per il timore di tornare a peccare in avvenire. E giustamente mi arrabbiavo, perché non era un'altra natura tenebrosa fuori dalla mia a peccare, come affermano coloro che non si arrabbiano, ma accumulano *"collera su di sé per il giorno dell'ira e della rivelazione del giusto giudizio di Dio" (Rm 2,5)*.

I miei beni non erano più fuori di me, né andavano più ricercati sotto il sole con gli occhi del corpo.

Coloro che cercano la felicità fuori di se stessi, la cercano invano, e si attaccano alle cose visibili, a ciò che è temporale, passeggero, e la loro fantasia famelica ne gusta solo le apparenze.

Meglio, se spinti dalla fame, essi dicessero: *"Chi ci farà vedere il bene?" (Sal 4,6)*. Diciamoglielo noi, e ci ascoltino: *"Risplenda su di loro, Signore, la luce del tuo volto" (Sal 4,7)*.

Non siamo noi quella luce che *"illumina ogni uomo"*, ma veniamo illuminati da te, perché *"come fummo una volta tenebre, ora siamo luce in te" (Ef 5,8)*.

Oh se vedessero l'eterno nel loro interno!

Io già avevo gustato "quanto buono è il Signore". Fremevo perché non riuscivo a mostrarglielo.

Portassero a me il loro cuore che adesso hanno sugli occhi, lontano da te, intento solo alle cose visibili, e mi chiedessero: *"Chi ci farà vedere il bene?"*. Io risponderei: è là, dove inquieto mi ero ritirato, nell'intimità della mia stanza: *"sul vostro giaciglio riflettete e placatevi" (Sal 4,5)*.

Là dove avevo sacrificato "l'uomo vecchio" e iniziato il cammino nuovo, aiutato da te e sperando in te.

Là avevo cominciato a gustare le tue dolcezze, *"e tu infondesti gioia nel mio cuore" (Sal 4,7)*.

Mi uscivano esclamazioni di gioia leggendo queste parole, mentre le andavo meditando nel mio cuore.

Non volevo perdermi dietro l'attrattiva dei beni terreni, divorando il tempo mentre il tempo "divorava" me.

Avevo, nel semplice possesso dell'eterno, ben altro alimento: *"Hai messo più gioia nel mio cuore, di quando abbondano vino e frumento" (Sal 4,8)*.

- 11. E un forte grido di esclamazione mi usciva dal cuore leggendo il versetto seguente del salmo: *"Oh sì, nella pace! Sì, proprio in lui* - beato chi lo ha detto! - *in lui! In pace mi corico e mi addormento!"(Sal 4,9)*. Chi potrà mai resisterci quando si compirà la parola che è stata scritta: *"La morte è stata ingoiata dalla vittoria"*?*(1Cor 15,54)*. E tu sei proprio quell'essere che non cambia. In te si riposa, in te scompare ogni affanno, nessun altro è con te, né dobbiamo desiderare altre cose, perché tu sei tutto. *"Tu solo al sicuro mi fai riposare, o Signore" (Sal 4,9)*. Leggevo e ardevo di santo zelo per loro, i manichei, non sapevo come farmi sentire da quei sordi, giacenti nella morte; anch'io ero stato uno di loro, una peste, un acido e cieco contestatore delle tue

Sacre Scritture. Oggi le trovo *"più dolci del miele per la mia bocca, e splendenti nel fulgore della tua luce"* (cfr. Sal 118;113 e 115). *"Detesto i nemici delle tue Sacre Scritture"* (Sal 138,21). Mi struggevo di amore per loro perché si ravvedessero.

Improvvisa guarigione da un mal di denti

- 12. Quando mi sarà possibile raccontare tutto quello che avvenne in quei giorni di ferie? Non l'ho dimenticato.

E non posso tralasciare di raccontare la dura prova che mi mandasti, e l'infinita misericordia con cui mi soccorresti.

Mi aveva preso un forte dolor di denti che non riuscivo neanche a parlare. Allora mi venne spontaneo invitare tutti i miei amici a pregare per me "il Dio di ogni salvezza".

Scrissi su una tavoletta di cera il mio invito.

Ci mettemmo in ginocchio e pregammo fervorosamente; il mal di denti scomparve del tutto.

Non sentivo più alcun dolore. Mi dicevo: Ma quale dolore? Dov'è? La sua scomparsa repentina mi impressionò, lo confesso, *"O Signore mio, Dio mio"* (Ger 32,25).

Da quando ero nato non mi era capitato mai nulla di simile. Lo ritenemmo tutti un miracolo.

Godevo di tanta fede, magnificavo il tuo nome, commosso di riconoscenza per questo segno di bontà, un vero attestato di amore per me.

Ma questa fede non riusciva a rendermi tranquillo ogni volta che riandavo col pensiero ai peccati commessi, e che ancora non erano stati rimessi col battesimo.

5. Si licenzia dalla scuola

5. 13. Al termine delle vacanze vendemmiali avvertii i milanesi di provvedersi di un altro professore.

Io non ero più in grado di esercitare quella professione per la difficoltà di respirare e per il mal di petto.

D'altronde, ormai, avevo scelto un'altra professione: quella di mettermi completamente al tuo servizio.

Con una lettera informai il tuo vescovo, il santo Ambrogio, dei miei errori passati, della mia intenzione presente, chiedendogli consigli su i libri che era più conveniente leggere, e dispormi a ricevere la tua grazia. Mi prescrisse la lettura del profeta Isaia, credo perché fra tutti i profeti è quello che preannuncia più chiaramente il Vangelo e la chiamata dei popoli pagani alla fede.

Veramente, appena iniziata la lettura, mi accorsi di capirci poco. Pertanto lo chiusi, in attesa di riaprirlo quando fossi diventato più esperto nella parola di Dio.

6. Ritorno a Milano - Il Battesimo

6. 14. Giunto il momento di dare il mio nome per il battesimo, lasciammo la campagna e facemmo ritorno a Milano.

Piacque ad Alipio di essere battezzato insieme a me. Aveva profonda umiltà, come si conviene a chi vuole ricevere i tuoi sacramenti.

Inoltre sapeva ben essere padrone del suo corpo, tanto da riuscire a camminare a piedi nudi sul suolo d'Italia, abbastanza rigido nel periodo invernale. Prendemmo anche Adeodato con noi, frutto del mio peccato.

Aveva quindici anni, ma superava in intelligenza molti e dotti personaggi. Riconosco i tuoi doni "Signore Dio mio, creatore di tutto", capace di "riformare" le nostre "deformità"; di mio, in quel ragazzo (Adeodato), non c'era che il peccato.

Tu ci avevi ispirato, e non altri, a istruirlo nella tua dottrina; devo riconoscere e confessare i tuoi doni. Abbiamo scritto un libro insieme, Adeodato ed io; è intitolato "Il maestro"[4]. È un colloquio tra me e lui. Tu sai che sono suoi tutti quei sentimenti e quelle parole che in quel libro vengono introdotte dall'interlocutore che dialoga con me. Adeodato aveva sedici anni.

Ho molte altre prove della sua straordinaria intel-

[4] Agostino compose Il dialogo Il maestro nel 389 a Tagaste, subito dopo il ritorno dall'Italia, sul tema dell'insegnamento della verità. Per il nostro autore, la verità non può essere comunicata da un insegnante esterno, ma dal maestro interiore, Cristo, che è la verità. Cristo "dentro insegna, fuori ammonisce".

ligenza. Era un vero “mostro d’ingegno”, che mi dava apprensione. E chi altri poteva essere, se non tu, l’autore di tali prodigi? Togliesti presto la sua vita dai pericoli di questa terra: e io adesso lo ricordo con più tranquillità; non ho da temere, infatti, né per la sua fanciullezza, né per la sua adolescenza, né per il resto della sua vita.

Lo associammo a noi, perché già maturo per ricevere la tua grazia; e lo preparammo ai tuoi misteri.

E fummo battezzati. E si dileguò da noi tutta l’inquietudine della vita passata.

Non mi stancavo in quei giorni di considerare, con indicibile dolcezza, il tuo altissimo piano di sal-

Milano: sant’Ambrogio battezza sant’Agostino

vezza, a beneficio di tutto il genere umano.

Quante lacrime ho versato sotto le volte della tua chiesa ascoltando il canto “degli inni e cantici spirituali”. Una commozione intensa mi invadeva al suono di quelle voci, così soavemente unite in uno slancio di fede e di amore.

Quelle voci confluivano nelle mie orecchie e filtravano nel mio cuore la verità.

Ardevo di amore, mi infervoravo pregando, mentre le lacrime scorrevano giù dagli occhi; mi infondevano serenità e somma pace.

7. Ambrogio autore degli inni e del canto

7. 15. Da non molto tempo la chiesa di Milano aveva introdotto questa pratica, consolante ed edificante, di cantare all’unisono, tutti i fedeli, con la voce e col cuore.

Era passato un anno o poco più da quando Giustina, reggente al posto del figlio Valentiniano, ancora minore di età per regnare, spinta dalla sua fede ariana e sostenuta dagli ariani, aveva cominciato a perseguitare il tuo servo Ambrogio, per il possesso di una chiesa che il vescovo non voleva cedere. La folla dei fedeli vigilava in continuazione in quella chiesa, insieme al vescovo Ambrogio.

Mia madre, la tua serva devota, era in prima fila, vigilava e pregava. Anche noi, benché ancora non ripieni del fervore del tuo Spirito, partecipavamo al turbamento e all’ansiosa attesa del popolo.

Così venne stabilito di cantare inni e salmi, secondo l'uso delle chiese orientali, perché il popolo non si tediasse nella lunga attesa.

Da allora in poi, questa usanza venne accolta da altre chiese, e oggi quasi dappertutto il gregge dei tuoi fedeli canta in quel modo.

Rinvenimento e traslazione dei corpi dei martiri Gervasio e Protasio

- 16. Proprio in quei giorni rivelasti in sogno al vescovo Ambrogio dove era il sepolcro dei martiri Gervasio e Protasio. Per tanti anni avevi tenuto nascosto questo tesoro. La sua scoperta capitò in un momento opportuno; infatti suscitò tanta rabbia "femminea", benché "regale", in Giustina. Venne aperto il sepolcro e trovati i cadaveri ancora intatti. Mentre venivano trasportati solennemente e con grande concorso di fedeli, nella chiesa ambrosiana, *"molti che erano tormentati da spiriti immondi venivano guariti" (Lc 6.18)*. Avvenne anche che un cittadino, conosciuto da tutta la città, cieco da molti anni, udendo l'esultanza della folla, chiedesse che cosa accadeva. Saputo il perché, balzò in piedi e si fece condurre vicino alla bara. Supplicò di poter toccare col fazzoletto l'urna che conteneva i corpi preziosi dei santi martiri. *"Preziosa agli occhi del Signore è la morte dei suoi fedeli" (Sal 115,15)*. Gli fu concesso. Appena applicò il fazzoletto sugli occhi istantaneamente riacquistò la vista.

Subito se ne diffuse la notizia, si elevarono ferventi lodi a te, nell'esultanza generale, e l'animo della nemica di Ambrogio, Giustina, se non venne scosso per una salutare conversione, tuttavia compresse il suo furore e depose la sua ira.

"Grazie a te, o Signore, Dio mio" (Lc 18,11).

Perché mi fai ricordare degli avvenimenti che avevo dimenticato da tempo? Per renderti grazie anche di questo.

"Venivamo inebriati dalla fragranza dei tuoi profumi" (Ct 1,3), anche se ancora non correvamo dietro a te. Perciò piangevo molto durante il canto degli inni che salivano a te: avevo sospirato tanto in passato; adesso finalmente respiravo quell'aria, quanta se ne può respirare in una casupola di campagna.

8. Presso Ostia Tiberina - Elogio della madre

8. 17. *"Tu che fai abitare in una stessa casa i cuori che bramano vivere uniti in un solo volere" (Sal 67,7)*, associasti alla nostra comitiva anche Evodio, un giovane nostro concittadino, che era addetto all'amministrazione statale.

Si era convertito prima di noi e, battezzato, era passato dal servizio allo Stato al tuo servizio.

Abitavamo insieme, e avevamo fatto il proposito di abitare insieme anche per l'avvenire.

In cerca di un luogo più adatto per meglio servirti, prendemmo la via del ritorno in Africa.

Mentre eravamo presso Ostia Tiberina, mia madre morì.

Tralascio di raccontare molte cose, perché mi preme andare avanti.

Accogli, o Signore Dio mio, la mia confessione e il mio grazie anche per quegli avvenimenti che son costretto a lasciare in silenzio.

Ma non tralascerò, o Signore, i pensieri che partorisce la mia anima al ricordo di quella tua serva, che mi generò con la carne a questa vita terrena, e col cuore alla vita eterna.

Non parlerò però dei doni suoi, ma dei doni che tu hai fatto a lei. Non si era, infatti, formata ed educata da sola.

Tu la creasti: né il padre e né la madre immaginavano quale figlia avrebbero avuto.

Venne ammaestrata nel santo timor di Dio dallo stesso tuo unico Figlio, Cristo Gesù.

Nacque, infatti, in una famiglia di credenti, attaccati e fedeli ai principi della tua santa Chiesa.

Più che le premure della madre per la sua educazione, mia madre soleva esaltare quelle di una fantesca decrepita.

Erano tanti anni che era al servizio della sua famiglia, e da ragazza aveva portato sulle spalle suo padre, come usano fare le ragazze più grandi con i bambini piccoli.

Aveva acquistato, pertanto, rispetto e fiducia dai padroni di quella casa cristiana.

Attendeva diligentemente all'educazione delle figliole, energica nel punire, all'occorrenza, con santa severità, sempre piena di buon senso nell'istruire. Ad esempio: non permetteva loro di bere fuori dell'ora dei pasti, nemmeno l'acqua, anche se morivano di sete. Lo faceva per prevenire brutte abitudini, e saggiamente diceva loro: "Adesso bevete l'acqua perché non disponete di vino.

Ma quando sarete sposate e diventerete le padrone della casa, di dispense e di cantine, allora l'acqua non vi sembrerà più buona, e verrà la voglia di attaccarvi al vino".

Con questo metodo frenava la loro gola, in quell'età vulnerabile, regolando già da allora l'esigenza di bere ad una giusta moderazione, perché non venissero poi tentate di superarne i limiti.

Santa Monica

Monica corretta dal vizio di bere

- 18. Tuttavia in mia madre si era insinuato il gusto del vino, come lei stessa mi ha raccontato.

Divenuta grandicella, i genitori la mandavano in cantina, ad attingere il vino; la consideravano e la vedevano in pratica una ragazza sobria.

Sennonché essa, dopo aver attinto il vino dalla botte, prima di versare la coppa nella bottiglia da portare a tavola, ne assaggiava un pochino, a fior di labbra.

Di più non poteva berlo perché le dava disgusto; e non era la golosità del vino che la spingeva, ma una certa ingenuità, quasi un gioco da fanciulli, un'esuberanza puerile. Penseranno poi gli anziani a reprimere nei giovani queste deviazioni.

Così, un sorsetto oggi, uno domani, finì per mandare giù coppette di vino buono.

Come è vero il detto biblico:

"Chi trascura le piccole cose, cade poi in quelle grandi" (Sir 19,1).

Dov'era la brava vecchietta con la sua severa educazione?

Ma quale medicina sarebbe stata capace di curare un vizio nascosto se non la tua mano, o Signore, che vigili sempre su di noi?

Assenti, in quei momenti, il padre, la madre, le nutrici, eri presente tu, nostro Creatore, che ci richiami, e ti preoccupi della nostra salvezza.

Donde traesti il rimedio, o Signore?

Ti servisti dell'insulto lanciato da un'altra persona, come un ferro acuminato, perché non divenisse cancrena quel vizietto nell'animo di mia madre. Fu una vera provvidenza. L'ancella, infatti, che accompagnava mia madre alla cantina, durante un litigio, come avviene, a tu per tu con la padroncina, le rinfacciò quel vizio di bere, chiamandola con un epiteto davvero offensivo: "Stai zitta tu, *meribibula*"! (ubriacona). Per la padroncina Monica fu come una frustrata sul viso. Invece di offendersi, riconobbe l'orrore di quel vizietto, e sull'istante lo condannò e se ne liberò. Le adulazioni degli amici spesso corrompono, mentre le offese dei nemici per lo più correggono. E tu li ricompensi non per quello che per mezzo loro tu hai compiuto, ma per quello che essi hanno avuto intenzione di compiere.

L'ancella ebbe l'intenzione, con la sua lite, di esacerbare l'animo della padroncina, non di guarirlo.

E scelse il momento giusto, il luogo e il tempo, per poter meglio litigare da sole, non viste e non udite. Forse lo fece anche per non correre pericolo, qualora i genitori di Monica fossero venuti a conoscenza del fatto che beveva: come mai non l'aveva mai rivelato a loro?

Ma tu, o Signore, reggitore del cielo e della terra, hai uno scopo nel rendere tortuosi i torrenti, e nell'ordinare il turbolento scorrere dei secoli; così mediante la stoltezza di un'anima ne hai risanata un'altra. Con questo vuoi insegnarci a non attribuire a noi, al potere delle nostre parole, il ravvedimento che avviene in un'altra persona.

9. Monica sposa e nuora

9. 19. Mia madre venne educata alla modestia e alla sobrietà, sottomessa piuttosto da te ai genitori che dai genitori a te.

Giunta in età matura per le nozze, fu consegnata a un marito che servì come padrone.

Si adoperò per guadagnarlo a te, parlandogli di te attraverso le virtù di cui la facevi bella, e con cui le meritavi il suo affetto, rispettoso e ammirato. Tollerò gli oltraggi al letto coniugale in modo tale da non avere il minimo litigio per essi col marito.

Aspettava la tua misericordia che scendendo su di lui gli desse insieme alla fede, la castità.

Mio padre era del resto un uomo singolarmente affettuoso, ma altrettanto facile all'ira.

Mia madre aveva imparato a non resistergli nei momenti di collera, né con atti, né con parole.

Aspettava invece il momento adatto, quando lo vedeva rasserenato e calmo, per fargli capire il proprio comportamento.

Altre matrone, invece, pur sposate a uomini più miti del suo, portavano i segni delle percosse ricevute, che addirittura ne sfiguravano la faccia, e pettegolando fra amiche deploravano il comportamento dei mariti.

Mia madre dava la colpa alla loro lingua, ammonendole, sia pure in modo scherzoso: "Ma non ricordate il contratto matrimoniale, che vi fu letto quando vi siete sposate? In forza di questo contratto voi siete diventate ancelle".

Le amiche, conoscendo quanto fosse furioso il marito che mia madre doveva sopportare, rimanevano meravigliate non avendola mai vista, litigare con lui e non avendo mai notato segni di percosse su di lei. Richiesta del perché e come facesse a convivere con quell'uomo, lei spiegava loro il metodo che usava, quello al quale ho accennato.

Le signore che le davano retta e lo mettevano in pratica, fattane l'esperienza, le erano grate; quelle, invece, che non le davano retta, peggio per loro, continuavano a subire le vessazioni del marito.

Rapporti di dolce amorevolezza

- 20. La suocera, in un primo tempo, non andava d'accordo con la nuora, per i sussurri e le malelingue delle ancelle di casa.

Mia madre, però, ben presto vinse l'avversione della suocera, col suo devoto rispetto e la perseveranza nella pazienza, mantenendosi sempre in un atteggiamento umile e dolce, tanto che alla fine la suocera stessa denunziò al figlio Patrizio le malelingue delle fantesche, che turbavano la pace domestica fra lei e la nuora, e ne chiese il meritato castigo.

E mio padre, obbediente alla madre, e geloso della concordia e della disciplina in famiglia, fece fustigare quelle pettegole che seminavano zizzania.

La suocera, da parte sua, minacciò altrettante frustate a quelle che avessero osato parlar male della nuora, credendo così di accaparrarsi il suo favore.

Nessuna ci provò più; così la suocera e la nuora

vissero in pace, in un rapporto così soave di reciproca benevolenza, che è bene ricordare.

Impegno di Monica per estinguere le inimicizie

- 21. A questa tua serva così devota, nel cui grembo mi creasti, *"O mio Dio, mia misericordia" (Sal 58,18; cfr. Sal 143,1 e ss.)*, avevi concesso un altro grande dono: se due persone stavano in lite fra loro, ella cercava, come poteva, di mettere pace.

Quando sentiva da un'amica scaricare invettive contro un'altra amica, come di solito avviene quando l'odio mal digerito si sfoga in acido colloquio con un'amica presente contro l'altra amica assente, mia madre non andava a riferire all'interessata quel fiume di parolacce che aveva ascoltato, ma solo quelle parole che potevano giovare a riconciliarle.

Giudicherei questa una virtù da poco, se una triste esperienza non mi avesse fatto conoscere una moltitudine di gente che, per un'abitudine assai contagiosa, va a riferire a nemici adirati non solo quello che hanno ascoltato dagli altri nemici altrettanto adirati, ma aggiungono parole non ascoltate, caricando così la dose dell'odio e dell'inimicizia.

Sarebbe così bello, invece, e costerebbe poco, astenersi dal suscitare e rinfocolare, con discorsi maliziosi, le inimicizie che possono sorgere fra gli uomini, mentre si potrebbero estinguere con discorsi buoni. Mia madre si comportava proprio così, istruita da te, suo intimo maestro alla scuola del cuore.

Monica serva di tutti

- 22. Alla fine ti guadagnò anche il marito, negli ultimi anni della sua vita. E una volta divenuto cristiano, mia madre non ebbe più a piangere i suoi comportamenti, sopportati prima, quando la grazia di Dio non gli aveva ancora toccato il cuore.

Mia madre, poi, era la serva dei tuoi servi.

Chiunque la conosceva, trovava in lei motivi per lodarti, onorarti, amarti sempre meglio.

Si avvertiva la tua presenza nel suo cuore dalla testimonianza dei frutti di una vita santa.

Era stata sposa di un solo uomo, aveva adempiuto ogni suo dovere verso i genitori, aveva governato con piena dedizione la propria famiglia, aveva la buona testimonianza delle buone opere compiute, aveva educato i figli partorendoli tante volte quante volte li vedeva allontanarsi da te.

Infine, a tutti noi, o Signore, che dopo il battesimo vivevamo insieme, già prima che lei si addormentasse nella morte, prodigò generosamente le sue cure materne, come fosse la madre di tutti, quasi fossimo tutti generati da lei, e nello stesso tempo ci serviva, quasi fosse la figlia di ognuno di noi.

10. *Apud Ostia Tiberina* - L'estasi di Ostia

10. 23. All'avvicinarsi del giorno in cui mia madre doveva lasciare questo mondo, avvenne, credo per tua benigna disposizione, che io e mia madre fossimo soli, appoggiati ad una finestra che guarda il giardino della casa dove eravamo ospitati.

Lontano dal frastuono delle folle, dopo la fatica di un lungo viaggio, ci stavamo riposando per intraprendere un altro viaggio.

"Colloquebamur soli valde dulciter".

Si parlava fra noi, soli, non disturbati da alcuno, con ineffabile dolcezza. "*Dimentichi delle cose passate, protesi verso quelle future*" *(Fil 3,13)*, stavamo investigando, alla presenza della Verità, che sei tu, quale sarebbe stata la vita futura dei Santi, quelle cose, cioè, che *"occhio non vide, né orecchio udì, né mai entrarono in cuore d'uomo" (1Cor 2,9)*. Aprivamo la bocca del nostro cuore all'onda fluente che scaturiva dalla tua fonte, sorgente di vita, quella vita che è in te. Volevamo inebriarci il più possibile, per riuscire a comprendere in qualche modo una realtà così sublime.

- 24. Quando il discorso ci condusse a contemplare questa realtà, dinanzi alla quale qualunque diletto dei sensi carnali, pur sotto la luce dell'attrattiva corporea, svanisce al suo confronto, e nemmeno vale la pena nominare, tanto è il gaudio di quella vita, sospinti sempre più in alto da un desiderio così ardente, percorremmo a gradi a gradi tutte le realtà terrene, lo stesso firmamento, da dove il sole, la luna, le stelle, irraggiano luce sulla terra.

E così, parlando e contemplando, e ammirando le tue opere, sempre più il nostro spirito s'innalzava.

Raggiungemmo le nostre menti, andammo oltre e

sconfinammo nell'immensa distesa dei tuoi prati ubertosi e sempre verdi, "*ove pasci il tuo popolo Israele*" *(Sal 79,2)* in eterno col pascolo della Verità, dove la Vita è Sapienza, la Sapienza che ha fatto tutte le cose che sono, quelle che furono e quelle che saranno, mentre essa non è stata creata, è sempre così, come fu, e come sarà in eterno.

Infatti, ciò che fu e ciò che sarà, non può dirsi eterno.

Parlando e anelando, riuscimmo a gustarla alquanto, nello slancio del cuore. E sospirammo, e lasciammo lì avvinte le primizie del nostro spirito[5], per ritornare al suono delle nostre voci, dove la parola ha inizio e fine. E quale parola può essere simile al tuo Verbo, Gesù nostro Signore, sempre lo stesso, che non conosce vecchiezza, e nel quale tutte le cose si rinnovano?

- 25. Dicevamo dunque: se cessasse il frastuono che è in noi, scomparissero le immagini della terra, delle acque, dell'aria, facessero silenzio i cieli, e l'anima stessa tacesse e non pensasse più a se stessa, e trasvolasse fuori di sé; se svanissero i sogni, tutte le fantasie illusorie, se tacesse - ogni lingua, ogni rumore, e tutto ciò che è transitorio in questo

---

[5] Le primizie dello spirito, che per san Paolo sono i doni fatti ai cristiani dallo Spirito: la grazia, la fede, la carità ecc., per Agostino, interpretando liberamente il testo paolino, le primizie dello spirito è la parte più elevata dell'anima, che si unisce nella contemplazione a Dio-Verità.

mondo, se si ascoltassero tutte queste voci, esse ci direbbero: *"Non ci siamo fatte da noi, ci ha fatto Colui che rimane in eterno" (Sal 32,11)*; dunque, se tutte queste voci tacessero, dal momento che le loro orecchie sono rivolte a colui che le ha create, e ci parlasse solo lui, non attraverso le cose create, ma proprio lui, e ascoltassimo la sua voce, non da una lingua corporea, né dalla voce di un angelo, né dal rumore del tuono, "non in maniera confusa", sotto forma di parabole, ma ci parlasse proprio lui, che noi amiamo in queste cose create; lui, al quale eravamo protesi, e che, con un rapido volo dell'anima, in quel momento riuscimmo a raggiungere, lui: eterna

Sant'Agostino arriva ad Ostia

Sapienza, che è al di sopra di ogni altra cosa creata; se, dunque, questo istante fosse continuato e fossero scomparse tutte le altre immagini caduche, e noi fossimo stati rapiti e assorbiti in questo gaudio immenso, mentre eravamo assorti in quella contemplazione, non potrebbe dirsi questa: "vita sempiterna", quella alla quale sospiriamo, quella che apparve a noi in quel momento luminoso della nostra intelligenza?

E non è questo quel gaudio immenso che proveremo quando sentiremo dirci: *"Entra nel gaudio del tuo Signore?"* (Mt 25,21).

E quando avverrà questo? Non forse quando: *"tutti risorgeremo, ma non tutti saremo trasformati?"* (1Cor 15,51).

- 26. Dicevo queste cose, sebbene non in questa forma, né con queste parole. Tuttavia, *"tu lo sai, Signore"* (Tb 8,9; Gv 21,15 e ss.), il giorno in cui avvenne questo colloquio mia madre disse:

"Figlio mio, per quanto mi riguarda, questa vita non ha ormai alcuna attrattiva per me. Cosa faccio ancora quaggiù e perché resti qui non lo so. Una cosa sola mi faceva desiderare di vivere: il vederti cristiano cattolico prima di morire. Il Signore mi ha concesso molto di più: non solo cristiano, ma ti vedo disprezzare la vanità terrene per dedicarti al suo servizio. Allora, sai dirmi cosa sto a fare qui?".

11. La morte di Monica

11. 27. Non ricordo bene cosa risposi a tale domanda. Dopo cinque giorni da quel colloquio, mia madre si mise a letto con la febbre. Durante la malattia ebbe un collasso e perse i sensi. Noi accorremmo subito. Quando si riprese, guardando intorno e vedendo me e mio fratello, disse: "Dov'ero?". Quasi cercasse qualcosa. Poi, intuendo la nostra tristezza e la nostra preoccupazione, soggiunse: "Seppellirete qui vostra madre". Io rimasi in silenzio e cercavo di frenare le lacrime. Mio fratello, invece, disse qualcosa per esprimere il desiderio che morisse in patria e non così lontano. Ella, all'udire queste parole, con volto severo lo fissò negli occhi, quasi volesse disapprovare quello che diceva. Poi, rivolta a me, disse: "Senti cosa dice! Ho detto: seppellirete qui vostra madre. Non vi prendete pena. Vi chiedo soltanto di ricordarvi di me davanti all'altare del Signore, ovunque sarete". Espressa così la sua volontà con queste parole, tacque. Nel mentre il male si aggravava e la faceva soffrire.

- 28. Io, ripensando ai doni, "o Dio invisibile", che immetti nei cuori dei tuoi fedeli come un seme, dal quale poi provengono le messi ubertose, godevo e ti "rendevo grazie".

Sapevo e ricordavo quanta cura mia madre aveva profuso nel preparare il sepolcro per sé e per il marito.

Erano vissuti in intima unione dei cuori, così voleva che fosse dopo la morte.

Così è fatto l'animo umano, ancora debole e incapace di comprendere le realtà divine.

Mia madre aspirava a quest'altra soddisfazione: che le fosse concesso, dopo un lungo viaggio oltre mare, che un'unica terra ricoprisse le loro spoglie mortali, e che la gente, vedendo, ricordasse il loro grande amore.

Non so quando venne riempita *"della pienezza dei tuoi beni"* *(cfr. Sal 113,28)*, da farle allontanare dal cuore queste inutili vanità.

Veramente, nel nostro colloquio alla finestra, lì ad Ostia, non mi sembrò che desiderasse morire in patria, quando mi disse: "Cosa faccio ancora qui?".

Io gioivo ed ero ammirato per quanto era avvenuto in lei.

Già un'altra volta, sempre lì ad Ostia, parlando ella con degli amici miei, mentre io ero assente, del disprezzo della vita presente e del bene della morte, soggiunse: "Non siamo mai lontani da Dio; e certo non è da temere che il Signore non sappia dove stia il nostro corpo, per risuscitarlo nell'ultimo giorno".

Così diceva perché gli avevano posto la domanda se non la preoccupasse morire lontano da casa.

Tutti rimasero ammirati della virtù di questa donna.

Ed ecco: al nono giorno della malattia, a cinquantasei anni di età, mentre io ne avevo trentatré, quell'anima religiosa e pia fu liberata dal corpo.

12. Lo svolgimento delle esequie

12. 29. Le chiudevo gli occhi, e una tristezza immensa mi invadeva l'animo. Le lacrime fremevano dentro e affluivano agli occhi, ma con infinito sforzo le ricacciavo giù, fino a seccarne la fonte.

Questo contrastare le lacrime mi faceva molto soffrire.

Quando ella esalò l'ultimo respiro, Adeodato scoppiò in pianto. Tutti noi gli dicemmo di calmarsi.

Anche io avrei voluto piangere come un bambino, ma venivo trattenuto dalla voce del cuore, fatta ormai adulta.

Non era decoroso piangere e gemere dinanzi a quella morte, come sogliono fare coloro che non hanno speranza.

La morte di mia madre non era una sciagura, e in verità non era morta del tutto.

Ce ne davano certezza i suoi costumi illibati, *"una buona coscienza e una fede sincera"* *(1Tm 1,5)*.

- 30. Eppure, cos'era che mi rendeva triste e addolorato se non l'essere privo della sua presenza, di non poter più godere di quella dolcissima e carissima consuetudine del vivere insieme?

Mi confortavo della testimonianza che mi aveva dato proprio durante la sua ultima malattia, quando, tra una carezza e l'altra, mi chiamava buono, e con grande effusione di affetto ricordava di non aver mai udito dalla mia bocca una parola cattiva, o ascoltato un discorso ingiurioso.

Tuttavia, *"O Dio, tu che ci hai fatto"* *(cfr. Sal 99,3; Bar 4,7)*, che cos'è quello che io ho fatto per lei, come paragonare quel dovuto rispetto che gli avevo portato con tutte quelle premure, sofferenze, che lei aveva avuto per me? La mia anima adesso sanguinava, privata della sua presenza e del suo conforto, e la mia vita, un tutt'uno con la sua, ne rimaneva lacerata.

- 31. Represso il pianto di Adeodato, Evodio prese il salterio e cominciò a cantare. Ci unimmo tutti alla sua preghiera: *"Amore e giustizia voglio cantare a te, o Signore"* *(Sal 100,1)*. Venuti a cono-

Morte di santa Monica

scenza della morte di mia madre, molti fratelli e donne di fede cristiana vennero a pregare. E mentre gli incaricati, secondo le usanze, curavano e preparavano il cadavere per la sepoltura, io mi ritirai in disparte, in un luogo adatto, insieme ad alcuni amici che non volevano lasciarmi solo.

Mi intrattenni con loro a parlare di argomenti di circostanza, e il discorrere di queste verità mitigava il mio dolore. Tu solo conoscevi il mio intimo tormento, senza che apparisse a coloro che mi ascoltavano con attenzione, tanto da far loro supporre che io non soffrissi in quel momento.

Certo loro non potevano ascoltarmi; io, invece, in quei momenti, interiormente, mi rimproveravo quella debolezza di sentimenti, rivolto a te che mi ascoltavi. Reprimevo i fiotti di angoscia che mi salivano alla gola; si calmavano un poco, e poi riprendevano con maggior impeto, senza arrivare però a erompere in lacrime, e senza darne segni visibili sul volto.

Sapevo solo io quanto mi costava reprimere dentro di me tali sentimenti di angoscia. Provavo un gran disappunto nel sentirmi troppo soggetto a questi sentimenti umani per degli avvenimenti propri della nostra condizione di esseri mortali. Così questo dispiacere si univa al dolore che provavo, e venivo angustiato da una duplice tristezza.

- 32. Andai e tornai dal rito della sepoltura senza piangere. Non piansi nemmeno durante le preghiere che innalzammo a te, mentre veniva celebrato il sacrificio della messa in suo suffragio, lì presso il sepolcro, prima che venisse deposto il cadavere, secondo le usanze del luogo.

Per tutto quel giorno rimasi in una profonda tristezza, e ti pregavo con la mente sconvolta, come potevo, di liberarmi da quell'angoscia, ma non mi esaudivi.

Non mi liberasti, credo, perché imprimessi bene nella mia mente quanto sia forte il legame di qualsiasi abitudine, anche in quelle anime che si nutrono della tua parola.

Con questa prova volesti darmi un altro insegnamento. Mi sembrò bene andare a fare un bagno alle terme.

Avevo sentito dire che il nome "bagno" deriva dalla parola greca "*balanion*", che vuol dire "essere liberi dall'angoscia e dall'affanno". Confesso anche questo alla tua misericordia, *"O Padre degli orfani"* *(Sal 67,6)*. Andai a fare il bagno, ma dopo il bagno mi ritrovai come prima.

Dal mio cuore non era affatto trasudata l'amara tristezza che avevo. Poi andai a dormire. Quando mi svegliai mi sentii meglio, si era affievolito alquanto il mio dolore. Stando a letto mi vennero in mente i versi così veri del tuo servo Ambrogio:

"O Dio, creatore dell'universo,
che reggi il firmamento,
illumini il giorno di splendore,
e la notte con la grazia del riposo,
perché il sonno restituisca le forze

alle stanche membra,
doni sollievo alle menti,
e disperda dall'animo ansie e dolori".

(Ambrogio, Hymni 4,1-8)

- 33. Così, piano piano mi calmai e tornai a pensare alla tua ancella, alla sua pia e grande devozione verso di te e al suo comportamento, santamente benevolo e discreto, verso di noi.

Privato così presto di lei, piansi al "tuo cospetto".

Piansi mia madre, "quella madre", piansi per lei, ora morta, che tanto aveva pianto per me morto, perché ritornassi a vivere agli occhi tuoi.

Lasciai libero corso alle lacrime, che defluirono abbondanti sul mio giaciglio, ove finalmente il mio cuore trovò riposo.

E tu eri lì, ad ascoltare il mio pianto, non altri, che forse avrebbe biasimato quel mio comportamento.

Ecco: metto per iscritto, davanti a te, o Signore, queste mie confessioni. Chiunque può leggerle, se vuole. E se lo crede opportuno, le interpreti come vuole.

Se gli sembrerà che io abbia peccato, per aver pianto la morte di mia madre per alcuni minuti, "quella madre" che pianse molti anni perché io ritornassi a vivere agli occhi tuoi, non mi derida; piuttosto, spinto da grande carità, pianga anche lui davanti a te per i miei peccati, o Padre di tutti noi, fratelli del tuo Cristo.

13. Speranze e suppliche per la madre

13. 34. Ormai risanato nel cuore da quella ferita, causatami dalla morte di mia madre, nella quale poteva annidarsi alcunché di carnale affetto, effondevo innanzi a te, o nostro Dio, altre lacrime, ben diverse da quelle di allora, per quella tua serva devota. Lacrime e preghiere, che sgorgano spontanee alla considerazione che tutti siamo figli di Adamo, soggetti alla morte, ai pericoli e ai peccati della nostra natura umana.

Ti supplico, Signore, per i peccati di mia madre.

Certo mia madre, vivificata in Cristo, visse dando esempi di fede e di buoni costumi, in modo che in lei venisse lodato il tuo nome.

Tuttavia non oso affermare, che dopo essere stata rigenerata nel battesimo, non abbia commesso qualche peccato di lingua contro il suo prossimo e contro la tua legge.

Infatti, tuo Figlio, che è la verità, ha detto: *"Se uno dice al suo fratello "pazzo", sarà sottoposto al fuoco della Geenna"* *(Mt 5,22)*. E anche un uomo dalla vita intemerata deve temere, se nel giudicarlo tu non usi misericordia verso di lui. Ma, poiché non giudichi con severità le nostre colpe, abbiamo fiducia di avere un posto accanto a te dopo la morte. Se uno vuol presentare davanti a te i suoi meriti, che altro ti presenta se non i tuoi doni? Oh se gli uomini si ricordassero di essere uomini! *"Chi si vanta - pertanto - si vanti nel Signore"* *(1Cor 1,31; 2Cor 10,17)*.

- 35. Perciò, o Signore, *"mio canto" (Es 15,2; Sal 117,14)* e vita, *"o Dio, roccia del mio cuore" (Sal 72,26)*, lasciando da parte le sue buone opere, per le quali, con gioia, "ti rendo grazie", ora ti scongiuro per i peccati di mia madre.

Esaudiscimi per il sangue di Colui che morì in croce per noi, e che, *"sedendo alla tua destra intercede per noi" (Rm 8,34)*.

So che mia madre fu misericordiosa, che perdonò di cuore le offese ricevute. Pertanto anche tu rimetti a lei i suoi debiti, se per caso ne avesse contratti dopo il battesimo.

Ti prego: rimettili! Rimettili! *"Non entrare in giudizio con la tua serva" (Sal 142,2)*. *"La tua misericordia trionfi sempre sul giudizio" (Gc 2,13)*.

Le tue parole sono verità, e tu hai promesso "misericordia ai misericordiosi".

Fu opera della tua grazia se furono misericordiosi; e tu avrai misericordia di colui al quale usasti misericordia; userai misericordia a colui verso il quale fosti misericordioso.

- 36. Ma, io credo che tu già abbia fatto quello che ti chiedo. Ora, *"o Signore, gradisci le offerte delle mie labbra" (Sal 118,108)*. Vedi. Nell'imminenza della morte mia madre non si preoccupò della cura del suo corpo: non delle vesti, non degli aromi, non del sepolcro lussuoso, e nemmeno del sepolcro che aveva preparato in patria. Ci chiese soltanto di pregare per lei e di ricordarla dinanzi al tuo altare, come era solita fare lei tutti i giorni.

Era consapevole che su quell'altare viene immolata la vittima santa, pura, immacolata, *"che ha annullato il documento scritto del nostro debito e ha trionfato sul nostro nemico" (Col 2,14 e ss.)*, quel nemico che conta i nostri peccati e vuole accusarci. Ma *"in lui non trova alcuna colpa" (cfr. Gv 14,30; Lc 23,4; Gv 18,38)* e in lui siamo vincitori.

Come potremo restituirgli il sangue innocente che ha versato? Come restituire il "caro prezzo" col quale siamo stati comprati e riscattati dal maligno? Al mistero di questo "prezzo", pagato per il nostro riscatto, la tua serva legò la sua anima col vincolo della fede.

Nessuno osi sottrarla dalla tua protezione. Non intervenga con la forza o con l'inganno, *"il leone e il drago" (Sal 90,13)*.

E certamente lei non dirà di non avere alcun debito, per non essere contraddetta e rimanere in possesso del viscido accusatore; ma risponderà tranquilla che i suoi debiti sono stati rimessi da colui al quale nulla dobbiamo restituire, poiché egli ha saldato tutti i conti con noi.

Richiesta di suffragi per i genitori

- 37. Ora riposi in pace con il suo marito, del quale fu sposa fedele e che servì con ammirevole pazienza, gustando poi il frutto di tanta pazienza nel vederlo convertito a te prima di morire.

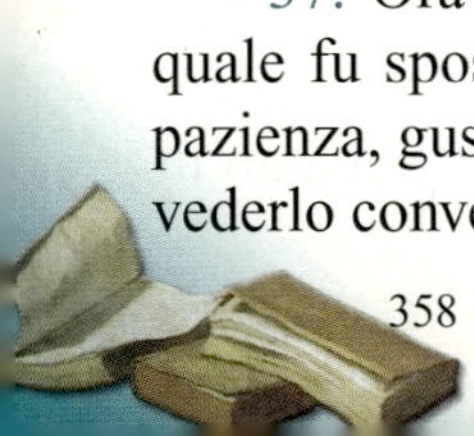

Ora, Signore, ispira i tuoi fedeli che adesso io, come sacerdote e vescovo, servo con la voce, con il cuore e con gli scritti, di ricordarsi dinanzi al tuo altare, quando leggeranno queste pagine, di Monica, tua serva fedele, e di Patrizio suo sposo; dalla loro carne mi hai tratto alla vita, in che modo io non lo so.

Si ricordino con devoto affetto di coloro che mi furono genitori in questa luce fugace del mondo, quindi mi furono fratelli nella fede, avendo te per padre e la Chiesa per madre, e saranno miei concittadini nella Gerusalemme celeste, a cui sospira il tuo popolo pellegrino da quando discese sulla terra fino al suo ritorno in patria.

Così la raccomandazione che mia madre ci rivolse prima di morire, di ricordarci cioè di lei dinanzi al tuo altare, verrà corroborata dalla preghiera di tutti coloro che leggeranno queste mie Confessioni.

E non sarò solo a pregare per lei.

LIBRO DECIMO

SOMMARIO.

I primi nove libri ci hanno informato sulla vita passata di Agostino. Con il libro X ha inizio la seconda parte delle Confessioni dove l'autore "confessa" il suo presente, cioè vuole scrivere sul cammino che sta facendo verso il suo Signore, ed invita i suoi futuri lettori ad unirsi a lui nella lode a Dio.

Poiché Dio è il garante della sua confessione, è necessario mettersi alla sua ricerca.

Ma dove si trova Dio perché si possa cercare?

Se si cerca una cosa, è perché l'abbiamo posseduta, poi perduta ed ora non ce la troviamo più, per questo la cerchiamo. La stessa cosa avviene per la ricerca di Dio. L'uomo cerca Dio, se lo cerca è perché l'ha posseduto, ma l'interesse per le cose materiali glielo ha nascosto, glielo ha fatto dimenticare. Rimuovere l'ostacolo è ritrovare Dio.

Ricercare la felicità è ricercare Dio.

Egli è presente nella memoria, che non è solo un contenitore di ricordi passati: cose, azioni, pensieri, nozioni, ma la facoltà più propria dell'uomo, dove l'uomo rivede, nella luce di Dio, la sua vita.

L'incontro con Dio però va preparato.

Agostino lo fa dedicando molti capitoli all'esame dei suoi cinque sensi (vista, udito, odorato, gusto, tatto), per vedere quali di essi lo infastidisce di più e gli impedisce di camminare più spedito verso Dio. I sensi che gli danno più da fare sono: la vista, l'udito e il tatto. Il fastidio maggiore però gli viene dalla vana curiosità e dalla superbia, inizio di ogni peccato.

La vera via per contenere lo straripamento dell'orgoglio è Cristo, umile, unico mediatore tra Dio e gli uomini.

1. Dio, unica nostra speranza

1. 1. Che io ti conosca, o mio Dio, conosca te che già mi conosci, che io ti conosca, *"come anch'io sono conosciuto"* *(1Cor 13,12)*. Forza della mia anima, entra in lei, falla tua prigioniera, rendila tuo possesso, *"senza macchia né ruga"* *(Ef 5,27)*. Questa è la mia speranza, perciò parlo, questa speranza è tutta la mia gioia, una gioia sana e sincera.

Si piange troppo sulle vicende di questa vita, quando sarebbe opportuno piangere di meno; e a volte si piange meno quando bisognerebbe piangere di più.

"Ecco, tu vuoi la sincerità del cuore" *(Sal 50,8)*, perché *"chi opera la verità viene alla luce"* *(Gv 3,21)*.

Così voglio che questa mia confessione sia fatta davanti a te nella verità del mio cuore, e davanti a molti testimoni attraverso questo mio scritto.

2. A Dio tutto è manifesto

2. 2. Agli occhi tuoi, o Signore, *"tutto è nitido e scoperto"* *(Ebr 4,13)*, perfino l'abisso della coscienza umana; può, quindi, esserti occulta qualcosa in me, anche se io non te lo confessassi? Potrei rendere occulta la tua presenza in me, ma non potrei mai rendermi occulto a te.

Ora però il mio gemito è testimone di quanto io dispiaccia a me stesso. Tu rifulgi su di me e mi doni diletto; io ti amo e ti desidero, e ho vergogna di me.

Rifiuto me stesso e scelgo te, e da ora in poi

voglio piacere a me e a te, vivendo sempre di te.

Ecco, io ti sono manifesto, o Signore, così come sono.

Già ho detto perché faccio questa confessione e quale frutto mi riprometto. Una confessione che faccio non a parole o con proclami; è la voce dell'anima che parla e il clamore della mente; solo tu puoi ascoltarla e comprenderla.

Se mi confesso quando sono cattivo, ti confesso il dispiacere che provo; se mi confesso quando sono devoto, riconosco che questa bontà non è merito mio.

Poiché tu, o Signore, *"benedici il giusto" (Sal 5,13)*, ma prima *"giustifichi l'empio" (Rm 4,5)*. Pertanto la mia confessione davanti a te, o mio Dio, è fatta in silenzio, ma anche a parole. È privata e pubblica. È privata perché tacciono le parole, ma è il cuore che grida.

Non dico nulla agli altri di vero, di onesto, se non quello che tu, prima hai ascoltato da me, e quello che tu ascolti da me è proprio quello che io, prima, ho ascoltato da te.

3. Confessa a Dio il passato e il presente

3. 3. Perché mi devo confessare agli uomini, quasi essi siano capaci *"di risanare tutte le mie infermità?" (Sal 102,3. Mt 4,23)*. Sono curiosi di conoscere la vita degli altri, ma inoperosi nel correggere la propria.

Vogliono ascoltare da me quello che io sono, ma non vogliono ascoltare da te quello che essi sono. E come fanno a sapere se dico il vero quando io parlo di me a me stesso?

"Chi conosce i segreti dell'uomo, se non lo spirito dell'uomo che è in lui?" (1Cor 2,11) Se ascoltano quello che tu dici di loro, non potranno dire: "il Signore mentisce".

Ascoltare te significa conoscere se stessi.

Chi si riconosce, ma poi dice: "ciò è falso", è lui che mentisce a se stesso. Ma poiché *"la carità tutto crede" (1Cor 13,4.7)*, in mezzo a costoro uniti tra loro da formare una cosa sola, io faccio la mia confessione a te, o Signore, perché ascoltino, anche se non posso dimostrare se quello che dico è vero. Ma essi mi crederanno, poiché la carità apre loro le orecchie per ascoltarmi.

- 4. E adesso, tu, medico della mia anima, spiegami quali frutti potrò ricavare da questa confessione.

Credo che confessare i peccati della mia vita passata, rimessi e perdonati e la gioia che ho provato nel vedere la mia anima rinnovata dalla fede e dai tuoi sacramenti, possa eccitare il cuore di chi legge e ascolta, perché non si addormenti nella disperazione, dicendo: "non ce la faccio", ma confidi nell'amore della tua misericordia, nella dolcezza della tua grazia, per mezzo della quale chi è debole diventa forte: *"Ti basta la mia grazia. Quando sono debole è allora che sono forte" (2Cor 12,10)*.

La grazia, infatti, ci fa consapevoli della nostra debolezza.

E la confessione dei peccati della mia vita passata credo faccia piacere ai buoni; non li diletta il conoscere i peccati, ma il sapere che quei peccati che erano in me, ora non ci sono più.

Quale frutto, dunque, o Signore Dio mio, dalla confessione che la mia coscienza ogni giorno rivolge a te, fiduciosa più della tua misericordia che della propria innocenza?

Quale frutto, ti prego, il confessare davanti a te e per mezzo di questo scritto agli altri, quello che io sono adesso e non quello che fui?

Il frutto che mi riprometto dall'aver raccontato quello che fui già, l'ho intuito e l'ho specificato.

Molti però che mi conobbero e quelli che non mi conobbero, vorrebbero conoscere quello che sono adesso, proprio in questo momento, mentre scrivo la mia confessione.

Hanno sentito parlare di me, delle vicende della mia vita; ma non possono ascoltare il mio cuore, ove io sono realmente quel che sono.

Vogliono sentire da me quello che io sono interiormente, quello che né occhio, né orecchio, né mente possono comprendere. Sono disposti a credermi?

La carità che li rende buoni dica loro che io non mentisco quando parlo di me stesso. Sarà la carità che è in loro a credermi.

4. I frutti che si ripromette

4. 5. Quale frutto essi si aspettano dalla mia confessione?

Vogliono forse congratularsi con me per quello che ascoltano, nel sentire come io sia ritornato a te con l'aiuto della tua grazia, e pregare per me perché il peso delle mie miserie non mi rallenti ancora?

Ebbene: aprirò ad essi il mio cuore. Non è frutto da poco questo, o Signore Dio mio, *"il renderti grazie per noi da parte di molti"* *(2Cor 1,11)*. Amino in me, da veri fratelli, quello che tu insegni loro che deve essere amato; e provino dolore per me per quelle cose che tu insegni loro che devono indurre al pianto.

Lo facciano da veri fratelli, non da estranei. *"Non lo facciano da stranieri: la loro bocca dice menzogne, e alzando la destra giurano il falso"* *(Sal 143,7 e ss.)*. Se è veramente mio fratello gioisca con me per quello che approva in me, e si contristi con me per tutto quello che non approva in me. Sia che approvi, sia che disapprovi, egli mi ama sempre.

A questi aprirò il mio cuore, perché abbiano un respiro di sollievo per le mie buone opere, e un sospiro di pietà per le mie colpe.

Le mie opere buone provengono da te e sono tuo dono; le mie colpe sono delitti miei, sottoposti al tuo giudizio.

Respirino per quelle e sospirino per questi. E dai loro cuori fraterni salgano a te, come da turiboli d'incenso, inni di lode o lacrime di contrizione.

E tu, o Signore, deliziato dal profumo dell'incenso, salito fino a te, nel tuo santo tempio, *"abbi pietà di me secondo la tua grande misericordia"* (*Sal 50,3*), a gloria del tuo nome.

E, tu che non lasci incompiute le opere che hai iniziato, porta a compimento l'opera ancora imperfetta che hai iniziato in me.

- 6. Questo è il frutto che mi riprometto dal confessare quello che sono e non quello che fui.

Non solo davanti a te mi confesso, *"esultando con tremore"* (*Sal 2,11*) nel mio intimo e sperando pur nell'intima mestizia del cuore.

Mi rivolgo anche a tutti coloro che credono in te, partecipi del mio gaudio e consorti della mia mortalità, miei concittadini e insieme pellegrini; a quelli che mi hanno preceduto e a quelli che mi seguiranno, ma specialmente a quelli che adesso mi sono compagni di viaggio.

Questi sono servi tuoi, miei fratelli, figli tuoi, miei padroni che tu mi comandi di servire, se voglio vivere con te e per te.

Sarebbe stato per me un comando da poco conto se il tuo Verbo me lo avesse comandato solo a parole, mentre mi ha preceduto con il suo esempio.

Ed io compio il mio dovere a parole e a fatti, *"all'ombra delle tue ali"* (*Sal 16,8*), perché sarebbe troppo grave il pericolo se l'anima non riposasse sicura sotto le tue ali. E tu ben conosci la mia debolezza.

Sono un bambino, mio Padre però è sempre vivo, e proprio idoneo per me il mio tutore; infatti, colui che mi ha generato è anche il mio tutore.

Tu, tu solo per me sei ogni bene; tu, l'onnipotente, che sei con me da prima che io fossi con te.

Mi paleserò dunque a coloro ai quali mi comandi di servire, non per quello che fui, ma per quello che sono ormai, e ancora sono. *"Ma io non giudico me stesso" (1Cor 4,3)*. Così, pertanto, io sia ascoltato.

5. Solo Dio conosce l'uomo

5. 7. Tu, o Signore, sei il mio giudice. Sì è vero: *"Nessuno conosce i segreti dell'uomo, se non lo spirito dell'uomo che è in lui" (1Cor 2,11)*.

Tuttavia vi è nell'uomo qualcosa che neanche lo spirito dell'uomo che è in lui può conoscere.

Tu, invece, o Signore, conosci tutto di lui, perché sei tu il suo creatore. Io, in verità, quantunque mi disprezzi al tuo cospetto e mi consideri "terra e cenere," qualcosa di te conosco, che invece di me non conosco. Certo, *"ora vediamo come in uno specchio, in maniera confusa, non ancora faccia a faccia" (1Cor 13,12)*, pertanto, finché siamo pellegrini, in esilio, lontani da te, sono presente più a me stesso che non a te.

Tuttavia, so che tu sei assolutamente inviolabile, io invece sono sempre soggetto a tentazioni, e non so a quali potrò resistere e a quali no.

Ma ho speranza, *"perché tu sei fedele e non permetti che veniamo tentati oltre le nostre forze; ma con le tentazioni ci darai anche la via d'uscita, e la forza per sopportarle"* (1Cor 10,13).

Confesserò, dunque, quello che conosco di me e anche quello che non conosco di me.

Quello che conosco di me lo conosco perché tu m'illumini; e quello che non conosco lo conoscerò solo *"quando brillerà la tua luce tra le mie tenebre e la mia oscurità sarà come il meriggio"* (Is 58,10). *"Nella luce del tuo volto"* (Sal 89,8).

6. Dio è amore

6. 8. Non ho dubbi, sono certo, o Signore: io ti amo. Hai folgorato il mio cuore con la tua parola, e io ti ho amato.

Il cielo, la terra, e tutto ciò che in essi si trova, ecco, da ogni parte, mi invitano ad amarti; e non cessano di ripetere a ciascuno di noi: *"Siete inescusabili, perché, pur conoscendo Dio nelle opere da lui compiute, non gli avete dato gloria"* (Rm 1,20).

Tu, però, sarai largo di misericordia con chi vorrai essere misericordioso, e avrai misericordia con colui al quale usasti misericordia. Altrimenti il cielo e la terra canterebbero le tue lodi ai sordi.

Ma, che cosa amo quando io amo te? Non la bellezza del corpo, né una grazia passeggera, non lo splendore della luce, così cara a questi occhi miei; non le dolci melodie, cantate in tutti i toni; non la fragranza penetrante dei fiori, degli unguenti, degli aromi; non certo la manna e il miele; non le membra del corpo invitanti agli amplessi carnali. Non amo queste cose, quando amo il mio Dio.

E tuttavia amo una certa luce, una certa voce di canto, un certo profumo, un certo cibo, un certo amplesso, quando amo il mio Dio, perché lui è luce, canto, profumo, cibo, amplesso dell'uomo interiore che è in me, ove la sua luce avvolge l'anima mia, e non viene limitata dallo spazio, dove risuona un canto che il tempo non disperde, ove il profumo non viene involato dal vento, ove nessuna ingordigia può sminuire il gusto del cibo, e non c'è sazietà che possa troncare un rapporto così stretto.

Ecco ciò che io amo, quando amo il mio Dio.

- 9. "Che significa ciò?" E allora, chi è il mio Dio?

Interrogai la terra, e disse: "Non sono io". E tutto ciò che è sulla terra diede la stessa risposta.

Interrogai il mare, gli abissi e i rettili, *"che hanno anima vivente" (Gen 1,20)*, e mi risposero: "Non siamo noi il tuo Dio; cercalo sopra di noi".

Interrogai i venti e tutto il cielo con i suoi abitanti rispose: "Non dà retta ad Anassimene[1], sbaglia. Non siamo noi il tuo Dio". Interrogai il cielo, il sole, la luna, le stelle, risposero: "Neppure noi siamo il tuo Dio, il vero Dio che cerchi".

Allora ho chiesto a tutti gli esseri che mi circondano: "Sì, voi non siete il mio Dio, però parlatemi di

[1] Anassimene, filosofo greco (586 circa – 528 a. C.), sostenne che il principio di tutte le cose è l'aria".

lui, ditemi qualcosa del mio Dio". E a gran voce, tutti in coro, risposero: "Il tuo Dio? E colui che ci ha fatto".

La mia contemplazione era la mia domanda; il loro splendore era la loro risposta. Infine mi rivolsi a me stesso, e mi domandai: "Tu chi sei?" Risposi: "Un uomo".

Ecco: ho un corpo e un'anima, l'uno esterno, l'altra interiore. A quale dei due dovrò chiedere dov'è il mio Dio? Per mezzo del corpo già l'ho chiesto alla terra e al cielo, fin dove potevano arrivare a scrutare i raggi dei miei occhi.

Meglio interrogare ciò che vive nel corpo: l'anima. A lei infatti giungevano tutte le risposte alle domande del corpo, come a colei che presiede e giudica tutto quello che il cielo, la terra e tutte le cose in esse, dicevano: "Non siamo noi il tuo Dio", oppure: "Il tuo Dio è colui che ci ha fatto".

"L'uomo interiore" arriva alla conoscenza di queste cose attraverso i sensi dell'uomo esteriore. Io, "uomo interiore", ho conosciuto queste cose, io, sì, proprio io, "anima", attraverso i sensi del mio corpo.

Ho interrogato la mole dell'universo: "Chi è il mio Dio?" e mi ha risposto: "Non sono io. E colui che mi ha fatto".

- 10. A tutti, certamente, se hanno i sensi efficienti, appare questa magnificenza del creato. E allora, perché non parla a tutti allo stesso modo? Gli animali, piccoli e grandi, la vedono, ma non possono interrogarla; non hanno un'intelligenza che sia capace di captare i messaggi che arrivano ai loro sensi.

Solo gli uomini possono interrogarla, poiché, come dice l'Apostolo: *"Dalla creazione del mondo in poi, le perfezioni invisibili di Dio possono essere contemplate con l'intelletto nelle opere da lui compiute, come la sua potenza e divinità"* (Rm 1,20).

Ma gli uomini amano le cose create e divengono schiavi di esse; pertanto perdono la capacità di giudicare. E la voce del creato non può essere compresa dai sensi umani se manca l'intelligenza che sappia giudicare.

La magnificenza del creato non cambia, ogni cosa conserva la sua identità e la sua bellezza; e così si manifesta, sia a chi solo vede, come a colui che vede e interroga.

La differenza consiste nel modo di recepire la sua voce, perché resta muta a chi solo vede, mentre parla a chi non solo vede ma pure interroga.

In realtà parla sempre a tutti; la comprendono solo quelli che la confrontano con la verità che è nel loro intimo.

E questa è la verità che parla in me e mi dice: "Il tuo Dio non è la terra né il cielo, né altra creatura". Basta considerare la natura del creato. Ecco. Si vede: è un immenso cosmo nel suo complesso, ma che si riduce a singole e piccole entità.

Anima mia, sai che ti dico? Tu sei la creatura migliore!

Tu, infatti, dai la vita al tuo corpo, mentre nessun

corpo può dare la vita ad un altro corpo.

Il tuo Dio, lui solo, è la vita della tua vita.

7. Dio trascende la sensibilità dei nostri sensi

7. 11. Dunque, chi amo, quando amo Dio?

Chi è colui che sta al di sopra della mia anima?

Potrò salire fino a lui proprio per mezzo della mia anima. Devo andare oltre le mie forze, che mi tengono unito al corpo, e con le quali tengo in vita il mio organismo.

Non con queste forze potrei trovare il mio Dio. Potrebbero trovano in questo modo anche: *"il cavallo, il mulo, privi d'intelligenza"* (Sal 31,9), i quali hanno forza più di me; questa forza è la vita dei loro corpi.

C'è un'altra forza, oltre quella fisica, che vivifica il mio corpo, c'è una forza sensitiva che il Signore ha immesso in me quando ha creato il mio corpo: all'occhio ha comandato non di udire, ma di vedere; all'orecchio ha comandato non di vedere, ma di udire; e così ha fatto con tutti gli altri sensi, assegnando a ciascuno il proprio posto e il proprio ufficio.

Ma è il mio spirito che agisce per mezzo loro, e solo lui, nelle varie attività svolte dai singoli sensi.

Devo trascendere anche da questa vita sensitiva. Anche il cavallo e il mulo hanno la vita sensitiva, oltre quella fisica, nei loro corpi.

8. I tesori della memoria

8. 12. Dunque. Andrò oltre questa mia natura fisica e sensitiva, per salire fino a lui, Colui che mi fece.

Ed ecco mi ritrovo nel vasto campo e negli spaziosi quartieri della memoria, ove esiste un tesoro di innumerevoli immagini, di ogni specie, inventariate dai nostri sensi.

Ivi si svolge anche l'attività del nostro pensiero, il lavorìo della nostra mente, la quale ingrandisce, o diminuisce, o comunque trasforma, quanto i sensi percepiscono, e ogni altra cosa che vi si trova, lì riposta e accantonata; almeno che non sia svanita o sia stata sepolta nell'oblio.

Finché vivo, lì, dalla memoria, posso evocare tutte le immagini che voglio; alcune si presentano subito, per altre ci vuole più tempo, come se dovessero venir fuori chissà da quali angoli reconditi; altre si presentano a frotte, a ondate, e mentre io cerco e chiedo altre immagini, queste si presentano davanti, quasi per dirmi: "Non siamo forse noi ciò che tu cerchi?" Io cerco di scacciarle dalla mia presenza. Ecco allora emergere da questa nebulosità della memoria, l'immagine che cercavo; esce dal gruppo e si presenta.

Altre immagini è più facile averle; si snodano, ben ordinate, secondo le mie richieste, una dopo l'altra, e nello stesso ordine si ritirano, in attesa di una mia futura chiamata.

Tutto questo lavorìo avviene quando narro qualche cosa, che ricordo, a memoria.

Le sensazioni

- 13. Nella memoria si conservano, distinte e secondo la loro natura, tutte quelle immagini e sensazioni che vi sono entrate attraverso vie diverse, come la luce, la varietà dei colori, la forma dei corpi, e tutto ciò che colpisce i nostri occhi: attraverso l'udito tutta la gamma dei suoni; attraverso l'odorato tutti i profumi e gli odori; attraverso il gusto tutti i sapori possibili. E attraverso la sensibilità del nostro corpo, la memoria percepisce ciò che è duro, o molle, ciò che è caldo o freddo, ciò che è liscio o ruvido, ciò che è pesante e ciò che è leggero; sia che tutto ciò sia fuori oppure dentro il corpo stesso.

La memoria immagazzina tutte queste immagini e sensazioni nei suoi ampi ripostigli o, come posso dire, nelle sue misteriose pieghe o sinuosità, per richiamarle quando sarà necessario.

Ognuna entra per la sua porta ed è collocata al suo posto.

Naturalmente non sono le cose ad entrare, ma le loro immagini percepite attraversi i sensi. E se ne stanno lì, in attesa che il pensiero le richiami quando sarà necessario.

Chi potrà mai dirci come si formano queste immagini, benché si sappia da quali sensi siano state captate e poi collocate nei ripostigli della memoria?

Anche se sto al buio e in silenzio, nella mia memoria posso vedere i colori, se voglio: distinguere il bianco dal nero o da qualsiasi altro colore.

E queste immagini percepite dagli occhi e richiamate alla memoria, non vengono disturbate dalle immagini dei suoni, quantunque anch'esse presenti nella memoria. E quasi riposte in un luogo appartato.

Così, se ne ho voglia, posso chiamare anche l'immagine dei suoni, e cantare a bocca chiusa quanto voglio, senza che l'immagine dei colori percepiti dalla vista interferisca e disturbi la memoria dei suoni che è in atto; è questo un tesoro donatoci attraverso l'udito.

Così posso richiamare e ricordare ogni altra cosa entrata nella memoria attraverso i sensi: distinguere il profumo dei gigli da quello delle viole, senza odorare né gli uni né le altre, oppure il dolce sapore del miele da quello del mosto cotto, o un oggetto liscio da uno ruvido, senza assaggiare e senza toccare.

E tutto questo attraverso il richiamo della memoria.

Le esperienze

- 14. Tutte queste azioni le compio nel mio interno, nell'ampia "aula" della mia memoria. Lì è tutto a mia disposizione: il cielo, la terra, il mare, con tutte le varie sensazioni ricevute da essi; non ci sono più quelle che ho dimenticato. Lì ritrovo anche me stesso, e in me rivedo e ricordo quello che ho fatto, quando, dove, e i sentimenti che ebbi. Ivi sono tutte quelle cose da me sperimentate di persona, oppure ricevute dal racconto degli altri. Da questa massa di immagini traggo raffronti tra quelle sperimentate e quelle di cui sono esperto, tra quelle credute perché riferite dagli altri.

E su queste immagini che si presentano alla memoria io rifletto e medito azioni future, eventi e speranze. E nell'animo mio, ripieno di tante immagini di cose passate, mi vado dicendo: "Ecco, farò quella cosa o quell'altra". E difatti segue l'azione che ho deciso di compiere. Dico ancora a me stesso: "magari accadesse questa cosa o quell'altra". Oppure: "Il Signore ci scampi da questo o quel pericolo!". E le immagini delle cose che desidero o che pavento sono subito presenti nella mia memoria. Certamente già si trovavano lì, nello scrigno della memoria; se non ci fossero non avrei potuto nominarle.

Potenza della memoria

- 15. Grande è questa facoltà della memoria, assai grande, o Dio mio, un santuario ampio e infinito. Chi può scoprire le sue profondità?

E questa facoltà fa parte del mio animo, della mia natura.

Né io riesco a comprendere tutto me stesso, tutto quel che sono.

Allora l'animo umano è troppo ristretto per comprendere se stesso? E dove si trova quello che non è capace di contenere?

Fuori di lui o dentro di lui? E perché non riesce a contenerlo?

Il considerare queste cose mi genera meraviglia, e mi riempie di stupore. Gli uomini vanno ad ammirare le vette dei monti, il fragore delle onde del mare, il lungo corso dei fiumi, l'immensa distesa dell'oceano, il movimento delle stelle, e poi trascurano se stessi.

Non suscita in loro meraviglia il fatto che io mentre parlo, non vedo con gli occhi le cose che sopra ho enumerato.

Ma non potrei parlare di monti, di onde di mare, di fiumi, di oceani, di stelle, che ho visto personalmente o che altri hanno visto e ai quali ho creduto, se non le avessi presenti nella mia memoria in tutta la loro grandezza e magnificenza.

È chiaro che non ho assorbito in me queste cose quando le vidi con gli occhi, né sono entrate nella mia memoria; solo la loro immagine è entrata, attraverso i sensi del corpo.

Anche ciò che si apprende è impresso in noi

- 16. Non sono solo le immagini di cose che abbiamo visto a rimanere impresse nella nostra memoria.

Rimangono impresse in lei anche tutte le nozioni apprese durante la scuola o l'insegnamento, nozioni che ancora ricordo e che non ho dimenticato. Sono lì, nella mia memoria, in un luogo immaginario, non le cose che ho visto, ma le cose che ho appreso.

Che cosa sia la letteratura, la dialettica, e ogni altro genere di problemi, di questioni, tutto quanto io so di queste cose è impresso nella memoria. Nozioni, e non pure immagini di cose viste e rimaste fuori.

O come un suono che è svanito o una voce che colpisce l'udito, e che ricordo come ancora risuonasse, mentre ormai tace.

O un profumo che ci viene dall'olfatto, passa e svanisce subito nel vento, nell'aria; tuttavia si imprime nella memoria e ritorna nel ricordo. O come il cibo che certamente, una volta entrato nel ventre, non assapora più; eppure il suo sapore torna alla memoria.

O come qualunque altro oggetto che tocchiamo con il tatto; la sua immagine ritorna alla memoria anche se non è più vicino a noi.

È chiaro che non sono gli oggetti ad entrare nella memoria, ma le loro immagini, captate in modo celere e meraviglioso, in modo ancora mirabile riposte quasi in apposite stanze e mirabilmente presenti alla nostra memoria quando vogliamo richiamarle.

10. In che modo il sapere entra nella memoria

10. 17. Ora, in quello che ascolto, ogni materia di cui si parla presenta tre questioni: la sua esistenza, la sua sostanza, le sue qualità.

Mentre ascolto io ritengo in me le immagini dei suoi vocaboli che compongono queste parole: passano, colpiscono l'aria e poi svaniscono.

Tuttavia le nozioni che vengono trasmesse con quel suono di parole, io non le ricevo attraverso i sensi corporali, né mai le ho viste fuori di me, ma solo nel mio animo; e nella mia memoria ho riposto le nozioni stesse e non la loro immagine.

Chi mi spiega come sono entrate?

Esamino tutti i sensi del corpo, per vedere da quale sono entrate, e mi risulta: da nessuno.

Gli occhi: “Se erano colorate le avremmo percepite”, mi dicono.

Le orecchie rispondono: “Le avremmo segnalate se avessero suonato”. Le narici dicono: “Se profumavano le avremmo raccolte”.

E anche il gusto dice: “Se non c’era nulla da masticare, come faccio a trasmettere il sapore?

Perché mi interroghi?”.

E il tatto aggiunge: “Se non era un corpo non potevo toccarlo, e quindi non posso trasmetterti nulla”.

Allora, queste nozioni come sono entrate nella mia memoria? Non lo so. Quando le intesi non mi fidai di chi le diceva.

Ma le ho esaminate da me, dopo averle ascoltate; e se mi convincevano le approvavo e le imparavo, e le passavo quindi alla memoria per servirmene quando avrei voluto.

Dunque erano già in me prima di apprenderle, ma non erano nella mia memoria. Dove erano allora?

Perché appena ascoltate, affermavo: “Veramente è così. Quello che dici è vero”.

Se non fossero state già nella mia memoria, magari recondite e relegate in qualche cavità segreta, non avrei potuto approvare quello che mi veniva detto.

Ed era proprio l'insegnamento di colui che parlava che le risvegliava in me. Diversamente non avrei potuto pensarle.

11. Cosa vuol dire "riflettere"

11.18. Abbiamo visto, dunque, che le nozioni che apprendiamo non passano attraverso i sensi del nostro corpo, ma senza immagini le vediamo in noi stessi così come sono.

Sono cognizioni varie, sparse disordinatamente nella nostra memoria, che il pensiero cerca di raccogliere e ordinare con la riflessione, in modo che al cenno - per così dire - di una mano posta nella stessa memoria, queste nozioni, prima sparse qua e là e come dimenticate in un angolo remoto, si presentino docilmente alla nostra riflessione.

Quante nozioni di tal genere contiene la memoria! Nozioni già scoperte, e a portata di mano, come ho detto, e che noi diciamo di aver imparato e conosciuto.

Se però tralascio di rievocarle, anche per brevi intervalli di tempo, si disperdono di nuovo e spariscono nei loro reconditi recessi.

E il pensiero, quando vuole, deve richiamarle di là, perché è lì la loro dimora, come se fossero nuove.

Vengono di nuovo adunate come fossero state disperse.

Da questo lavorio della mente deriva la parola "*cogitare*", pensare riflettere.

"*Cogo*" - cioè - "*cogito*", come "*ago*" - cioè "*agito*", "*facio*" - cioè "*factito*".

"*Cogitare*" pensare viene da "*cogere*" - spingere insieme - "*cogit*" raccoglie più cose sullo stesso posto, "*colligere*".

Pertanto questo termine "*cogitare*", pensare riflettere, è un termine proprio del nostro intelletto, e non può essere riferito ad altre azioni fuori di esso.

12. La memoria dei numeri

12. 19. Nella memoria, inoltre, sono presenti tutte le leggi e i calcoli della matematica e della geometria, senza che nessun senso del corpo ve le abbia impresse: infatti, non hanno colore, non fanno rumore, non profumano, non si gustano e non si toccano.

Si sente, sì, il suono delle parole quando si enunciano, quando se ne discute. Ma i vocaboli sono una cosa, le nozioni della matematica e geometria sono un'altra cosa.

I vocaboli dei numeri, dei calcoli, hanno diversi suoni, secondo la lingua in cui vengono pronunciati, o in latino o in greco.

Le nozioni invece, non sono né latine né greche né di altre lingue.

Possono trovarsi nella mente di qualsiasi uomo, di qualsiasi lingua, civiltà e razza.

Così, vediamo delle linee geometriche, tracciate da bravi disegnatori, sottili come fili di ragnatela.

Ma, una cosa sono queste linee viste con i sensi del corpo, un'altra cosa quelle che ognuno ha nella sua intelligenza, senza riferimento a quelle viste con i propri occhi.

Possiamo percepire con tutti i sensi del corpo i numeri e i calcoli che facciamo, ma i calcoli che facciamo nella nostra mente sono un'altra cosa, non sono la loro immagine percepita dai sensi, sono qualcosa di ben diverso.

Rida pure di quel che dico, chi non riesce a capirmi. Mi dispiace per lui. Ma è così.

13. I ricordi sono nella memoria

13. 20. Tutte queste cognizioni le ho nella memoria, e ho nella memoria anche il modo come le appresi.

Conservo nella memoria anche tutte le false argomentazioni ascoltate durante le dispute su queste nozioni.

Sono argomenti falsi, ma non è falso il fatto che io li ricordi.

Ricordo anche come sapevo ben distinguere argomenti veri da quelli falsi, mentre si discuteva.

Adesso mi accorgo di fare in altro modo questa distinzione; mi ricordo ancora di averla fatta spesso mentre pensavo a quegli argomenti, a quelle nozioni.

Pertanto ricordo di aver capito più volte queste cose, e tutto quello che ho esaminato e capito, lo ripongo nella memoria, in modo da ricordarmi poi di averlo capito.

Dunque, mi ricordo di aver ricordato, quando sarà, che quelle cose, nozioni, che adesso ho potuto ricordare, se le ricorderò, le ricorderò certamente attraverso la facoltà della memoria.

14. I sentimenti dell'animo nella memoria

14. 21. Anche i sentimenti dell'animo sono riposti nella memoria. Non nello stesso modo come si trovano nell'animo che li subisce, ma in modo diverso, proprio della facoltà della memoria.

Per esempio: mi ricordo di essere stato lieto, benché ora non lo sia; mi ricordo di quando ero triste, eppure adesso non lo sono; mi ricordo di aver provato paura, ma al presente non sento alcun timore; mi ricordo dei desideri avuti in passato che adesso non ho.

A volte mi succede il contrario: mentre sono allegro ricordo i momenti di tristezza passati, e quando sono triste ricordo quelli lieti.

Ciò non deve meravigliare in quanto riguarda il corpo; una cosa è l'animo, un'altra il corpo.

Non stupisce, infatti, il ricordare un dolore fisico, che non c'è più, con sentimenti di gioia.

Ben diverso se parliamo dell'animo, che equivale alla memoria.

Quando infatti raccomandiamo a qualcuno di tenere bene a mente quello che ascolta, gli diciamo: "Conserva gelosamente nel tuo animo quello che ti ho detto".

E quando dimentichiamo quello che abbiamo

udito, noi diciamo: “Purtroppo non è rimasto impresso nel mio animo”, oppure: “Non ricordo; si vede che mi è sfuggito dall’animo”.

Come si vede, in questi casi dicendo “animo” vogliamo dire “memoria”.

Stando così le cose, “che significa questo”: che quando ricordo, mentre sono lieto, la mia tristezza passata, l’animo ha la gioia mentre la memoria ha in sé la tristezza? L’animo è lieto perché in lui, in quel momento, c’è gioia, tuttavia la memoria non è triste, benché in lei vi sia tristezza.

Che forse la memoria non fa parte dell’animo? Chi può dirlo?

In un certo modo la memoria può dirsi il “ventre” dell’animo.

La gioia e il dolore sono come dei cibi dolci e amari.

Quando questi due sentimenti vengono affidati alla memoria, passano in questa specie di “ventre”, e rimangono lì, come accantonati; ma lì dentro non hanno sapore.

È ridicolo supporre che siano simili le facoltà dell’animo e della memoria. Tuttavia non sono del tutto dissimili.

- 22. Ecco: dalla memoria io tiro fuori quattro sentimenti dell’animo: desiderio - gioia - timore - tristezza.

E di ciascuno di questi sentimenti io potrei disputare, suddividendoli nella specie e nel genere e dare definizioni.

Tutto quello che dico di questi sentimenti lo traggo dalla memoria; tuttavia mentre parlo il mio animo non subisce alterazioni di nessun genere. Anche prima che io richiamassi alla memoria questi sentimenti, per discuterne, essi erano già lì dentro, altrimenti come avrei potuto conoscerli e parlarne?

Forse avviene come avviene per il cibo che, ruminando, risale al ventre.

Così questi sentimenti dell'animo escono dalla memoria quando noi vogliamo ricordarli. Ma perché colui che ne parla non avverte nel suo pensiero la dolcezza della gioia o l'amarezza della tristezza?

Sta forse in questo la differenza tra la memoria e l'animo, poiché abbiamo visto che non sono del tutto simili?

Chi parlerebbe, per esempio, di tristezza o di timore se ogni volta che discute di questi argomenti prova in sé sentimenti di tristezza o di timore?

Tuttavia non parleremmo di questi sentimenti se non fossero nella nostra memoria; non solo i suoni delle parole, entrati attraverso le immagini percepite dai nostri sensi corporei, ma anche la cognizione di quei sentimenti, che certo non è entrata attraverso i sensi del corpo.

Fu l'animo ad affidarla alla memoria dopo averne fatta l'esperienza in casi concreti, oppure la memoria stessa le ha già dentro di sé, senza il concorso di nessun agente esterno.

15. La memoria ricorda le cose attraverso le immagini?

15. 23. È difficile dire se la memoria ricorda le cose attraverso la loro immagine. Nomino, per esempio, la parola “pietra”, oppure “sole”; ma, né la pietra, né il sole sono adesso sotto i miei sensi corporei.

Nella memoria, però sono certamente presenti le loro immagini.

Parlo di qualche dolore fisico, ma non sento alcun dolore. Ma se nella memoria non fosse presente la sua immagine non potrei parlarne e, discutendo, non potrei distinguerlo dal piacere sensibile.

Parlo della salute, mentre sono in piena salute, lo vedo.

Tuttavia se non avessi nella memoria, attraverso le immagini, la cognizione di cosa sia la salute, non potrei ricordare che significato abbia il suono di quella parola.

Né gli ammalati capirebbero il suono della parola “salute”, se non avessero nella memoria ben chiaro il suo significato, benché al momento è assente dal loro corpo.

Mi metto a declamare i numeri: uno - due - tre - quattro - cinque - ecc: nella mia memoria ci sono loro e non le loro immagini.

Nomino l’immagine del sole che è presente nella mia memoria, non nomino l’immagine della sua immagine, ma l’immagine in sé, ed essa compare subito al mio ricordo.

Pronuncio la parola "memoria"; capisco subito cosa significa.

E come faccio a sapere cosa significhi se non lo apprendessi dalla stessa memoria?

Forse che essa è presente a se stessa attraverso la sua immagine, o non piuttosto è tale in se stessa?

16. Che cos'è il "dimenticare"

16. 24. Pronunzio la parola "dimenticare", e so cosa significhi; non la pronuncerei se non la conoscessi.

Non intendo dire il suono della parola che pronuncio, ma il significato della parola stessa.

Se io avessi dimenticato il significato, non saprei cosa voglia dire la parola che pronuncio.

Quando ricordo la memoria, la memoria è lei stessa a presentarsi; quando invece ricordo il "dimenticare", sono presenti in me e la memoria e il "dimenticare", la memoria perché ricordo di aver dimenticato, il "dimenticare" perché mi ricordo di aver dimenticato.

Ma, che cos'è il "dimenticare" se non la perdita della memoria?

E allora come può essere presente perché io lo ricordi, quando, benché già presente, io non posso ricordare?

Tutto quello che ricordiamo è nella nostra memoria; ma se non ricordiamo il "dimenticare" nemmeno possiamo comprendere il significato di questa parola quando la sentiamo pronunciare: il "dimenticare” è trattenuto dentro la memoria. Dunque è lì, il “dimenticare”, proprio lui che ci fa dimenticare.

Da ciò si può comprendere che non è presente nella memoria il “dimenticare” in se stesso, ma la sua immagine, quando lo ricordiamo; perché se fosse presente proprio lui, il “dimenticare”, non sarebbe lì per farci ricordare, ma dimenticare. Ma, chi si metterà a indagare queste cose? Chi ci capisce qualche cosa?

- 25. Certamente, o Signore, io mi affanno per questi problemi, mi affanno dentro di me; sono diventato a me stesso: *“come un terreno pieno di triboli e spine, e da lavorare con molto sudore” (Gn 3,17.19)*. Non è che sto scrutando le regioni del cielo, o a misurare e calcolare il movimento delle stelle, o a cercare quanto pesa la terra.

Sono io che ricordo, io, il mio animo, il mio spirito.

Non fa meraviglia che sia lontano da me tutto ciò che non sono io. Che cosa è più vicino a me di me stesso?

Ed ecco non riesco a comprendere la facoltà della memoria, senza la quale non potrei nominare nemmeno me stesso.

Che cosa, infatti, dovrei dire quando sono certo di ricordarmi dell’aver “dimenticato”?

Dovrei forse dire che non è nella mia memoria ciò che ricordo?

O dovrei dire che per questo il “dimenticare” è

nella mia memoria, cioè per non farmi dimenticare?

Tutte e due le ipotesi sono assurde. E la terza?

Cioè, posso dire che l'immagine del "dimenticare" è nella memoria, e non lo stesso "dimenticare", quando io mi ricordo di aver dimenticato? Posso dire questo, quando per imprimere l'immagine di qualsiasi cosa nella memoria, è necessario che la cosa mi sia presente perché possa imprimere la sua immagine?

Così mi ricordo di Cartagine, di tutti i luoghi dove sono stato, delle facce delle persone che ho incontrato, di tutte quelle cose ricevute attraverso i sensi, della stessa salute del corpo o della malattia.

La memoria recepì le loro immagini, mentre mi erano presenti, così da averle sempre in me e rivederle nel mio animo, e di ricordarle anche quando non sono più presenti.

Se dunque il "dimenticare" è nella memoria per la sua immagine e non in quanto se stesso, certamente anche il "dimenticare" era presente perché la sua immagine potesse essere presa.

Ma se era presente, come faceva a imprimere la sua immagine nella memoria, quando sappiamo che con la sua presenza il "dimenticare" cancella tutto ciò che è impresso nella memoria?

Tuttavia, comunque sia, anche se questo ragionamento è incomprensibile e inesplicabile, sono certo di ricordarmi anche di "aver dimenticato", anche se "il dimenticare" seppellisce tutto ciò che ricordiamo.

17. Ricerca di Dio oltre la memoria

17. 26. Grande facoltà è la memoria! C'è da spaventarsi, o Dio mio, a considerare tutte le sue infinite e profonde capacità. E la memoria è il mio animo, sono io stesso. Chi sono, dunque, o Dio mio? Qual è la mia natura? Varia, molteplice, immensa è la natura della mia vita.

La mia memoria è piena di campi, di antri, di infinite cavità, anche esse, a loro volta, piene di ogni genere di cose, innumerevoli e innumerabili, ricevute attraverso le immagini dei corpi, o dalla presenza delle cose stesse, come le arti, o per mezzo di non so quali nozioni o annotazioni, come i sentimenti dell'animo - anche quando l'animo non li subisce essi sono nella memoria, poiché tutto ciò che è nella memoria è anche nell'animo. E io mi muovo in tutti questi innumerevoli anfratti della memoria, volo qua e là, penetro finché posso, senza mai trovare la fine; è immensa la facoltà della memoria, immense le capacità della vita umana, anche se è mortale.

Dunque, che devo fare o Dio mio, vera vita della mia vita?

Oltrepasserò questa mia facoltà, chiamata memoria, la oltrepasserò per slanciarmi verso di te,*" o dolce luce" (Qo 11,7)*. Che ne dici?

Ecco. Io mi elevo con l'animo a te, che sei al di sopra di me, oltrepasserò questa facoltà che è la memoria, perché voglio raggiungerti per quanto posso, e unirmi a te, per quanto ciò è possibile.

Hanno la memoria anche gli animali e gli uccelli,

altrimenti non potrebbero ritornare alle loro tane e ai loro nidi, e compiere quelle azioni alle quali sono abituati.

Non prenderebbero queste abitudini se non avessero la memoria.

Oltrepasserò quindi la memoria, per raggiungere Colui che mi ha creato diverso dai quadrupedi e dagli uccelli, e mi ha dato la sapienza.

Oltrepasserò la memoria, perché ti trovi, o vera bontà, sicura dolcezza.

Ma dove trovarti? Se vado fuori della memoria, oltre, per trovarti, allora vuol dire che ti ho dimenticato.

E come potrei trovarti se non mi ricordo di te?

18. Ricordare e non ricordare

18. 27. Una donna, come narra il Vangelo, aveva perso la dracma, una moneta di grande valore, e l'andava cercando con la lucerna per tutta la casa *(cfr. Lc 15,8)*.

Se non si fosse ricordata che prima ce l'aveva non si sarebbe messa a cercarla.

E dopo averla trovata, come ha fatto a sapere che era la sua se non perché ne aveva il ricordo nella memoria?

Anch'io ricordo di aver perduto molti oggetti e di averli ritrovati. Però, mentre li cercavo, qualcuno mi diceva: "è questo? è quello?" io rispondevo: "no, non è questo", fintanto non mi avessero presentato quello che cercavo.

Se non mi ricordavo come era fatto l'oggetto che cercavo, anche quando me l'avessero presentato, io non l'avrei riconosciuto.

Avviene sempre così, ogni volta che perdiamo, cerchiamo e ritroviamo qualche oggetto.

Veramente, se qualcosa sparisce dalla nostra vista non sparisce però dalla nostra memoria, come accade per qualsiasi corpo visibile; la sua immagine rimane in noi, fino a quando non lo rivediamo. E quando lo rivediamo diciamo che è proprio quello, dall'immagine che era rimasta impressa nella memoria.

Era sparito dagli occhi, ma era rimasto nella memoria.

19. Ricordi che si perdono nella memoria

19. 28. Allora? Capita ancora che la memoria dimentichi qualcosa. Ci diamo da fare per ricordare, cerchiamo e cerchiamo. Ma dove cerchiamo? Sempre nella memoria.

E se per caso si presenta alla memoria un'altra cosa la respingiamo, finché non arriva quella che cerchiamo. E quando è arrivata diciamo: "Sì, è questa, quella che volevo ricordare".

Non lo diremmo se non la conoscessimo, e non la conosceremmo se non la ricordassimo.

Certo, ce ne eravamo dimenticati.

O forse non del tutto era sparita dalla memoria,

ma solo una parte che rimaneva presente, mentre l'altra veniva ricercata? E la memoria, abituata a vedere le due parti unite, mancandone una, si dà da fare, quasi zoppicando, a ricevere l'altra.

Come capita quando di una persona conosciuta e vista con gli occhi dimentichiamo il nome. Ci diamo da fare per ricordarlo.

Se ci dicono: "Si chiamava così? È forse questo?". noi rispondiamo sempre "No", finché non arriva il nome giusto.

E come facciamo a sapere che è quello giusto se non dalla memoria?

Se invece fosse sparito del tutto dal nostro animo, nessuno riuscirebbe a farcelo ricordare.

Infatti, una cosa che diciamo di aver dimenticato non è sparita del tutto da noi. Mentre quella che abbiamo dimenticato del tutto sarebbe inutile mettersi a cercarla.

20. Cercare Dio per avere la felicità

20. 29. Come cercarti, o Signore?

Cercare te, o mio Dio, è cercare la "vita beata". Ti cercherò perché la mia anima viva.

Il mio corpo vive della mia anima, l'anima mia vive di te. Come cercare, dunque, la "vita beata"?

Perché non sarà in me fino a quando non potrò dire: "Ecco. Fermati. L'hai trovata".

Ora è necessario che dica come la cerco: o attraverso il ricordo, come me ne fossi dimenticato, perché, anche se me ne sono dimenticato, il suo ricordo è rimasto in me.

O per il desiderio di apprendere una realtà sconosciuta, della quale mai ho saputo che esistesse, o della quale avevo perso la memoria, da non ricordare più d'averla conosciuta.

Non è forse questa la vita beata che tutti vogliono?

Sì, non c'è nessuno che non la voglia. Questo è sicuro.

Ma dove la conobbero da desiderarla tanto? Quando la videro per sentirsi subito infiammati d'amore?

Senza dubbio l'abbiamo in noi, non so in che modo.

Un modo è quello quando uno è felice perché la spera. Meno felice, certo, di chi già la possiede, ma più felice di coloro che non la possiedono né la sperano.

È certo, tuttavia, che anche costoro vorrebbero essere felici; quindi, in qualche modo anch'essi la possiedono, altrimenti non la desidererebbero.

Non so in che modo l'abbiano conosciuta, ma se la possiedono, certamente l'avranno appresa da qualche parte.

Mi sto scervellando per saperlo. Forse dalla memoria.

Se è così, un tempo siamo stati tutti beati, non so se ognuno di noi singolarmente, oppure tutti in quell'uomo, che per primo peccò; in lui tutti noi abbiamo trovato la morte, e per colpa sua tutti si nasce infelici.

Adesso non mi chiedo questo: se siamo stati tutti felici in Adamo, o ciascuno singolarmente. Mi domando se la felicità, la "vita beata", risiede nella nostra memoria. Non l'ameremmo se non la conoscessimo.

A sentire il suo nome tutti confessiamo di desiderarla; non ci interessa il suono della parola, ma proprio lei.

Infatti, se un greco sente pronunciare la parola in latino, non prova nessun diletto, perché non comprende quel termine.

Noi invece proviamo diletto, così il greco se ode il termine in greco.

La felicità non è né greca né latina: essa è desiderata da tutti, greci, latini e di ogni altra lingua. È conosciuta da tutti, e, se interrogati, se vogliono essere felici, tutti risponderanno, all'unisono, affermativamente.

Ciò non potrebbe avvenire se non fosse certo che nella memoria si ha cognizione di cosa sia la felicità, e cosa significhi quel nome.

21. Il ricordo della "vita beata"

21. 30. È forse simile al ricordo che ho di Cartagine, che ho visto?

No, certamente. La vita beata non si vede con gli occhi, perché non ha corpo. È forse simile al ricordo dei numeri? Nemmeno. Una cosa di cui si ha già la cognizione, non si cerca più di possederla. Per la vita beata è diverso: sappiamo cosa sia, per questo l'amiamo, e vorremmo possederla per essere veramente beati.

È forse simile al ricordo che abbiamo dell'eloquenza? No. Benché, infatti, all'udire questo nome tutti comprendiamo cosa sia l'eloquenza, e coloro che non sono dottori in eloquenza, e sono molti, bramerebbero di esserlo - da ciò risulta che sanno cosa sia - tuttavia hanno conosciuto l'eloquenza ascoltando gli oratori, attraverso i sensi del corpo, gli è piaciuta e desiderano diventare anche loro eloquenti.

Però, se non avessero avuto in se stessi una cognizione interiore di cosa sia l'eloquenza, non proverebbero diletto nell'ascoltarla e non la desidererebbero senza sentirne il piacere.

Invece, la vita beata non la conosciamo negli altri attraverso i sensi del corpo. È simile allora al ricordo che abbiamo della gioia?

Forse ci siamo. Infatti, mi ricordo dei momenti di gioia anche quando sono triste, così ricordo la vita beata pur in mezzo alle mie miserie.

La cognizione della gioia non è entrata in me attraverso i sensi del corpo: gli occhi, l'udito, oppure l'odorato, o il gusto, o il tatto.

Ho la consapevolezza di cosa sia nel mio animo, perché ho avuto momenti di gioia e questi momenti sono rimasti impressi nella mia memoria. E li ricordo, alcuni con disgusto, altri con desiderio, per motivi diversi che mi procurarono quelle gioie.

Ho provato gioia nel compiere azioni turpi, che adesso, ricordando, detesto e condanno.

Ho provato gioia nel compiere azioni buone e oneste, che adesso ricordo con nostalgia e desiderio.

Purtroppo al presente non sono in me, perciò il ricordo della gioia d'un tempo mi rende triste.

Desiderio universale della felicità

- 31. Dunque, dove e quando ho avvertito in me la cognizione della vita beata, da amarla e desiderarla? Non solo io, o altri pochi, ma tutti bramano la vita beata. Ora, senza avere una conoscenza di cosa sia, non avremmo tanta voglia di possederla. Cosa voglio dire con questo? Supponiamo di chiedere a due giovani se vogliono fare il militare: uno risponde di sì, l'altro invece risponde di no. Ma se domandiamo loro se vogliono essere felici, senza dubbio risponderebbero subito tutti e due di sì. Infatti, l'uno preferisce fare il militare per essere felice, l'altro preferisce non farlo per la stessa ragione. L'uno prova piacere nel fare il militare, l'altro prova piacere a non farlo. Tutti e due però vanno in cerca della felicità. Tutti siamo concordi nel dire di volere essere beati, tutti concordi nel rispondere affermativamente a coloro che ce lo domandano. Tutti vorremmo essere felici. Questa felicità si chiama appunto "vita beata".

Chi la cerca in un modo, chi in un altro; unico però è l'obiettivo da raggiungere e tutti fanno sforzi per raggiungerlo: essere felici, godere della "vita beata".

E poiché questo è un sentimento, un desiderio, che nessuno può affermare di non avere, si trova certamente nella memoria di ciascuno, e si avverte la sua presenza quando se ne sente pronunciare il nome.

22. Dio godimento di chi lo serve

22. 32. Lontano da me, o Signore, lontano dal cuore del tuo servo, che si confessa a te, sì, lontano da me, il pensare che qualsiasi godimento mi renda felice.

C'è una gioia che non è concessa agli empi, ma soltanto a coloro che ti servono con spontanea dedizione, e la loro gioia sei proprio tu.

E questa è la "vita beata": godere di te, in te, per te; l'unica è questa, non ve n'è altra.

Chi crede di poterla trovare altrove, avrà pure un suo godimento, ma non certo quello vero.

Ciononostante, nella sua volontà rimane sempre l'immagine della vera felicità e il desiderio di raggiungerla.

23. Tutti amano e desiderano essere felici

23. 33. Tuttavia non è sicuro che tutti vogliono essere felici, poiché coloro che non la cercano in te, che sei la vera felicità, dimostrano di non volere essere veramente felici.

Oppure tutti la vogliono, ma siccome *"la carne ha desideri contrari allo Spirito, e lo Spirito ha desideri contrari alla carne, da non riuscire a fare quello che vorrebbero"* (Gal 5,17), si fermano lì fin dove possono arrivare, e stanno tranquilli, perché la loro volontà non è così decisa di arrivare là, dove vorrebbero arrivare.

Se domando a tutti se vogliono godere della vera felicità o della menzogna, senza dubbio mi risponderebbero: godere della verità; come non dubitano di dirmi di voler essere felici.

Pertanto la vita "beata" è godere della verità.

E questa è la vera felicità: godere di te che sei la verità: *"Io sono la via, la verità, la vita"* (Gv 14,16), *"o Dio, mia luce"* (Sal 26, 1), *"salvezza del mio volto e Dio mio"* (Sal 41,6 e ss.. 12). Questa "vita beata" tutti vogliono, questa vita, perché questa sola è la vera "vita beata", e tutti la vogliono, tutti vogliono godere della verità.

Ho conosciuto molti che volevano ingannare gli altri, ma nessuno che volesse essere ingannato. Dove hanno conosciuto questa "vita beata", se non là dove hanno conosciuto anche la verità?

Amano, infatti, la verità e non l'amerebbero se non ne avessero qualche cognizione nella memoria. E allora perché non sono felici?

Perché si dedicano con impegno ad altre cose, che invece di renderli felici, li rendono infelici; vuol dire che hanno un concetto molto debole della felicità.

"Ancora per poco tempo la luce è con voi. Camminate, camminate, perché non vi sorprendano le tenebre" (Gv 12,35).

- 34. Ma perché la verità genera odio, e l'uomo che annuncia la verità diventa per loro un nemico?

"Cercate di uccidere me, perché vi ho detto la verità".

Eppure amano la felicità, che appunto è godere della verità.

Sennonché per questi la verità che amano è un'altra cosa: provano piacere, diletto, nelle creature, e vorrebbero che fosse questa "la verità".

Dal momento poi che non vogliono essere ingannati, fuggono chiunque voglia convincerli di essere nel falso.

Pertanto odiano la verità per amore di ciò che credono sia la verità.

"Si rallegrano solo per un momento alla sua luce" (Gv 5,35), "Ma odiano la luce, perché fanno il male, e non vogliono che siano svelate le loro opere cattive".

Poiché non vogliono essere ingannati, ma vogliono ingannare, l'amano quando lei si rivela, la odiano quando rivela e mette in luce chi sono loro. Che vogliamo farci, l'animo umano è fatto così: cieco, languido, turpe, indecente, non vuole mostrare le sue magagne; lui però vuole conoscere tutto, vuole che a lui non si nasconda nulla.

Succede invece che a lui rimane nascosta la verità, mentre lui non rimane nascosto affatto alla verità.

Tuttavia, anche in questa situazione così infelice, preferisce godere della verità piuttosto che della menzogna.

Sarà veramente beato quando, rimossi tutti gli ostacoli che intralciano il suo cammino, godrà solo della "verità", di quella verità alla cui luce tutte le cose sono vere.

24. Presenza di Dio nella memoria

24. 35. Ecco. Tu sai, o Signore, quanto ho spaziato nella memoria per cercarti. Fuori di essa non ti ho trovato. Da quando ti ho conosciuto non ho trovato nulla di te che non fosse già nella mia memoria.

Infatti, da quando ti ho conosciuto non ti ho più dimenticato. Quando ho trovato la verità ho trovato il mio Dio, lui, la Verità.

Da quando l'ho conosciuta non l'ho più dimenticata.

Dunque, da quando ti ho conosciuto tu sei rimasto nella mia memoria, e lì io ti trovo quando mi ricordo di te e mi delizio di te.

Queste sono le sante delizie che tu mi hai concesso nella tua misericordia: *"Perciò esulterò di gioia, perché hai guardato alla mia miseria"* (Sal 8,13).

25. In quale luogo della memoria si trova Dio?

25. 36. Ma, o Signore, dove dimori nella mia memoria? Dove stai? Quale stanza ti sei costruito? Quale santuario ti sei edificato? Hai concesso questo onore alla mia memoria da degnarti di abitare in lei. Ma in quale angolo stai? Questo vorrei conoscere.

Pensando a te ho oltrepassato quelle zone della memoria che ho in comune con gli animali, perché non ti ho trovato lì, tra tutte quelle immagini di cose corporali. Allora son passato alle zone della memoria dove si trovano tutti i sentimenti del mio animo, e nemmeno lì ti ho trovato.

Sono entrato allora, lì nella memoria, dove risiede il mio animo, perché anche lui è nella memoria, ma tu non eri lì.

Tu non sei "immagine corporea", né uno dei tanti sentimenti del nostro animo, come la gioia, la tristezza, il desiderio, il timore, il ricordo, la dimenticanza, e altri ancora. Non sei nemmeno il nostro animo, ma il Signore Dio del nostro animo.

Tutti questi sentimenti sono mutevoli, mentre tu rimani immutabile al di sopra di tutto.

Da quando ti ho conosciuto, ti sei degnato di rimanere nella mia memoria. Ma perché indagare in quale zona stai, quando nella memoria non vi sono zone?

Certamente, sei nella mia memoria, poiché da quando ti ho conosciuto mi ricordo di te, e lì ti trovo ogni volta che mi ricordo di te.

26. Come arrivare alla conoscenza di Dio

26. 37. Dunque, dove ti ho trovato per conoscerti? Non eri ancora nella mia memoria prima di conoscerti. Dunque non ti ho trovato per conoscerti, se non in te, al di sopra di me. Ma tu non sei in un "luogo", dove ci avviciniamo e da dove ci allontaniamo. Tu, Verità, dappertutto sei presente a tutti coloro che ti consultano, e a tutti rispondi, anche se ti pongono svariate domande.

Tu rispondi con chiarezza, ma non tutti comprendono in modo chiaro.

Ognuno ti consulta su ciò che vuole, ma non sempre ha la risposta che vorrebbe.

Servo fedele non è colui che si aspetta la risposta che vorrebbe, ma colui che vuole piuttosto quello che ascolta da te.

27. "Tardi t'amai!"

27. 38. Tardi t'amai, bellezza così antica e così nuova. Tardi t'amai.

Sì. Perché tu eri dentro di me, e io ero fuori. Fuori ti cercavo.

Deforme, mi gettavo sulle belle forme delle tue creature. Eri con me, e io non ero con te.

Mi tenevano lontano da te le tue creature, che non esisterebbero se non esistessero in te.

Mi chiamasti, e il tuo grido sfondò la mia sordità. Balenasti, e il tuo fulgore fugò la mia cecità.

Spandesti la tua fragranza, e là lanciai il mio spirito. Anelo a te. T'ho gustato, e ora ho fame e sete di te. Mi toccasti, e ora ardo dal desiderio della tua pace.

28. La vita umana sulla terra

28. 39. Quando mi sarò unito a te con tutto il mio essere, non proverò più "*dolore e pena*" *(Sal 9,28 (10,7), 1Pt 2,3)*. Sarà viva la vita mia, tutta ripiena di te.

Io non sono pieno di te, perciò sono un peso a me stesso.

Dovrei piangere la spensieratezza della mia vita, e godere invece delle afflizioni e delle pene.

Ecco la lotta in me. E non so chi otterrà vittoria.

Il dolore che mi affligge per i miei peccati contrasta con la gioia delle buone opere. E non conosco l'esito della lotta.

Ahimè, o Signore, *"abbi pietà di me" (Sal 30,10)*. Ahimè! Ecco: non ti nascondo le mie ferite, tu sei il medico, io il malato.

Tu sei pieno di misericordia, io sono pieno di miserie.

Non è forse vero che: *"ha un duro lavoro l'uomo sulla terra"(Gb 7,1)?* C'è forse qualcuno che ama gli affanni e i travagli della vita? Tu ci comandi di sopportarli, ma non di amarli. Nessuno ama ciò che sopporta, benché ami sopportare. Infatti, sebbene ami sopportare, tuttavia amerebbe non avere nulla da sopportare.

Quando siamo nelle avversità desideriamo la felicità, quando siamo felici temiamo le avversità.

Esiste uno stato di vita diverso da questi, ove la nostra esistenza umana non abbia a subire prove?

Guai alla felicità di questo mondo, soggetta non solo una volta ma spesso, al timore che sopravvengano le avversità e alla certezza che non può durare a lungo.

Guai alle avversità di questo mondo, che spingono gli uomini spesso una, due volte, e ancor più, a bramare la felicità; e perché l'avversità è pesante, e perché temono di non riuscire più a sopportarla.

Non è vero, dunque, che la vita dell'uomo sulla terra è prova continua, senza un attimo di intervallo?

29. Dio ci comanda la continenza

29. 40. Tutta la mia speranza è nella tua grande immensa misericordia. Dà ciò che comandi, e comanda ciò che vuoi.

Ci comandi la continenza. Ma, disse qualcuno: *"Siccome so che nessuno può essere continente se Dio non glielo concede, è proprio dell'intelligenza sapere da chi viene tale dono" (Sap 8,21).*

La continenza ci raccoglie e ci ricongiunge a quell'Uno, dal quale siamo defluiti, disperdendoci nelle vanità del mondo.

Ti ama di meno chi ama quelle cose che ami tu, ma non spinto dal tuo amore.

O amore, che sempre ardi e mai ti estingui! O

carità, o fuoco di amore, o Dio mio, accendimi, infiammami! Comandi la continenza.

Ebbene: dà ciò che comandi, e comanda ciò che vuoi.

30. La concupiscenza della carne

30. 41. Ci comandi certamente di guardarci: *"dalla concupiscenza degli occhi e dalla superbia della vita"* *(1Gv 2,16)*.

Hai comandato di astenersi dall'unione sessuale, l'hai concesso nello stato matrimoniale, proponendoci però uno stato migliore, e poiché mi hai dato ciò che comandi, ho fatto ciò che tu vuoi, ancor prima di diventare dispensatore dei tuoi misteri.

Però sono ancora vive e presenti nella mia memoria, della quale ho parlato a lungo, le immagini di quelle azioni che l'abitudine vi ha lasciato impresse. Sono presenti anche quando sono sveglio, anche se ormai non hanno più quella forza di un tempo.

Nel sonno, invece, le sogno ancora, e mi procurano non solo diletto, ma a volte perfino consenso, simile a quello che provavo quando le commettevo. E queste immagini illusorie, nel sogno, influiscono sull'animo e sul corpo, tanto da persuadermi a fare ciò che da sveglio non possono indurmi a fare.

Allora, mentre dormo, non sono più io, Signore Dio mio? E perché sono tanto diverso in me stesso quando passo dalla veglia al sonno o dal sonno alla veglia?

Da che dipende che quando sono sveglio riesco a resistere a tali suggestioni, e anche se mi si presentano le occasioni rimango imperturbato? Forse che basta chiudere gli occhi per chiudere la porta a certe immagini? O si assopisce insieme al sopore dei sensi?

E perché anche nel sonno riusciamo a resistere, e non acconsentiamo a quelle immagini seducenti, memori del proposito che abbiamo fatto di vivere casti?

E se anche dovesse accadere il contrario, nel sogno, del proposito fatto, quando ci svegliamo dobbiamo rimanere tranquilli in coscienza, perché non siamo stati noi a compiere quello che nel sogno è accaduto, e purtroppo con nostro rincrescimento.

- 42. Forse, o Signore, la tua mano non è così potente da guarire tutte le debolezze dell'anima mia, e di estinguere, con maggiore elargizione di grazia, gli istinti libidinosi che vengono nel sonno?

O Signore, aumenta sempre più in me i tuoi doni, perché la mia anima mi segua nel cammino verso di te, più speditamente e libera dal vischio della concupiscenza. E non si ribelli a se stessa.

E nel sogno non solo non commetta queste turpitudini, attraverso immagini animalesche, che scatenano gli istinti carnali, ma nemmeno vi acconsenta.

Certamente non è gran cosa per te, che sei onnipotente, fare in modo che non mi accada nulla di simile nel sonno e che l'immagine sia così debole da poterla allontanare facilmente da me, e mi lasci dormire un sonno casto, come si conviene al mio stato di vita e anche ormai alla mia età. Tu, o Signore, *"hai il potere di fare molto più di quanto possiamo domandare o pensare"* *(Ef 3,20)*.

Ti ho esposto, o Signore mio bene, *"esultando e pur con tremore"* *(cfr. Sal 102,6)*, la situazione in cui mi trovo ancora con questo genere di peccati, e ti ringrazio per le grazie che mi hai donato.

Mentre piango perché non mi vedo ancora perfetto, sperando di esserlo con l'aiuto della tua misericordia, e di poter raggiungere la pienezza della pace, quando tutto il mio essere, interiore ed esteriore, la possederà in te, allorché, come dice la Scrittura: *"la morte sarà ingoiata dalla vittoria"* *(1Cor 15,54)*.

31. Le tentazioni del gusto

31. 43. C'è un'altra malizia quotidiana nella nostra vita. E volesse il cielo che finisse qui.

Ogni giorno, infatti, recuperiamo le energie del nostro corpo mangiando e bevendo, fino a quando tu distruggerai e il cibo e il ventre, e avrà fine anche la mia necessità di mangiare, perché verrò saziato dalla tua mirabile presenza, *"quando questo corpo corruttibile si sarà vestito d'incorruttibilità e questo corpo mortale d'immortalità sempiterna"* *(1Cor 15,53)*.

Intanto, finché vivo, questa necessità mi è soave, e combatto per non diventarne schiavo, una battaglia quotidiana combattuta con il digiuno, *"spesso tratto duramente il mio corpo e lo trascino in schiavitù" (1Cor 9,27)*. E i dolori, gli stimoli della fame li scaccio col piacere del mangiare

La fame e la sete sono infatti sofferenze, bruciano, e come la febbre danno la morte se non si prende in tempo la medicina degli alimenti.

E questi alimenti sono messi a nostra disposizione dalla benignità dei tuoi doni; la terra, l'acqua, il cielo, sono a servizio delle nostre necessità. Questi alimenti che ci deliziano vengono considerate una calamità.

- 44. Tu mi hai insegnato a prendere i cibi, gli alimenti, perché sono come medicina per il nostro corpo, sennonché mi capita di essere insidiato dal laccio della concupiscenza nel momento che, spinto dalla fame, mi accingo a saziarla col mangiare.

Già questo momento, sentire fame e attendere di soddisfarla, è in se stesso un piacere, e non può essere altrimenti, perché è un passaggio obbligato dalla necessità di mangiare.

Sì. Il motivo per cui mangiamo e beviamo è la salute; però a volte prevale sulla necessità il piacere del gusto, così, mentre dico di mangiare per motivi di salute, sono più attratto dalla golosità dei cibi.

Sono ben diversi i due modi di comportarsi: infatti, ciò che sarebbe sufficiente per la salute, non soddisfa del tutto la gola; e a volte non sappiamo se la voglia di mangiare di più proviene dalle necessità richieste dalla salute o non piuttosto dal piacere richiesto dalla gola.

La mia anima si consola di questa incertezza; e gode appigliandosi alla scusa di non capire bene, quando mangia, dove arrivi il limite necessario alla salute; così, sotto il pretesto della salute, spesso si nasconde il piacere della gola.

Ogni giorno tento di resistere a questa tentazione, e invoco l'aiuto della tua destra e rivolgo a te le mie ansie, perché in questa materia non so ancora come regolarmi.

- 45. Ascolto la voce del mio Dio che raccomanda: *"State ben attenti che i vostri cuori non si appesantiscano in crapule e ubriachezze"* (Lc 21,34).

In verità non mi sono mai ubriacato, e supplico la tua misericordia perché non mi accada mai. Invece qualche volta mi sono abbandonato alle crapule, cioè alle intemperanze.

Abbi pietà di me, tuo servo, e tienile lontane da me.

"Nessuno, infatti, può essere continente se tu non glielo concedi" (Sap 8,21).

Molte grazie ci concedi se ti preghiamo, e anche tutto ciò che abbiamo ricevuto prima di pregarti, l'abbiamo ricevuto da te, e l'averlo capito è anch'esso un dono tuo.

Ho detto che non sono mai stato ubriaco, ma ho conosciuto degli ubriaconi, diventati poi sobri, per merito tuo.

È merito tuo se alcuni non siano diventati ciò che non furono mai, cioè ubriachi, come è merito tuo che altri non rimanessero sempre in quello stato, di ubriachi, in cui si trovavano.

Ed è ancora merito tuo se gli uni e gli altri hanno compreso che tutto ciò è opera tua.

Ho ascoltato ancora la tua voce che mi dice:

"Non seguire le passioni, poni un freno ai tuoi desideri" (Sir 18,30).

E per grazia tua ho udito anche quest'altra, che mi piace molto: *"né, se mangiamo, ne avremo vantaggio, né, se non mangiamo, veniamo a mancare di qualche cosa" (1Cor 8,8)*.

Il che vuoi dire: se mangio non divento più ricco, e se non mangio non divento più povero.

Ho udito anche quest'altra che dice: *"Ho imparato a bastare a me stesso in ogni occasione; ho imparato ad essere povero e ho imparato ad essere ricco; sono iniziato a tutto, in ogni maniera: alla sazietà e alla fame, all'abbondanza e all'indigenza. Tutto posso in Colui che mi dà forza" (Fil 4, 11-13)*. Ecco un vero soldato delle milizie celesti, e non polvere, come siamo noi. Ma tu, o Signore, *" ricordati che siamo polvere" (Sal 102,14)*, e che "dalla polvere hai formato l'uomo" *(cfr. Gn 3,19)*, e come *"si era perduto ed è stato ritrovato" (Lc 15, 24.32)*.

Neppure lui, l'Apostolo, trovò la forza in se stesso, perché anch'egli era polvere; e fu il tuo spirito a ispirargli quelle parole che amo tanto: "Tutto posso in Colui che mi dà forza".

Dà pure a me la forza, perché anch'io "possa tutto in te".

Dà ciò che comandi, e comanda ciò che vuoi.

Costui, l'Apostolo, riconosce di aver ricevuto e quindi dice: *"Chi si vanta si vanti nel Signore" (1Cor 1,31)*.

Ho ascoltato un altro che ti pregava così:

"Allontana da me la concupiscenza del ventre" (Sir 26,6).

Ne risulta, o santo Dio mio, che è dono tuo se facciamo quello che tu ci comandi di fare.

- 46. Mi hai insegnato, o Padre buono: *"Tutto è puro per i puri" (Tt 1,15)*, *"ma che è male per un uomo mangiare dando scandalo" (Rm 14,20)*.

Insegni ancora che tutte le tue creature sono buone, *"e nulla è da scartarsi, quando si prende con rendimento di grazie" (1Tm 4,4)*.

E ancora: *"Non è certo un alimento ad avvicinarsi a Dio" (1Cor 8,8)*, *"e che nessuno ci condanni più in fatto di cibo e di bevanda" (Col 2,16)*.

"Colui che mangia - dice ancora l'Apostolo - *non disprezzi chi non mangia" (Rm 14,3)*.

Ti ringrazio, o Dio mio, per avermi fatto ascoltare queste parole.

Ti lodo, o mio maestro, "hai bussato alle mie orecchie" *(cfr. Ap 3,20)*, hai illuminato il mio cuore. Liberami da ogni tentazione.

Non temo l'impurità delle vivande, ma quella del desiderio.

So che a Noè fu concesso di mangiare ogni specie di carne che potesse essere utile al suo nutrimento.

Ad Elia "i corvi gli portavano pane al mattino e carne alla sera" *(cfr. Gn 9,2 e ss.)*; Giovanni Battista, vissuto in grande austerità, non venne contaminato dall'aver mangiato le locuste *(cfr. Mt 3,4)*.

Esaù fu vinto dalla gola per un piatto di lenticchie *(cfr. Gn 25,34)*. David si rimproverò di aver desiderato dell'acqua *(cfr. Sam 23,15-17)*. E il nostro Re, Gesù, venne tentato non dalla carne ma dal pane *(cfr. Mt 4,3)*. E il popolo ebreo, errante nel deserto, meritò un rimprovero, non per aver desiderato di mangiare carne, ma per aver mormorato contro Dio spinto da tale desiderio *(cfr. Nm 11,1-20)*.

- 47. Tormentato da queste tentazioni, combatto ogni giorno contro l'avidità di mangiare e di bere.

Purtroppo qui non mi è possibile decidere di troncare del tutto il mangiare e bere, come feci quando lasciai la concubina e decisi di non sposare.

Devo tenere a freno la mia gola, regolandomi nel mangiare.

Ma chi è, o Signore, che qualche volta non si lasci trascinare oltre il limite del necessario?

Chi ne è capace ringrazi e magnifichi il tuo nome.

Io non lo sono, *"perché sono un povero peccatore" (Lc 5,8)*. Anch'io, però, voglio magnificare il tuo nome, *"perché intercede presso di te per i miei peccati" (Rm 8,34)*, *"Colui che ha vinto il mondo" (Gv*

16,33), "e mi ha annoverato fra le membra inferme del suo corpo" *(cfr. 1Cor 12,12.22.; Rm 12,15)*.

Infatti, *"ancora informe mi hanno visto i tuoi occhi, e tutti veniamo iscritti nel tuo libro" (Sal 138,16)*.

32. Le tentazioni dell'odorato

32. 48. La tentazione dell'odorato non mi preoccupa troppo.

Non cerco profumi quando non ci sono, e non mi curo di sfuggirli quando ci sono.

Son disposto a farne sempre a meno.

Almeno così mi sembra. Forse mi sbaglio. Non ho le idee chiare, la mia mente infatti è soggetta a nebulosità che l'avvolgono, tanto che il mio animo dubita di potersi fidare di se stesso quando s'interroga sulle proprie capacità di discernimento.

A volte gli rimane nascosto anche ciò che è in lui, se non fosse poi l'esperienza a farglielo conoscere.

Nessuno può sentirsi sicuro in questa vita, la quale, come viene detto: *"è una continua prova" (Gb 7,1)*.

Sì, un malvagio può diventare migliore, ma da migliore può di nuovo diventare malvagio.

L'unica speranza, l'unica fiducia, l'unica promessa sicura è la tua misericordia.

33. Le tentazioni dell'udito

33\. 49. I piaceri dell'udito mi hanno avvinto e soggiogato tenacemente. Ma tu me ne hai liberato.

Adesso, quando vengono cantate delle melodie che danno armonia alle tue parole, con voce soave e delicata, lo confesso, mi lascio prendere dal piacere di ascoltarle, non però da rimanerne schiavo, e quando voglio me ne libero.

Tali melodie e le parole alle quali danno vita quando mi entrano dentro, avrebbero bisogno di trovare nel mio cuore un posticino adatto alla loro sublimità, mentre io offro appena quel poco che ho.

Sì, a volte mi sembra di tributare a queste melodie un omaggio più del dovuto; ma cosa posso farci? Quelle sante parole, cantate soavemente in quel modo, toccano tutti i sentimenti del mio animo, e m'infiammano di amore ardente, certamente assai di più di quando vengono semplicemente recitate senza canto.

Quella voce che canta tocca le corde affettive del mio animo, in un modo misterioso, e infervora la mia preghiera.

Spesso il piacere sensitivo che provo sovrasta il fervore e lo spirito di pietà. Sarebbe più ragionevole guidare e indirizzare bene questi sentimenti che suscita il canto.

Così mi sembra di peccare comportandomi in questo modo, senza avvedermene, però. Dopo me ne accorgo e ci rifletto.

- 50. A volte pecco di eccessiva severità, assai di rado però, per evitare che venga solleticato da questo piacere sensibile.

E vado pensando se sarebbe meglio per me e per la Chiesa se i salmi di David non venissero più cantati in quel modo, con quelle melodie troppo soavi e commoventi.

Penso allora, in quei momenti, che sia più adatto il metodo che ho sentito venisse usato dal vescovo di Alessandria, Atanasio: voleva che si leggessero i salmi con una modulazione di voce così leggera, da sembrare più una recitazione che un canto.

Ma quando ripenso alle lacrime che versai a Milano, agli inizi della mia conversione, ascoltando in chiesa il canto melodioso dei salmi, e alla commozione che ancora oggi provo ascoltando quelle sante parole cantate con voce soave, riconosco senz'altro la grande utilità di questo metodo.

Certamente sono le parole più che il canto a commuovermi.

Così ondeggio tra il pericolo che può suscitare il piacere sensibile delle melodie cantate, e il bene invece che tali melodie possono arrecare.

Non intendo emettere un giudizio irrevocabile; però protendo per l'uso del canto in chiesa, in quanto può aiutare le anime deboli e suscitare in loro sentimenti di vera pietà.

In quanto a me, quando mi succede di essere preso più dalla melodia che dalle parole, riconosco il mio peccato e mi punisco evitando di ascoltare quelle melodie.

Son fatto cosi! Piangete con me e per me, voi che siete buoni e fate del bene a voi e agli altri.

Coloro infatti che non fanno il bene, non si sentono commuovere dalle mie parole.

"Ma tu o Signore Dio mio, ascolta, rispondimi, vedi la mia miseria e donami salvezza" (*Sal 12,4; 79,15; 9,14*).

Ecco ho posto innanzi a te questi problemi, purtroppo questa è la mia debolezza.

34. Le tentazioni degli occhi

34. 51. Resta il piacere che si prova guardando con gli occhi.

Me ne confesso, e tu ascoltami nel tempio tuo santo; siano le tue orecchie "fraterne" e pietose nell'ascoltarmi.

Vorrei concludere la rassegna delle tentazioni della concupiscenza della carne, che ancora pulsano in me e mi fanno gemere.

Bramo rivestirmi della mia abitazione che è nel cielo.

Gli occhi amano vedere le belle forme, la varietà dei colori luminosi e attraenti.

Non vorrei che la mia anima venisse lusingata da queste cose.

Sia invece lui, il mio Dio, ad attirarla a sé, lui che ha fatto così belle queste cose.

È lui il vero mio bene, non queste cose effimere.

Esse, però, tutti i giorni sono davanti ai miei occhi quando sono sveglio, e non mi danno tregua, quella tregua, invece, che posso ottenere quando sono solo, evitando di ascoltare i canti o altri suoni. La stessa regina dei colori, la luce del sole, mi raggiunge e mi accarezza soavemente ogni giorno, ovunque mi trovi, quando irraggia su tutte le cose che vediamo, anche se non penso direttamente a lei. Si insinua in me in tal modo che, se a volte viene a mancare all'improvviso, spasimo dal desiderio di rivederla, e soffro se la sua assenza dura a lungo.

- 52. O luce che vedeva Tobia, quando, benché cieco, indicava al figlio la via della vita e lo precedeva nell'esercizio della carità.

O quella che vedeva Isacco con occhi indeboliti dalla vecchiaia, quando meritò di riconoscere i figli benedicendoli, e non di benedirli dopo averli riconosciuti.

O la luce che ebbe Giacobbe, anch'egli vecchio e quasi cieco, quella che illuminò il suo cuore e gli fece vedere il futuro dei suoi figli, e, imponendo le mani sui due figli di Giuseppe, le pose, misteriosamente, in forma incrociata, nonostante i tentativi di Giuseppe di correggerlo, mentre egli vedeva con sicurezza il futuro dei due nipoti.

Questa è la vera luce, l'unica luce, che riunisce in unità tutti coloro che la vedono e l'amano.

Invece la luce dei nostri occhi corporali, di cui parlavo, lusinga e colpisce di perniciosa dolcezza la vita dei ciechi amanti di questo mondo.

Da quando hanno iniziato a lodarti per essa, come Ambrogio, "*o Dio, creatore dell'universo*" *(Ambrogio, Hymni 4,1)*, essa è divenuta motivo dominante dei loro inni; mentre per altri è divenuta motivo di errore nella loro insipienza, come i manichei che adorano il sole.

Vorrei essere cantore della luce come il santo Ambrogio.

Resisto pertanto alle seduzioni degli occhi perché i miei piedi non rimangano impigliati, mentre procedo per la tua via ed innalzo a te i miei occhi: *"Tengo i miei occhi rivolti al Signore, perché liberi dal laccio il mio piede" (Sal 24,15)*.

E avviene spesso che tu me ne liberi, perché spesso, purtroppo, ne rimango impigliato.

Tu non ti stancare di liberarmene, perché questi lacci sono sparsi ovunque e io facilmente ci cado: *"poiché tu non prendi sonno, tu non ti addormenterai, o custode di Israele" (Sal 120,4)*.

- 53. Sono innumerevoli le cose che gli uomini, con la loro arte, con le loro mani, hanno aggiunto a ciò che già vediamo con i nostri occhi, e che vanno oltre il necessario e pio uso religioso: pensiamo alle vesti, alle calzature, ad altri manufatti, alle pitture, ai vasi, di ogni forgia e colore. Tutto per soddisfare l'umana fragilità degli sguardi.

Vanno appresso a ciò che è opera delle loro mani, e abbandonano Colui dal quale sono stati fatti, distruggendo interiormente quello di cui sono fatti.

Ma io, o mio Dio e mio vanto, anche per questo elevo un inno a te, *"a te offrirò sacrifici di lode"* *(Sal 115,17)*, a te che ti sei sacrificato per me.

Non è forse vero che la bellezza che produce la mano dell'artista, e che emana dal suo animo, è tuo dono, e che deriva da quella bellezza che supera ogni animo, quella bellezza alla quale la mia anima *"sospira giorno e notte?"* *(Sal 1,2)*.

Ma gli artisti e i cultori dell'arte si curano solo di ricavarne ammirazione per la loro forma esteriore, per la bellezza estetica e per il loro valore, e non si curano tanto di ricavare buon uso dalle loro opere.

Eppure lo potrebbero, ma non ci pensano, altrimenti non disperderebbero lontano da te la loro bravura invece di affidarla a te che sei la loro forza e non la sprecherebbero in vane dilettevoli fatiche.

Eppure io stesso che parlo di queste cose e le giudico, immetto il mio piede nel laccio di queste bellezze effimere.

Tu, o Signore, libera il mio piede da questi lacci, *"poiché la tua misericordia è davanti ai miei occhi"* *(Sal 25,3)*.

Facilmente e miseramente mi lascio prendere, e tu con pazienza e misericordia me ne liberi, a volte senza avvertire nessuno strappo, perché vi camminavo sopra con i piedi leggeri, sospesi; altre volte invece ho avvertito il dolore, perché i miei piedi erano già avvinti dai lacci.

35. Le tentazioni della curiosità

35. 54. Passiamo adesso a un altro tipo di tentazioni, ancora più pericolose per diversi motivi.

Oltre, infatti, la "concupiscenza della carne", che consiste nel piacere di tutti i sensi e che procura voluttuose soddisfazioni a tutti coloro che vogliono perire lontano da te, esiste nell'anima un certo desiderio voluttuoso, che pur passando attraverso i sensi corporali, non cerca tanto i piaceri della carne, ma viene attratto da vane curiosità, ammantate del nome di cultura e di scienza.

Per mezzo dell'apostolo Giovanni, oracolo della tua parola, l'hai chiamata *"concupiscenza degli occhi" (1Gv 2,16)*.

Veramente gli occhi sono il senso principale della conoscenza e lo strumento che ci aiuta a soddisfare la nostra innata curiosità.

È una facoltà propria degli occhi quella di "vedere".

Tuttavia usiamo questo termine "vedere" anche per altri sensi per meglio specificare la nostra conoscenza.

Infatti, non diciamo mai "ascolta come luccica", oppure. "odora come brilla" - "assaggia come splende" "tocca come rifulge". Ma in tutti i sensi si usa "vedi".

Lasciamo stare ciò che è proprio degli occhi quando diciamo "vedi come luccica", usiamo dire anche: "vedi come suona" - "vedi come odora" - "vedi come è gustoso" - "vedi quanto è duro". Perciò tutto ciò che sperimentiamo con i sensi viene chiamato, come ho detto, "concupiscenza degli occhi", perché il "vedere", benché sia proprio degli occhi, per analogia viene applicato anche agli altri sensi quando li usiamo per meglio conoscere le cose.

- 55. Da quanto abbiamo detto appare evidente la differenza tra il "piacere" dei sensi e la "curiosità".

Il piacere dei sensi consiste in questo: gli occhi hanno piacere nel vedere cose belle, l'udito ha piacere nell'ascoltare i canti, l'odorato nella fragranza dei profumi, il gusto nell'assaporare cibi deliziosi, il tatto nel toccare corpi delicati.

La curiosità viene spinta dalla bramosia di conoscere, di sperimentare, cose contrarie anche allo stesso piacere dei sensi, incurante di subirne qualche molestia.

Per esempio, che piacere si può provare dinanzi a un cadavere già in putrefazione? Eppure tutti corrono a vedere, inorridiscono, impallidiscono. Temono anche di sognarlo la notte.

Ma chi li ha costretti ad andare a vederlo? C'era forse qualcosa di bello, di attraente da vedere?

E ciò vale per tutti gli altri sensi del nostro corpo. Sarebbe troppo lungo farne l'elenco.

Per soddisfare la curiosità si allestiscono spettacoli di varietà e di ogni genere di stravaganze, si indagano i misteri della natura, ma solo spinti dalla curiosità, così si va in cerca della scienza attraverso le arti magiche, e ancora, nel campo della fede si tenta Dio stesso, chiedendo "segni e prodigi", non per ottenere beneficio di salvezza, ma solo per la curiosità di vedere cose strabilianti.

- 56. In questa immensa selva piena di insidie e di pericoli, ecco sono riuscito a sfrondare molto e a ripulire il mio cuore, perché tu me l'hai concesso, *"Dio della mia salvezza" (Sal 17,47;37,23)*.

Tuttavia, come potrei dire, quando ogni giorno sono circondato da tanti richiami di ogni genere, come potrei affermare di essere immune da qualsiasi allettamento e vana curiosità?

Sì, adesso non mi attirano più gli spettacoli teatrali, né mi curo più di conoscere il movimento delle stelle, non ho mai cercato di rivolgermi ai negromanti per attendere il responso dei morti, detesto qualsiasi rito sacrilego.

Eppure, quanti tentativi fa il nemico per spingermi a chiedere a te qualche segno, a te, o Signore Dio mio, a cui devo se mi hai concesso di svolgere questo servizio in umiltà e semplicità.

Perciò, ti supplico in nome del nostro Re e della nostra patria Gerusalemme, semplice e casta, di tenermi sempre più lontano da queste suggestioni, come mi hai tenuto lontano fino al presente.

Quando, invece, ti prego per la salvezza di qualcuno è ben altro il fine che mi propongo, dammi allora di fare ciò che tu vuoi fare, e dammi la volontà di eseguirlo volentieri.

- 57. Ma chi può dire ed enumerare tutte le occasioni che ogni giorno la curiosità ci pone davanti, riguardanti cose di nessun conto, a volte ridicole?

E noi spesso ci lasciamo attrarre.

Quante volte ci fermiamo ad ascoltare discorsi sciocchi, e per non offendere quel poverino che racconta indugiamo più del dovuto a sentirlo parlare.

Non vado più al circo ad assistere alla corsa del cane dietro la lepre. Ma, se mi trovo a passare per la campagna mentre c'è una battuta di caccia alla lepre, certamente mi attira e mi distrae, e pur senza fermare la mia cavalcatura e volgermi ad osservare, vi assisto interiormente con l'attenzione del cuore.

E se tu non intervenissi col suggerirmi di pensare a ben altro, conoscendo la mia innata debolezza, e non mi spronassi a seguitare il viaggio, forse rimarrei lì, incantato, ad osservare la scena.

E quando sono in casa, non perdo forse tempo a guardare una tarantola a caccia di mosche, o un ragno intento a impigliarle nella sua rete?

Forse qui, poiché gli animali sono piccoli, non è lo stesso che assistere alla caccia della lepre?

Sì, mi distraggo subito da queste cose e cerco di elevare la mia mente a te per lodarti, tu creatore mirabile e ordinatore di tutte le cose; ma lì per lì, all'inizio, mi prende una certa curiosità.

Importante è decidersi subito e non lasciarsi incantare.

Ecco, la mia vita quotidiana è piena di queste occasioni, e l'unica mia speranza è riposta nella "tua grande misericordia”.

Quando il nostro cuore e la nostra fantasia sono pieni di simili cose e di insulsi pensieri, anche le nostre preghiere vengono turbate e distolte; e mentre, innanzi a te, eleviamo la voce del nostro cuore, perché tu possa ascoltarci, una folla di vani pensieri ci invade, senza sapere da dove provengono, e allora, addio la nostra attenzione e il nostro fervore.

36. Le tentazioni dell’ambizione

36. 58. Forse anche questa è da considerarsi una colpa di poco conto, oppure c’è altro che possa darci speranza all’infuori della tua misericordia, che ho già sperimentato all’inizio della mia conversione?

E tu conosci quanto hai operato in me: prima mi hai sanato dalla voglia di giustificarmi, poi *“hai perdonato tutte le altre mie colpe, hai guarito tutte le mie malattie, hai salvato dalla fossa la mia vita, e mi hai coronato di grazia e di misericordia”* (*Sal 102,3*). Hai abbassato con il tuo timore la mia superbia, e sottomesso al tuo giogo la mia cervice.

Ecco lo porto su di me e mi sembra leggero, come tu hai promesso e hai fatto. Ed era così anche prima, ma io non lo sapevo e anzi lo temevo.

L’orgoglio

59. Dunque, o Signore, tu che sei il vero e solo Signore, che domini senza arroganza, e non hai altro signore sopra di te, è possibile che sia cessato in me

questo terzo genere di tentazioni, cioè "la superbia della vita", o possa cessare per sempre finché vive il desiderio di voler essere temuto e amato dagli uomini, per il solo fatto di provarne compiacenza, se si può dire compiacenza?

Che misera vita, che sporca arroganza!

Da qui, soprattutto, deriva il fatto che non ti amiamo, e non ti temiamo con semplicità di cuore; perciò *"tu resisti ai superbi e dai la grazia agli umili"* *(Gc 4,6; 1Pt 5,5)*, *"tuoni dal cielo"* *(cfr. Sal 17,14)*, *"sopra gli ambiziosi amanti di questo mondo"* *(cfr. 1Gv 2,16)*, *"e tramano e vacillano le fondamenta dei monti"* *(Sal 34,21; 39,16; 69,4)*. Ed io, che a motivo del ministero che svolgo, devo a volte farmi temere e amare dagli altri, vengo assalito dall'avversario della nostra vera felicità, il quale sparge sul mio cammino dei lacci, dicendomi con scherno: "Bravo Bravo! Ho visto che sei bravo". Così, mentre raccolgo avidamente questi complimenti, incautamente mi lascio lusingare da essi, e mi compiaccio più delle lodi menzognere degli uomini che non della tua verità, e godo di essere amato e temuto non per la tua gloria, ma al posto tuo. In questo modo il nemico infernale vuol farmi simile a lui, e portarmi non verso la fiamma della carità ma verso la fiamma del supplizio, nella sua casa, che egli ha posto *"nelle parti più remote del settentrione"*[2].

---

[2] cfr. Is 14, 13. L'aquilone è il settentrione, da dove soffia il vento freddo di tramontana. Le regioni nordiche, per il freddo, simboleggiano il demonio, assolutamente privo del fuoco della carità.

Con queste tentazioni egli ci conduce per vie distorte a seguirlo e a servirlo in quelle regioni fredde e tenebrose, che egli aveva tentato di scalare per farsi simile a te.

Ma noi, Signore, ecco, siamo il tuo piccolo "gregge", tuo possesso. Distendi le tue ali e noi ci rifugiamo sotto di esse.

Tu sei la nostra gloria; se veniamo amati sia per te, perché siamo tuoi, se veniamo temuti sia a motivo della tua parola che annunciamo.

Chi vuole essere lodato dagli uomini viene vituperato da te, e non potrà essere difeso dagli uomini quando tu lo giudicherai, né essere liberato quando tu lo condannerai.

Quando un *"empio viene lodato non per le sue brame e l'iniquo viene benedetto non perché disprezza Dio"* *(Sal 9,24)*, ma viene lodato per qualche dono che tu gli hai dato, se costui si compiace più di essere lodato come uomo che non per il dono ricevuto, e per il quale viene lodato, viene vituperato da te anche se è lodato dagli altri.

E certamente colui che loda è migliore di colui che viene lodato.

Il primo si compiace di riconoscere un dono di Dio nell'uomo; l'altro, invece, si compiace per il dono di un uomo, la lode, piuttosto che del dono ricevuto da Dio.

37. Le tentazioni delle lodi degli uomini

37. 60. Siamo sottoposti a queste tentazioni ogni giorno, o Signore, senza tregua. È un crogiuolo continuo per noi la lingua degli uomini. *"Come il crogiuolo è per l'argento e il fornello per l'oro, così l'uomo rispetto alla bocca di chi lo loda"* (Pr 27,21).

Anche qui tu ci comandi la continenza, la mortificazione: dà, allora, ciò che comandi, e comanda ciò che vuoi.

Tu conosci i gemiti del mio cuore e il fiume delle mie lacrime.

Non è facile capire se sono mondato da questa peste, e molto temo delle mie inavvertenze che certamente tu conosci e io non vedo.

In ogni altro genere di tentazioni mi è facile esaminarmi, mentre in queste mi è quasi impossibile.

Riguardo al piacere dei sensi e alla vana curiosità di sapere posso vedere quali progressi ho fatto nel tenere a freno il mio animo, sia quando me ne privo volontariamente, sia quando mi vengono a mancare le occasioni.

Mi esamino allora se mi dà fastidio il non averli.

Riguardo alle ricchezze, che si cercano appunto per soddisfare una o due o tutte e tre le "concupiscenze", quella della carne, quella degli occhi e la superbia della vita, finché le abbiamo non è chiaro se si amano o si disprezzano, solo quando ci vengono a mancare veniamo messi alla prova.

Riguardo alle lodi come privarcene per sperimentare la nostra capacità di resistenza?

Dovremmo forse condurre una vita da malvagi, da cattivi, così da essere disprezzati da chi ci vede? Ma questa sarebbe una follia! Si può immaginare una cosa del genere?

Se lo scopo della lode è quello di magnificare una vita buona e onesta e santa, non bisogna rinunciare alla lode né a una vita buona onesta e santa. Certo, per sapere se la lode mi fa piacere o no, lo vengo a conoscere solo quando mi manca

- 61. Cosa devo dunque confessarti, o Signore, riguardo a questo genere di tentazioni?

Non c'è dubbio che amo essere lodato. Però mi compiaccio più della verità che non delle lodi.

Se mi si proponesse, per esempio, di diventare ladro e di commettere ogni genere di scelleratezze per ricevere lodi e plauso dagli uomini, preferirei rimanere saldo nella verità, a costo di venire biasimato da tutti. Non c'è dubbio in questo. Però vorrei che le parole di lode nulla aggiungessero alla gioia che provo per il bene compiuto.

E invece, sì, lo confesso, le parole di lode aggiungono compiacimento a compiacimento, mentre le critiche mi demoralizzano.

Soffro, purtroppo, di queste miserie, e sono tentato di scusarmi, ma non so in che modo: *"Tu, o Dio, conosci la mia stoltezza"* *(Sal 68,6)*. Tu, è vero, ci hai comandato la continenza, cioè di contenere il nostro amore verso alcune cose. Ma ci hai comandato anche la giustizia, cioè di indirizzare il nostro amore verso gli altri: infatti hai voluto che oltre te amassimo anche il nostro prossimo.

Ebbene, mi capita di rallegrarmi per il progresso e le buone disposizioni che avverto nel mio prossimo, e giustamente mi diletto di una lode che mi fa una persona intelligente, che ha compreso bene le mie parole; mentre mi rattristo quando qualcuno critica, e quindi rimane nell'errore, perché non conosce la verità che io espongo, o non comprende la bontà delle mie parole.

Inoltre rimango dispiaciuto quando vengo lodato per delle qualità che io stesso non approvo in me, anzi riprovo, o per delle lodi che vengono stimate più di quel che valgono.

Ma, anche qui, come posso sapere se questo dispiacere deriva dal fatto che non sopporto che chi mi loda abbia un'opinione diversa da quella che ho io di me stesso, e quindi non sono mosso dal desiderio del suo bene, o non piuttosto dal fatto che quelle doti che piacciono anche a me mi danno maggiore soddisfazione se vengono lodate dagli altri?

In un certo senso, io non vengo lodato, perché non viene lodato il concetto che io ho di me stesso; perché allora, o vengono lodate cose che a me dispiacciono o vengono lodate più del necessario cose che a me piacciono poco

Cosa fare? Rimango incerto su questo punto.

- 62. Ecco, in te che sei la Verità capisco che le lodi che ricevo devono servire per l'utilità del prossimo e non per la mia. Se sia veramente così non lo so. Tu mi conosci meglio, in questo, di quanto lo possa conoscere io. Ti prego, o Dio mio, fa che io conosca meglio me stesso, in modo che possa confessare ai miei fratelli ciò che trovo ancora di malato in me, e a invitarli a pregare per la mia guarigione. Anch'io mi esaminerò con maggior diligenza. Se è l'utilità del prossimo a farmi accettare con piacere le lodi che ricevo, perché quando uno riceve un'offesa ne soffro di meno di quando l'offesa invece è rivolta a me? E perché mi sento ribollire il sangue per un'offesa che mi viene scagliata in faccia, più ancora se quella stessa offesa è lanciata contro un altro?

Non riesco a capire nemmeno questo. Non è forse perché *"io inganno me stesso, m'illudo" (cfr. Gal 6,3)*, oppure *"mentisco e non metto in pratica la verità" (cfr. 1Gv 1,6; Gv 3,21)* innanzi a te, né col cuore né con la lingua?

Allontana da me, o Signore, questa stoltezza, perché *"l'olio dell'empio non sia sulla mia bocca per ungere il mio capo" (Sal 140,5)*.

38 Le tentazioni della vanagloria

38.63. "Io sono povero e indigente". Mi sento meglio quando, disgustato di me stesso, in silenzio rivolgo a te il mio gemito e invoco la tua misericordia, fino a quando tu non restauri ciò che è manchevole in me e non completi in me quella pace, che mente superba non può comprendere.

I discorsi che faccio e le azioni che compio colpiscono chi ascolta e chi vede e sono per me tentazioni pericolosissime per la compiacenza delle lodi, quasi fossi lì a mendicare applausi per ricavarne chissà che onore.

Questa vanagloria mi tenta anche quando la riprovo dentro di me, e proprio per il fatto stesso di riprovarla.

E spesso, per colmo di vanità, mi glorio per questo disprezzo che provo per la vanagloria; pertanto non mi glorio più per il disprezzo in sé della gloria. Infatti, non si può disprezzare la gloria quando ci si gloria di essa.

39. Tentazioni di compiacenza personale

39. 64. Dentro di noi, nel nostro intimo, esiste un altro genere di tentazione, non meno maligno delle altre: la vana compiacenza di se stessi. E ciò indipendentemente dalle lodi e dal disprezzo degli altri.

Ma costoro che si compiacciono di se stessi dispiacciono molto a te, non solo per quelle doti insulse che credono di avere e delle quali si pavoneggiano, ma anche per quei doni ricevuti da te e che ritengono come qualità personali, o se li riconoscono come tuoi li attribuiscono ai loro meriti; oppure credono sinceramente che sono opera della tua grazia, però se li godono egoisticamente per sé e non li mettono a servizio dei fratelli.

In mezzo a tutte queste tentazioni e travagli di

ogni genere, vedi quale tremore invade il mio cuore! Pensaci tu a guarire le mie ferite, subito, prima che io me ne procuri delle altre.

40. Riassunto della sua ricerca di Dio

40. 65. O Verità, tu hai camminato sempre al mio fianco e mi hai insegnato ad evitare ciò che dovevo evitare e ricercare ciò che dovevo ricercare mentre io ti esponevo il mio debole parere, come mi era possibile, e ti chiedevo consiglio.

Ho perlustrato con i sensi le cose visibili del mondo, ho esaminato la vita del mio corpo e gli stessi miei sensi. Poi sono entrato nei recessi della mia memoria, un'infinità di cavità ripiene di straordinarie dovizie: ho considerato "la tua opera e sono rimasto sbigottito".

Non ho potuto capirci nulla senza il tuo aiuto, ma questo ho capito: che nessuna di quelle cose potevi essere tu. E nemmeno io, io stesso che andavo vagando in mezzo a tutte queste cose, e tentavo di distinguerle e catalogarle secondo il loro valore; alcune le percepivo attraverso i sensi e le interrogavo, altre le sentivo un tutt'uno con me stesso.

Ho esaminato e classificato gli stessi sensi quindi, lì, dentro i vasti reconditi della memoria, ho rovistato tutte quelle dovizie, tirandone fuori alcune, lasciando le altre al loro posto.

Ebbene, io stesso, che mi davo da fare in tutto questo lavorìo, io, con tutto il rigore o la capacità che ci mettevo, ebbene, nemmeno io ero "Tu".

"Tu solo sei la luce vera, indefettibile" (Gv 1,9; 8,12.46; 1Gv 1,5).

In questa luce io esaminavo tutte le cose: la loro esistenza, il loro valore, la loro natura.

Io ascoltavo il tuo insegnamento e il tuo comando.

E così faccio spesso; vi trovo immensa gioia, e mi rifugio in questo intimo colloquio con te ogni volta che posso liberarmi dalle occupazioni necessarie.

In tutte le cose che vado esaminando e sulle quali chiedo il tuo parere, non trovo un posto tranquillo per l'anima mia. Solo in te trovo riposo.

In te mi sento sicuro, in te raccolgo tutte le mie facoltà, e niente può allontanarmi o distrarmi da te.

Talvolta, durante questi colloqui intimi, mi introduci in un'atmosfera carica di affetto interiore, ove si respira un'immensa dolcezza che mi rapisce, e se dovesse raggiungere la sua perfezione in me, non saprei come definirla, ma non è certo questa vita terrena.

Purtroppo, però, questi istanti durano poco; ritorno a questa dura realtà, ricado sotto il peso degli affanni terreni, vengo riassorbito e trattenuto dalle solite attività, piango molto, fin troppo ne sono assillato.

Non è da tenere in poca considerazione la forza dell'abitudine. Qui potrei stare, ma non voglio, là vorrei stare, ma non posso. E questo il mio tormento.

41. Verità e menzogna inconciliabili

41. 66. Passai quindi a considerare la rilassatezza dei miei peccati nella triplice tentazione della concupiscenza, e invocai la tua destra perché venisse a salvarmi e a "*guarire tutte le mie malattie*" *(cfr. Sal 102,3)*.

Col cuore ferito ho visto il tuo splendore, ne sono rimasto abbagliato e mi son detto: "chi può raggiungerlo?". Dicevo infatti: *"Sono escluso dalla tua presenza"* *(Sal 30,23)*.

"*Tu sei la verità*" *(cfr. Gv 14,6)* che presiede e regna su tutto.

Io, però, nella mia ristrettezza mentale non volevo perderti, e nello stesso tempo, insieme a te, possedere anche la menzogna.

Nessuno infatti vuoi dire il falso senza che lui stesso non sappia cosa sia la verità.

E così ti persi, perché tu non accetti di convivere con la menzogna.

42. Falsi mediatori tra Dio e gli uomini

42. 67. Chi avrei potuto trovare per riconciliarmi con te? Dovevo forse ricorrere alla mediazione degli angeli? Ma, con quali preci, con quali riti?

Molti hanno tentato di ritornare a te, e consapevoli della loro impotenza, come ho sentito dire, hanno cercato l'aiuto degli angeli, ma sono andati a finire nel desiderio di avere visioni, in vane allucinazioni, in morbose curiosità e superstizioni.

Erano infatti degli esaltati e ti cercavano sfoggiando il fasto della loro dottrina.

Avrebbero fatto meglio a battersi il petto.

E per affinità con il loro cuore superbo hanno chiamato come socio e alleato della loro fallace ricerca *"il principe delle potenze dell'aria"* (Ef 2,2), lasciandosi ingannare dai suoi poteri magici.

Cercavano un mediatore per essere purificati, ma come poteva esserlo lui, il diavolo, anche se è capace *"di mascherarsi in angelo di luce?"* (2Cor 11,24).

Pur non avendo un corpo di carne, il diavolo riuscì a rendere superba la loro carne[3].

Erano infatti esseri mortali e peccatori, mentre tu, o Signore, con cui volevano riconciliarsi, ma con superbia, sei immortale e senza peccato. Era necessario che il "Mediatore tra Dio e gli uomini" avesse qualcosa in comune con Dio e qualcosa in comune con gli uomini, perché essendo solo uomo sarebbe stato lontano da Dio, ed essendo solo Dio sarebbe stato lontano dagli uomini, e non avrebbe potuto fungere da Mediatore.

Ma quel falso mediatore, il diavolo, che tu per i tuoi imperscrutabili disegni, lasci illudere nella sua superbia, possiede solo una cosa in comune con gli uomini: il peccato.

---

[3] Qui Agostino allude ai neoplatonici, filosofi spiritualisti, che lo avevano aiutato a superare il materialismo, ma che, riguardo alla mediazione tra l'uomo e Dio, dissero sciocchezze. I mediatori, per loro, sono i dèmoni (potenze dell'aria) che, dicono, partecipano di Dio e dell'uomo, ma non sono né dèi né uomini. Allora se non sono né dèi né uomini come fanno ad essere mediatori?

Vorrebbe far credere di avere anche qualcosa in comune con Dio: l'immortalità, poiché non è rivestito di carne mortale.

Ma siccome *"il salario del peccato è la morte"* *(Rm 6,23)* anche questo ha in comune con gli uomini: la morte e quello di essere condannati insieme alla morte eterna.

43. Il vero Mediatore: Cristo Gesù

43. 68. Il vero Mediatore, che nella tua mirabile misericordia, hai rivelato agli uomini e lo hai inviato a loro, perché sul suo esempio imparassero ad essere umili, *"questo mediatore tra Dio e gli uomini è Cristo Gesù"* *(1Tm 2,5)*.

È apparso tra loro "uomo mortale" tra uomini peccatori, e "giusto immortale": "mortale" come gli uomini, "immortale" come Dio, affinché, essendo la giustizia il prezzo della vita e della pace, per mezzo della giustizia unita a Dio, egli distruggesse la morte, che aveva in comune con loro, per donare ai peccatori la giustificazione. Egli si rivelò ai santi dell'Antico Testamento, perché fossero salvati dalla fede nella sua futura passione, come noi veniamo salvati dalla fede nella sua passione ormai avvenuta. Intanto è Mediatore in quanto è uomo, in quanto, invece, è Verbo, non è intermediario, essendo "*uguale a Dio*" *(cfr. Fil 2,6)* e *"Dio presso Dio"* *(Gv 1,1)*, e insieme sono l'unico vero Dio.

- 69. Quanto ci hai amato, o Padre buono!

"Non hai risparmiato il tuo proprio Figlio, ma per noi empi lo hai lasciato condannare" (Rm 8,32).

Quanto ci hai amato! Per noi egli *"non considerò un tesoro geloso la sua uguaglianza con te, ma si è fatto ubbidiente fino alla morte di croce"* (Fil 2,6.8).

Lui, l'unico ad essere libero *"tra i morti che giacciono"* (Sal 87,6), lui *"che ha il potere di offrire la sua vita e il potere di riprenderla di nuovo"* (Gv 10,18), vincitore e vittima, vincitore perché vittima, divenuto per noi sacerdote e sacrificio, sacerdote perché sacrificio.

Da servi ci ha fatto diventare figli, nascendo da te e facendosi nostro servitore!

Giustamente la mia speranza è tutta riposta in lui, perché per mezzo suo *"puoi risanare tutte le mie infermità"* (Sal 102,3), per lui *" che siede alla tua destra e intercede per noi"* (Rm 8,34).

Se non ci fosse lui sarei senza alcuna speranza.

Infatti, sono molte e molto grandi le mie debolezze, sì, molte e molto grandi, ma più grande è la tua medicina.

Avremmo potuto pensare che il tuo Verbo fosse lontano dalla natura umana, e quindi disperare di noi; invece *"il Verbo si fece carne e venne ad abitare in mezzo a noi"* (Gv 1,14).

- 70. Atterrito dai miei peccati e dalla mole della mia miseria, progettavo in cuor mio e pensavo di ritirarmi in solitudine. Ma tu me lo impedisti e mi confortasti dicendo: *"Per questo Cristo è morto per tutti, perché quelli che vivono non vivano più per se stessi, ma per Colui che è morto per loro"* (2Cor 5,15).

Ecco, o Signore, *"getto in te il mio affanno"* (Sal 54,23), perché io viva, e perché *"veda le meraviglie della tua legge"* (Sal 118,18).

Tu conosci la mia inesperienza e le mie infermità; *"insegnami a compiere il tuo volere"* (Sal 142,10), *"e risanami, o Signore"* (Sal 6,3).

Il tuo Figlio Unigenito, *"nel quale sono nascosti tutti i tesori della sapienza e della scienza", "mi ha redento con il suo sangue"* (Col 2,3).

"Non mi opprimano i superbi" (Sal 118,122), se penso al mio riscatto, se lo mangio, lo bevo e lo distribuisco, e se indigente, desidero saziarmi di lui insieme a tutti coloro che si nutrono di lui e rimangono saziati.

"Loderanno il Signore quanti lo cercano" (Sal 21,27).

LIBRO UNDICESIMO

SOMMARIO.

Il libro si apre con la meditazione sulla creazione: "In principio Dio creò il cielo e la terra". La creazione stabilisce il rapporto tra Dio e l'uomo: Dio creatore, uomo creatura, cioè il rapporto tra il tempo e l'eternità. L'universo creato porta l'"impronta" di Dio, l'uomo l'"immagine".

Chiedersi cosa facesse Dio "prima" di creare il mondo è una domanda fuori luogo; il "prima" e il "poi" appartengono al tempo, non a Dio, che è eternità. Immaginare Dio , immerso nel divenire, significa non aver compreso il significato dell'eternità e del tempo. Il tempo è stato creato con il mondo.

Il tempo sembra una questione ovvia, invece non lo è. In che cosa consiste il tempo? Come si misura? Il tempo nei suoi tre momenti di passato, di presente e di futuro, scorre e scompare; allora come lo misuriamo, se per misurare una cosa deve essere tutta davanti a noi? Per misurarlo bisogna superare i momenti del tempo materiale, il tempo dell'orologio, e arrivare dentro il nostro animo (nell'uomo interiore), dove si depositano tutti i momenti del tempo: il passato con il ricordo, il futuro con la tensione, il presente con l'attenzione. Nell'uomo interiore, l'uomo ha "coscienza", si accorge del divenire, perché sa che l'anima è spirituale ed è capace di raccoglierli nell'unità della persona.

Così, riunite le forze, l'uomo può dirigerle verso Dio, eterno e immutabile, creatore di tutti i tempi, che solleva gli umili e abbatte i superbi.

1. Perché mi confesso a te, o Signore

1. 1. Perché mi confesso a te, o Signore, e perché ti racconto tanti avvenimenti della mia vita?

Che forse tu, che sei l'Eterno, non li conosci già? Non li vedi forse man mano che si svolgono nel tempo? Non certo per farti conoscere quello che sono, quindi, ma per eccitare in me e in quelli che mi leggeranno sentimenti di riconoscenza e di affetto, e dirti insieme: *"Grande è il Signore e degno di ogni lode"* (Sal 47,1; 95, 4; 144,3).

Già l'ho detto e lo ripeto: è solo l'amore per te, che sei l'amore, che mi spinge a farlo.

Noi preghiamo, eppure il tuo Verbo, che è la verità, ha detto: *"Il padre vostro sa di quali cose avete bisogno, ancor prima che glielo chiediate"* (Mt 6, 8). Lo faccio dunque per manifestarti il mio affetto, e confessando a te le mie miserie riconosco la tua misericordia che è scesa su di me.

Nel mentre ti supplico di liberarmene del tutto e portare a termine l'opera che hai iniziato così da essere beato in te e non più infelice in me. Mi hai chiamato perché sia povero di spirito, mite, perché sia beato nel pianto, perché abbia fame e sete di giustizia, perché sia misericordioso, mondo di cuore e pacifico.

Ecco, ti ho narrato molte cose, come ho potuto, e quelle che ho voluto.

Fosti tu a dirmi di farlo, *"tu, o Signore Dio mio, tu che sei buono ed eterna è la tua misericordia"* (Sal 117, 1).

2. Dalla confessione alla meditazione della tua legge

2. 2. Non riuscirò mai, attraverso il linguaggio della mia penna, ad elencarti ed esporti tutte le esortazioni, i timori, le consolazioni e le direttive per mezzo delle quali tu mi hai condotto fin qui: a predicare la tua parola, ad amministrare i tuoi sacramenti, a beneficio dei tuoi fedeli.

E anche se volessi farne un elenco ben ordinato e completo, mi richiederebbe tempo, e il tempo adesso per me è prezioso.

Ardo dal desiderio di passare a studiare la Bibbia, e vedere fin dove arriva la mia conoscenza e la mia ignoranza, *"fino dove la tua luce ha rischiarato te mie tenebre"* *(Sal 17, 29)*, e quanto dovrò aspettare perché la tua forza vinca la mia debolezza.

Voglio impiegare in questo studio il tempo che mi rimane libero dalle esigenze del corpo, della meditazione, dal servizio richiesto e non richiesto, che tuttavia devo rendere ai miei fedeli.

- 3. *"O Signore, Dio mio, sii attento alla mia preghiera"* *(Sal 60, 2)*, *"la tua misericordia esaudisca il mio desiderio"* *(Sal 9, 38)*.

Non ti chiedo solo per soddisfare la mia brama di conoscere, ma per essere utile anche al bene dei miei fratelli.

Tu sai che questo è il mio intento, tu conosci il mio cuore.

Voglio offrirti in sacrificio il ministero del pensiero e della parola. Dammi tu materia da offrirti.

"Io sono povero e infelice" *(Sal 85, 1)*, *"tu sei ricco verso tutti quelli che ti invocano"* *(Rm 10, 12)*, tu, libero da ogni cura, ti prendi cura di noi.

Togli dal mio interno ed anche esteriormente ogni atteggiamento di presunzione, e sulle mie labbra non ci sia menzogna.

Le Sacre tue Scritture siano la mia casta delizia.

Che io non mi inganni studiandole, e non inganni gli altri nell'esporle loro. *"Prestami ascolto, o Signore"* *(Es 6, 12; Ger 6, 10)*. *"Pietà di me, o Signore"* *(Sal 85, 3)*.

Dio mio, luce ai ciechi e sostegno ai deboli, e quindi luce dei vedenti e forza dei forti, guarda la mia anima e sii attento alla sua voce "quando grida a te dal profondo" *(cfr. Sal 129, 1)*.

Se infatti le tue orecchie non fossero presenti anche nel profondo della nostra anima per ascoltare la sua voce, a chi potremmo rivolgerci? Da chi andremmo per farci ascoltare?

"Tuo è il giorno, tua è la notte" *(Sal 73, 16)*, al tuo cenno volano gli istanti del tempo. Concedimi un po' di questo tempo perché possa dedicarmi allo studio delle Sacre Scritture e penetrarne il significato.

Tu hai detto: *"Bussate e vi sarà aperto"* *(Mt 7, 7; Lc 11, 9)*, non chiudere, pertanto a colui che ti bussa.

Non certo senza uno scopo hai fatto scrivere tutte quelle pagine che contengono profondi misteri; e in quella selva di scritti si rifugiano e si ristorano i "tuoi cervi", cioè gli studiosi, vi camminano dentro,

vi pascolano, vi si sdraiano e ruminano.

"O Signore, compi in me la tua opera" (Sal 16, 5), e svela anche a me il mistero di quelle sacre pagine.

La tua voce è la mia gioia, la tua voce supera ogni altro godimento. Dammi ciò che amo: io l'amo infatti. E tu hai suscitato in me questo amore.

Non lasciare pertanto inoperoso questo tuo dono, non calpestare quest'erba che arde di sete.

Ti esporrò quanto troverò in questi santi libri, *"per far risuonare voci di lode" (Sal 25, 7)*, mi disseterò di te e *"contemplerò le meraviglie della tua legge" (Sal 118, 18)* fin dal principio, da quando *"hai creato il cielo e la terra" (Gn 1, 1)* fino al tuo regno, "la Città Santa Gerusalemme", dove un giorno vivrò in eterno con te.

- 4. *"Signore, abbi pietà di me e ascolta la mia voce" (Sal 28, 9)*.

Questo il mio desiderio. Non desidero cose terrene, né oro, né argento, né pietre o vesti preziose, né onori o potere, né piaceri carnali, e nemmeno il necessario alla vita del corpo durante il pellegrinaggio su questa terra, *"perché tutte queste cose verranno date in aggiunta a chi cerca il regno di Dio e la sua giustizia" (Mt 6, 33)*.

Vedi, o Signore, qual è il mio desiderio.

"Mi hanno scavato fosse gli insolenti che non seguono la tua legge" (Sal 118, 85). Ecco, tu sai, o Signore, qual è il mio desiderio: la tua legge. Guarda, o Padre, ispeziona, guarda bene e approva.

Possa io trovare grazia davanti a te, al cospetto della tua misericordia, perché mi si svelino i misteri delle tue parole. Tu hai detto: *"Chi cerca trova, a chi bussa sarà aperto"* *(Mt 7, 8)*.

Te lo chiedo per il Signore Nostro Gesù Cristo, tuo figlio, *"l'Uomo della tua destra, il Figlio dell'uomo, che per te hai reso forte"* *(Sal 79, 18)*, "mediatore fra te e noi".

Per mezzo di lui sei venuto in cerca di noi, mentre noi non ti cercavamo; e ci cercasti perché noi ti cercassimo per mezzo di lui, il tuo Verbo, per mezzo del quale hai fatto tutte le cose e tra queste cose hai fatto anche me. Per mezzo del tuo Unigenito mi hai chiamato a far parte del tuo popolo di adozione, un popolo di credenti.

Pertanto per mezzo suo rivolgo a te la mia preghiera, *"per lui, che siede alla tua destra e intercede per noi"* *(Rm 8, 34)*, *"e nel quale sono nascosti tutti i tesori della sapienza e della scienza"* *(Col 2, 3)*.

Questi tesori io cerco nei tuoi libri.

Mosè scrisse di lui, lo afferma Egli stesso, Egli l'ha detto, il tuo Verbo, Egli che è la Verità.

3. Che io ascolti e comprenda

3. 5. Che io ascolti e comprenda in che modo *"in principio hai fatto il cielo e la terra"* *(Gn 1, 1)*.

Così ha scritto Mosè. Scrisse, e poi se ne andò, morì. Passò da questo mondo a te, a vivere di te.

E adesso non è qui, davanti a me, per spiegarmi

quello che ha scritto.

Se fosse ancora qui lo tratterrei con me per interrogarlo, e lo pregherei in tuo nome di spiegarmi quelle parole.

Sarei "tutto orecchi" ad ascoltarlo; ma se dovesse parlare in ebraico non capirei nulla, e la sua voce batterebbe invano al mio orecchio e non giungerebbe alla mia mente.

Se invece parlasse in latino capirei certo quello che dice. Ma come faccio a sapere se Mosè ha detto il vero?

Ammesso che dica il vero, forse potrei saperlo da lui?

È la verità che abita in me, che è nel mio pensiero, che non parla in ebraico o in greco o in latino, e nemmeno in altre lingue barbare, e mi dà conferma: "Sta' tranquillo, Mosè dice il vero".

Ed io, ormai certo che dice il vero, mi affido a lui con fiducia e gli dico "Sì, tu dici la verità".

Ma siccome non posso interrogare Mosè, che era pieno di te quando scrisse quelle parole di verità, mi rivolgo a te, che sei la Verità, e ti prego, Dio mio, ti prego, perdona i miei peccati, e fa' che io possa comprendere "quelle parole della tua legge" che tu hai concesso al tuo servo Mosè di scrivere.

4. Il cielo e la terra proclamano la loro esistenza

4. 6. Ecco. Il cielo e la terra esistono e proclamano di essere stati creati, attraverso i loro mutamenti e la loro evoluzione.

Invece, ciò che esiste, ma non è stato creato, non ha in sé nulla che non esistesse anche prima, ed è frutto dell'evoluzione del cielo e della terra. Il cielo e la terra proclamano dunque che non si sono fatti da soli:

"Perciò esistiamo, perché siamo stati creati.

Non potevamo esserci prima di esistere, per poterci creare da soli". La loro evidenza conferma quel che dicono.

Tu, dunque, o Signore, li hai creati.

Tu sei bello, per questo il cielo e la terra sono belli, tu sei buono e ciò che hai creato è buono, tu esisti ed essi esistono.

Certamente la loro bellezza, la loro bontà, la loro esistenza, non è paragonabile alla bellezza, alla bontà, all'esistenza del loro Creatore; anzi di fronte a te svanisce ogni loro bellezza, bontà ed esistenza.

Lo sappiamo. Come sappiamo che la nostra scienza di fronte alla tua sapienza è pura ignoranza.

5. Differenza tra Dio Creatore e uomo-artista

5. 7. Ma, in che modo hai creato il cielo e la terra, quale strumento hai usato per un'operazione così grande?

Non hai fatto certo come usa fare l'uomo con la

sua arte: egli riproduce la forma di un corpo, di un oggetto, secondo la sua interna ispirazione. Egli possiede un'anima, e l'anima ha la capacità di modellare esteriormente ciò che vede interiormente col suo occhio interno - ma come gli sarebbe possibile se non l'avessi creata tu?

Ed essa modella questa immagine su una materia già esistente e che la possiede in se stessa: come la creta, la pietra, il legno, l'oro, o altre cose del genere. Ma da dove sono venute queste cose se non da te che la hai create?

Sei tu che hai dato all'artista un corpo e un'anima che fa muovere le sue membra, tu gli hai dato la materia da elaborare, tu l'hai fornito d'ingegno da cui deriva la sua arte, e col quale già intravede in se stesso l'opera che poi sarà presente ai suoi occhi; Tu gli hai dato i sensi corporei per mezzo dei quali egli trasferisce sulla materia l'opera da realizzare che già è dentro il suo animo; e con i sensi poi raffronta l'opera che ha fatto con l'idea che aveva in animo, per rendersi conto se il suo lavoro è riuscito perfetto.

Tutte queste opere ti lodano, o creatore di tutte le cose.

Ma tu, in che modo le fai? Come hai fatto, o Signore, a creare il cielo e la terra?

Non certo in cielo o in terra hai creato il cielo e la terra, e nemmeno nell'aria o nell'acqua che sono elementi che appartengono al cielo e alla terra; né hai creato l'universo nell'universo, poiché non esisteva ancora lo spazio per crearlo perché esistesse.

Né avevi in mano qualcosa, della materia, da cui formare il cielo e la terra, perché la materia non ci sarebbe se non fosse stata creata da te.

Infatti, tutto ciò che esiste, esiste perché esisti tu.

"Perché tu hai parlato e tutto è stato fatto" *(Sal 32,9)*, *"nella tua parola tutte le cose furono fatte"* *(Sal 32,6)*.

6. Ma quale parola? Il tuo Verbo

6. 8. Ma, come hai parlato? Forse come quando sul monte Tabor, *"dalla nube uscì una voce che diceva: Questi è il mio Figlio, l'eletto?"* *(Lc 9, 35)*.

Ma quella voce risuonò e svanì, appena pronunciata ebbe fine. Si sentirono passare le sillabe: la seconda dopo la prima, la terza dopo la seconda, e così una dopo l'altra; fino all'ultima.

Dopo l'ultima: silenzio. È chiaro, appare evidente che quella voce venne prodotta dal moto di una cosa creata, una cosa del tempo messa a servizio della tua volontà eterna.

E questa tua parola pronunciata nel tempo viene ascoltata dalle orecchie del corpo e trasmessa alle orecchie interne dell'anima, sempre tese all'ascolto della tua parola eterna.

E l'anima, paragonando queste parole sonanti nel tempo con la tua parola che risuona in silenzio nel suo intimo, esclama: "C'è una grande differenza! È ben altra cosa! Queste parole sono lontane dal mio intimo, non esistono nemmeno, infatti risuonano e se ne vanno, invece *"la parola del mio Dio è sopra di me e dura sempre"* *(Is 40, 8)*.

Se dunque tu per formare il cielo e la terra hai pronunciato parole che risuonavano e passavano nel tempo, e in questo modo avresti creato il cielo e la terra, vuoi dire che già esisteva qualcosa di materiale prima dei cielo e della terra, e la tua voce avrebbe percorso nel tempo i movimenti temporali di ciò che già esisteva.

Ma nessun corpo esisteva prima del cielo e della terra, e se esisteva, certamente l'avevi creato tu, senza alcuna voce transitoria, per trarne poi una voce nel tempo con cui creare il cielo e la terra.

Ma qualunque cosa fosse stata quella da cui trarre la voce per creare il cielo e la terra, non sarebbe esistita se non l'avessi creata tu, non poteva assolutamente esistere fuori della tua creazione.

Ma per creare questo corpo, questa materia, da cui avresti ricavato le parole per creare il cielo e la terra, quale parola avresti pronunciato?

7. Il Verbo eterno di Dio

7. 9. Ecco allora che ci chiami a comprendere il *"Verbo"*, la tua Parola, *"Dio presso Dio"* *(Gv 1, 1)*, pronunciata da sempre, e con la quale sono state pronunciate da sempre tutte le cose.

E non è una parola che appena detta finisce, né una parola che segue un'altra e poi un'altra ancora, finché si siano pronunciate tutte.

Ma tutte insieme sono dette fin dall'eternità nel Verbo unico.

Altrimenti già esisterebbe il tempo e la sua evoluzione, e l'eternità non sarebbe vera eternità, né l'immortalità vera immortalità.

Questo lo capisco, o Signore, Dio mio, e ti ringrazio.

Io lo capisco e lo confesso, o Signore, e con me lo comprende e ti benedice chiunque non si sente ingrato verso una verità così certa.

Lo sappiamo, o Signore, sì lo sappiamo: una cosa muore e nasce in quanto cessa di essere ciò che era, e comincia ad essere ciò che non era. Nel tuo Verbo, invece, niente nasce o muore, appare o scompare, perché è veramente eterno e immortale.

E quindi nel tuo Verbo, coeterno insieme a te ed eterno, tu dici tutto ciò che dici, e tutto è fatto di ciò che dici sia fatto; e non avviene in altro modo, ma tutto fai mediante la tua Parola.

8. Il Verbo di Dio parla a noi nel Vangelo

8. 10. Perché avviene così, o Signore, Dio mio?

Ti prego, fammelo capire. In qualche modo lo deduco da ciò che vedo, ma non so come esprimerlo a parole.

Forse ciò che comincia ad esistere e poi finisce, comincia a esistere e poi finisce quando la tua ragione eterna, dove niente ha inizio o fine, conosceva che doveva esistere e poi finire.

Questa ragione è il tuo Verbo, il Principio che

parla a noi: *"Io sono, proprio io che vi parlo"* (Gv 8, 25).

Così ha parlato nel Vangelo come uomo, fatto carne, e la sua voce risuonò esteriormente alle orecchie degli uomini, perché entrasse nei loro cuori, e lo cercassero e lo trovassero nella verità eterna, dove l'unico e buon Maestro istruisce tutti come suoi discepoli.

Nel Vangelo ascolto la tua voce, o Signore, la quale mi dice che colui che ci parla è colui che ci istruisce, e chi non ci istruisce, anche se parla, è come se non parlasse.

Ora, chi è colui che può istruirci se non la Verità immutabile? Anche quando è una creatura mutevole che ci ammonisce, veniamo condotti alla verità immutabile, dove veramente impareremo, rimanendo in ascolto.

E saremo ripieni di gioia, *"ascoltando la voce dello sposo"* (Mt 19, 16; 23, 8), che ci riconduce là da dove siamo venuti.

Egli, pertanto, è il "Principio", stabile per sempre, perché quando ci accorgiamo di aver sbagliato strada, possiamo tornare a lui; altrimenti non sappiamo dove andare.

Certamente ritorniamo perché abbiamo riconosciuto di aver sbagliato; ed è lui che ci ha fatto riconoscere l'errore, *"perché egli è il Principio, Colui che ci parla"* (Gv 8, 25).

9. Dio parla al nostro cuore

9. 11. *"In principio, o Dio, hai fatto il cielo e la terra"* (*Gn 1, 1*). In principio, nel tuo "Verbo", nel tuo Figlio, nella sua potenza, nella sua sapienza, nella tua verità, parlando in modo mirabile hai operato in modo mirabile. Chi potrà comprenderlo? Chi potrà spiegarlo? Cos'è quella luce che mi illumina e penetra fin nel mio cuore pur senza ferirlo?

Tremo e pur sono pieno di ardore: tremo perché mi vedo dissimile da lui, ardo di amore perché sono simile a lui. È la sapienza, la Sapienza in persona che mi illumina, diradando le nubi che mi avvolgono quando nuovamente mi allontano da lei e sono stretto nella caligine delle mie pene.

"Inaridisce per la pena il mio vigore" (*Sal 30, 11*), tanto da non riuscire nemmeno a tollerare il mio bene, fino a quando tu, o Signore, fatto propizio per tutte le mie iniquità, non risani anche tutte le mie infermità: e riscattando dalla corruzione la mia vita, *"mi coronerai di grazia e di misericordia, sazierai di beni e miei giorni e rinnoverai come aquila la mia giovinezza"* (*Sal 102, 3-5*).

"Nella speranza infatti siamo stati salvati, e aspettiamo con pazienza le tue promesse" (*Rm 8, 24ss.*).

Chi può ascolti nel mio cuore la tua parola.

Io, nella mia fede, griderò insieme al Salmista: *"Quanto sono grandi le tue opere, o Signore, tu hai fatto tutto con sapienza"* (*Sal 103, 24*).

La Sapienza è il "principio", e in quel "Principio" hai creato il cielo e la terra.

10. Cosa faceva Dio prima di creare il cielo e la terra?

10. 12. Ecco. Non sono forse ripieni di vecchiezza quanti ci domandano: "Cosa faceva Dio prima di creare il cielo e la terra?".

Se infatti stava in ozio - dicono - e non creava nulla, perché non rimase così per sempre, anche dopo, astenendosi dal compiere qualsiasi opera creativa?

Se in Dio - dicono ancora - è sorto un nuovo impulso, una nuova volontà che lo ha spinto a creare ciò che prima non aveva mai creato, può dirsi vera eternità questa, quando vien fuori una volontà che

Visione di sant'Agostino

prima non c'era? Ma la volontà di Dio non è una creatura, bensì è anteriore ad ogni creatura, perché niente poteva essere creato senza la volontà preesistente del Creatore.

La volontà di Dio fa parte della sua natura.

Ma se nella natura di Dio è sorta dopo una qualche sostanza che prima non c'era, certamente non può dirsi eterna questa sostanza.

Ma se era eterna la volontà di Dio, in quanto parte della sua natura, perché non può dirsi eterno il creato che egli ha voluto creare?

11. Tempo ed eternità

11. 13. Chi dice queste cose non ti comprende ancora, *"o Sapienza di Dio"* (*Ef* 3, 10), luce delle menti.

Non comprendono ancora come siano state create quelle cose che per te e in te sono create, e si sforzano di capire cosa sia l'eternità.

"Il loro cuore è pieno di perfidia e vaneggia ancora" (*Sal* 5, 10) nel voler comprendere i movimenti delle cose passate e future.

Ma chi può fermare questo moto del tempo, anche per un momento, e per un istante poter contemplare lo splendore dell'eternità, che è sempre un continuo presente, e paragonarla con il flusso ininterrotto del tempo? Si accorgerà che non è possibile stabilire un paragone.

Il tempo, nel suo durare, è formato di istanti che

passano, e mai si ferma; nell'eternità, invece, nulla è transitorio, è sempre "un presente". Il tempo non può avere mai un presente: il passato è sospinto via dal futuro, il futuro subentra sempre al passato, e il passato e il futuro provengono sempre e si muovono in Colui che è l'eterno presente.

Chi potrà trattenere la mente dell'uomo perché si fermi un istante a considerare come l'eternità, che non ha né passato né futuro; ma è un "presente", sia proprio lei a dar vita al passato e al futuro?

"Sarebbe forse in mio potere riuscire a tanto?" (Gn 31, 29).

E la mia bocca, pronunciando delle parole, potrebbe mai riuscire a effettuare un'operazione così grande?

12. Prima della creazione Dio non faceva nulla

12. 14. Ecco. Ora rispondo a chi mi domanda:

"Cosa faceva Dio prima di creare il cielo e la terra?".

Non voglio rispondere come rispose quel tale, come si dice, in modo scherzoso, per eludere una domanda difficile, ma inutile.

Quel tale se la sbrigò in questo modo: "Dio preparava l'inferno per coloro che vogliono scrutare i suoi misteri in modo curioso".

Un conto è scrutare i misteri, un conto riderci sopra. Io perciò non risponderò in quel modo.

Risponderò invece: "Io non so quello che non so".

Non voglio che venga derisa una domanda profonda, e lodata una risposta falsa e balorda.

Risponderò dunque che tu, Dio mio, sei il creatore di tutte le cose, e se dicendo “cielo e terra” s’intende comprendere in essi tutte le cose create, allora, con tutta sicurezza, posso affermare: “Prima di creare il cielo e la terra Dio non faceva nulla”.

Se avesse fatto qualche cosa non poteva essere che una creatura. Oh se potessi sapere tutto quello che desidero conoscere!

Solo questo so di certo: che non esisteva alcuna creatura prima che venisse fatta la prima creatura.

13. Il tempo e la creazione

13. 15. Se qualcuno, con la sua mente evanescente, perde tempo a indagare con la fantasia nel tempo, e si domanda perché Dio, onnipotente e onnisciente, che tiene tutto l’universo nelle sue mani, creatore del cielo e della terra, sia rimasto inoperoso e abbia aspettato tanti secoli prima di creare il cielo e la terra, ebbene, apra gli occhi e si accorgerà che la sua meraviglia non ha senso: come potevano passare i secoli se tu non li avessi creati?

Non sei tu forse l’autore e il creatore dei secoli e del tempo? Come poteva esistere un tempo se tu non l’avessi creato? E come poteva trascorrere se non era stato creato?

Dunque, poiché tu sei l’autore di tutti i tempi, ammesso che fosse esistito un tempo prima che tu creassi il cielo e la terra, perché dire che tu ti astenevi dall'operare?

Anche quel tempo l'avevi creato tu, non poteva trascorrere il tempo se prima non fosse stato creato.

Se dunque prima del cielo e della terra non esisteva il tempo, perché chiedersi che cosa facevi allora?

Non esisteva un "allora" se non esisteva il "tempo".

L'eternità è superiore ai tempi

- 16. E non è nel tempo che tu precedi il tempo, altrimenti non saresti prima di tutti i tempi.

Ma dal culmine della tua eternità - per così dire - che è sempre "un presente", precedi tutti i tempi passati e scavalchi quelli futuri che ancora devono venire. *"Tu resti sempre lo stesso e i tuoi anni non hanno fine" (Sal 101, 28).*

I tuoi anni non "vanno" e non "vengono"; i nostri anni, invece, vanno e vengono, finché tutti siano arrivati. I tuoi anni sono tutti lì, nell'eternità, non "vanno e non "vengono", un anno che arriva non scaccia il precedente, perché i tuoi anni non passano.

I nostri anni saranno tutti quando non ci saranno più. *"I tuoi anni sono un giorno solo" (2Pr 3, 8; cfr. Sal 89, 4)*; il tuo giorno non ha "domani" e nemmeno un "ieri". Il tuo "oggi" è l'"eternità". E quando hai generato il tuo "Unigenito", coeterno con te, hai detto: *"Io oggi ti ho generato" (Sal 2, 7).*

Tu hai creato il "tempo" e sei prima del "tempo".

E senza il "tempo" non poteva esistere alcun tempo.

14. Che cos'è il tempo

14. 17. Quindi, non ci fu un tempo nel quale tu non facevi nulla, perché "il tempo" l'hai creato tu.

E il tempo non è coeterno a te, perché tu "rimani" ed egli "passa". Se non passasse non sarebbe più tempo.

Che cos'è dunque il "tempo"?

Chi può dirlo in parole facili e brevi?

Chi, proferendo questa parola "tempo", può farsene un concetto?

Eppure è una parola comune e familiare nelle nostre conversazioni.

Si comprende quando la pronunciamo noi e quando la sentiamo pronunciare dagli altri.

Dunque, che cos'è il tempo?

Se nessuno me lo domanda lo so, ma se me lo domandano non saprei cosa rispondere[1].

Tuttavia, senza timore di sbagliare posso dire che non ci sarebbe un "tempo passato" se nulla passa, e non ci sarebbe un "tempo futuro" senza che nulla avvenga, e nemmeno un "tempo presente" se niente accada.

Come si può affermare che esistano il "passato" e il "futuro" se il "passato" è passato e non esiste più, e il "futuro" non esiste ancora?

---

[1] Agostino usa un gioco di parole per dirci che gli uomini hanno del tempo un vago concetto: sembra che tutti lo sappiano, ma quando provano a spiegarlo incontrano molte difficoltà. Sembra che la caratteristica del tempo sia il non: infatti il passato non c'è più, il futuro non c'è ancora, il presente sfugge, non c'è. Quando dobbiamo spiegare il tempo ci si trova in seria difficoltà.

E il “presente”, se fosse sempre “presente” e non passasse, si chiamerebbe “eternità” e non “tempo”.

Il “presente”, per dirsi “tempo”, deve passare.

E allora come possiamo dire che esiste, se chiamandosi “presente” vuol dire che passa, e quindi non esiste più?

Perciò, come parlare di esistenza del tempo se la verità è che il tempo non esiste?

Come abbiamo dimostrato: il “passato” non è più, il “futuro” non c’è, il “presente” passa.

15. Quanto dura il “passato” e il “futuro”

15. 18. Eppure quando si parla si usa dire: “tempo lungo” o “tempo breve”, riguardo al passato e al futuro.

Per esempio, può essere considerato “lungo” per il “passato” un periodo di cento anni, così per il “futuro” un periodo di cento anni.

E il tempo “breve” si ha quando si usano le espressioni: “dieci giorni fa”, “cinque giorni fa”, per il tempo “passato”.; e per il tempo “futuro”: ‘Tra dieci giorni”, “fra cinque giorni”.

Ma per quale motivo diciamo “lungo” e “breve” se non esiste? Il “passato” non esiste più, e il “futuro” ancora non esiste.

Non dovremmo dunque dire il tempo “è lungo”, ma, se parliamo del passato, si dovrebbe dire: “fu lungo”, e se parliamo del futuro, si dovrà dire: “sarà lungo”.

O Signore, Dio mio, luce ai miei occhi, la tua verità non sorriderà forse al sentire quante sciocchezze dice l'uomo sul tempo?

Infatti, quando diciamo "il tempo passato fu lungo", intendiamo dire che "fu lungo" quando era già passato, oppure "fu lungo" quando era ancora presente?

Poteva essere "lungo" quando era ancora "presente", esisteva, ma una volta "passato" non esiste più, e quindi non possiamo dire "fu lungo" un tempo che non esiste.

Non diciamo perciò "il tempo passato fu lungo", non troveremo nulla che si possa dire "fu lungo", dal momento che il passato non esiste più. Diciamo piuttosto che "fu lungo il tempo quando era presente, perché quando era presente, "fu lungo".

Non era ancora passato da non esistere più, esisteva ancora e quindi si poteva dire "lungo".

Una volta passato non esisteva più, cessò di essere "lungo" dal momento che non esisteva più.

La durata del presente

- 19. Vediamo adesso, anima mia, come il "presente" possa dirsi "lungo".

A te è dato percepire gli spazi del tempo, e calcolarne la durata. Chi può rispondermi?

Cento anni "presenti" sono un tempo "lungo"?

Prima, però, vedi se cento anni possono essere tutti "presenti".

Se parliamo del "primo" anno, possiamo ancora

dirlo "presente"; ma gli altri novantanove devono ancora venire, quindi ancora non ci sono.

Se parliamo del "secondo " anno, il primo è già passato, il secondo è presente, e gli altri devono venire.

Il ragionamento vale per tutti gli altri anni dei "cento", ciascuno considerato al "presente": quelli che lo hanno preceduto sono ormai "passati", quelli che seguiranno sono ancora "futuri".

Quindi, "cento" anni non potranno mai essere "presenti" tutti insieme. Vediamo ora se almeno quell'"uno" possa dirsi presente.

Un anno ha dodici mesi: se parliamo del "primo" mese gli altri undici sono "futuri"; se parliamo del "secondo" mese il "primo" già è passato, gli altri ancora devono venire. Pertanto, nemmeno un anno può dirsi "tutto presente", e se non è "tutto presente", l'anno non può dirsi "presente".

Abbiamo detto che l'anno ha dodici mesi: di qualunque mese si tratti questi può dirsi "presente", gli altri o sono "passati" o sono "futuri".

Anche il "mese" non può dirsi presente: è composto di trenta giorni: se parliamo del "primo" giorno tutti gli altri sono "futuri", se parliamo dell'"ultimo", tutti gli altri sono "passati", se parliamo di un giorno intermedio quelli che lo hanno preceduto sono "passati", quelli che lo seguiranno sono "futuri".

- 20. Ecco a cosa abbiamo ridotto il tempo" presente che chiamavamo "lungo": siamo arrivati a "un giorno". Ma, se vogliamo ragionare bene, anche il giorno non è tutto "presente". Il giorno è composto di ventiquattro ore, notturne e diurne.

La "prima" ora è seguita da tutte le altre, "l'ultima" è preceduta da quelle che son "passate", e seguita da quelle che sono "future".

Ma anche la stessa ora è composta di minuti, di attimi volanti: l'attimo che vola via è già "passato", gli altri che restano sono ancora "futuro". Si può dire "presente" solo quell'attimo che non può esser più suddiviso in altre particelle.

Ma quell'attimo trasvola dal futuro al passato così in fretta da non lasciare alcuno spazio di tempo.

Se avesse una durata questa sarebbe sempre "un passato" e un "futuro", non c'è "spazio" per un "presente".

Allora dov'è il tempo che possiamo chiamare "lungo"?

Quello futuro, forse? Non possiamo dire però "è lungo", perché ancora non esiste per poter essere "lungo".

Diciamo, caso mai, "sarà lungo". Ma quando lo sarà? Ma se anche allora è ancora futuro non potrà dirsi "lungo", perché non esiste nulla che possa dirsi "lungo".

Potrà dirsi "lungo" solo allora quando da "futuro" passa al "presente".

Ma, con tutte quelle parole che finora abbiamo detto, il tempo "presente" ci grida che non potrà mai essere "lungo".

16. Come si misura il tempo

16. 21. Tuttavia, o Signore, noi percepiamo gli intervalli del tempo, e li paragoniamo fra loro, così diciamo che alcuni sono più lunghi altri brevi.

Misuriamo anche quanto uno è più lungo o più breve dell'altro, e rispondiamo: questo è doppio o triplo, quello è semplice, oppure, questo è lungo quanto quello. Però questi calcoli li facciamo sul tempo che passa, in quanto ne abbiamo la percezione. Quando è passato, invece, non esiste più, lo stesso è del futuro che ancora non è, e allora chi può misurarlo? Si può forse misurare ciò che non esiste? Dunque solo il tempo che sta passando si può misurare.

17. Esiste il passato e il futuro

17. 22. Io pongo delle domande, Padre, non affermo nulla. Dio mio, guidami tu e sostienimi.

Chi può negare che non esistano tre tempi: il passato, il presente e il futuro?

L'abbiamo imparato da piccoli e poi l'abbiamo insegnato. Sappiamo però che solo il presente esiste, gli altri due no. O forse esistono anche gli altri due?

Forse il futuro proviene da qualche luogo misterioso, occulto, passa al presente per andare al passato, per ritirarsi in un altro luogo, anch'esso misterioso, occulto?

C'è chi predisse il futuro. Dove lo vide se ancora non esisteva?

C'è chi racconta il passato. Non racconterebbe storie vere se non le avesse presenti nel suo animo.

Se non esistesse non potrebbe assolutamente vederlo. Allora? Il futuro e il passato esistono.

18. Presenza del passato e del futuro

18. 23. Scusami, o Signore, *"speranza mia" (Sal 70, 5)*. Lascia che io approfondisca questa ricerca; fa' che sia retta la mia intenzione.

Dunque se il futuro e il passato esistono voglio sapere dove si trovano.

E se ancora non lo so, so tuttavia che in qualunque luogo essi si trovino lì non sono né futuro né passato, ma sono "il presente".

Se ci fosse il futuro non ci sarebbe ancora, perché futuro, se ci fosse il passato nemmeno lui sarebbe lì, perché passato.

Pertanto, ovunque siano e comunque siano, non possono essere, in quel luogo occulto, se non il "presente".

Quando si narrano le vicende del passato, che in realtà sono avvenute, le nostre parole escono dalla memoria dove sono impresse le immagini di quegli avvenimenti, e non i fatti accaduti che ormai sono passati. Per esempio: la mia fanciullezza non esiste più, è al tempo passato che ormai non c'è più.

Ma le immagini della fanciullezza mi sono presenti quando le ricordo e le racconto: sono presenti nella memoria.

Non so se avvenga allo stesso modo quando si predicono avvenimenti futuri; non so, Dio mio, lo confesso, se le immagini di quegli avvenimenti siano già presenti nella mia memoria.

Di certo so questo: noi spesso programmiamo le nostre azioni future e questa programmazione è presente in noi, le azioni da compiere invece sono ancora future.

Solo quando cominceremo a mettere in opera il nostro programma, l'opera programmata diviene presente, non è più futura.

Sant'Agostino e il bimbo

La predizione del futuro

- 24. In qualunque modo avvenga la predizione di cose future, questo è certo: si vede solo ciò che è presente.

E se è presente, non è più futuro.

Ora, quando si dice di vedere il futuro non si vede ciò che ancora non c'è, perché è futuro, ma si intravedono le cause o i segnali, forse, che già sono presenti, e non sono più future, ma presenti a coloro che le avvertono, i quali poi traggono dal loro animo i concetti, le formule delle loro predizioni.

Questi concetti, a loro volta, già esistono e sono presenti nella mente di coloro che fanno predizioni.

Spieghiamo con un esempio preso fra tanti: guardo l'aurora e prevedo che fra poco sorgerà il sole.

Ciò che vedo è presente, ciò che annunzio è futuro; non il sole però è futuro, ma il suo sorgere.

Tuttavia non potrei predire il "sorgere" del sole se la sua immagine non fosse presente in me mentre parlo.

E l'aurora stessa, che vedo nel cielo, non è ancora il "sorgere" del sole, quantunque lo preceda, e nemmeno la sua immagine, che è in me, lo è. Queste due cose ho presenti: l'aurora e l'immagine del "sorgere"; da queste due "presenze" posso predire il futuro "sorgere" del sole.

Dunque il futuro ancora non esiste, e se non esiste ancora, nemmeno si può "vedere"; ma posso predirlo dai "segnali" che ho presenti e già vedo.

19. Il mistero della profezia

19. 25. Adesso dimmi, o Signore, re di tutte le cose create, in che modo insegni alle anime a predire il futuro?

Lo hai insegnato anche ai tuoi profeti.

Puoi tu insegnare il futuro se per te il futuro non esiste?

O meglio, tu fai vedere al presente le cose ancora future? Infatti, ciò che ancora non esiste non si può far vedere.

Il tuo modo di procedere è molto lontano dal mio intendere.

"Stupenda per me è la saggezza; troppo alta, e io non la comprendo" (Sal 138, 6 Lxx).

Potrò farlo solo col tuo aiuto, se me lo concedi, *"dolce lume dei miei occhi ottenebrati" (Qo 11, 7; Sal 37,11).*

20. Non è esatto dire che esistono tre tempi

20. 26. Una cosa ormai abbiamo chiarito e delucidato: il futuro e il passato non esistono, e quindi non possiamo propriamente dire che i tempi sono tre: passato, presente e futuro. Sarebbe meglio dire: sì, sono tre, ma sono "il presente" del passato, "il presente" del presente e il "presente" del futuro. Questi tre tempi sono nella mia mente, non li vedo altrove: "il presente del passato è la memoria", "il presente del presente è lo sguardo, il "vedere", "il presente del futuro è l'attesa".

Se possiamo esprimerci così, allora si può dire che i tempi sono tre. Si dica dunque che i tempi sono tre.

Non mi importa di come ci si esprime, non voglio contestare né correggere; si comprenda questo, però: ciò che è ancora futuro non esiste, e ciò che è passato non esiste più.

È vero. Poche volte ci esprimiamo con proprietà di parole, spesso, invece, con espressioni non esatte.

Sempre però sappiamo quel che vogliamo dire.

21. Come misurare il tempo

21. 27. Ho spiegato che noi misuriamo il tempo mentre trascorre.

Così possiamo dire che questo tempo è doppio in rapporto a quello semplice, oppure è uguale a quell'altro, o in altri termini o espressioni, secondo i nostri calcoli.

Come dicevo, in qualche modo misuriamo il tempo mentre passa.

Se mi si domanda: "Tu come lo sai?" rispondo: Lo so perché lo misuro; non si può misurare ciò che non esiste, il passato e il futuro.

E il tempo presente come si misura se non ha estensione e spazio? Si misura mentre passa, quando è passato non si misura più, perché non vi è più nulla da misurare.

Ma quando lo misuriamo da dove viene, dove passa, dove va?

Non può venire che dal futuro, passa al presente e va verso il passato; viene da ciò che non esiste, futuro, passa al presente che non ha estensione-spazio, e finisce nel passato che non esiste più.

Che cosa misuriamo quindi se non il tempo nello spazio presente?

Come potremmo dire, infatti, "tempo semplice", "tempo doppio", "tempo uguale all'altro", "tempo triplo", e simili, se non perché misuriamo il tempo che passa in quello spazio di tempo mentre passa?

Ma questo spazio-estensione dove si trova? Forse nel futuro da dove proviene?

Ma il futuro non esiste, e non si può misurare ciò che non esiste. Forse nel presente da dove passa?

Ma non si può misurare uno spazio che non esiste. Forse nel passato verso il quale si avvia?

Ma non si può misurare ciò che è passato e non esiste più.

22. Si rivolge a Dio per essere illuminato

22. 28. Il mio spirito arde dalla voglia di riuscire a comprendere questo intricatissimo problema.

Non glielo impedire, o Signore Dio mio, Padre buono. Te lo chiedo per Cristo tuo Figlio e nostro Signore: non impedire alla mia intelligenza di penetrare in questi problemi, comuni eppure tanto astrusi. La luce della tua misericordia me li illumini, o Signore.

A chi altri potrei rivolgermi? Potrei confessare ad

altri la mia ignoranza in questa materia senza riceverne danno? Tu invece mi comprendi, e conosci la fiamma che mi arde e mi spinge allo studio delle tue Sacre Scritture.

Dammi ciò che amo; io amo e tu mi hai concesso di amare. Dammi allora ciò che amo, tu, o Padre buono, *"che sai dare cose buone ai tuoi figli" (Mt 7, 11)*.

Dammelo, perché ormai ho iniziato a fare questa ricerca, e mi attende *"un lavoro faticoso" (Sal 72, 16)*.

"Io busso. È necessario che tu mi apra" (cfr. Mt 7, 7). Ti scongiuro per Cristo, tuo Figlio; per il santo tra i santi, nessuno mi disturbi.

"Ho creduto, per questo parlo" (Sal 115, 10).

Questa è la mia speranza, per questa speranza io vivo: *"per gustare la dolcezza del Signore" (Sal 26, 4)*.

"Vedi, in pochi palmi hai misurato i miei giorni" (Sal 38, 6), ed essi passano, e non so in che modo. Siamo soliti dire: "Tempo e tempo, i tempi e i tempi.

Quando quel tale ha detto questo? Quando ha fatto questo?".

E ancora: "Da quanto tempo non vedo quel tale".

"Questa sillaba dura il doppio di quell'altra che è breve".

Così si parla, così si ascolta, e noi comprendiamo quello che ascoltiamo e facciamo comprendere quello che diciamo.

Sono espressioni comuni e comprensibili e tuttavia molto oscure e la loro spiegazione è difficile.

23. Il tempo e il movimento

23. 29. Ho sentito dire da un uomo dotto che il movimento del sole, della luna, delle stelle, sia questo il tempo.

Io non condivido questa opinione.

Perché non potrebbe essere, allora, il movimento di tutti i corpi?

Che forse se si fermano i luminari del cielo e invece seguita a muoversi la ruota del vasaio, non abbiamo lo stesso il tempo con cui misurare i giri della ruota, e poter dire se hanno movimenti uguali, oppure se qualcuno è più lento, un altro più veloce, uno ha una durata più lunga, l'altro più breve?

E mentre parliamo e diciamo queste cose che forse anche le nostre parole non vengono dette nel tempo, così da distinguere se una sillaba è più lunga, una più breve, e se il suono di una dura più a lungo di quell'altra? O Dio, concedi agli uomini di vedere nel piccolo racchiuse tutte le nozioni che riguardano cose piccole e grandi.

È vero, le stelle e i luminari del cielo dividono il tempo in stagioni, giorni e anni.

Esistono, non c'è dubbio. Ma come io non oserei mai dire che la ruota di legno del vasaio sia la misura del giorno, così quell'uomo dotto non mi venga a dire che per questo i movimenti della ruota non siano il tempo.

- 30. Vorrei conoscere il valore e la natura del tempo.

Col tempo misuriamo il movimento dei corpi, e diciamo, per esempio: questo movimento è durato più a lungo di quell'altro, il doppio, il triplo, ecc.

Mi domando, infatti, perché chiamiamo giorno non soltanto il tempo che il sole splende sulla terra, e che distingue il giorno dalla notte, ma tutto il giro che il sole compie da oriente ad oriente.

Quando infatti diciamo: son passati tanti giorni, includiamo in questi "giorni" anche le notti.

Poiché, dunque, un giorno viene misurato sul giro che il sole compie da oriente a oriente, mi domando se sia lo stesso movimento del sole a chiamarsi giorno, oppure il tempo che ci impiega, o l'uno e l'altro.

Se è il movimento del sole a chiamarsi giorno, potremmo chiamare giorno anche il percorso che il sole compie in un'ora. Se invece è il percorso del sole a chiamarsi giorno, non avremmo giorno fintanto che il sole non abbia compiuto il suo tragitto da oriente a oriente, cioè da un sorgere all'altro, e quindi non potrebbe dirsi giorno lo spazio di un'ora; in questo caso il sole dovrebbe compiere ventiquattro giri ciascuno di un'ora per formare un giorno.

In tutti e due i casi non possiamo chiamare giorno il movimento che il sole compie nello spazio di un'ora, né se rimanendo fermo il sole, passasse tanto tempo quanto ne impiega abitualmente nel suo giro da un mattino all'altro, ossia da un sorgere all'altro sorgere.

Pertanto adesso non mi interessa tanto sapere che cosa sia quel tempo che chiamiamo giorno, ma cosa sia il tempo con il quale misuriamo il giro del sole. Qualora lo compisse nello spazio di dodici ore, diremmo che lo ha compiuto nella metà del tempo che solitamente impiega nel suo giro completo.

Se lo compie in dodici ore lo chiameremmo "tempo semplice", se lo compie in ventiquattro ore: "tempo doppio".

E questo chiameremmo "giorno", sia che il giro del sole da un sorgere all'altro sia di dodici oppure di ventiquattro ore.

Non mi si venga a dire, quindi, che il tempo è il movimento degli astri, del sole e della luna.

Poiché anche quando il sole si fermò all'ingiunzione di un uomo per aver tempo di concludere vittoriosamente la battaglia, il sole, sì, si fermò, ma il tempo non si fermò *(cfr. Gs 10, 12 e ss.)*.

Si continuò a combattere per tutto il tempo che fu richiesto dalla battaglia, fino alla fine.

A me sembra, dunque, che il tempo sia qualcosa che si estende. Ma, sarà proprio così? Oppure a me sembra che sia così?

Tu me lo dimostrerai, o Luce, o Verità.

24. Il tempo non è il movimento dei corpi

24. 31. Mi comandi, forse, di approvare quelli che dicono che il tempo è il movimento dei corpi?

No certamente. Nessun corpo si muove se non nel tempo; questo ascolto: lo dici tu. Ma che il movimento dei corpi sia il tempo non lo sento dire: tu non lo dici.

Quando un corpo è in movimento, misuro il tempo della durata del suo movimento, dall'inizio alla fine.

E se non ho visto l'inizio del suo movimento e non riuscirò a vederne la fine, ed egli continua a muoversi, non potrò misurare se non il tempo da quando io comincio a vedere fino a quando smetto di vedere.

Se mi indugio a vedere il suo movimento potrò dire che è stato un movimento lungo, ma per sapere quanto lungo dovrò metterlo a paragone e dire: "è stato il doppio di quello", oppure "è stato uguale a quello". Se invece ho potuto notare i limiti dello spazio in cui un corpo si muove, o le sue parti, come avviene col torchio del vasaio, posso stabilire quanto tempo ha impiegato da un punto all'altro.

Essendo dunque due cose distinte: il movimento dei corpi e la misura di tempo della sua durata, chi è che non comprende quale delle due cose sia da chiamarsi "tempo"?

Infatti, se un corpo, alternativamente, ora si muove ora si ferma, noi misuriamo il tempo non solo quando si muove, ma anche quando sta fermo. E diciamo: "È stato fermo tanto tempo quanto il tempo in cui è stato in movimento", oppure: "È stato fermo il doppio, il triplo, del tempo in cui è stato in movimento", o usiamo altri rapporti di misura, approssimativi, secondo il criterio che adoperiamo.

Dunque, il movimento dei corpi non può essere il tempo.

25. Confessa la sua ignoranza in materia

25. 32. Lo *"confesso a te, o Signore"* (*Sal 9,2: Mt 11, 25; Lc 10, 21*), ancora non so cosa sia il tempo, e d'altra parte *"ti confesso, o Signore"*, che so che mentre parlo queste parole le dico nel tempo; e da molto tempo sto parlando del tempo, e questo "molto" non è altro che la misura del tempo, cioè della sua durata.

Come mai questo lo so, mentre non so cosa sia il tempo?

O, forse non so come esprimere quello che so?

Oh, povero me! Non so nemmeno che cosa io sappia.

Ecco, o Dio mio, *"son davanti a te e sai che non mentisco"* (*Gal 1, 20*). Il mio cuore è sulle mie labbra. Tu illuminerai la mia mente. *"Perché tu, o Signore, Dio mio, sei la luce alla mia lampada, tu rischiarerai le mie tenebre"* (*Sal 17,29*).

26. Misuriamo il tempo col tempo

26. 33. Non ti ho detto forse la verità quando ti ho detto che misuro il tempo? Sì, misuro il tempo, ma non so cosa sia.

Misuro nel tempo il movimento di un corpo.

Ma forse non misuro ugualmente lo stesso tempo?

Potrei misurare il movimento di un corpo, quanto dura, quanto impiega nel muoversi da un luogo all'altro, senza misurare il tempo nel quale si muove? Dunque, il tempo stesso come lo misuro?

Forse si misura un tempo più lungo con un tempo più breve, come si misura la grandezza di una trave col cubito?

Infatti si usa misurare la lunghezza di una sillaba lunga con quella di una sillaba breve, e diciamo che è il doppio di questa.

Così, la lunghezza di un poema si misura dal numero dei versi che lo compongono.

E la lunghezza di un verso si misura dalla lunghezza dei "piedi", la lunghezza dei "piedi" dalla lunghezza delle sillabe, e la lunghezza delle sillabe dalla durata, lunga o breve.

Naturalmente questi calcoli non li facciamo su una pagina scritta, sarebbe misurare lo spazio che la poesia occupa sulla pagina, e non sarebbe misurare il tempo, che facciamo invece mentre si recita la poesia, e allora diciamo: "È una poesia lunga perché si compone di tanti versi, i versi sono lunghi perché contengono tanti "piedi", così i "piedi" sono lunghi secondo la lunghezza delle sillabe, e una sillaba è lunga perché è il doppio di quella breve".

Ma nemmeno in questo modo si ha una misura esatta di tempo.

Infatti, un verso breve può durare più a lungo di quello doppio se io lo recito molto adagio e l'altro in modo affrettato. Così può essere per la poesia, per il "piede", per la sillaba.

In conclusione, mi è sembrato che non si possa chiamare "tempo" se non "l'estensione". Ma di che cosa non lo so.

Sarebbe strano se non fosse l'estensione della mia mente.

Che cos'è, infatti, quello che io misuro, ti scongiuro, o Dio mio che cos'è quando io dico in modo impreciso: "questo tempo è più lungo di quello", oppure in modo preciso: "questo tempo è il doppio di quello"? Lo so, misuro il tempo; ma non il tempo futuro che ancora non c'è, non il tempo presente, perché non ha spazio, non il tempo passato che non esiste più.

Dunque, cosa misuro? Forse il tempo nel suo passaggio e non quello che è passato?

Infatti, così ho detto prima.

27. Che cosa misuriamo quando misuriamo il tempo?

27. 34. Insisti, anima mia, applicati con impegno, con forza. *"Dio è nostro aiuto"* *(Sal 61,9)*. *"Egli ci ha fatto e noi siamo noi"* *(Sal 99,3)*. Sta' attenta, guarda bene dove albeggia la verità.

Ecco. Immagina una voce corporea che comincia a risuonare, risuona e risuona e poi cessa, si fa silenzio, il suono di quella voce è passato e la voce non si sente più.

Prima di risuonare era futura, e non si poteva misurare; non c'era. Ora non si può misurare perché non c'è più. Si poteva misurare allora, quando risuonava. Però anche allora non era ferma, passava e se ne andava. Forse per questo era più facile misurarla?

Passando, infatti, si estendeva in un certo spazio di tempo nel quale si poteva misurare, poiché il presente non ha spazio.

Se allora si poteva fare, prendiamo un'altra voce che inizia a risuonare e seguita a farlo senza variazioni, misuriamola mentre risuona, perché una volta che cessa di risuonare non si può più misurare perché è già passata.

La misuriamo appena ha finito di risuonare e diciamo quanto è durata. Ma ancora sta risuonando e non si può più misurare se non partendo da quando ha cominciato a risuonare fino alla fine, quando cessa di risuonare. È infatti un intervallo, una parte della voce che risuona, quella che noi misuriamo, partendo da un qualche inizio e fermandoci a una certa fine. Quindi, una voce che ancora risuona e non ancora finisce, non si può misurare, in modo da poter dire quanto sia lunga o quanto sia breve, se sia uguale a un'altra, o se sia doppia o semplice, e via dicendo.

E quando terminerà di risuonare, già non c'è più.

Come sarà possibile allora misurarla?

E tuttavia misuriamo il tempo.

Non quello che non c'è più, né quello che ancora non c'è, né quello che non ha alcuna durata nello spazio, né quello che non ha limiti. Quindi, né futuro, né passato, né presente, né il tempo che trascorre, che passa. E tuttavia misuriamo il tempo.

- 35. *"Deus creator omnium"*, Dio creatore dell'universo.

Ebbene. Questo verso si compone di otto sillabe, lunghe e brevi, alternate fra loro.

Quattro sono brevi: la prima, la terza, la quinta e la settima.

Sono semplici rispetto alle quattro lunghe che sono: la seconda, la quarta, la sesta e l'ottava.

Ognuna di queste lunghe dura un tempo doppio di ognuna di quelle brevi. Me ne accorgo mentre le pronuncio.

Ed è così; lo affermo perché lo avverto dai sensi.

E secondo quanto il senso mi dice io misuro la sillaba lunga da quella breve, e mi accorgo che quella lunga dura il doppio di quella breve.

Ma, siccome le sillabe escono una dopo l'altra, se prima esce la breve e poi la lunga, come faccio a misurare la lunga sulla breve che è già passata?

Non posso mica trattenere la breve per misurare la lunga, per venire a sapere che la lunga dura il doppio della breve?

Misurerò forse la lunga quando è presente, se la posso misurare solo quando è finita?

Ma il suo finire è il suo passare.

Allora, che cosa misuro? Dov'è la sillaba breve che mi serve per misurare la lunga? E la lunga che misuro dov'è?

Tutte e due le sillabe hanno risuonato e sono volate via, son passate e non ci sono più. Eppure io le misuro.

E con fiducia affermo, per quanto mi possa fidare dei miei sensi, che una è breve e l'altra è lunga, sempre nella durata del tempo.

Non lo potrei dire se non perché sono passate e hanno finito di risuonare. Dunque, non misuro le sillabe che ormai non ci sono più; eppure misuro qualcosa nella mia memoria che vi è rimasto impresso.

Nello spirito la misura del tempo

- 36. È in te, o anima mia, che io misuro il tempo. Nella memoria. È così. Cerca di capirmi. Non lasciarti turbare dalla turba dei vari sentimenti che possiedi.

Ripeto, è in te che io misuro il tempo.

Io misuro l'impressione che le cose, passando lasciano in te, e che rimangono impresse in te anche quando sono passate; non misuro le cose che sono passate, ma l'impressione che hanno lasciato in te mentre passavano.

Questo è il tempo che io misuro quando misuro il tempo.

O il tempo è questo, oppure io non misuro il tempo.

E il "silenzio" come lo misuriamo? Non diciamo forse che il silenzio è durato quanto il suono della voce? E per affermare questo non abbiamo forse pensato a quanto è durato il suono della voce per poterlo paragonare al tempo del silenzio, per dire che è uguale a quello della voce?

Infatti, anche senza parlare, nella nostra memoria

facciamo passare poemi, versi, discorsi, nozioni, e ne conosciamo la durata nel tempo, la loro diversità, come quando li recitiamo con la voce.

Immaginiamo che uno voglia fare un discorso piuttosto lungo; prima se lo prepara nella memoria, e poi comincia a parlare.

Il suono della sua voce dura fino al termine stabilito; o meglio mentre parla risuona e risuonerà fino alla fine: ciò che ha detto è passato, ciò che deve dire è futuro.

Mentre parla il futuro diventa passato, diminuisce il futuro e aumenta il passato, finché quello che era futuro diventa tutto passato. Questa è la logica del suono.

28. Attesa - attenzione - memoria

28. 37. Ma come diminuisce e si consuma il futuro se ancora non c'è?

E come aumenta il passato, che una volta passato non c'è più? È nel nostro animo, nella nostra memoria, che avvengono queste tre operazioni: l'attesa - l'attenzione - la memoria.

Ciò che si attende diventa oggetto dell'attenzione, e dall'attenzione passa poi alla memoria, al ricordo del passato.

Chi può negare che il futuro ancora non c'è?

E tuttavia nel nostro animo già c'è l'attesa del futuro. Così, chi può negare che il passato non c'è più?

E tuttavia nel nostro animo rimane il ricordo del passato.

E chi può negare che il presente non ha estensione nel tempo, essendo un attimo fuggente? Eppure perdura nella nostra attenzione ciò che passa e corre verso il passato.

Dunque, non c'è un futuro lungo, perché il futuro non esiste, ma il futuro è lungo in quanto l'attesa del futuro è lunga.

Così il tempo passato non è lungo perché non esiste più, ma è lungo in quanto il suo ricordo è lungo nella nostra memoria.

- 38. Ecco. Mi metto a recitare una poesia che conosco a memoria.

Prima di iniziare la recita, la mia attenzione abbraccia tutta la poesia. Quando invece ho iniziato a recitare la mia attenzione si rivolge a quel che dico in quel momento e che poi passa al passato. La mia attività in quel momento è tesa verso quel che dico e passa verso quel che devo dire.

La mia attenzione però è rivolta al presente che era futuro, passa, e diventa passato.

E quanto più vado avanti nella recita della poesia, si abbrevia l'attesa e si prolunga il ricordo, finché finita la poesia cessa del tutto l'attesa, e tutto ciò che ho detto è passato al ricordo, alla memoria.

E ciò che si svolge nella recita di tutta la poesia, si svolge anche per ciascuna delle sue parti e delle sue sillabe.

E ciò avviene anche per un'azione più lunga, qualora la poesia fosse una parte di un cantico più lungo.

E così è per tutta la vita dell'uomo, di cui tutte le azioni non sono che parti della sua esistenza.

Infine, ciò avviene per tutte le generazioni "dei figli degli uomini". La vita di ogni singolo uomo è una parte di tutto il genere umano.

Sant'Agostino viene consacrato vescovo

Conclusione

29. Dopo il tempo l'eterno

29. 39. Ma, *"poiché la tua grazia vale più della vita"* *(Sal 62,4)*, ecco, che la mia vita è una dissipazione, e solo *"la forza della tua destra mi sostiene"* *(Sal 17,36; 62, 9)*, mediante il Signore nostro, Gesù Cristo, "Figlio dell'uomo", mediatore fra te, unico, e noi, molti.

Dissipato in molte cose per molte e svariate attrattive, possa essere conquistato da Colui dal quale sono stato conquistato, e raccolto dalla dissipazione dei giorni trascorsi, possa seguire solo Lui. E, dimentico del passato, né distratto dall'attesa delle cose future che passeranno, ma proteso in avanti, non nella dissipazione ma nella tensione, corra verso la meta per arrivare al premio della chiamata divina, *"ove ascolterò voci di lode"* *(Sal 25,7)*, *"e contemplerò le tue delizie"* *(Sal 26,4)*, che non passano.

Ora, invece, *"i miei anni passano nel gemito"* *(Sal 30,11)*, e tu solo sei il mio conforto, o Signore, mio Dio, eterno Padre.

E io ho perso il tempo nello studiare il tempo, del quale non conosco affatto l'ordine, e la mia mente, le viscere della mia anima, sono state lacerate dalla molteplicità ossessiva dei suoi movimenti.

Purificato da queste vicende e, liquefatto nel fuoco del tuo amore, attendo di confluire in te e riposare in te.

30. Esistenza di Dio

30. 40. E finalmente mi fermerò, starò saldo in te, prenderò consistenza e forma nella tua verità.

Non subirò più le domande di coloro che afflitti da un morbo degno di condanna e volendo attingere alla verità più di quanto siano capaci di comprendere, vanno chiedendo:

"Cosa faceva Dio prima di creare il cielo e la terra?".

Oppure: "Come mai gli venne in mente di creare qualcosa, quando prima di allora non aveva fatto mai nulla?".

Concedi loro, o Signore, di riflettere bene a quel che dicono, e fa' che comprendano che non si può parlare di un "mai" quando il tempo non esiste. Dunque, dicendo che non ha fatto "mai" nulla, non vuol forse dire che non ha fatto nulla in nessun tempo? Comprendano, quindi, che non può esistere il tempo senza il creato, e la smettano di parlare da sciocchi. Siano *"protesi, invece, verso quelle realtà ancora future" (Fil 3,13)*, e comprendano che tu esisti prima di ogni tempo, che sei eterno e creatore di tutte le cose e di tutti i tempi, e che nessun tempo e nessuna creatura sono coeterni a te, benché esista qualche creatura fuori del tempo, come gli angeli.

31. Scienza umana e divina

31. 41. O Signore, Dio mio, come è profondo il mistero della tua vita!

E quanto lontano da esso mi hanno condotto le conseguenze dei miei peccati! Risana i miei occhi, e parteciperò alla gioia della tua luce.

Certo, se esistesse uno spirito dotato di tanta scienza e prescienza da conoscere tutto il passato e tutto il futuro, come io conosco a memoria una poesia a tutti nota, costui sarebbe uno spirito meraviglioso, una meraviglia però da provocare orrore e spavento, niente gli sarebbe nascosto, né i secoli passati né quelli futuri, come a me non sfugge nulla della poesia, dall'inizio alla fine.

Lontano da me, o Signore, il pensare che tu, creatore dell'universo, delle anime e dei corpi, conosca il futuro e il passato come io conosco la poesia. La tua conoscenza è infinitamente meravigliosa e misteriosa.

A chi recita una poesia o a chi l'ascolta, subentra nell'animo una varietà di sensazioni e sentimenti, sia che pensi ai versi già ascoltati o recitati, sia a quelli che reciterà o ascolterà.

In te nulla di simile accade, tu sei immutabile nella tua eternità; e nella tua eternità, o veramente eterno, tu hai creato le intelligenze, le menti, gli animi.

Pertanto, come conoscevi *"in principio il cielo e la terra"* (*Gn 1,1*), così, senza alcuna variazione nella tua conoscenza, immutabile, *"in principio hai crea-*

to il cielo e la terra" (Ivi).

Sia chi comprende, sia chi non comprende, ti renda ugualmente testimonianza.

Oh, quanto sei eccelso!

Ma chi è *"umile di cuore" (Dan 3,87)* fa parte della tua casa.

"Tu, infatti, rialzi chiunque è caduto" (Sal 144,14; 145,8), e non cadono coloro che hanno posto in te la loro dimora.

LIBRO DODICESIMO

SOMMARIO.

È chiaro, per Agostino, che Dio ha creato dal nulla tutte le cose. Ora vuole tentare la spiegazione dell'atto creativo di Dio, questione molto difficile, senza con ciò affaticare i suoi lettori. Data la profondità della Parola di Dio, rispettati alcuni punti fermi (l'eternità di Dio, la creazione del cielo e della terra dal nulla e che il cielo non s'identifica con il Verbo divino), si può dare corso a diverse letture del testo biblico che ne mettano in evidenza, per quanto possibile, la verità che è al di sopra di tutto. Tutti gli uomini devono parteciparvi con spirito di carità e di fratellanza perché la verità risplenda.

La terra è detta "informe e invisibile", cioè la terra che non ha una "forma", non è una cosa compiuta. Per esempio, l'orologio è un oggetto compiuto, ha la forma dell'orologio, ma tutti i pezzi che lo compongono, separati l'uno dall'altro, non hanno la forma dell'orologio; rispetto all'orologio, indicano solo la "possibilità" di diventarlo; perché lo diventino bisogna che l'orologiaio le metta insieme. I pezzi dell'orologio già esistono. Così è la terra "informe e invisibile". Ma anche questa è stata creata da Dio.

Il "cielo dei cieli", che Dio ha creato "in principio", non è il cielo che noi vediamo, ma un'entità spirituale, invisibile, un'intelligenza che contempla Dio e è beata.

Comunque ambedue, la terra informe e il cielo dei cieli, non sono coeterne a Dio, ma anch'esse create.

1. Dio conforto di noi poveri mortali

1. 1. Sospinto dalle parole della tua Sacra Scrittura, il mio cuore si affanna, si agita, per conoscere sempre più cose, pur nella miserevole povertà della sua vita.

L'umana intelligenza è limitata nel comprendere, e quindi spesso abbonda in parole nella sua ricerca; sì, perché il cercare ci impegna più che il trovare, e la mano si stanca più a bussare che a ricevere.

Ma noi abbiamo la tua promessa, e chi potrà infirmarla?

"Se Dio è per noi, chi sarà contro di noi?" (Rm 8,31).

"Chiedete e vi sarà dato, cercate e troverete, bussate e vi sarà aperto. Perché chiunque chiede riceve e chi cerca trova, e a chi bussa sarà aperto" (Gv 16,24; Mt 7,7ss..; Lc 11,9ss.).

Sono promesse tue, e chi può temere di essere ingannato quando è la stessa Verità che promette?

2. Perché si dice: "Il cielo del cielo"?

2. 2. Nell'umiltà del mio parlare confesso la tua infinita grandezza: tu hai creato il cielo e la terra, questo cielo che vedo con i miei occhi, questa terra che calpesto con i miei piedi, e anche questa terra di cui sono fatto, che sono io.

Tutto tu hai creato.

Ma dove si trova il "cielo del cielo"?

Lo abbiamo sentito pronunciare dalla voce del salmo: *"Il cielo del cielo al Signore, ma ha dato la terra ai figli dell'uomo"*[1].

Dove si trova, dunque, questo cielo che non vediamo, dal momento che il cielo che vediamo con i nostri occhi fa parte della terra? Tutto questo universo visibile, corporeo, il cui fondamento è la terra, ha preso una forma così bella anche nelle sue parti più umili, sebbene non ovunque e non completamente.

Ma, di fronte a quel "cielo del cielo" anche il cielo della nostra terra è terra. E non è cosa assurda chiamare "terra" questi due grandi corpi, cielo e terra del nostro universo, quando sappiamo che quel "cielo del cielo", pur senza conoscere cosa sia, appartiene a Dio e non ai figli degli uomini?

3. Materia e terra - Tenebre e abisso

3. 3. Certamente questa terra era invisibile, incomposta, non ancora formata, e non so la profondità dell'abisso in cui era immersa, dove non c'era luce, e non aveva ancora alcun aspetto.

Per questo comandasti di scrivere: *"Le tenebre ricoprivano l'abisso"* *(Gn 1,2 LXX)*. Cosa vuol dire questo se non che non vi era la luce?

Dove, infatti, poteva essere la luce, se ci fosse stata, se non sopra l'abisso, per illuminarlo dall'alto?

---

[1] Sal 113, 16. Il "cielo dei cieli" per Agostino non è il cielo che noi vediamo: questo cielo è materiale. Quello indicato è la creatura intellettuale, che è fuori del tempo e fissa Dio nella preghiera di contemplazione. È la dimora di Dio, oggetto di contemplazione e di felicità degli spiriti beati.

Dunque, là dove non c'era la luce si dice che c'erano le tenebre; e le tenebre cosa sono se non l'assenza della luce?

Pertanto "le tenebre ricoprivano l'abisso", perché in alto non c'era la luce. Dove infatti non si sente una voce è silenzio. E che vuol dire che lì c'è silenzio se non che lì non c'è alcun suono di voce?

4. Terra e abisso

4. 4. "Terra e abisso". Come denominare altrimenti una realtà, priva di qualsiasi forma e consistenza, per renderla accessibile alla comprensione di intelligenze non troppo sviluppate, se non con questa espressione "terra e abisso"?

"Terra e abisso" sono all'infimo grado nella bellezza e ricchezza di splendore di tutte le altre realtà superiori del creato.

Perché dunque non dovrei accettare che la materia informe, creata da te senza alcun aspetto, e dalla quale avresti formato e manifestato poi lo splendore dell'universo, non venisse indicata agli uomini, per comodità di comprensione, con questo termine: "Terra invisibile e incomposta?"[2]

---

[2] "Terra e abisso", "materia informe", "terra invisibile e incomposta" sono concetti difficili; essi indicano la materia allo stato primordiale, cioè prima di ricevere la forma delle cose definitive. Se entri nella bottega di un vasaio potrai vedere da una parte un ammasso di creta, è la materia (creta) informe; quando il vasaio la lavorerà la materia informe prenderà la sua forma, cioè il vaso, oggetto bello a vedersi. All'origine del mondo formato c'è la "materia informe", ma anche questa è stata creata da Dio.

5. La nostra mente rimane confusa

5. 5. Ora la nostra mente cerca nella materia ciò che possa colpire i nostri sensi e dice a se stessa: "Qui non c'è alcuna forma intelligibile, come è la vita, come è la giustizia, perché è materia corporea; e nemmeno nulla di sensibile, perché nell'invisibile, non ancora formato, non c'è nulla che si possa vedere e possa essere percepito dai sensi".

Mentre la mente umana riflette su queste cose, cosa fa? Si sforza, forse, di conoscere la materia "ignorandola", o di "ignorarla" pur conoscendola?

6. Che concetto avevo della materia

6. 6. In verità, o Signore, devo confessarti, a voce o per iscritto, tutto ciò che tu mi hai aiutato a capire di questa materia.

Quando prima sentivo pronunciare il nome, senza capire nulla, da coloro che ne sapevano meno di me, me la immaginavo formata da innumerevoli e svariati aspetti; pertanto non ne avevo alcuna idea.

Nella mia mente era un carosello confuso di figure, deformi e orribili, ma pur sempre figure; e chiamavo informe non ciò che non aveva alcuna forma, ma ciò che ne aveva qualcuna; ma era una forma così insolita e strana, che se si fosse presentata davanti ai miei sensi mi avrebbe urtato e sconvolto, considerata la mia debolezza di uomo.

Veramente quello che nella mia mente io consideravo informe, non era informe perché privo di qualsiasi forma, ma perché lo raffrontavo con altre forme migliori.

Un ragionamento corretto mi persuadeva che se volevo immaginare qualcosa di assolutamente informe avrei dovuto renderlo spoglio di qualsiasi forma, ma ciò mi era impossibile.

Facevo prima, infatti, ad immaginare inesistente una cosa priva di qualsiasi forma, che pensare un qualcosa tra la forma e il nulla, né formata né nulla, una cosa informe che equivale al nulla.

La mia mente cessò allora di domandarsi il perché di tanta fantasia, piena di immagini corporee, alle quali dava una forma, che però essa cambiava e variava a suo piacimento.

Mi applicai, invece, a considerare con più attenzione, i corpi in se stessi, il loro evolversi, il perché cessano di essere ciò che prima non erano. Così mi venne da sospettare che questo passaggio da una forma all'altra non avvenisse affatto dal nulla, ma attraverso qualcosa di informe.

Ma io volevo capire non sospettare.

Se la mia voce e la mia penna volessero dire tutto quello che tu mi hai insegnato su questo problema, non so se i miei ascoltatori e lettori avrebbero tanta pazienza da tenermi dietro fino in fondo.

Non per questo, però, il mio cuore cesserà di renderti onore e di sciogliere un cantico di lode per tutto quello che mi hai fatto comprendere su questo argomento, anche se poi non sono in grado di darne una sufficiente spiegazione.

Infatti, l'evoluzione stessa delle cose che cambiano è capace di dare forma a tutte le cose mutevoli che sono soggette, via via, a cambiamento.

Ma questa evoluzione da che dipende?

Forse dall'animo? Forse dal corpo? O forse da una parvenza dell'animo o del corpo?

Se si potesse dire: "niente è qualcosa", oppure: "è, ma non è", così definirei la materia.

E tuttavia già doveva esistere in qualche modo, per assumere questi aspetti visibili e ben ordinati[3].

7. Dal nulla Dio creò la materia

7. 7. E da dove poteva aver origine tale materia se non da te, dal quale provengono tutte le cose che esistono?

Ma tanto lontane da te, quanto lontana da te è la loro somiglianza. Non bisogna intendere però lontananza nello spazio.

Pertanto, tu o Signore, che non sei variabile da un giorno all'altro, ma sei sempre lo stesso, sempre lo stesso, sempre lo stesso, cioè: *"Santo, santo, santo, Dio onnipotente" (Ap 4,8)*, "in principio", originato da te, nella tua sapienza, generata dalla tua sostanza, hai creato qualcosa e l'hai creata dal nulla. Infatti hai creato "il cielo e la terra", ma non generati dalla tua

[3] "Niente è qualcosa" significa che la "materia informe" non avendo alcuna forma è "niente" rispetto alla forma. L'altra frase "è, ma non è" in sostanza ha lo stesso significato: è perché la materia informe ha una sua forma (pensa ad un mucchio di creta), però non è (il mucchio di creta, non è il vaso fatto).

sostanza; in tal caso sarebbero simili al tuo Unigenito e in definiva a te stesso; e non sarebbe stato giusto che fosse simile a te ciò che non era stato generato da te.

D'altra parte, oltre di te non esisteva nulla fuori di te da cui avresti potuto fare il cielo e la terra.

O Dio, Una Trinità e Trina Unità!

Perciò "dal nulla" hai creato "il cielo e la terra": un qualcosa di grande e un qualcosa di piccolo.

Tu sei onnipotente e buono e hai fatto tutte le cose buone: il cielo grande e la terra piccola.

Esistevi tu e il "nulla" e "dal nulla" hai fatto "il cielo e la terra".

Due creature: una vicina a te il cielo, l'altra vicina al nulla, la terra; il cielo, che ha solo te al di sopra di sé, la terra, che ha il nulla sotto di sé.

8. Dal nulla la materia - Dalla materia il mondo

8. 8. Però quel "cielo del cielo" appartiene a te, o Signore, la terra, invece, *"che hai dato ai figli degli uomini" (Sal 113,16)*, perché la contemplassero e la toccassero, non era tale come adesso la vediamo e la tocchiamo.

"Era invisibile e non formata", e vi era l'abisso, sul quale non splendeva la luce, "ma le tenebre ricoprivano l'abisso", quindi erano più estese dell'abisso.

L'abisso del mare che adesso vediamo, nelle sue

profondità deve avere una qualche luminosità, percepibile dai pesci e dagli altri esseri viventi che in esso si muovono.

L'abisso, invece, di cui parla la Bibbia, era come un nulla, perché completamente informe, tuttavia già in attesa di prendere forma.

Infatti, tu, o Signore, *"hai creato il mondo da una materia senza forma"* *(Sap 11,18 LXX)*, hai tratto dal "nulla" un "quasi nulla", dal quale poi creare questo magnifico universo che noi, "figli degli uomini", ormai contempliamo. Veramente mirabile questo cielo "corporeo", cioè *"il firmamento che separa le acque che sono sotto il firmamento dalle acque che sono sopra il firmamento"* *(Gn 1,7)*, firmamento che tu creasti il secondo giorno, dopo che nel primo giorno creasti la luce, dicendo: *"Sia la luce! E la luce fu"* *(Gn 1,6)*.

Questo firmamento lo chiamasti "cielo", ma è il cielo di questa terra e di questo mare da te creati il terzo giorno, dando forma visibile a quella materia informe che avevi creato prima di ogni altra cosa.

Avevi creato anche un "cielo" prima di qualsiasi giorno, ma era il "cielo" di questo "cielo", il "cielo del cielo", perché "in principio" avevi creato "il cielo e la terra".

Però la "terra" stessa, che tu avevi creato, era "materia informe", perché "invisibile e incomposta", e "le tenebre ricoprivano l'abisso".

Ebbene, da questa terra invisibile, informe, incomposta, da questo "quasi nulla", tu hai fatto tutte queste altre cose, dalle quali deriva l'evoluzione, o meno, di tutto l'universo.

In questa evoluzione noi avvertiamo e misuriamo anche l'evoluzione o il passare dei tempi.

Il tempo, infatti, è frutto della evoluzione delle cose, del variare e del succedersi delle varie forme di quella materia che, come si è detto, è la "terra invisibile".

9. Il "cielo del cielo" e la "materia" fuori del tempo

9. 9. Perciò il tuo Spirito, che ha ispirato a Mosè, tuo servo, tutto ciò che egli ha scritto, quando dice che *"in principio hai creato il cielo e la terra"* *(Gn 1,1)*, non parla di tempi né di giorni.

Certamente, però, quel "cielo del cielo" che tu hai creato "in principio", è una creatura comprensibile, benché, assolutamente, in nessun modo, coeterna a te, o Trinità; partecipe tuttavia della tua eternità.

Ma trattiene, per così dire, il suo evolversi perché rimane attratto dalla contemplazione della tua dolcissima felicità, e da quando fu creato aderisce a te senza alcun cedimento, pertanto è fuori da ogni mutevole evoluzione del tempo.

Così, lo stesso, la "terra invisibile e incomposta", mancante di qualsiasi forma, anch'essa è fuori del tempo, non vi sono giorni da poter enumerare. Infatti, dove non esiste alcunché di visibile, di ordinato, dove niente "viene" e niente "passa", dove, dunque, non esiste nulla di simile, non si può pensare ai "giorni" o al variare dei "tempi"[4].

10. "Ritorno anelante alla tua fonte"

10. 10. O Verità, lume del mio cuore, non siano "le tenebre" a parlarmi! Ci cascai in mezzo e venni ottenebrato.

Ma, anche lì in mezzo, fra quelle tenebre, io ti amavo.

"Andavo errando" (Sal 118,176); *"e mi sono ricordato di te" (Gv 2,8)*. *"Ho udito la tua voce dietro di me (Ez 3,12)"* che mi diceva di tornare indietro; ma, appena appena la potevo sentire, stordito com'ero dal clamore di quella gente irrequieta, i manichei.

Ecco. Ora ritorno assetato, anelante alla tua fonte.

Nessuno me lo impedisca: qui voglio bere, qui voglio vivere.

Non sia io la mia vita, infatti vissi male vivendola da me, mi fu di morte; fa' che io ritorni a vivere in te.

Parlami tu, tu istruiscimi. Ho creduto ai tuoi libri: quelle *"parole sono parole indicibili, sommamente arcane" (2Cor 12,4)*.

---

[4] La "terra invisibile e incomposta" e "il cielo dei cieli" sono al di fuori del mutamento del tempo: la prima perché non avendo una forma, una specificazione, una figura non è capace di mutamento, non c'è nulla da mutare; la seconda, essendo "fissato" in Dio, non ha movimento. Però, come già abbiamo detto, non sono coeterne a Dio, ma create da Lui.

11. Eternità di Dio e creazione dell'universo

11. 11. Già me lo hai detto, o Signore, e con voce forte l'hai gridato al mio cuore: tu solo sei eterno, *"il solo che possiede l'immortalità"* *(1Tm 6,16)*.

Tu non sei soggetto a nessun mutamento, né cambi d'aspetto, né sei variabile come il variare dei tempi, la tua volontà è sempre la stessa, non potrebbe, infatti, essere immortale una volontà variabile; *"molte sono le idee nella mente dell'uomo, ma solo il disegno del Signore resta saldo"* *(cfr. Prov 19,21)*.

Tutto questo è chiaro "davanti a te", ora, ti prego, sia sempre più chiaro davanti ai miei occhi, e fa' che io persista, sobrio, nella tua manifestazione, sotto le tue ali.

Hai detto, ancora, o Signore, con voce forte al mio cuore, che tutte le nature e le sostanze, che non sono quel che sei tu, ma d'altronde esistono, sono state create da te. Solo il nulla non deriva da te, così come anche quei moti disordinati della volontà che tendono al basso, lontano da te, che sei l'Essere, verso esseri minori di te; poiché tali moti disordinati sono un delitto e un peccato, e non c'è peccato che possa nuocerti, o turbare l'ordine del tuo dominio, né lassù in alto né nel profondo.

Tutto questo mi è chiaro davanti a te; ti prego sia sempre più chiaro davanti ai miei occhi, perché io possa persistere, sempre giudizioso, nella tua manifestazione, sotto le tue ali.

La beata quiete del cielo dei cieli

- 12. Già me lo hai detto, o Signore, e con voce forte l'hai gridato al mio cuore: anche una creatura innamorata di te, perseverante nel vivere costantemente in te la sua castità, immutabile nel suo proposito, sempre alla tua presenza, legata a te con indissolubile affetto, non turbata dall'attesa del futuro o dal ricordo del passato, immutabile attraverso le vicende mutevoli del tempo, ebbene, anche questa creatura non è coeterna a te.

Oh lei beata, se esiste una tale creatura, perché partecipa della tua beatitudine, beata, perché tu abiti perennemente in lei, e sei la luce che la illumina per sempre.

Non trovo un'espressione migliore, per definire cosa voglia significare questo "cielo del cielo al Signore", se non questa: *"è la tua casa, il tuo santuario, dove si contempla e si gusta la tua dolcezza"* *(Sal 26,4)*, dove non ci si stanca e non si sente il bisogno di volgersi altrove; dove le menti purificate vivono concordemente nel vincolo della pace dei santi spiriti, dei cittadini della tua città, lassù, nell'alto del tuo cielo che è al di sopra del nostro cielo.

- 13. Lo comprenda questo l'anima peregrinante, lontana da te lo comprenda, se ha ancora sete di te, *"se le lacrime sono diventate il suo pane, e ogni giorno si sente ripetere: dov'è il tuo Dio?"* *(Sal 41,3- 11).*

Lo comprenda, se già ti domanda:

"Una cosa ho chiesto al Signore, questa sola io cerco; abitare nella casa del Signore tutti i giorni della mia vita" (Sal 26,4).

E qual è questa vita, la sua vita, se non proprio tu? E cosa i "tuoi giorni" se non la "tua eternità"?

Così *"i tuoi anni non hanno fine, tu rimani sempre lo stesso"* (Sal 101,28).

Questo comprenda l'anima, se ne è capace, cioè: quanto la tua eternità trascenda tutti i tempi; e ancora: che "il cielo del cielo", tua dimora fissa e non peregrinante, quantunque non sia coeterno a te, tuttavia non va soggetto alle vicissitudini del tempo, perché è unito a te in modo costante, incensante e instancabilmente", senza possibilità che possa staccarsi da te. Tutto questo mi è chiaro davanti a te; ti prego, sia sempre più chiaro davanti ai miei occhi, perché io possa persistere, sobrio, nella tua manifestazione, sotto le tue ali.

L'informe senza tempo

- 14. Ecco. Non so cosa ci sia di informe nel variare di queste cose estreme e infime.

Ma non mi vengano a dire coloro che, nella vanità del loro cuore, vanno girovagando nelle loro idee strane e fantasiose, non mi vengano a dire costoro che una volta eliminato dalla materia ogni aspetto e rimasta completamente informe e priva dell'avvicendarsi di aspetti e di forme, essa possa segnalare lo stesso il movimento dei tempi.

Non è assolutamente possibile.

Senza il variare dei movimenti non può esserci il tempo.

E non c'è varietà di movimenti o cambiamenti quando la materia è informe, senza alcun aspetto o forma.[5]

12. Le due creature fuori del tempo

12. 15. Considerando queste cose, per quanto tu me lo concedi, o Dio mio, e poiché tu mi spingi a bussare e sei pronto *"ad aprire a chi bussa"* *(Mt 7,7ss.)*, ho trovato che tu hai creato due cose prive del tempo, benché nessuna delle due sia coeterna a te: l'una così ben formata che gode della tua contemplazione, senza mai venir meno, rimanendo sempre immutata, benché per sé mutevole, e partecipe della tua eternità.

L'altra così informe da non avere in sé alcun aspetto o forma sottoposta a mutazioni o variazioni da un aspetto all'altro, anch'essa priva del tempo.

Ma questa seconda creatura non l'hai lasciata informe, poiché, prima di "ogni giorno", *"tu hai creato, in principio, il cielo e la terra"* *(Gn 1,1)*, cioè queste due cose di cui parlavo.

"La terra era invisibile e incomposta, e le tenebre ricoprivano l'abisso" *(Gn 1,2)*. Con queste parole si

---

[5] Agostino vuol dire che la *"materia informe"* non avendo forma, non può passare da una forma all'altra, quindi è al di fuori dalle vicissitudini del tempo.

vuole introdurre l'idea di una materia informe, per arrivare poi a comprendere, con una certa gradualità, che la materia informe, benché priva di qualsiasi aspetto, non corrisponde affatto al "nulla". Da questa materia informe, infatti, Dio ha creato poi un nuovo "cielo" e la "terra" visibile e ben ordinata, l'acqua dei mari, così bella e trasparente, e tutto quanto viene nominato nel libro della"Genesi", dove si parla della creazione del mondo, e tutto presentato in un susseguirsi di giorni.

Pertanto ogni creatura è soggetta la variare dei tempi, secondo il suo evolversi e i suoi aspetti.

13. Le due cose create fuori del tempo

13. 16. Quando sento le parole scritte nei Sacri Libri: *"In principio Dio creò il cielo e la terra, la terra era invisibile e incomposta e le tenebre ricoprivano l'abisso" (Gen 1,1ss.)*, ma non si parla del "giorno" in cui questo avvenne, mi sembra di capire che qui si tratta del "cielo del cielo", "cielo intellettuale", dove si ha una visione completa del tutto, non di una sola parte, non in enigma, *"non in maniera confusa, non come in uno specchio, ma faccia a faccia" (1Cor 13,12)*, nella sua piena manifestazione, non una cosa dopo l'altra, come si è detto, ma nel suo insieme, senza l'avvicendarsi dei tempi.

Così per quanto si dice della terra "invisibile e incomposta", anch'essa non conosce il variare dei tempi, perché priva di qualsiasi forma o aspetto che

Sant'Agostino presenta la regola

vadano soggetti a qualche evoluzione.

Infatti, dove non c'è alcun aspetto, non ci può essere alcun mutamento: oggi in un modo, domani in un altro.

Pertanto, quando la Sacra Scrittura dice:

"In principio Dio creò il cielo e la terra" (Gen 1,1), senza nominare alcun giorno, io credo di capire che si tratti del "cielo del cielo", ben formato fin dal principio, e della terra completamente informe, invisibile e incomposta. E subito dopo la Genesi ci dice di quale "terra" parlava.

Poiché nel "secondo giorno" della creazione si specifica che venne creato il firmamento, che viene chiamato "cielo", ci fa intendere di quale "cielo" parlava prima, senza accennare ai giorni.

14. Difficoltà di interpretazione

14. 17. Quanto è mirabile la tua rivelazione, ma quanto profondo il significato delle tue parole!

Così come viene narrata la tua creazione è ben comprensibile ai "piccoli", ma quanto sublime e difficile la sua interpretazione, quanto mirabilmente profondo il suo significato, o Dio mio!

Incute orrore il volere addentrarsi in lei per comprendere, "orrore" dell' "onore", "tremore" dell' "amore".

Odio con veemenza i nemici delle Sacre Scritture.

Oh se tu potessi sterminarli con *"spada a doppio taglio" (Sal 149,6; Sir 21,4)*, e non vi siano più nemici contro di esse.

Vorrei che "uccidano" se stessi, perché li amo, cioè "il taglio" della tua spada li stacchi dalle cose temporali, e il "taglio" delle cose eterne li faccia vivere in te.

Vi sono altri, invece, che non solo non criticano le Sacre Scritture, anzi esaltano le parole della Genesi.

Dicono: "Lo Spirito di Dio che ha ispirato a Mosè, tuo servo, di scrivere quelle parole, non intendeva certo dire con quelle parole quello che tu vai interpretando con la tua intelligenza, ma ben altro, cioè quello che diciamo noi".

A questi tali, affidandomi al tuo giudizio, o Dio di tutti noi, adesso cercherò di rispondere io.

15. Eternità di Dio - Il cielo del cielo La materia

15. 18. Voi dite che è falso quello che la Verità mi fa sentire con voce forte attraverso l'orecchio interiore.

Ma potete forse negare l'eternità di Dio creatore?

Potete negare che la sua sostanza non è mutevole, a seconda del variare dei tempi e che la sua volontà sia una cosa sola con la sua sostanza?

Per questo egli non è che vuole una cosa adesso e poi un'altra, ma la sua volontà agisce una sola volta e nell'insieme di tutte le cose che vuole.

Non agisce di volta in volta, ora una cosa e dopo un'altra, non vuole dopo una cosa che prima non voleva, o non vuole più quello che prima voleva.

Una tale volontà è instabile e non può essere eterna. Il nostro Dio invece è eterno.

Così, direte che è falso quanto il Signore mi fa sentire all'orecchio interiore, cioè che l'attesa delle cose che devono venire diventa visione, contemplazione quando esse arrivano, mentre poi questa visione permane nella memoria quando esse sono passate? Ma ogni conoscenza, che varia in questo modo, è soggetta a mutamenti, e ciò che è mutevole non può essere eterno.

Il nostro Dio, invece, è eterno.

Da tutto questo ragionamento traggo la conclusione: il mio Dio, Dio eterno, non ha creato il mondo con un diverso e nuovo atto della sua volontà, e la sua conoscenza non subisce alcuna alterazione.

La creazione della materia e del cielo dei cieli

- 19. Allora, cosa rispondete, voi che mi contraddite? È falso quello che dico? "No" - mi rispondono. E quando affermo che ogni natura formata e la materia destinata a formarsi, derivano da lui, sommo bene, perché sommo in assoluto, dico forse delle falsità? "Non neghiamo queste verità" - rispondono.

Che cosa dunque negate? Negate forse che possa esistere una creatura così sublime, intimamente unita a Dio, vero ed eterno, nella purezza del suo amore, che, benché non sia coeterna a lui, tuttavia è impossibile possa staccarsi da lui e defluire dietro le vicissitudini del tempo?

Sì, una tale creatura riposa in lui, in lui soltanto, nella contemplazione dello splendore della Verità.

Perché, tu, o Signore, a chi ti ama e accoglie i tuoi comandamenti, ti mostri a lui, e questo gli basta.

Come potrebbe staccarsi da te e ritornare in se stesso? "Questa è proprio la casa di Dio".

Una casa non fatta di terra e nemmeno di questo nostro cielo, ma una casa spirituale, partecipe della tua eternità, senza macchia, immacolata e splendente in eterno.

L'hai fondata stabile nei secoli, e per i secoli dei secoli, *"hai posto una legge che non passa" (Sal 148,6)*.

Tuttavia non è coeterna a te, perché ha un inizio: infatti tu l'hai creata.

- 20. Non esiste un tempo prima di questa creazione.

"Prima di ogni cosa fu creata la sapienza" (Sir 1,4), non la "Sapienza", il tuo Verbo, o Dio nostro, che sei suo Padre, del tutto uguale e coeterno a te, per mezzo del quale hai creato tutte le cose e che è quel "principio" nel quale hai creato il cielo e la terra; ma la sapienza che è stata creata, ossia una natura intellettuale, una luce che ci permette di contemplare la luce. Anche questa chiamiamo "sapienza" quantunque sia creata.

Ma c'è differenza tra la "Sapienza" increata e quella creata, come esiste la differenza tra la luce che illumina e quella riflessa, e tra la "giustizia" che giustifica e la giustizia del giusto.

Infatti, anche noi siamo chiamati "giustizia", come dice un tuo servo: *" per mezzo di lui noi siamo giustizia di Dio" (2Cor 5,21)*.

Dunque, prima di tutte le altre cose, fu creata una "certa" sapienza, una mente razionale e intellettuale, che appartiene alla casta tua città santa, nostra madre, *"che è lassù ed è libera" (Gal 4, 26)*, *"eterna nei cieli" (2Cor5, 1)*. Quali cieli? "I cieli dei cieli" che ti lodano perché questo è il "cielo del cielo" del Signore.

Pertanto non troviamo alcun tempo prima di essa, poiché precede anche la creazione del tempo; la "sapienza", dunque, è prima di ogni altra cosa creata.

Tuttavia, prima di essa è l'eternità di Dio, dal quale fu creata e da lui ebbe l'inizio, non però nel tempo, poiché questo ancora non esisteva, bensì nella sua propria condizione.

La differenza tra il "cielo dei cieli" e Dio

- 21. La sapienza, dunque, proviene da te, o Dio nostro, ma è ben diversa da te e non appartiene alla tua essenza; tuttavia non troviamo in lei il "tempo", né prima di lei.

È sempre intenta a "contemplare il tuo volto", senza mai deflettere, perché non soggetta a variazioni.

Sì, in lei c'è possibilità di variazioni, e potrebbe diventare tenebrosa e gelida, se il suo grande amore non la tenesse unita a te, in perenne "meriggio", di luce e di calore.

Oh dimora luminosa e splendida, *"amo il tuo decoro e il luogo dove abita la gloria del mio Signore, tuo creatore e possessore"* *(Sal 25, 8)*.

A te anela il mio peregrinare, e dico a Colui che ti ha fatto di possedere anche me in te, poiché ha fatto anche me.

"Ho errato come pecora smarrita" *(Sal 118, 176)*. Ma spero di essere ricondotto a te, portato sulle spalle del mio pastore *(cfr. Lc 15, 4ss.)*, lui che ti ha "strutturato".

Il "cielo dei cieli" e la materia informe sono fuori del tempo

- 22. Allora, che ne dite voi che mi contraddite? A voi mi rivolgo. Che ne dite voi, che pure siete devoti di Mosè, servo di Dio, e credete che i suoi libri sono ispirati dallo Spirito Santo? Non è forse questa la dimora di Dio non coeterna a Dio, tuttavia, in certo qual modo, eterna "nei cieli", dove invano cercate l'avvicendarsi del tempo, che mai troverete?

Trascende infatti ogni spazio e ogni tempo, *"perché il suo bene è stare vicino a Dio, per sempre"* *(Sal 72,28)*.

"Siamo d'accordo su questo" - mi rispondono.

Ma allora, che ne dite di quelle cose che il mio cuore *"gridò al mio Dio"* *(Sal 17,7)*, mentre interiormente sentiva *"risuonare le sue voci di lode?"* *(Sal 25, 7)*.

Quale affermate che sia falsa?

Forse perché la materia era informe, non poteva

esistere, poiché per mancanza di forma non vi era in lei alcun ordine?

Certo, dove non c'è ordine non può esserci il tempo; tuttavia questo "quasi nulla" non era del tutto "un nulla", certamente proveniva da Colui dal quale proviene ogni cosa, come sta scritto: *"senza di lui niente è stato fatto di tutto ciò che esiste" (cfr. Gv 1, 3)*.

"Ebbene - rispondono - non neghiamo nemmeno questo".

16. In disputa con i suoi interlocutori

16. 23. Voglio un po' ragionare con questi davanti a te, o mio Dio. Essi accettano come vero tutto ciò che tu, o vera Verità, manifesti alla mia intelligenza.

Coloro che negano queste cose possono abbaiare quanto vogliono, e facciano schiamazzo intorno a sé.

Io mi sforzerò di persuaderli perché si calmino e perché il loro cuore si apra all'ascolto della tua parola.

Ma se non volessero ascoltarmi e mi respingessero, tu, invece, o Dio mio, *"non stare in silenzio con me" (Sal 27, 1)*.

Ti prego, parla al mio cuore svelando la verità, tu solo puoi farlo.

Loro rimangano pure fuori; li costringerò a "soffiare nella polvere", finché la terra non arrivi ai loro occhi, come avviene nelle lotte che si combattono nel circo.

"Io entrerò nella mia camera" (cfr. Mt 6, 6), e ti canterò canti di amore, gemendo tra inenarrabili

gemiti; e nel mio pellegrinare mi ricorderò di Gerusalemme, col cuore anelante verso di lei, Gerusalemme, la mia patria, Gerusalemme, la mia madre, dove tu regni sovrano, che la riempi di splendore, tu, suo padre, tutore, sposo, tu, sua casta intensa delizia, tu, gioia stabile, godimento ineffabile di ogni bene, tu, che unisci in te tutti questi beni, perché tu solo sei il sommo, l'unico vero bene.

Non volgerò altrove il mio sguardo fino a quando tu non mi abbia accolto nella pace della mia carissima madre, ove già sono le primizie del mio spirito.

Da lei mi vengono queste certezze, e sono sicuro che tu mi raccoglierai tutto, così come sono, liberandomi da questa dispersione e deformità, per uniformarmi e confermarmi in eterno a te, *"perché tu sei, mio Dio, la mia misericordia" (Sal 58, 18)*.

Adesso voglio parlare a coloro che pur riconoscendo vere queste mie argomentazioni e attribuendo, come noi, somma autorità alla tua Sacra Scrittura, comunicata a noi dal tuo servo Mosè, tuttavia mi contraddicono su alcune questioni.

Io ti scelgo come arbitro tra me e loro, o Signore Dio nostro.

17. Il significato di "cielo e terra"

17. 24. Costoro dunque dicono: "tutto vero quello che dici, ma certamente Mosè non pensava a quelle due cose, cielo e terra, quando, sotto ispirazione dello Spirito Santo, scrisse: In principio Dio creò il cielo e la terra.

Dicendo "cielo" non pensava affatto a quella creatura spirituale intellettiva sempre intenta nella contemplazione di Dio, e dicendo "terra" non intendeva dire "materia informe".

E allora, cosa voleva dire? Mi rispondono:

"Quel grande uomo, Mosè, intese dire quello che diciamo noi, e lo espresse con quelle parole".

Che cosa dunque intese dire con quelle parole?

"Dicendo "cielo e terra" - mi rispondono - Mosè intendeva dire tutto l'universo visibile, nel suo complesso, presentandolo all'inizio in modo globale e conciso, per poi passare a suddividerlo nella numerazione dei giorni, enumerando tutte quelle cose che lo Spirito gli suggeriva.

Gli uomini di allora, ai quali si rivolgeva, erano un popolo rozzo e carnale, al quale bisognava presentare in modo visibile le opere di Dio. Per questo Mosè giudicò bene descrivere la creazione in quel modo".

Per quanto riguarda la "terra invisibile e incomposta" e "l'abisso tenebroso", invece, sono,concordi con me nel vedervi quella materia informe, dalla quale poi, organicamente e suddivisa in giorni, si sarebbe sviluppata tutta la creazione visibile, che tutti possono ammirare.

- 25. Va bene. Ma che dire se altri dicessero che questa materia informe e confusa fu introdotta all'inizio col nome di "cielo e terra", e da essa venne poi formato e reso perfetto questo mondo visibile con tutte le sue varie componenti, in esso così ben manifeste, che spesso si è soliti chiamare "cielo e terra"?

Che dire ancora se altri affermassero che fu chiamata "cielo e terra", non in senso improprio, la natura invisibile e visibile, e che quindi in queste due parole " cielo e terra" è compreso tutto ciò che fu creato "nella Sapienza", cioè, "in principio" da Dio?

Tuttavia tutte le cose create vengono dal nulla, non sono partecipi della sostanza di Dio, e in essi permane una certa mutabilità, sia che rimangano stabili nell'eternità, come è la dimora di Dio, sia che siano soggette a mutamenti, come l'anima dell'uomo e il corpo umano.

Quindi, la materia comune a tutte le cose visibili e invisibili, ancora informe, ma che poi si sarebbe ben formata, dalla quale sarebbero derivati "il cielo e la terra", ossia il creato visibile e invisibile, sia l'uno che l'altro già ben formato e ordinato, venne designata, enunciata, con questi termini: *"terra invisibile e incomposta e tenebre sopra l'abisso"* (Gn 1, 2).

Con l'espressione "terra invisibile e incomposta", si vuole intendere la materia corporea, prima della qualificazione della sua forma; con l'altra "le tenebre sopra l'abisso", si vuole intendere la materia spirituale, prima di fermare il suo immoderato fluire, e prima che la Sapienza la illuminasse con la sua luce.

- 26. C'è ancora chi dice che Mosè scrivendo "cielo e terra" con questi due nomi voleva significare che "in principio" non erano due entità distinte, l'una visibile e l'altra invisibile, perfette e compiute, ma erano un embrione ancora informe, non sviluppato, delle cose che poi sarebbero uscite, ben formate, dalla materia.

Già esistevano nella materia confusa, dunque, senza ordine, senza essere ancora distinte per qualità e forma; mentre ormai, dopo compiuto il ciclo creativo, ben distinte e ordinate, si chiamano "cielo e terra"; due entità, l'una spirituale e l'altra corporea.

18. Diversi modi di interpretazione

18. 27. Dopo aver ascoltato e considerato tutte queste opinioni, *"non voglio perdermi in vane discussioni sulle parole. Le discussioni non giovano a nulla, se non alla perdizione di chi le ascolta."* *(2Tm 2, 14)*

"A loro edificazione, invece, è buona la legge, purché venga usata legittimamente, il suo fine infatti è la carità, che sgorga da un cuore puro, da una buona coscienza e da una fede sincera" *(Ef 4, 29; 1Tm 1,4. 8. 5)*.

"Da questi due concetti il nostro Maestro fece

dipendere tutta la legge e i profeti”.

“O Dio mio, luce che illumina i miei occhi” (Sal 37, 11), in questa oscurità, a me che osservo con zelo questi precetti, quale danno può arrecare una diversa interpretazione di quelle parole della Genesi, che tuttavia in sé sono vere?

Ripeto, quale danno può venirmi dall’interpretare diversamente dagli altri le parole scritte da Mosè?

Ognuno di noi può leggere quelle parole, sforzarsi di indagare e di comprendere cosa volesse dire Mosè, e dal momento che lo riteniamo veritiero, nessuno oserà pensare che abbia detto cose che noi possiamo riconoscere o giudicare false.

Dunque, mentre ciascuno cerca e si sforza di penetrare nel pensiero di Mosè per poter capire cosa volesse intendere con quelle sue parole, che male c’è se uno le interpreta secondo quello che tu, luce di

Sant’Agostino muore

ogni intelligenza retta, mostri essere verità, anche se non corrisponde a quello che intendeva dire l'autore?

Non possiamo certo dubitare che non sia verità quello che Mosè ha scritto e che noi leggiamo, anche se non corrisponde alla nostra interpretazione.

19. Le verità indiscusse

19. 28. È una verità questa, o Signore:

Tu *"hai creato il cielo e la terra" (Gen 1, 1)*.

È vero anche questo; la tua Sapienza è il principio di ogni cosa creata.

Così come è vero che questo mondo visibile si compone di due grandi parti: il cielo e la terra, e in essi sono compresi tutti gli altri esseri creati. Ancora: ogni essere mutevole ci fa supporre una sua certa mancanza di forma, per cui può assumere una forma, oppure cambiarla o trasformarla. Anche questo è vero: non è soggetto al variare del tempo ciò che aderisce a una forma immutabile così strettamente che, quantunque in sé sia mutevole, tuttavia rimane pur sempre immutato. È vero pure che ogni mancanza di forma, che equivale al "nulla", non può subire le vicende del tempo.

È vero anche che la materia, dalla quale poi verranno fatte e formate varie cose, col nostro linguaggio possiamo già chiamarla col nome di quelle cose che avranno origine da lei; per questo fu possibile chiamare "cielo e terra" quella materia informe che diede origine al cielo e alla terra.

Ancora: di tutte le cose che hanno una forma nessuna è più vicina alla materia informe come lo sono la terra e l'abisso.

È verità che non solo le cose create e formate, ma anche le cose che verranno create e formate, le hai fatte tu, *"da te hanno esistenza tutte le cose" (1Cor 8, 6; Rm 11, 36)*. Infine, ciò che deriva da una materia informe, prima è informe e poi riceverà la sua forma.

20. Diverse interpretazioni del termine "in principio"

20. 29. Tra tutti coloro che non dubitano di queste verità, perché illuminati interiormente da te, i quali credono fermamente che al tuo servo Mosè parlò *"lo Spirito di verità" (Gv 14, 17)*, tra tutti costoro, dunque, c'è chi interpreta *"in principio Dio creò il cielo e la terra" (Gn 1, 1)* nel senso che Dio, nel suo Verbo a lui coeterno, creò l'essere intelligibile e visibile, sensibile e corporale.

Altri invece dicono che quelle parole: *"in principio Dio creò il cielo e la terra"*, vogliono significare che Dio, nel suo Verbo a lui coeterno, creò tutta la massa di questo mondo materiale, con tutto ciò che contiene, le varie nature cioè note e manifeste.

C'è ancora chi dice che quelle parole: *"in principio Dio creò il cielo e la terra"*, vogliano dire che Dio, sempre per mezzo del Verbo a lui coeterno, fece la materia informe dell'essere, sia spirituale che corporale.

Altri ancora pensano che quelle parole: *"in principio Dio creò il cielo e la terra"*, vogliano significare che Dio, sempre nel Verbo a lui coeterno, fece la materia informe della creatura corporale, nella quale erano ancora confusi il cielo e la terra, che adesso vediamo ben distinti e ben formati nel complesso di questo universo creato.

Ancora un'altra interpretazione. Quelle parole: *"in principio Dio creò il cielo e la terra"*, vogliono significare che Dio, all'inizio della sua azione creatrice, fece la materia informe, ove erano già racchiusi, il cielo e la terra, che poi ricevettero forma e ordine, come adesso li vediamo, ben evidenti, con tutte le cose che in essi si trovano.

21. Interpretazioni varie su "la terra era invisibile"

21. 30. Così vi sono varie interpretazioni di quelle parole: *"la terra era invisibile e incomposta, e le tenebre ricoprivano l'abisso" (Gn 1, 2)*.

Tutte le opinioni possono essere vere.

Uno dice che quell'ammasso "corporale" creato da Dio era la materia ancora informe, senza ordine e senza luce, delle cose corporee. Un altro dice che quelle parole: *"la terra era invisibile e incomposta, e le tenebre ricoprivano l'abisso"*, vogliano significare questo complesso che si chiama "cielo e terra";

prima era materia informe e tenebrosa, dalla quale poi furono fatti il cielo corporeo e la terra corporea, con tutte le altre cose che si trovano in essi, e che i nostri sensi ben conoscono.

"La terra era invisibile e incomposta, e le tenebre ricoprivano l'abisso", per altri significa tutto questo complesso che si chiama cielo e terra, che prima era materia informe e tenebrosa, che poi divenne il cielo intelligibile, cioè quello che abbiamo chiamato "il cielo del cielo", e divenne anche terra, cioè tutta la natura corporea; e sotto questo nome "terra" si comprende tutto l'universo, dove si trova anche il "cielo", il firmamento. Quindi, da quella materia sono state formate tutte le cose visibili e invisibili, tutto il creato.

Altri ancora spiegano queste parole: *"la terra era invisibile e incomposta, e le tenebre ricoprivano l'abisso"*, nel senso che la Scrittura non intendeva chiamare "cielo e terra" quella massa informe, ma, asseriscono, essa già esisteva, e viene detta *"terra invisibile e incomposta, e abisso tenebroso e senza luce"*, dalla quale, come Mosè ha già detto antecedentemente, Dio creò il cielo e la terra, ossia il creato spirituale e corporale.

C'è, infine, chi dà un'altra spiegazione a quelle parole: *"la terra era invisibile e incomposta, e le tenebre ricoprivano l'abisso"*.

Cioè, già esisteva qualcosa di informe, quella "materia" dalla quale, come la Scrittura dice, Dio trasse il cielo e la terra, ossia tutta la massa corporea del mondo, divisa in due grandi parti, una superiore e l'altra inferiore, con tutte le cose che sono in esse, quel "creato" a noi ben noto e familiare.

22. La Sacra Scrittura non dice tutto ciò che Dio ha fatto

22. 31. A queste due ultime opinioni si potrebbe rispondere: "Se non vi piace sentire chiamare "cielo e terra" la materia informe, allora esisteva qualcosa non creata da Dio, dalla quale egli trasse "cielo e terra".

La Scrittura, infatti, non parla della creazione di questa materia da parte di Dio, almeno che non si voglia intendere, con quel nome materia, il cielo e la terra, oppure solo la terra, quando si dice: *"in principio Dio creò il cielo e la terra" (Gn 1, 1)*.

Per quanto riguarda ciò che segue: *"la terra era invisibile e incomposta" (Gn 1,2)*, anche se a Mosè piacque chiamare così la materia informe, non si capisce perché non si possa intendere in essa quello che Dio ha fatto là dove è scritto: *"fece il cielo e la terra"*.

Gli assertori delle due ultime opinioni sopra riportate, sia quelli dell'una che quelli dell'altra, udendo queste argomentazioni diranno:

"Non neghiamo che questa materia informe sia stata creata da Dio, Dio che ha fatto *tutte le cose molto buone" (Gn 1, 31)*; come infatti diciamo che è un bene maggiore ciò che è creato e già formato, così diciamo che è un bene minore ciò che ancora deve essere creato e formato, quantunque anch'esso sia un bene.

Ora, benché la Scrittura non dica che Dio abbia creato questa materia informe, così non parla di molte altre creature, come i Cherubini e i Serafini, che san Paolo enumera dicendo: *"Troni, Dominazioni, Principati, Potestà"*, *(Col1, 16)* tuttavia è manifesto che Dio fece tutte queste cose.

Se poi in quel versetto che dice: "fece il cielo e la terra" sono comprese tutte le cose create, che dobbiamo dire delle acque: *"sulle quali alitava lo Spirito di Dio?" (Gn 1, 2)*.

Ora, se si intende che nel nome "terra" sono comprese anche le acque, come si può dire "terra" la materia informe e incomposta, tenebrosa, quando invece le "acque" sono così belle a vedersi?

E perché si dice che da quella materia informe fu fatto il "firmamento" che venne chiamato cielo e non si dice che da essa vennero fatte anche le "acque"?

Le "acque", che ancora vediamo, non sono informi e invisibili, ma scorrono sotto i nostri occhi limpide e belle.

E se le "acque" ricevettero questa bellezza allora quando Dio disse: *"Le acque che sono sotto il firmamento si raccolgano in un solo luogo, perché è da supporre che presero forma quando vennero raccolte tutte insieme, cosa dobbiamo dire delle "acque che sono sopra il firmamento"? (Gn 1, 9)*.

Essendo così "informi" non avrebbero potuto avere una collocazione così onorevole; d'altra parte non troviamo scritto con quali parole vennero formate.

Quindi, se la Genesi non parla di alcune cose create da Dio, anche se la retta fede e una sana intelligenza non possano dubitare che siano state create da Dio, e nessuna dottrina che si rispetti oserà dire che le acque sono coeterne a Dio per il fatto che se ne parla nel libro della Genesi, ma non si dice nulla quando esse vennero create, perché non dovremmo intendere, illuminati dalla verità, che anche la materia informe, che la Scrittura chiama *"terra invisibile e incomposta"* e *"abisso tenebroso",* sia stata creata da Dio dal nulla, e quindi non può essere coeterna a lui, benché nel libro della Genesi sia stato omesso il racconto di quando sia stata creata?".

23. Due specie di dissenso

23. 32. Dopo aver ascoltato quanto dicono costoro e averlo esaminato per quanto lo concerne la mia capacità, la quale, come tu sai o mio Dio, è assai debole, vedo sorgere due tipi di dissenso, quando vengono discussi i messaggi a noi trasmessi per iscritto dai tuoi servi veraci.

Uno riguarda la verità dei fatti raccontati, l'altro la rettitudine e la buona volontà di chi racconta.

Infatti, una cosa è discutere su quanto è scritto della creazione, cioè indagare su quanto ci sia di vero in quel racconto, altra cosa è capire cosa volesse intendere Mosè, servo eccellente della tua fede, con quelle parole da trasmettere ai lettori e agli ascoltatori.

Nel primo caso stiano lontano da me tutti coloro che credono di conoscere tutto, mentre sono nel falso.

Nel secondo caso stiano lontano da me tutti coloro che affermano che Mosè abbia raccontato il falso.

Io, invece, voglio unirmi in te, o Signore, e gioire in te insieme a coloro che si alimentano della tua verità nella pienezza dell'amore, e accostarmi insieme alle parole del tuo libro, e cercare in esso la tua volontà attraverso la volontà del tuo servo fedele che le ha trasmesse a noi con i suoi scritti.

24. Cosa voleva intendere Mosè con quelle parole

24. 33. Ma, chi di noi è capace di scoprire la vera intenzione di Mosè fra le tante opinioni che vengono formulate da coloro che si accingono a indagare su quelle parole?

Come possiamo dire con certezza ciò che Mosè intendesse dire con quelle parole?

Mentre diciamo vero, con certezza, ciò che racconta, non possiamo affermare, con la stessa certezza, quale fosse la sua intenzione, cioè cosa volesse intendere.

Da parte mia, ecco che io, tuo servo, che ha fatto

il voto di offrirti il sacrificio della sua confessione in questi scritti, e che ti prega, per la tua misericordia, *"di poter adempiere i suoi voti davanti a te" (Sal 115, 16)*, ecco che io affermo, con sicurezza, che tu hai creato tutte le cose nel tuo Verbo immutabile, le cose visibili e quelle invisibili.

Ma posso affermare, con altrettanta sicurezza, che Mosè intendesse dire questo quando scrisse quelle parole: *"In principio Dio creò il cielo e la terra?" (Gn1, 2).*

Mentre vedo, alla luce della tua verità, che è vero quel che affermo: "nel Verbo hai creato tutte le cose", non posso affermare con la stessa certezza che Mosè volesse dire questo quando scrisse quelle parole. Dicendo, infatti, "in principio", poteva pensare all' "inizio" della creazione; poteva intendere, dicendo "cielo e terra", la natura sia spirituale che corporale, non ancora formata e perfetta, ma in entrambi i casi appena iniziata e ancora informe.

Vedo bene che poteva dire con verità tutte e due le cose, ma non vedo chiaro quali di queste due cose egli volesse intendere con queste parole. Comunque non ho dubbi che quel santo uomo, Mosè, qualunque cosa pensasse nello scrivere quelle parole, vide il vero e lo ha riferito nel modo più adatto, sia che volesse intendere quello che sopra ho esposto, sia altra cosa che non ho menzionato.

25. Orgoglio e superbia di alcuni interpreti

25. 34. *"Nessuno ormai mi dia più fastidio" (Gal 6, 17)* col dirmi: "Mosè non intendeva dire quello che tu pensi, ma intendeva dire quello che penso io".

Se poi mi si chiede: "Come puoi sapere che Mosè intendesse dire quello che tu ricavi dalle sue parole"?

Dovrei sopportarlo con pazienza e forse potrei rispondere come ho risposto sopra; se poi fosse duro a capire potrei dilungarmi nella spiegazione. Se poi insiste nel dire:

"Mosè non intendeva dire quello che dici tu ma quello che dico io", e tuttavia non nega che quello che diciamo io e lui possa essere vero, allora, o Dio mio, Vita dei poveri, nel cui seno non c'è contraddizione, fa' piovere nel mio cuore sentimenti di mitezza, perché possa sopportarlo con pazienza.

Certamente essi non mi dicono questo per il fatto che siano indovini, o perché abbiano visto nel cuore di Mosè quello che dicono, ma perché sono superbi, e non conoscono l'intenzione di Mosè, sono attaccati alla propria opinione non perché sia la vera, ma perché e la loro.

Altrimenti amerebbero anche l'opinione degli altri quando è vera, come io amo quello che dicono loro quando è vero, non perché lo dicono loro, ma perché è vero, e quindi non è più una loro opinione quello che è vero. Se poi amano quella opinione perché è vera non è solo loro questa opinione, ma è anche mia, perché il vero è un bene comune a tutti coloro che amano la verità.

Quando però sostengono che quello che intendeva dire Mosè non è quello che penso io ma quello che dicono loro, anche se fosse vero, io non l'accetto, non l'amo, perché non è frutto della scienza ma orgoglio temerario, non visione conoscenza, ma presunzione.

Per questo, o Signore, i tuoi giudizi sono tremendi, perché la tua verità non è né mia né di quello o di quell'altro, ma di tutti coloro che tu chiami pubblicamente a parteciparne, ammonendoli severamente a non volerla ritenere una verità privata per non correre il rischio di rimanerne privi.

Chiunque rivendica come esclusiva sua proprietà ciò che invece tu metti a disposizione di tutti, perché tutti ne possano beneficiare e pretende di ritenere suo ciò che invece è di tutti, viene respinto da ciò che è comune a tutti e ricacciato in ciò che è suo: dalla verità alla menzogna.

"Quando, infatti, uno dice il falso, parla del suo" (Gv 8, 44).

Verità e carità insieme

- 35. *"Prestami ascolto" (Ger 18, 19)*, ottimo giudice, o Dio, che sei la verità stessa, ascolta quello che dirò a questo contradditore, prestami ascolto; io parlerò davanti a te e ai miei fratelli, *"che usano la tua legge legalmente secondo il suo fine e la sua carità" (cfr. 1Tm 1, 8)*. "Ascolta e considera" quello che io gli dirò, e vedi se piace a te. A lui, infatti, io rivolgo la mia voce fraterna e pacifica:

"Se tutti e due vediamo che è vero quello che tu dici, e se tutti e due vediamo che è vero quello che dico io, ti prego, dimmi, dove vediamo questo? Non certo io lo vedo in te, né tu in me, ma tutti e due lo vediamo nella stessa immutabile Verità che è al di sopra delle nostre intelligenze.

Se dunque non contestiamo questa luce del Signore nostro Dio, perché dovremmo contestare il pensiero del nostro prossimo che neppure possiamo vedere, come invece possiamo vedere l'immutabile Verità?".

Se lo stesso Mosè ci apparisse e ci dicesse:

"Questo io intendevo dire", che forse non avremmo creduto la Verità anche senza vederla?

Pertanto *"evitiamo di gonfiarci d'orgoglio uno contro l'altro riguardo a ciò che è stato scritto" (1Cor 4, 6)*.

Amiamo il Signore Dio nostro *"con tutto il cuore, con tutta l'anima, con tutta la nostra mente, e il prossimo nostro come noi stessi" (Mt 22,37.39; Mc 12,30s.; Lc 10,27)*.

Se non crediamo che Mosè intese dire in quei libri che scrisse ciò che intendono dire questi due precetti della carità, faremmo di Dio *"un menzognero", (1Gv 1,10; 5,10)* perché penseremmo che nell'animo di Mosè, suo servo, ci fosse un'intenzione diversa da quella che Dio gli ha insegnato. Ora, considera, o Signore, quanto sia stolto, in tanta abbondanza di sentenze vere, che è possibile ricavare da quelle parole, affermare temerariamente che Mosè ne intendesse una sola in assoluto e così offendere, con discussioni perniciose, la carità stessa, quando egli, spinto proprio dalla carità, scrisse tutte quelle cose che adesso noi ci sforziamo di esporre.

26. Se fossi stato al posto di Mosè

26. 36. E tuttavia io, o Dio mio, che sei al di sopra della mia umiltà e anche riposo alla mia fatica, tu che ascolti le mie confessioni e perdoni i miei peccati, poiché tu mi comandi di amare il mio prossimo come me stesso, non posso minimamente credere che il tuo fedelissimo servo Mosè abbia ricevuto da te un dono minore di quello che io avrei augurato e desiderato per me, se io fossi nato in quel tempo, cioè nel suo tempo, e tu mi avessi affidato il suo compito, cioè quello di dispensare, col servizio del mio cuore e della mia lingua, quelle Sacre Scritture, che dopo tanto tempo avrebbero potuto giovare a tutte le genti, e da tanto fastigio della loro autorità avrebbero superato, nell'universo intero, le vane discussioni su tutte quelle false e superbe dottrine.

Ebbene, se io fossi stato Mosè in quel tempo, - infatti veniamo tutti dalla "medesima massa" *"e che cos'è l'uomo se tu non ti ricordi di lui?"* *(Sal 8,5)* - avrei voluto dunque, se io fossi stato Mosè in quel tempo e fossi stato incaricato da te di scrivere il libro della Genesi, avrei voluto, dunque, che tu mi avessi donato una tale capacità di esprimermi e quel certo modo di intessere il discorso, che sia quelli che ancora non riescono a capire in che modo Dio crea, non respingano le mie parole, considerandole troppo superiori alle loro forze, e sia quelli che sono capaci di capire questo, e col loro pensiero sono arrivati a emettere una qualche vera sentenza, trovino che quella non viene trascurata nelle poche parole del tuo servo.

E se un altro ne vedesse un'altra alla luce della verità, comprenda che nemmeno questa è mancante nelle stesse parole.

27. Il ragionamento delle anime semplici

27. 37. Infatti, come una sorgente, nel suo piccolo incavo abbonda di acqua e alimenta il flusso di acqua ai vari ruscelli in spazi più ampi, e ciascuno di loro, partendo da quella sorgente, la porta in molte località, così la narrazione del tuo dispensatore, come da una modesta "sorgente" di parole, fa scaturire fiumi di limpida verità dove possono attingere i diversi predicatori, e ciascuno, per quanto è possibile in questo genere di cose, chi in un modo e chi in un altro, ne trae profluvio di parole da far scorrere per lunghi sentieri tortuosi.

Infatti, alcuni, leggendo o ascoltando quelle parole di Mosè immaginano che Dio sia un uomo o qualcosa di grandioso, dotato di speciale potere, che abbia fatto, con una decisione nuova e repentina, il cielo e la terra, ma al di fuori di sé e come in luoghi uno distante dall'altro, ossia due grandi corpi, uno sopra e l'altro sotto, nei quali sono contenute tutte le altre cose create.

E quando ascoltano queste parole: *"Dio disse, sia fatto quello e quello fu fatto"* *(Gn 1,6s.9)*, pensano che quelle parole abbiano avuto un inizio e una fine, abbiano risuonato nel tempo e poi siano passate, e subito dopo il loro passaggio ecco esistere ciò che Dio aveva comandato di esistere.

E allo stesso modo pensano di qualsiasi altro concetto, ragionando secondo il comune senso dell'uomo. In questi tali, ancora piccoli di animo, la cui semplicità, come in un seno materno, gestisce questo umilissimo significato di quelle parole, cresce una fede sana che dona loro certezza, da ritenere che Dio ha creato tutte le realtà naturali, quelle che i loro sensi percepiscono nella loro mirabile varietà.

Ma, se qualcuno di loro, disprezzando come vili quelle parole, spinto da stupido orgoglio, volesse cercare di uscire da quel nido caldo e nutriente, addio! cadrebbe a terra, misero.

E tu, o Signore Dio, abbi pietà di lui: i passanti per via non calpestino quel pulcino implume, e manda il tuo angelo perché lo raccolga e lo riponga nel nido, perché viva, finché sia capace di volare.

28. La conoscenza e il gaudio dei dotti

28. 38. Vi sono altri, invece, per i quali queste parole non sono più come un nido ma un ombroso frutteto, dove intravedono frutti nascosti, e volano qua e là, gioiosi; garriscono mentre cercano, e portano via i frutti trovati.

Vedono, infatti, leggendo o ascoltando quelle tue parole, o Dio eterno, che tu, rimanendo stabile per sempre, hai superato tutto il tempo, passato e futuro, e tuttavia non esiste alcuna creatura temporale che non sia stata fatta da te; e che la tua volontà, che è una sola cosa con te, senza alcun mutamento, cioè senza essere diversa da quel che era prima, o che sorgesse una nuova volontà, hai fatto tutte le cose, non hai tratto da te, però, l'immagine per formare le cose create, ma hai preso dal nulla una dissimilitudine informe, che avrebbe ricevuto forma dalla somiglianza con te, ritornando in te, che sei l'Uno, per prendere ciascuno il proprio ordine, per quanto a ciascuno è concesso secondo il suo genere, e così tutte le creature "diventano molto buone", sia che rimangano vicino a te, sia facciano o subiscano mirabili variazioni nel loro grande distanziarsi nel tempo e nello spazio.

Costoro vedono queste cose e ne gioiscono alla luce della tua verità, per quel poco che è possibile quaggiù.

Altre interpretazioni di "in principio"

- 39. Altri intende diversamente quelle parole: *"In principio Dio fece"* *(Gn 1,1)*, e vede in quel "principio" la "Sapienza", quella stessa che parla a noi.

Altri ancora intende in quella stessa parola "in

principio" l'esordio di tutte le cose create e spiega così: *"In principio fece", cioè per prima cosa fece"*. E tra quelli che intendono *"in principio"*, cioè *"nella Sapienza hai fatto il cielo e la terra"* *(Gn 1,1)*, alcuni credono che "cielo e terra" siano la materia dalla quale poi avresti tratto "cielo e terra"; altri intendono che siano già due creature ben formate e distinte; altri ancora intendono che una sia formata, spirituale, e sarebbe quella che viene nominata "cielo", l'altra, chiamata "terra", sarebbe materia informe e corporale. Ma anche coloro che dicono che sotto i nomi "cielo e terra" si voglia intendere la materia ancora informe, dalla quale poi sarebbero stati formati il cielo e la terra, c'è chi non la pensa allo stesso modo: uno dice che da quella materia sarebbe uscita fuori una creatura intelligente e sensibile; un altro invece dice che da quella materia informe sarebbe uscita soltanto la massa sensibile e corporea, che contiene in sé, nel suo grande seno, tutte le altre nature visibili e percettibili.

Non sono concordi, come si vede, nemmeno coloro che credono che in questo passo siano chiamate "cielo e terra" le creature già ordinate e disposte: alcuni intendono le creature invisibili e visibili, altri solo la creatura visibile, cioè quel cielo luminoso che noi osserviamo, e questa terra caliginosa con tutte le creature che sono in essa.

29. La prima cosa creata fu la materia

29\. 40. Ma colui che intende quelle parole *"in principio fece"* nel senso che *"Dio per prima cosa fece"*, non ha altro modo da intendere con verità quelle parole *"cielo e terra"*, se non intendendo la materia del "cielo e della terra", ossia dell'universo creato, intelligente e corporeo.

Ma se volesse vedervi già l'universo formato, si potrebbe giustamente chiedergli: "Se per prima cosa Dio ha fatto questo universo formato, poi che cosa fece?". E non trovando altra creazione dopo quella dell'universo già formato, gli si potrebbe chiedere: "Che significato ha il dire: per prima cosa fece, se poi non ha fatto più nulla?".

Non è un'assurdità invece dire: "Per prima cosa fece la materia informe e poi le cose formate".

È necessario però ben capire quale cosa viene prima nell'eternità, quale nel tempo, quale nella scelta, quale nell'origine.

Nell'eternità è Dio prima di ogni altra cosa, nel tempo, come dire: il fiore viene prima del frutto, nella scelta: il frutto prima del fiore, nell'origine: il suono prima del canto.

Di questi quattro esempi che ho elencato, il primo e l'ultimo sono difficili a comprendersi; il secondo e il terzo invece sono facilissimi.

È infatti raro e difficile riuscire a contemplare, o Signore, la tua eternità immutabile che crea cose mutevoli, ed è per questo che è prima di tutte le cose.

Chi è poi così acuto d'intelligenza da poter distinguere, senza grande difficoltà, se venga prima il suono o il canto, dal momento che il canto è un suono formato, mentre può esistere una cosa non formata, non si può dare forma a una cosa che non esiste?

Così la materia è prima di ciò che da lei verrà formato, non perché ne sia creatrice, perché anche lei è creata, né precede in ordine di tempo.

Infatti, non vengono prima emessi dei suoni informi senza canto per poi collegarli e formarne il canto, come si usa fare quando si costruisce qualcosa in legno o argento, come, per esempio, una casa o un vaso; la materia, legno o argento, esiste prima degli oggetti da formare; ma nel canto non è così. Mentre si canta si sente anche il suono, non prima informe e poi formato in canto.

Un suono qualunque, dopo averlo inteso risuonare, passa, e non resta nulla di lui, cioè qualcosa con cui poi comporre un'opera d'arte.

Perciò il canto è un tutt'uno col suono, il suono del canto è la sua materia.

Il suono, infatti, si forma per essere canto; perciò, come dicevo, la materia del suono è prima della forma del canto, non per una capacità creativa, poiché il suono non è autore del canto, ma dal corpo viene messo a disposizione dell'anima di chi canta, perché ne faccia un canto; non c'è priorità di tempo, perché il suono viene emesso insieme col canto; né priorità di scelta, infatti il suono non è migliore del canto, a volte anzi il canto non è soltanto un suono, bensì un bel suono; ma il suono ha una priorità di origine: non è, infatti, il canto che viene formato per essere suono, ma è il suono che viene formato per essere canto.

Da questo esempio si può capire come la materia non sia stata fatta prima e chiamata "cielo e terra", perché da essa poi furono fatti cielo e terra.

Non fu fatta prima nel senso di "tempo", perché sono le cose formate a dare il senso di "tempo", la materia invece era informe, e ora si avverte la sua presenza nel tempo.

Tuttavia non si può raccontare nulla di essa, se non che è precedente al tempo, anche se è considerata la più bassa creatura, perché certamente sono migliori le creature formate di quelle non formate; e viene preceduta dall'eternità del creatore per poter essere creata dal nulla, perché poi da lei venisse fatto qualcosa.

Conclusione

30. Amore della verità nella diversità di opinioni

30. 41. In tale diversità di opinioni altrettanto vere, sia la stessa verità a metterle d'accordo.

E il nostro Dio ci usi misericordia, perché possiamo usare legalmente la legge nello spirito del precetto della carità.

Esequie di sant'Agostino

In questo spirito di carità se qualcuno mi domandasse quale di queste opinioni fosse quella che aveva in mente Mosè quel tuo servo, non sono certo i discorsi delle mie confessioni che possono dirlo.

Se non lo confesso a te è perché non lo so, e tuttavia so che tutte quelle opinioni sono vere, escluse quelle carnali, delle quali ho parlato per quel che ho stimato necessario. Tuttavia, a tutti quelli che sono piccoli nella beata speranza, queste parole del tuo libro non incutono timore, sono sublimi, sì, ma anche umili, poche nella loro abbondanza.

E noi tutti, che in quelle parole, a quanto mi sembra, scorgiamo che sia stata detta la verità, amiamoci a vicenda e amiamo parimenti te, Dio nostro, sorgente di verità, se abbiamo sete di verità e non di ciance. E onoriamo lo stesso tuo servo, Mosè che ci ha tramandato questi scritti, ripieno del tuo Spirito.

Crediamo, infatti, che quando scrisse quei libri, sotto la tua rivelazione, fu attento a mettere bene in risalto ciò che maggiormente eccelle per luce di verità e fosse sostanzioso alimento per il nostro bene.

31. Significati possono essere molti

31. 42. Così, quando uno dice: “Mosè intendeva dire quello che dico io”; e un altro: “Invece voleva dire quello che dico io”, io penso sia più religioso dire: “Perché non possono essere vere tutte e due le opinioni”?

E che diremo se un terzo dice che sia vera la sua, e così un quarto, e così chiunque volesse vedere in quelle parole la verità del tutto simile alla sua? Perché non credere che Mosè le vide tutte, e che per suo mezzo l’unico Dio volle adattare le Sacre Lettere a intelligenze diverse, che secondo la capacità dei loro sensi vi avrebbero scorto la verità?

Certamente io, e lo affermo senza timore con sincerità di cuore, dunque se io scrivessi qualcosa avendo raggiunto un’altissima autorità in materia, amerei scrivere in modo che le mie parole riecheggiassero ciò che è vero, e ciascuno poi, per quanto ne sia capace, possa trovarvi la sua verità su queste cose, piuttosto che esporre, con chiarezza, una sola opinione come unica vera, ed escludere tutte le altre, anche se non mi appaiono false. Non voglio essere, dunque, così perentorio, o mio Dio, dal non credere che quel grande uomo, Mosè, non abbia meritato da te una così grande autorità. Di certo egli intese dire con quelle parole da lui scritte tutto ciò che di vero noi avremmo potuto trovarvi, e anche quello che non potemmo e ancora non possiamo trovarvi, e tuttavia sarà possibile trovare in quegli scritti.

32. Sia Dio il nostro pastore e non l'errore

32. 43. Infine, o Signore, che sei Dio e *"non carne e sangue"* *(Mt 16,17; 1Cor 15,50)*, se anche l'uomo Mosè non vide tutto, che fosse il tuo Spirito buono, il quale *" mi conduce in terra piana"* *(Sal 142,10)*, avrebbe potuto tenere nascosto qualcosa che era in quelle parole, e che tu stesso avresti rivelato ai futuri lettori, anche se lui, Mosè, per mezzo del quale sono state dette quelle parole, avesse avuto in mente una sola delle tante opinioni vere?

Poiché se così fosse, e se anche la sua opinione fosse la migliore di tutte, a noi, o Signore, dimostra che essa sia vera, o qualsiasi altra che a te piace mostrarci vera. Ma, nutrici tu e non ci illuda l'errore.

Ecco, o Signore Dio mio, quante parole ho scritto su poche parole, quanto ho scritto, lo vedi!

Di questo passo avrò le forze sufficienti e il tempo necessario per studiare tutti i tuoi libri? Lascia, dunque, che io sia più breve nel confessarmi a te attraverso quei libri e scelga una sola interpretazione, quella vera, sicura e buona, che tu vorrai ispirarmi, anche se mi si presentassero molte, specie in quei punti in cui è possibile incontrarle. E la mia confessione sia fatta con tale fede, che se riuscirò a dire quello che intese dire il tuo ministro, Mosè, lo dica in modo esatto e ottimo; perciò mi devo applicare a questo con tutte le mie forze. E se non riuscirò a farlo, riesca almeno a dire ciò che attraverso le sue parole la tua verità ha voluto dirmi, come anche a lui, a Mosè, la tua verità disse quello che volle.

LIBRO TREDICESIMO

SOMMARIO.

Il libro delle "Confessioni" è un'opera di mistica, cioè di preghiera profonda che unisce l'uomo a Dio. Il libro XIII ne è il momento più alto. Il libro XI loda Dio Padre che crea, il libro XII loda il Figlio (Parola) per mezzo del quale crea, il XIII lo Spirito Santo, amore del Padre al Figlio e viceversa, che invade della sua luce il creato e sospinge l'uomo, immagine della Trinità, verso la comunione profonda con Dio trinitario.

Da ciò nasce l'invocazione e il ringraziamento a Dio buono e misericordioso che crea nell'infinità del suo amore.

Agostino poi ritorna alla spiegazione dei primi tre versetti della Bibbia che interpreta spiritualmente. I primi tre versetti rappresentano la Chiesa che, pellegrina nella speranza, va verso la Patria e verso l'Unità, Dio. Il firmamento indica l'autorità delle divine Scritture, mentre le acque sopra il firmamento simboleggiano gli angeli; le "acque amare" sono il segno dei popoli pagani che ondeggiano nelle loro passioni; la "terra ferma", le anime religiose con le loro opere di misericordia; i luminari celesti sono la luce delle opere dello Spirito. L'uomo, immagine di Dio, è il simbolo dell'uomo rinnovato, capace di contemplare la Trinità, nella convinzione di essere creatura limitata. L'erba "che si semina e che produce seme" significano l'aiuto che i cristiani possono dare ai predicatori del Vangelo attraverso le opere di misericordia.

Per tutti questi frutti Dio si compiace di quanto ha creato: tutto "era buono" e "assai buono". I fedeli sono invitati a lodare Dio e ringraziarlo insieme a lui, Agostino. Ecco allora l'invocazione del "riposo del sabato", oggetto di desiderio di tutti gli uomini, nonostante le tribolazioni della vita. È la pace della contemplazione trinitaria, iscritta nel cuore dell'uomo, nell'essere, nel pensiero e nell'amore. Essere, pensare, amare sono la Trinità impressa nell'uomo al momento della creazione.

1. Invocazione a Dio

1\. 1. *"Ti invoco, o mio Dio, tu sei la mia misericordia"* (*Sal 58, 18*).

Tu mi hai creato e non ti sei dimenticato di me, di colui che invece si era dimenticato di te.

Ora ti invoco perché tu venga nell'anima mia, tu la stai già preparando a riceverti suscitando in lei un ardente desiderio.

Non lasciare senza risposta colui che ti invoca.

"Sei venuto in mio aiuto, mi hai prevenuto" (*Sal 58, 11*), prima ancora che io ti invocassi, e con molti richiami hai continuato poi a insistere perché io ti sentissi, benché lontano, e mi voltassi per invocare te che mi chiamavi.

Infatti, tu, o Signore, cancellasti tutto il male che avevo meritato, *"per non ripagarmi secondo le mie mani"* (*Sal 17,21*), con le quali mi ero staccato da te. Invece hai prevenuto tutto il bene da me meritato, perché tu lo restituissi alle tue mani, con le quali mi hai fatto, perché prima che io fossi tu già eri, io non ero affatto, proprio perché tu mi potessi donare l'esistenza.

Ed ecco ora esisto per la tua bontà che ha prevenuto tutto questo, poiché tu mi hai fatto, e per la tua bontà mi hai fatto.

Infatti, tu non avevi bisogno di me, né io sono un tale bene dal quale tu possa ricevere aiuto, *"Signore mio e Dio mio"* (*Gv 20, 28*).

Non è che io possa servirti in tal modo, quasi da risparmiarti la fatica mentre operi, e non è che la mancanza del mio ossequio possa diminuire il tuo potere, e non è che io ti renda culto quasi coltivassi la terra, e che tu rimanga incolto quando io non ti renda culto.

Che io possa servirti e renderti culto, perché da te venga del bene a me, da te, dal quale è venuto a me il bene che io sia, cioè che io esista, e a me, alla mia esistenza, venga sempre il bene.

2. La bontà di Dio creatore

2. 2. Certamente, ciò che esiste, esiste per la tua bontà; è un bene che a te non reca alcun vantaggio e nemmeno può essere uguale a te, tuttavia, poiché da te poteva essere creato, tu l'hai creato perché non mancasse di esistere.

Cosa avevano meritato, infatti, nei tuoi confronti il cielo e la terra da essere creati da te *"in principio?" (Gn 1, 1)*.

Dicano che meriti avevano presso di te la natura spirituale e quella corporale che tu hai creato nella tua "sapienza", perché da loro ne derivassero poi tutte le altre creature incomplete e prive di forma?

Ciascuna natura, nel suo genere spirituale e corporale, avanza verso il disordine e la degenerazione, allontanandosi da te; la natura spirituale informe tuttavia è più importante di un corpo ben formato; e un corpo informe è anch'esso più importante del nulla, cioè se non esistesse affatto. E così rimarrebbero, informi, sospesi alla tua parola, se per mezzo della tua parola non venissero richiamati alla tua unità e venissero dotati di forma, ed essere, per te, che sei l'unico e sommo Bene, *"tutte molto buone"* *(Sir 39, 21; Gn 1, 31)*. Ma che cosa avevano meritato presso di te per esistere ancora informi, se nemmeno in questo modo informe potevano esistere senza di te.

- 3. Che cosa aveva meritato presso di te la materia corporale per esistere, sia pure *"invisibile e incomposta?"* *(Gn 1, 2)*. Non avrebbe potuto esistere se non l'avessi creata.

Pertanto, non poteva avere alcun merito presso di te per esistere, dal momento che non esisteva.

O quali meriti aveva presso di te la creatura spirituale, ancora in embrione, da poter almeno fluttuare tenebrosa *"simile all'abisso"* *(cfr. Gn 1, 2)*, non simile a te, se la stessa parola non l'avesse fatta rivolgere verso il medesimo creatore, dal quale fu fatta e da lui illuminata divenisse luce quantunque non uguale, tuttavia conforme a te nella forma?

Come, infatti, per un corpo la bellezza non è il suo esistere, altrimenti non potrebbero esserci corpi deformi, così anche per uno spirito creato il vivere non è lo stesso che vivere sapientemente, altrimenti sarebbe immutabilmente sapiente.

"Il suo bene, infatti, è lo stare vicino a te" *(Sal 72, 28)*, per sempre, per non perdere, allontanandosi da te, la luce che aveva ricevuto rivolgendosi a te, e così sprofondare di nuovo nella vita tenebrosa, simile all'abisso.

Anche noi, infatti, che mediante l'anima siamo creature spirituali, allontanandoci da te, che sei la nostra luce, in quella vita *"un tempo eravamo tenebre"* (*Ef* 5, 8), e per quanto ci rimane soffriamo della nostra oscurità, finché saremo "tua giustizia" nel tuo Unigenito, "come monti di Dio"; infatti fummo *"tuo giudizio come il grande abisso"* (*Sal* 35, 7).

3. La creazione della luce e dei puri spiriti

3. 4. A proposito di quello che hai detto all'inizio della creazione: *"Sia la luce, e la luce fu"* (*Gn* 1, 3), non mi sembra di sbagliare se in quelle parole io intendo la creatura spirituale, perché era già in qualche modo una vita, che tu avresti potuto illuminare.

Ma, siccome non aveva meritato presso di te per essere una tale vita da poter essere illuminata, così, anche dopo, quando già esisteva, non aveva meriti presso di te per venire illuminata.

Infatti, non ti sarebbe piaciuta la sua mancanza di forma se non fosse diventata luce, non esistendo ma intuendo la luce che la illuminava e aderendo intimamente a lei.

Pertanto, se vive e vive bene, lo deve soltanto alla tua grazia, dopo essersi rivolta, con un cambiamento in meglio, verso ciò che non può mutare né in meglio né in peggio, cioè verso di te, perché tu solo sei l'essere, perché tu solo semplicemente esisti, cui il vivere non è altro che il vivere beato, perché tu sei la beatitudine.

4. Lo Spirito che aleggiava sulla acque

4. 5. Che cosa ti mancava, dunque, per essere beato?

Tu infatti sei beato in te stesso, anche se tutto il creato fosse rimasto del tutto nel nulla, oppure informe.

Tu non l'hai creato perché ne avevi bisogno, ma nella pienezza della tua bontà lo hai costretto e piegato ad avere una forma, non perché il tuo gaudio avesse bisogno di essere completo con la sua esistenza.

A te che sei la perfezione non piace certo la sua imperfezione, per questo riceve la sua perfezione da te, e così piacere a te. Ma non perché tu sia imperfetto e quasi avessi bisogno della sua perfezione per perfezionare la tua.

"Il tuo spirito buono, infatti, aleggiava sulle acque" (Sal 142, 10; Gn 1, 2), non era portato dalle acque come se riposasse su di esse.

Coloro, infatti, dei quali si dice che in essi riposa il tuo spirito, è il tuo spirito che li fa riposare in lui.

Era invece la tua volontà, incorruttibile e immutabile, sufficiente a se stessa, ad aleggiare sulle acque, cioè su quella vita che lei aveva creato. Vita ove il vivere non significa vivere bene, beatamente, perché vive anche fluttuando nella sua oscurità.

A lei rimane rivolgersi a Colui dal quale è stata creata, e vivere sempre più vicino *"alla sorgente della vita, e alla sua luce vedere la luce"* (Sal35, 10), così da essere perfetta, illuminata e beata.

5. L'immagine della Trinità nella creazione

5. 6. Ed ecco apparirmi, come in una immagine, la Trinità, cioè tu, Dio mio, il Padre, il quale "nel principio" nella nostra sapienza, che è la tua Sapienza, nata da te, a te uguale e coeterna, cioè il Figlio tuo, hai creato il cielo e la terra.

Già ho detto molte cose "del cielo del cielo", della terra invisibile e incomposta, dell'abisso tenebroso che per essere creatura spirituale non formata, errava vagabonda, finché non si fosse rivolta a colui dal quale viene ogni forma di vita.

Illuminata da te sarebbe diventata "vita splendida" e sarebbe "il cielo del cielo", di quello che poi fu il "firmamento fra le acque", "per separare le acque dalle acque".

Ormai ero convinto che col nome di "Padre" si intende dire "Dio", che ha creato queste cose, col termine "in principio" s'intende il Figlio, nel quale il Padre creò ogni cosa, e credendo, come credevo, che il mio Dio è "Trinità", la cercavo nelle sante parole di Mosè.

Ed ecco: *"il tuo Spirito aleggiava sulle acque" (Gn 1, 2)*. Ecco, dunque, il mio Dio "Trinità":

Padre, Figlio e Spirito Santo, creatore di tutto l'universo.

6. Perché lo Spirito Santo è ricordato per ultimo

6. 7. O luce di verità, a te accosto il mio cuore perché non mi insegni falsità; tu dissipa le sue tenebre.

Ora dimmi, ti prego per la madre carità, ti prego, dimmi per quale motivo la Sacra Scrittura nomina il tuo Spirito soltanto dopo aver nominato il cielo e la terra invisibile e incomposta e le tenebre che ricoprivano l'abisso?

Forse perché bisognava che venisse introdotto così, per poter dire che "aleggiava sulle acque"?

Certamente, non si poteva dire questo se prima non veniva nominata la cosa, l'acqua, per poter comprendere in che modo il tuo Spirito "aleggiava".

Infatti, non "aleggiava" sul Padre o sul Figlio, e non sarebbe esatto dire "aleggiava" se non esisteva nulla su cui "aleggiare".

Pertanto, bisogna prima dire la cosa su cui "aleggiava", poi colui che non conveniva nominare diversamente se non col dire "che aleggiava". Ma perché non conveniva introdurlo diversamente se non col dire che "aleggiava"?

7. La consolazione dello Spirito Santo

7. 8. Da qui in avanti chi può segua con il suo intelletto il tuo apostolo san Paolo che dice: *"la carità è stata diffusa nei nostri cuori per mezzo dello Spirito Santo che ci è stato dato"* (Rm 5, 5), *"il quale ci insegna le realtà spirituali"* (1Cor 12, 1), *"ci* *mostra la via sovrana della carità" (1Cor 12, 31)*, e per noi "piega le ginocchia davanti a te" *(cfr. Ef 3, 14)*, perché possiamo conoscere *"l'amore di Cristo che sorpassa ogni conoscenza" (Ef 3, 19)*.

Ecco perché, fin dal principio, lo Spirito Santo "aleggiava sulle acque". A chi lo dico? Come parlare del peso della passione che ci trascina giù per l'abisso scosceso e della carità che ci solleva per mezzo del tuo Spirito, "che aleggiava sulle acque"?

A chi lo dico? Come farmi capire?

Non si tratta qui di luoghi dove uno si immerge e poi riemerge.

Che cosa c'è di più simile e di più dissimile nello stesso tempo?

Qui si tratta di affetti, di sentimenti, di amore, dell'impurità del nostro spirito che viene trascinato in basso per l'amore alle vanità della vita, e della tua santità che ci solleva in alto, spinti dall'amore per la salvezza, per la sicura quiete, perché il nostro cuore riposi in alto, presso di te,dove il "tuo Spirito aleggia sulle acque".

E raggiungeremo la suprema pace dopo che la nostra anima avrà superato *"le acque che non hanno sostanza" (Sal 123,5)* [1].

---

[1] Le acque che non hanno sostanza sono i peccati , segno di indigenza, di povertà, quindi, non sostanza

8. La caduta degli angeli e dell'uomo

8. 9. Cadde l'angelo, cadde l'anima dell'uomo, e così è stato rivelato l'abisso, profondo e tenebroso, riservato a tutte le creature spirituali se tu non avessi detto fin dal principio: *"Sia la luce! E la luce fu"* *(Gn 1, 3)*, e se ogni intelligenza della tua città celeste non avesse aderito a te con docile obbedienza, e così riposare in te, nel tuo Spirito che "aleggia" immutabile su tutto ciò che è mutevole.

Altrimenti, lo stesso "cielo del cielo" sarebbe un abisso tenebroso in se stesso, mentre, invece, *"ora è luce nel Signore"* *(Ef 5, 8)*.

Infatti, nella stessa miserevole inquietudine degli spiriti decaduti che, denudati della tua veste luminosa, mostrano le proprie tenebre, tu indichi, abbastanza chiaramente, a quale grandezza avevi chiamato la creatura ragionevole, alla quale niente, che sia inferiore a te, e quindi nemmeno se stessa, può donare beata e sicura pace.

Tu, infatti, o Dio nostro, *"illuminerai le nostre tenebre"* *(Sal 17, 29)*, da te provengono le nostre "vesti", e le nostre tenebre *"saranno come il meriggio"* *(Is 58, 10)*.

Donati a me, o Dio mio, restituiscimi te stesso.

Ecco, io ti amo, e se è poco, dammi di amarti più intensamente.

Non posso misurare per sapere quanto mi manca ancora per raggiungere la pienezza dell'amore e quanto deve ancora correre la mia vita per gettarsi tra le tue braccia e non più distaccarsene, fino a *"nascondersi al riparo del tuo volto"(Sal 30, 21).*

Questo solo io so: fuori di te tutto è male per me, non solo all'esterno, ma anche dentro di me; e qualsiasi ricchezza, che non sia il mio Dio, è per me assoluta povertà.

9. Tutto è sospinto dall'amore

9. 10. Ma il Padre e il Figlio forse non "aleggiavano sulle acque"?

Se si pensa a un corpo situato in un luogo nemmeno lo Spirito Santo "aleggiava"; se invece si pensa alla sublimità della divinità immutabile che sovrasta ogni realtà mutevole, allora il Padre e il Figlio e lo Spirito Santo "aleggiavano sulle acque".

Perché allora qui si è tanto parlato solo dello Spirito Santo?

Perché si è parlato solo di lui come se si trattasse di un luogo dove stava, mentre non esiste alcun luogo, ma di lui si dice soltanto che è un tuo dono? Nel tuo dono è il nostro riposo, in lui godiamo di te.

Il nostro riposo è il nostro luogo.

Là ci sospinge l'amore, e *"il tuo Spirito buono"(Sal 142, 10)* strappa la nostra miseria dalle angosce della morte. Nella buona volontà è la nostra pace.

Ogni corpo è sospinto dal proprio peso al suo posto. Il peso non trascina soltanto in basso, ma al suo posto. Il fuoco tende all'alto, la pietra al basso.

Vanno dove li porta il loro peso, verso il proprio

posto.

L'olio messo nell'acqua torna a galleggiare sull'acqua; l'acqua, invece, gettata nell'olio s'immerge sotto l'olio: essi sono sospinti dal proprio peso e vanno al proprio posto.

Le cose disordinate non hanno requie, quelle ordinate vivono nella quiete. Il mio peso è il mio amore, da lui mi lascio portare ovunque voglia portarmi[2].

Veniamo accesi dal tuo dono, lo Spirito Santo, e siamo portati in alto, siamo infiammati e andiamo avanti.

Veniamo infiammati *"e decidiamo nel cuore il santo viaggio"(Sal 83, 6)*, cantando *"il cantico delle ascensioni"(Sal 119,1)*[3]. Dal tuo fuoco, infiammati dal tuo fuoco ardente, veniamo sospinti in avanti, cioè verso l'alto, verso quella pace che è la Gerusalemme celeste, poiché *"quale gioia fu per me quando mi dissero: andremo alla casa del Signore"(Sal 121,1)*.

Là ci collocherà la buona volontà, e null'altro desidereremo se non di rimanere per sempre lassù, in eterno.

---

[2] Agostino vuol dire che l'amore è il peso del cuore e il luogo a cui lo spirito umano tende è Dio. Solo Dio è il riposo, fuori di Lui c'è solo inquietudine, insoddisfazione.

[3] Per il Cantico delle ascensioni vedi Libro IX, 2, 2, nota 10.

10. La beatitudine degli angeli

10. 11. Beata quella creatura che non conobbe altro stato; mentre essa stessa sarebbe stata diversa se appena creata, per mezzo del tuo dono, lo Spirito, che aleggia su tutto ciò che è mutevole, non fosse stata elevata senza intervallo di tempo, da quella parola che tu pronunciasti: *"Sia la luce! E la luce fu"* *(Gn 1, 3)*.

In noi infatti esistono due tempi: uno quando fummo tenebre e l'altro quando diventammo luce.

Di essa, cioè la creatura beata, è detto invece cosa sarebbe stata se non fosse stata illuminata; così si dice come se prima fosse stata fluttuante e tenebrosa perché si comprenda la causa per cui avvenne che fosse un'altra cosa da quando, rivolgendosi alla luce indefettibile, divenne luce.

Chi può comprendere comprenda, e lo chieda a te. Perché *"procurare fastidi a me"(Gal 6, 17)*, quasi io sia capace di *"illuminare ogni uomo che viene in questo mondo"* *(Gv 1, 9)*?

11. L'immagine della Trinità nell'uomo

11. 12. Chi può comprendere la Trinità onnipotente?

Eppure chi è che non parla di lei, se tuttavia parla di lei?

È rara quell'anima che, in qualunque modo parli di lei, la Trinità, sappia di che cosa stia parlando.

Si discute, ci si accalora nei dibattiti, ma se non si

è nella pace nessuno può contemplare questa visione. Vorrei che ciascuno riflettesse su queste tre cose che sono in lui.

Sono tre cose certamente ben diverse da quella Trinità, ma io le propongo e invito a esaminarle, perché ciascuno si eserciti e comprenda quanto siano lontane da quella Trinità.

Queste tre cose sono: l'essere, il sapere, il volere.

Infatti: esisto, so di esistere, e voglio esistere; esisto sapendo e volendo, so che esisto e lo voglio, e voglio esistere e sapere. Dunque, chi lo può, veda come la vita sia inscindibile da queste tre cose, come unica sia la vita, unica l'intelligenza, unica l'essenza, eppure distinte tra loro[4].

Ognuno è di fronte a se stesso, rifletta su se stesso, consideri e poi mi risponda.

Però, anche se avrà scoperto qualcosa in questi tre elementi: essere, sapere, volere, da poterne parlare in qualche modo, non creda di essere riuscito a comprendere quell'Essere che rimane immutabile sopra tutte queste cose, poiché è l'Essere che esiste immutabilmente, è la Sapienza che immutabilmente

---

[4] Se Dio trinitario ha impresso nell'anima la sua immagine, dobbiamo trovarvi le sue tracce. Certo, l'immagine è completamente diversa dalla realtà. Fate la prova prendendo in mano uno specchio: nello specchio trovate la vostra immagine, che è simile al vostro volto, ma quanta differenza tra la realtà del volto e l'immagine riflessa nello specchio! Se togliete il volto dallo specchio, l'immagine sparisce. Essere, pensare, amare sono attività ben distinte, ma appartengono all'unica persona. Sono solo tracce, lontane dalla divina Trinità, ma segni della Sua presenza.

sa e conosce ogni cosa, è la Volontà che immutabilmente vuole.

Chi può comprendere facilmente se la Trinità in Dio esiste per queste tre cose, oppure in ciascuna delle Tre Persone vi siano tutti e tre questi elementi: l'essere, il sapere, il volere, così da formare ciascuna una Trinità, e se entrambe queste ipotesi, in modo mirabile, con semplicità molteplice, si realizzino in Dio stesso, la cui esistenza è l'eternità, per questo esiste ed è noto a se stesso, immutabilmente sufficiente a se stesso, nella grande abbondanza della sua unità?

Chi potrebbe esprimerlo in qualche modo?

Chi potrebbe affermano in un modo o nell'altro temerariamente?

12. L'umanità dalle tenebre alla luce

12. 13. Procedi nella tua confessione, o mia fede.

Dì al Signore Dio tuo: "Santo, santo, santo, o Signore Dio mio" *(cfr. Is 6, 3; Ap 4, 8)*; *"siamo stati battezzati nel tuo nome, Padre, Figlio e Spirito Santo"* *(Mt 28, 19)*; nel tuo nome battezziamo, Padre, Figlio e Spirito Santo, perché anche in noi, esseri spirituali e carnali della tua Chiesa, Dio ha creato il cielo e la terra in Cristo suo Figlio. La nostra terra, prima di ricevere la forma, come ci è stato insegnato, "era invisibile e incomposta", ed eravamo sommersi dalle tenebre dell'ignoranza, *"perché castigando il suo peccato tu correggi l'uomo'* *(Sal 38, 12)*; *"il tuo giudizio come il grande abisso" (Sal 35, 7).*

Ma, poiché "il tuo Spirito aleggiava sulle acque", la tua misericordia non abbandonò la nostra miseria, e dicesti: *"Sia la luce! Fate penitenza. È vicino a voi il regno di Dio. Fate penitenza" (Mt 3, 2; 4, 17)*, "Sia la luce!".

Poiché nel nostro intimo l'anima nostra era turbata, ci siamo ricordati di te, o Signore, *"dal paese del Giordano e dal monte" (Sal 41,7)*, uguale a te, ma fatto piccolo per noi.

Non ci piacque più rimanere nelle tenebre e "siamo ritornati a te" *(cfr. Sal 50, 15)*. Così "fu la luce!". Ed ecco: *"un tempo fummo tenebre, ora siamo luce nel Signore" (Ef 5, 8).*

13. L'attesa della Chiesa militante

13. 14. Tuttavia siamo luce ancora nella fede, e non in visione.

"Poiché nella speranza noi siamo stati salvati. Ora, ciò che si spera, se visto, non è più speranza" (Rm 8, 24). Ancora *"l'abisso chiama l'abisso"*; ma ormai *"al fragore delle tue cascate" (Sal 41, 8)*. Ancora, colui che dice: *"Io, o fratelli, sinora non ho potuto parlare a voi come uomini spirituali, ma come ad esseri carnali" (1Cor 3, 1)*, anche lui stesso confessa *" di non aver ancora conquistato il premio, e, dimentico del passato, è proteso verso il futuro" (Fil 3, 13)*, "sospira come sotto un peso" *(cfr. 2Cor 5, 4)*, e la sua anima *"ha sete del Dio vivente, come la cerva*

anela alle fonti delle acque, e dice: quando verrò e vedrò il volto di Dio?" (Sal 41, 2ss.).

"In questa sua abitazione desidera di rivestirsi del corpo celeste" (2Cor 5, 2), si rivolge all'abisso inferiore e dice: *"Non conformatevi alla mentalità di questo secolo, ma rinnovatevi trasformando la vostra mente"* (Rm 12, 2).

Dice ancora: *"Non comportatevi da bambini nei giudizi; siate come bambini quanto a malizia, ma uomini maturi quanto ai giudizi"* (1Cor 14,20).

E: *"O stolti Galati, chi vi ha ammaliato?"* (Gal 3, 1). Ma non è più la voce sua, è la tua, che *"hai mandato il tuo spirito dall'alto"* (Sap 9, 17), per mezzo di Colui che *"è asceso in alto"* (Sal 67, 19) e ha aperto *"le cateratte dei suoi doni, perché "l'impeto del fiume rallegrasse la tua città"* (Mal 3, 10).

Ad essa *"sospira l'amico dello sposo"* (Gv 3, 29), *"che possiede già in sé le primizie dello spirito"*, però ancora geme in se stesso aspettando l'adozione, *"la redenzione del suo corpo"* (Rm 8, 23).

Ad essa sospira - è membro infatti della sposa (la Chiesa) - "è geloso di lei", perché è amico dello sposo, è geloso di lei, non si preoccupa di se stesso, perché *"nella voce delle tue cataratte"*, e non nella sua, invoca l'altro abisso, per il quale, nel suo zelo, teme che, *"come il serpente, nella sua astuzia, ingannò Eva"*, *"così i loro pensieri vengano traviati dalla loro purezza nei riguardi di Cristo"* (2Cor 11, 3), il tuo Figlio Unigenito, nostro sposo.

Ma come sarà quello splendore di luce *"quando*

lo vedremo così come egli è" (1Gv 3, 2), quando cesseranno *"le lacrime che sono il mio pane giorno e notte, mentre mi dicono tutto il giorno: dov'è il tuo Dio?"* (Sal 41, 5).

14. Fede e speranza

14. 15. Anch'io dico: "dov'è il mio Dio?" Ecco dove sei. Respiro in te un poco, quando *"il mio cuore si strugge in mezzo ai canti di gioia, di una moltitudine in festa"* (Sal 41, 5).

Eppure è ancora triste, perché ricade e torna ad essere abisso, o meglio, sente di essere ancora abisso. A lui dice la fede, che accendesti nella notte davanti ai miei piedi: *"Perché ti rattristi? Perché su di me gemi? Spera nel Signore"* (Sal 41, 6). *"Lampada per i tuoi passi è la sua parola"* (Sal 118, 105).

Spera e sii perseverante, finché sia passata la notte, madre degli empi, finché sia passata l'ira di Dio.

Anche noi *"fummo figli dell'ira"* (Ef 2, 3), *"fummo tenebre un tempo"* (Ef 5, 8) e ne portiamo appresso i residui nel nostro corpo, *"il quale è morto a causa del peccato"* (Rm 8, 10), *"finché non spiri la brezza del giorno e vengano rimosse le ombre". "Spera nel Signore"*: *"Fin dal mattino sto in attesa e vedrò la salvezza del mio volto, il mio Dio"* (Sal 5, 5), *"il quale darà la vita ai nostri corpi mortali per mezzo del suo Spirito che abita in noi"* (Rm 8, 11), poiché, nella sua misericordia, "aleggia" sopra il nostro intimo tenebroso e viscido.

In lui abbiamo un “pegno” in questo nostro pellegrinare, e in lui già “siamo luce”, *“poiché ancora nella speranza noi siamo stati salvati”(Rm 8, 24)*, e siamo figli della luce e figli del giorno, non figli della notte né delle tenebre, come lo fummo un giorno.

Ancora in questa incerta conoscenza umana, tu solo “puoi dividere noi dalle tenebre”, tu che provi i nostri cuori, “e chiami la luce ‘giorno’ e le tenebre ‘notte’”. Infatti “*chi ci discerne se non solo tu?”(1Cor 4, 7)*. Che cosa mai possediamo che non abbiamo ricevuto da te?

“Siamo vasi per uso nobile, tratti dalla medesima argilla con la quale vengono fatti anche vasi per uso volgare”(Rm 9, 21).

Traslazione del corpo di sant’Agostino a Pavia

15. Il firmamento simbolo della Scrittura

15. 16. Chi altri, se non tu, o Dio nostro, ha fatto della Sacra Scrittura come un autorevole firmamento su di noi? *"I cieli infatti si arrotolano come un libro"(Is 34, 4)*, e ora *"si estendono come una tenda di pelle su di noi" (Sal 103, 2)*.

La tua divina Scrittura ha acquistato maggiore autorità da quando quegli uomini mortali che l'hanno trasmessa a noi hanno incontrato la nostra stessa morte. *"Certo, o Signore, tu lo sai, tu lo sai"(Tb 3,16; 8, 9; Gv 21, 15ss.)*, in che modo hai ricoperto gli uomini di pelle, allorché a causa del peccato divennero mortali. Perciò hai disteso come una tenda di pelle il firmamento del tuo libro, cioè le tue parole sempre coerenti, che hai posto su di noi mediante il ministero di uomini mortali.

E così, con la loro stessa morte, il fondamento d'autorità delle tue parole giunte a noi per mezzo loro, si estende in modo meraviglioso su tutto ciò che è al di sotto, mentre, essi ancora viventi, tale fondamento d'autorità non risultava così meravigliosamente esteso.

Non avevi ancora disteso il cielo come una tenda di pelle, non avevi ancora diffuso dappertutto la fama della loro morte.

- 17. Fa' che vediamo, o Signore, *"i cieli opera delle tue dita" (Sal 8,4)*, dona una vista serena ai nostri occhi, allontanando le nubi con le quali li avevi coperti. *"Lassù, nei cieli, è la tua testimonian-*

za che rende saggi i semplici" (Sal 18, 8).

Completa, o Dio mio, la tua lode *"con la bocca dei bimbi e dei lattanti"* (Sal 8, 3). Noi, infatti, non conosciamo altri libri che abbattano così efficacemente l'orgoglio dei superbi e distruggano *"il nemico e il difensore"* (Sal 8,3; Eccl 30, 6), restio a riconciliarsi con te, accanito com'è nella difesa del suo peccato.

Non conosco, o Signore, non conosco *"altri detti così puri"*(Sal 11, 7), così efficaci da indurmi alla confessione e da convincermi di sottomettere la mia cervice al tuo giogo e invitarmi a renderti un culto disinteressato.

Che io lo comprenda, Padre buono, concedimi di essere sottomesso a ciò che mi hai imposto; infatti l'hai reso saldo per coloro che ti sono sottomessi.

Le acque sopra il firmamento simbolo degli angeli

- 18. Credo che ci siano altre acque sopra questo firmamento, immortali e separate dalla corruzione terrena. *"Lodino il tuo nome, ti lodino le schiere celesti dei tuoi angeli"*(Sal 148, 2-5), che non hanno bisogno di alzare lo sguardo a questo firmamento, né di leggere per conoscere la tua parola.

"Vedono, infatti, sempre la tua faccia"(Mt 18, 10), e vi leggono, senza sillabare nel tempo, ciò che vuole la tua volontà eterna.

Leggono, eleggono, prediligono.

Leggono sempre e mai passa ciò che leggono.

Infatti, eleggono, prediligono e leggono l'immutabilità stessa della tua volontà.

Non si chiude il loro codice, né "si arrotola il loro volume" *(cfr. Lc 4, 20)*.

Tu stesso sei per loro questo volume e lo sei in eterno, perché li hai consolidati sopra questo firmamento, che hai stabilito sopra la debolezza degli esseri inferiori, perché alzino gli occhi verso di esso e conoscano la tua misericordia che ti annuncia nel tempo, in quel tempo che tu hai creato.

"Infatti, o Signore, la tua grazia è nel cielo, la tua fedeltà fino alle nubi" (Sal 35, 6). "Si dissipano le nubi" (Sal 17, 13), ma il cielo rimane. Passano i predicatori della tua parola da questa vita all'altra, la tua Scrittura rimane in eterno e si estende su tutti i popoli.

"Sì, il cielo e la terra passeranno, ma le tue parole non passeranno" (Mt 24, 35).

La tenda di pelle si piegherà, e l'erba su cui si estendeva passerà col suo splendore, *"ma la tua parola rimane in eterno" (Is 40, 6-8)*.

Essa ancora non ci appare com'è, ma solo *"attraverso l'enigma delle nubi e come in uno specchio" (1Cor 13, 12)*, perché, anche a noi, benché amati dal tuo Figlio, *"non è stato ancora rivelato ciò che saremo" (1Gv 3, 2)*. Egli *"spia attraverso le inferriate" (Ct 2, 9 LXX)* della nostra carne, ci ha accarezzato e ci ha infiammato, e noi corriamo dietro il suo profumo.

"Sappiamo però che quando egli si sarà manifestato noi saremo simili a lui, perché lo vedremo così come egli è" (1Gv 3, 2).

Vederlo com'è, o Signore, è il nostro destino, che purtroppo non è ancora nostro.

16. L'anima ha fame e sete di Dio

16. 19. Tu solo esisti in pienezza di vita, tu solo conosci, tu che esisti immutabilmente, e immutabile è il tuo volere.

La tua essenza ha scienza e volontà immutabili, la tua scienza immutabilmente esiste e ha volontà immutabile, la tua volontà esiste e immutabilmente conosce.

Ora non sembra giusto davanti a te che come la luce immutabile conosce se stessa così sia conosciuta dall'essere mutevole che viene illuminato.

Perciò, *"la mia anima è davanti a te come terra riarsa"* *(Sal 142, 6)*, poiché, come non può illuminarsi da sola, così non può saziarsi da sola.

Come infatti *"presso di te è la sorgente della vita, così alla tua luce vedremo la luce"* *(Sal 35, 10)*.

17. La riunione delle acque simbolo del mondo pagano

17. 20. Chi ha radunato le acque amare in un'unica massa[5]?

Tutte, infatti, hanno un medesimo fine: la felicità

[5] Le "acque amare" simboleggiano, per Agostino, il mondo pieno di passioni perverse e cattive, dove gli uomini si divorano l'un l'altro come pesci.

terrena e passeggera, per la quale si sottopongono a tutto, benché vengano sbattuti da un innumerevole varietà di preoccupazioni.

Chi altri, se non tu, o Signore, hai comandato *"che si adunassero le acque in un sol luogo e apparisse l'asciutto" (Gn 1, 9)*, cioè la terra arida assetata di te?

"Poiché tuo è il mare, tu l'hai fatto, le tue mani hanno plasmato la terra arida" (Sal 94, 5).

Non le volontà amare degli uomini si chiamano mare, ma le acque "raccolte in un sol luogo".

Tu, infatti, reprimi anche i cattivi desideri delle anime, e poni un limite, e hai detto: *"Fin qui giungerai e non oltre e qui s'infrangerà l'orgoglio delle tue onde" (Gb 38, 10ss.)*.

Così anche il mare è stato creato nell'ordine del tuo dominio su tutte le cose.

La terra arida e i suoi frutti simbolo dei fedeli e delle loro opere

- 21. Invece, le anime che hanno sete di te e che dinanzi ai tuoi occhi sono ben distinte dal mare e destinate a ben altro fine, tu le irrighi con acqua di un placido e occulto fonte, perché "la terra dia il suo frutto", e dando il suo frutto, secondo il tuo precetto, o Signore Dio, l'anima nostra produca opere di misericordia, *"secondo la propria specie" (Gn 1, 11ss.)*, poiché dalla nostra debolezza siamo spinti a compatire e a soccorrere i bisognosi nelle loro necessità, come vorremmo essere aiutati noi qualora fossimo indigenti.

E non si tratta di aiuto soltanto in cose facili, come fosse debole erba da seme, ma di un forte aiuto di protezione, come un albero da frutto, cioè che sia capace di liberare colui che subisce ingiuria per mano di un potente, e fornendogli l'ombra protettiva di un valido, forte e giusto sostegno.

18. Gli astri simbolo delle attività spirituali

18.22. Così, o Signore, così, ti prego, germogli, come solo tu sei capace di fare, tu che dai gioia e forza, germogli, dunque, *"la verità dalla terra, e la giustizia si affacci dal cielo"* *(Sal 84, 12)*, *"e ci siano luci nel firmamento del cielo"* *(Gn 1,14)*.

Dividiamo il nostro pane con l'affamato, introduciamo nella nostra casa il misero senza tetto, rivestiamo chi è nudo e non disprezziamo coloro che ci sono familiari perché nati dallo stesso seme.

Vedi quali frutti sono nati sulla terra, ed è cosa buona, *"allora la tua luce sorgerà come l'aurora"* *(Is 58, 7ss.)*.

Da questa umile messe di buone azioni, noi possiamo ascendere alla contemplazione delle tue delizie e unirci lassù in alto al Verbo della vita, *"e risplendere come astri nel mondo"* *(Fil 2, 15)*, uniformandoci, coerenti, al firmamento della tua Scrittura.

Lì, nel firmamento della Sacra Scrittura, tu parli con noi e ci insegni a distinguere tra le cose intelligibili e quelle sensibili, come tra il giorno e la notte, ossia tra le anime destinate alle realtà intelligibili e tra quelle invece destinate alle realtà sensibili.

Perché ormai tu non sei più solo, nel segreto del tuo discernimento, come prima che fosse formato il firmamento, a distinguere "la luce dalle tenebre". Ma anche le tue creature spirituali, collocate nello stesso firmamento ciascuna al proprio posto, una volta che la tua grazia è stata manifestata a tutto il mondo, *"facciano luce sulla terra e dividano il giorno dalla notte, e servano da segni per le stagioni" (Gn 1, 4)*, *"perché le cose vecchie sono passate, ne sono nate di nuove" (2Cor 5, 17)*, e perché la nostra salvezza è più vicina ora di quando diventammo credenti, *"e perché la notte è avanzata e il giorno è vicino" (Rm 13, 11ss.)*, perché coroni l'anno con i tuoi benefici, *"mandando operai nella tua messe" (Mt 9, 38)*, *"per seminare la quale altri hanno lavorato" (Gv 4, 38)*, altri li hai mandati a seminare altrove e la loro messe verrà raccolta alla fine. Così tu dai a chi chiede e benedici le annate del giusto; *"ma tu resti lo stesso e i tuoi anni non hanno fine" (Sal 101, 28)*. Prepari il granaio per gli anni che passano; nel tuo eterno disegno, inoltre, a tempo debito, tu fai scendere sulla terra i beni celesti.

- 23. *"A uno, infatti, viene concesso dallo Spirito il linguaggio della sapienza"*, come *"luminare maggiore"*, per coloro che godono di una luce di verità manifesta come si palesa a noi nel sorgere del giorno.

"A un altro invece, per mezzo dello stesso Spirito,

il linguaggio delle scienza", come *"luminare minore"*, *"a uno la fede, a un altro il dono di fare guarigioni, a uno il potere dei miracoli, a un altro il dono della profezia, a un altro il dono di distinguere gli spiriti, a un altro la varietà delle lingue"*. E tutte queste manifestazioni sono come delle stelle. *"Tutte queste cose è l'unico e medesimo Spirito che le opera, distribuendole a ciascuno come vuole"*, facendo apparire queste stelle come una sua manifestazione, *"per l'utilità comune" (1Cor 12, 7-11)*.

Ma la parola della scienza, nella quale sono contenuti tutti i misteri che variano secondo i tempi, come la luna, e la conoscenza degli altri doni che qui ho enumerato come stelle, quanto differiscono da quella luminosità della sapienza, della quale gode il giorno che si annuncia, tanto sono ancora all'inizio della notte.

Tutti questi doni sono infatti necessari a coloro ai quali il tuo prudentissimo servo, san Paolo, *"non poté parlare come a uomini spirituali, ma come a esseri carnali" (1Cor 3, 1)*, proprio lui che "parla di sapienza tra i perfetti". *"L'uomo naturale" (1Cor 2, 14)*, però, è *"come neonato in Cristo e beve il latte" (cfr. 1Cor 3, 1ss.)*, finché abbia la forza di ricevere un cibo solido e lo sguardo fermo capace di sostenere lo splendore del sole; tuttavia non creda di trovarsi in una notte desolata, ma si contenti della luce della luna e delle stelle.

Di queste cose tu ci parli, o Dio nostro sapientissimo, nel tuo libro, che è il tuo firmamento, perché, mediante una mirabile contemplazione, possiamo discernere tutte queste cose, benché ancora attraverso segni, tempi, giorni e anni.

19. Esortazione agli eletti

19. 24. Ma prima: *"lavatevi, purificatevi, togliete dalla mia vista il male delle vostre azioni, cessate di fare il male, imparate a fare il bene, perché appaia la terra asciutta"*.

"Ricercate la giustizia, soccorrete l'oppresso, rendete giustizia all'orfano, difendete la causa della vedova, perché la terra germogli erba da pascolo e alberi da frutto". "Su venite, discutiamo, dice il Signore; ci siano luci nel firmamento del cielo e facciano luce sulla terra"(Is 1, 16-18).

Quel giovane ricco chiedeva al "Maestro buono" cosa doveva fare per conseguire la vita eterna.

Gli risponda il *"Maestro buono"*, che egli reputava fosse un semplice uomo e nulla più - invece è veramente "buono" perché è Dio - gli risponda dunque che se vuol *"ottenere la vita" "osservi i comandamenti"*, si separi *"dalle acque amare"* della malizia e della nequizia: "non uccida, non commetta adulterio, non rubi, non dica falsa testimonianza" così che appaia la terra asciutta e germini *"l'onore alla madre e al padre e l'amore al prossimo"*.

"Tutte queste cose già le ho osservate" rispose.

E allora da dove provengono tutte queste spine se la terra è fruttifera? Va', estirpa i folti cespugli dell'avarizia! *"Vendi ciò che possiedi"* e riempiti di messi, *"dallo ai poveri e avrai un tesoro in cielo, poi vieni e segui il Signore, se vuoi essere perfetto"*, associandoti a coloro tra i quali parla di sapienza colui che sa cosa attribuire al giorno e alla notte, perché possa saperlo anche tu e anche per te ci siano luci nel firmamento del cielo.

Ciò non potrà avvenire se là non sarà il tuo tesoro, come hai ascoltato dal "maestro buono".

Ma si è *"rattristata"* la terra sterile, *"e le spine hanno soffocato la parola"* *(Mt 19, 16-22)*.

- 25. *"Voi, però, stirpe eletta"* *(1Pt 2, 9)*, *"voi deboli del mondo"* *(1Cor 1, 27)*, *"che avete abbandonato tutto per seguire il Signore"* *(Mc 10, 28; Lc 18, 28)*, *"seguitelo per confondere i forti"* *(1Cor 1, 27)*, camminate dietro a lui. *"Come sono belli i vostri piedi! Splendete nel firmamento"* *(Rm 10, 15; Gn 1, 17)*, *"perché i cieli narrino la sua gloria"* *(Sal 18, 2)*, "separando la luce" dei perfetti, ma non ancora simile agli angeli, "dalle tenebre" dei piccoli, che non sono però senza speranza.

"La vostra luce risplenda su tutta la terra" *(Gn 1, 17)*, "e *il giorno,* illuminato dal sole, *affidi al giorno il messaggio della sapienza,* e *la notte*, illuminata dalla luna, *annunzi alla notte il messaggio della scienza*" *(Sal 18, 3; cfr. 1Cor 12, 8)*.

La luna e le stelle illuminano la notte, e la notte non le oscura, perché esse stesse la illuminano a suo modo.

Ecco, come alla voce di Dio che disse: *"siano luminari nel firmamento del cielo"* (Gn 1, 14), *"così, venne dal cielo un rombo, all'improvviso, come di vento che si abbatte gagliardo, e apparvero come lingue di fuoco che si dividevano e si posarono su ciascuno di loro"* (At 2, 2. s), e furono creati i *"luminari del firmamento del cielo"*, risplendenti del *"Verbo della vita"* (1Gv 1, 1).

Diffondetevi ovunque, o sante "lingue di fuoco", fiamme onorate. *"Voi siete la luce del mondo e non dovete stare sotto il moggio"* (Mt 5, 14s).

È stato esaltato Colui al quale avete aderito, e ha esaltato anche voi. Diffondetevi ovunque *"e manifestatevi a tutti i popoli"* (Sal 78, 10).

20. Simbolismo delle creature

20. 26. Anche il mare concepisca e generi le vostre opere, o santi Apostoli, *"e le acque producano rettili di esseri viventi"* (Gn 1, 20).

Separando, infatti, ciò che è prezioso da ciò che è vile, voi siete diventati la voce di Dio, per cui poter dire *"le acque producano, non l'anima vivente, che viene prodotta dalla terra, ma rettili di esseri viventi e uccelli che volino sopra la terra"* (Gn 1, 20).

Infatti, o Dio, i tuoi sacramenti strisciano come rettili tra le onde delle tentazioni del mondo, ad opera dei tuoi santi, per immergere le genti nelle acque del tuo battesimo, impartito nel tuo nome.

E così vennero operate cose "grandiose", mirabili come i cetacei marini, e le voci dei tuoi messaggeri volarono su tutta la terra in accordo col firmamento - tuo libro - posto sopra di loro come garanzia della tua autorità, e volare sotto di esso ovunque andassero.

"Non è linguaggio, infatti, e non sono parole di cui non si oda il suono, cioè la loro voce, quando per tutta la terra si diffonde il loro suono e ai confini della terra la loro parola" (Sal 18, 4ss.), perché tu, o Signore, *"le hai benedette e hanno riempito la terra" (Gn 1, 22)*.

Le acque simbolo delle genti

- 27. Mentisco, forse, o faccio confusione, non distinguendo le lucide cognizioni delle cose create lassù nel firmamento del cielo e le opere corporee che fluttuano tra le onde del mare e sono sotto il firmamento del cielo? La cognizione di queste cose, in verità, è ben solida, ed è ormai ben determinata e non può ricevere incremento dalle generazioni che si susseguono, tali sono i lumi della sapienza e della scienza.

Le operazioni fisiche delle stesse cose sono invece molteplici e varie e si moltiplicano in continuo crescendo, sotto la tua benedizione, o Dio, tu che consoli e conforti il fastidio dei sensi mortali, facendo sì che attraverso la conoscenza dell'animo un'unica cosa venga raffigurata ed espressa in diversi modi dai movimenti del corpo.

"Le acque hanno prodotto queste cose" (Gn 1, 21),

ma nella tua parola; le necessità dei popoli, alieni fin dall'eternità dalla tua verità, hanno prodotto queste cose, ma nel tuo vangelo, poiché le stesse acque misero fuori queste cose, e il loro scorrere amaro fu il motivo perché esse procedessero nella tua parola.

- 28. Tutto ciò che tu fai è bello, ma, ecco, tu sei indicibilmente più bello, perché tutto è opera tua.

Se Adamo non fosse caduto e non si fosse allontanato da te, non sarebbe uscita dal suo seno l'onda salata del mare, cioè il genere umano con la sua profonda curiosità di sapere, il suo tempestoso orgoglio, la sua instabile mutevolezza.

E così non sarebbe stato necessario che i tuoi dispensatori operassero corporalmente e sensibilmente nell'immensità delle acque le tue gesta e le tue mistiche parole.

Così, infatti, ora mi sono apparsi come rettili e volatili gli uomini imbevuti e iniziati a questi misteri, sottomessi ai sacramenti o segni corporali, i quali non progredirebbero oltre se l'anima spiritualmente non diventasse vivace e salisse oltre, "*e dopo l'istruzione iniziale su Cristo non guardasse a ciò che è più completo*" *(cfr. Eb 6, 1)*.

21. L'anima vivente simbolo dell'anima fedele

21. 29. Per questo, nella tua parola, non è la profondità del mare, ma è la terra separata dalle acque salate a produrre *"l'anima vivente"*, e non già rettili e volatili, benché anch'essi abbiano delle anime viventi.

"L'anima vivente" (Gn 1, 24) non ha più bisogno del battesimo, necessario invece ai pagani.

Ne aveva bisogno quando era ancora coperta dalle acque.

Nel regno dei cieli non si entra se non nel modo che tu hai istituito, cioè: *"Se uno non rinasce dall'acqua e dallo spirito non può entrare nel regno dei cieli" (Gv3, 5)*.

Chi vuol credere non cerca fatti straordinari: *"Quindi le lingue non sono un segno per i credenti, ma per i non credenti" (1Cor 14, 22)*.

"Se non vedete segni e prodigi voi non credete" (Gv 4, 48). Quindi, la terra separata ormai dalle acque amare del mare è fedele, è credente.

Né *"la terra, che tu hai stabilito sulle acque" (Sal 135, 6; cfr. Gn 1, 20)*, ha bisogno di questo genere di volatili che le acque produssero dietro un tuo comando. Manda su di lei la tua parola attraverso il messaggio dei tuoi ministri, dei tuoi apostoli.

Noi raccontiamo le loro opere, ma sei tu che operi e agisci in loro: *"È Dio infatti che suscita in voi il volere e l'operare, secondo i suoi benevoli disegni" (Fil 2, 13)*.

E così essi producono "l'anima vivente".

È la terra che la produce perché la terra è la causa perché essi, gli apostoli, possano operare in lei queste cose; come il mare fu la causa affinché agissero i rettili dell'anima vivente e *"i volatili sotto il firmamento del cielo" (Gn 1, 20)*, dei quali la "terra non ha bisogno, benché mangi del pesce pescato nel profondo del "mare", (*"gli offrirono una porzione di pesce arrostito" [Lc 24, 42]*) su quella mensa apparecchiata davanti ai tuoi fedeli, (*"davanti a me tu prepari una mensa" [Sal 22, 5]*).

È stato pescato nel profondo del mare perché alimenti la terra arida.

Anche gli uccelli, progenie scaturita dal mare, (*"le acque brulichino di esseri viventi, gli uccelli volino sopra la terra"*) *"si moltiplichino sulla terra" (Gn 1, 20. 22)*.

Infatti, l'infedeltà degli uomini fu la causa della prima evangelizzazione apostolica, e i fedeli vengono esortati e benedetti da loro *"di giorno in giorno" (Sal 60, 9; 95, 2; Sir 5,8)*, in diversi modi.

In verità "l'anima vivente" trae la sua origine dalla terra, poiché solo a coloro che già credono giova astenersi dall'amore di questo secolo, perché la loro anima "viva in te"; l'anima che vive nei piaceri, piaceri mortiferi, o Signore, è morta; tu solo, infatti, sei la vivificante delizia dei puri di cuore.

- 30. Dunque, i tuoi ministri operino ormai sulla terra non come se fossero ancora immersi nelle acque dell'incredulità, quando parlavano e annunciavano la tua parola per mezzo di miracoli, segni, espressioni mistiche, attirando l'attenzione dell'ignoranza, madre di ogni meraviglia, e per il timore che potevano incutere quei prodigi occulti.

Così avviene l'inizio della fede per i figli di Adamo che poi si dimenticano di te e si nascondono per non vedere la tua faccia, trasformandosi così in abisso tenebroso ("l'uomo con sua moglie si nascosero dal Signore").

Compiano quindi la loro missione, i tuoi ministri, come su terra asciutta, separata dai gorghi dell'abisso, e siano modello ai credenti, come san Paolo: *"siete diventati imitatori nostri e del Signore, così da diventare modello a tutti i credenti" (1Ts 1, 7)*.

Con l'esempio della loro vita possono meglio sospingerli all'imitazione; così non staranno lì ad ascoltare solo per ascoltare, ma per mettere in pratica quello che ascoltano.

"Si ravvivi il cuore di chi cerca Dio" (Sal 68, 33), *"perché la terra produca l'anima vivente" (Gn 1, 24)*.

"Non conformatevi alla mentalità di questo secolo" (Rm 12, 2), astenetevi da esso. L'anima vive se evita quelle cose che danno la morte.

Astenetevi dalla smisurata asprezza della superbia, dal piacere snervante della lussuria, *"dalle obiezioni vane della cosiddetta scienza" (1Tm 6, 20)*, perché le fiere diventino mansuete, le pecorelle docili, i serpenti innocui.

Sono questi espressione delle passioni dell'anima, in forma allegorica; ma, l'ostentazione della vanità, il piacere libidinoso, il veleno della curiosità, sono sintomi di un'anima morta.

L'anima è morta sì, ma vive delle sue passioni, è morta in quanto si è allontanata dalla *"fonte della vita" (Ger 2, 13)*. Così è assorbita dalla vita del secolo, e vive conformemente ad esso.

Le fiere e le bestie simbolo degli affetti buoni dell'anima

- 31. Ma, *"la fonte della vita eterna"(Gv 4, 14; 6, 69)* è *"il Verbo di Dio, Dio egli stesso"(cfr. Gv 1, 1)*, *"che non passerà in eterno"(cfr. Mt 24 35)*.

Perciò nel tuo Verbo veniamo trattenuti dall'allontanarci da te, poiché ci viene raccomandato: *"non vogliate uniformarvi alla mentalità di questo secolo"*, perché la terra, irrorata dalla *"fonte della vita"*, produca "l'anima vivente", un'anima che per mezzo della tua parola, per mezzo dei tuoi evangelisti, si mantenga fedele, imitando coloro che sono fedeli imitatori del tuo Cristo (*"fatevi miei imitatori come io sono di Cristo" [1Cor 11, 1]*). Questo, infatti, è il significato dell'espressione "secondo la specie", poiché l'emulazione di un uomo si basa sull'amicizia: *"Siate come me*, - dice l'Apostolo - *perché anch'io sono come voi"(Gal 4, 12)*.

Così le fiere che hanno l'anima vivente diventeranno buone mediante la mansuetudine del loro agire.

Hai infatti comandato dicendo: *"Figlio mio, nella tua attività sii modesto, sarai amato dall'uomo gra-*

dito a Dio" (Sir 3, 19). Le pecore buone, se mangeranno, non ne avranno abbondanza, o sentiranno mancanza se non mangeranno: "non sarà certo un alimento ad avvicinarci a Dio; né, se non ne mangiamo, veniamo a mancare di qualche cosa, né, mangiandone, ne abbiamo un vantaggio". E i serpenti buoni non avranno veleno per nuocere, ma saranno astuti per evitare i pericoli.

"Siate prudenti come i serpenti" (cfr. Gn 3,1; Mt 10, 16), e attenti ad esplorare la loro natura temporale per quel tanto che concede loro *"di contemplare le perfezioni invisibili di Dio, con l'intelletto nelle opere da lui compiute, come la sua eterna potenza e divinità"(Rm 1, 20)*.

Questi animali sono guidati dalla ragione quando si trattengono dal correre dietro ai veleni di morte e vivono la loro vita nella bontà

22. L'uomo creato a immagine di Dio - Simbolismo

22. 32. Ecco dunque, o Signore Dio nostro, nostro creatore, quando si saranno allontanati i nostri affetti dalle attrattive di questo mondo, che ci conducevano alla morte, perché il nostro vivere non era retto, e l'anima vivente cominci a vivere bene, e si compia la tua parola a noi trasmessa dal tuo apostolo che ci dice: *"Non conformatevi alla mentalità di questo secolo"*, ne consegue quello che subito aggiunge dicendo: *"Ma trasformatevi rinnovando la* *vostra mente"* (Rm 12, 2), non però *"secondo la propria specie"* (Gn 1, 21), quasi dovessimo imitare coloro che ci hanno preceduto, oppure uomini eminenti per la loro vita intemerata.

Infatti tu non hai detto: "Sia fatto l'uomo secondo la sua specie", ma *"facciamo l'uomo a nostra immagine e somiglianza"* (Gn 1, 26).

Con queste parole ci hai dato modo di conoscere quale sia la tua volontà. Per questo, quel dispensatore dei tuoi misteri, incaricato di *"generare mediante il Vangelo dei figli"* (cfr. 1Cor 4, 15), perché non rimanessero sempre dei bambini da nutrire con il latte ed essere sempre *"una madre che nutre i suoi figli"* (cfr. 1Ts 2, 7), aggiunge: *"Non conformatevi alla mentalità di questo secolo, ma trasformatevi rinnovando la vostra mente, per poter discernere la volontà di Dio, ciò che è buono, a lui gradito e perfetto"* (Rm 12, 2).

Pertanto non dici: *"sia fatto l'uomo"*, ma: *"facciamo l'uomo"*; e nemmeno dici: "secondo la sua specie", ma: *"a nostra immagine e somiglianza"*. Certamente, rinnovato nella mente, e contemplando ormai la tua verità conosciuta, l'uomo non ha bisogno della dimostrazione di altri uomini, cioè dell'esempio di altri della "sua specie" per imitarli, ma da se stesso riesce a capire ciò che tu hai dimostrato: *"quale sia la tua volontà, ciò che è buono, a te gradito e perfetto"*.

Ed è capace ormai di comprendere ciò che tu gli insegni, e vedere la Trinità dell'Unità e l'Unità della Trinità.

Perciò puoi dire al plurale: *"Facciamo l'uomo"*, e al singolare tuttavia si dice: *"E Dio fece l'uomo"*, aggiungendo subito al plurale: *"a nostra immagine"*, e di nuovo al singolare: *"A immagine di Dio lo fece" (Gn 1, 27)*.

Così l'uomo si rinnova nella conoscenza di Dio, secondo l'immagine di Colui che lo ha creato, e divenuto *"essere spirituale", "giudica tutto ciò che Dio ci ha donato"*, *"senza che egli possa essere giudicato da nessuno"(1Cor 2, 15)*.

23. L'uomo spirituale ha il potere di giudicare

23. 33. *"L'uomo spirituale ha il potere di giudicare tutto ciò che Dio ci ha donato"*, in quanto ha potestà sui pesci del mare, sugli uccelli del cielo, su tutte le bestie e le fiere della terra, e su tutti i rettili che strisciano sulla terra.

Questo potere lo esercita mediante l'intelligenza della sua mente, per mezzo della quale percepisce tutto ciò che appartiene allo spirito di Dio *(cfr. 1Cor 2, 14)*. "Siano rese grazie a Dio, il quale ci fa partecipare al suo trionfo in Cristo e diffonde per mezzo nostro il profumo della sua conoscenza nel mondo intero".

Del resto, purtroppo, l'uomo, benché posto in una situazione così onorata, *"nella prosperità non comprende, è come gli animali che periscono" (Sal 48, 13. 21)*. Dunque, nella tua Chiesa, o Dio nostro, *"secondo la grazia che le hai donato" (1Cor 3, 10)* -

siamo infatti opera sua, creati per le opere buone - ci sono non solo coloro che presiedono, ma anche coloro che sono sottomessi a loro spiritualmente, poiché tu hai creato l'uomo nella grazia spirituale maschio e femmina - e quindi, in senso spirituale, non vi è né maschio né femmina, come non vi è distinzione tra *"Giudeo e greco, non c'è più schiavo né libero, non vi è più né uomo né donna, poiché voi tutti siete uno in Cristo Gesù"* *(Gal 3,38)*.

Pertanto, sia quelli che presiedono sia quelli che ubbidiscono, essendo spirituali, *"giudicano secondo lo spirito"* *(1Cor 2, 15)*, non possono avere certamente cognizione delle realtà spirituali che brillano lassù nel firmamento non conviene giudicare di una autorità così sublime - e nemmeno possiamo dare giudizi sul tuo libro, anche se vi sono alcuni passi oscuri che non riusciamo a comprendere; dobbiamo sottomettere a te il nostro intelletto e ritenere per certo che la tua parola è retta e vera, anche se non riluce alla nostra intelligenza.

Così l'uomo, anche se spirituale e rinnovato *"nella conoscenza di Dio secondo l'immagine di colui che l'ha creato"* *(Col 3, 10)*, deve mettere in pratica la Legge e non giudicarla.

Neppure può giudicare gli uomini, distinguendoli in spirituali o carnali; solo tu puoi conoscerli, nostro Dio e a nessuno di noi sono ancora note le loro opere, *"così da poterli riconoscere dai loro frutti"* *(Mt 7, 20)*.

Tu però, o Signore, già li conosci; li hai distinti e

chiamati in modo occulto prima ancora che fosse creato il firmamento.

Nemmeno del turbolento popolo di questo mondo, l'uomo può dare un giudizio, quantunque sia spirituale. *"Spetta forse a me giudicare quelli che sono fuori?"* *(1Cor 5, 12)*

Chi può conoscere quelli che riceveranno la dolcezza della tua grazia e quelli invece che rimarranno per sempre nell'amarezza dell'empietà?

- 34. Pertanto, l'uomo, creato a tua immagine, non ha ricevuto il potere sopra i luminari del cielo, né sullo stesso cielo occulto, né sul giorno e la notte che tu hai chiamato prima ancora della costituzione del cielo, e neppure sulla massa delle acque, cioè sul mare; ma l'uomo ha ricevuto potestà sui pesci del mare e sui volatili del cielo, su tutti gli animali terrestri, su tutta la terra e su tutti i rettili che strisciano sulla terra.

Su queste cose egli pronuncia il suo giudizio: approva ciò che è retto, disapprova ciò che non trova giusto: sia nella solenne amministrazione dei sacramenti, ai quali vengono iniziati coloro che la tua misericordia va ricercando in mezzo alle acque del mare, sia nel rito dell'offerta del pesce, del quale, dopo essere estratto dal "profondo", se ne ciba il popolo fedele, così anche sul ministero della parola, cioè sui discorsi soggetti all'autorità del tuo Libro, come i volatili sono soggetti al firmamento.

Tutto si svolga con rettitudine sull'autorità del

tuo Libro nell'interpretazione, nell'esposizione, nelle dissertazioni, nelle dispute, nelle benedizioni, nelle preghiere, che erompono con voce sonora dalla bocca, perché il popolo che ascolta possa rispondere: "Amen!" *(cfr. Dt 27, 15)*.

L'abisso di questo mondo e la cecità della carne sono la causa perché tutte queste parole vengano enunciate corporalmente.

Poiché ciò che si pensa non può essere conosciuto, bisogna gridarlo negli orecchi.

Così, sebbene *"i volatili si moltiplichino sulla terra, tuttavia essi hanno origine dalle acque" (Gn 1, 21ss.)*. L'uomo "spirituale" giudica anche ciò che è retto, approvandolo, disapprovando invece ciò che trova scorretto, nelle opere e nei costumi dei fedeli, nelle elemosine che sono come terra fertile; e per quanto riguarda l'anima vivente, su i moti delle sue passioni, che possono essere domate solo *"con la castità e il digiuno" (2Cor 6, 6. 5)*, su i pensieri devoti di quelle cose che i sensi corporei possono percepire. L'uomo "spirituale" quindi può giudicare su quelle cose che ora abbiamo elencato, e sulle quali ha il potere di intervenire per correggerle.

24. Significato simbolico del moltiplicarsi della specie

24. 35. Ma, quale significato ha tutto questo e quale mistero racchiude?

Ecco, tu benedici gli uomini, o Signore, perché crescano, si moltiplichino e riempiano la terra.

Non è forse per farci comprendere qualcosa da questo tuo agire?

Perché, infatti, non hai benedetto la luce, alla quale hai dato il none di “giorno”, né il firmamento del cielo, né il sole e la luna, né le stelle, né la terra, né il mare?

Direi che tu, o Signore Dio nostro, che ci hai creato a tua immagine, direi, quindi, che tu hai voluto espressamente elargire all’uomo questo dono della tua benedizione, se non avessi benedetto allo stesso modo i pesci e i cetacei, perché crescano e si moltiplichino e riempiano le acque del mare, così gli uccelli che volano perché si moltiplichino sulla terra. Direi pertanto che questa benedizione appartenga a tutte quelle specie di creature che generano spontaneamente e si moltiplicano, se la trovassi quando parli della creazione delle piante, dei frutti e delle bestie della terra.

Ora, invece, né alle piante, né alle erbe, né alle bestie, né ai serpenti, è stato detto: *“crescete e moltiplicatevi”*, benché tutte queste creature, come i pesci, gli uccelli, e gli uomini, preservano la loro specie generando e moltiplicandosi *(cfr. Gn 1, 11ss.., 24ss.)*.

- 36. E allora, che posso dire, o mia luce, o mia verità?

Che questa sia un'espressione senza senso, e che è stata pronunziata invano? Assolutamente!

Padre di pietà, lontano da me che io, servo della tua parola, la pensi così. E se io non riesco a comprendere cosa significhi questa tua espressione, ci saranno uomini più intelligenti di me, secondo quanto tu hai loro concesso di sapere, che sapranno interpretare assai meglio le tue parole.

Accetta, tuttavia, la confessione che faccio dinanzi ai tuoi occhi: ti confesso di credere, o Signore, che tu non invano hai parlato in questo modo e ti confesso che non starò in silenzio, ma esporrò tutto ciò che la lettura del tuo Libro mi suggerisce.

In verità non vedo cosa mi impedisca di interpretare, come farò, le espressioni figurate del tuo Libro.

So che il corpo può esprimere in vari modi ciò che la mente invece intende in un unico modo, e viceversa, la mente può esprimere in modi diversi ciò che il corpo esprime in un modo solo.

Ecco un esempio semplice: l'amor di Dio e del prossimo con quante espressioni sacramentali, in quale varietà di linguaggi, e in ogni lingua in vari modi, può essere materialmente annunziato.

Così crescono e si moltiplicano i germi delle acque.

Stammi a sentire tu che leggi queste righe: ecco, ciò che la Scrittura presenta e viene enunciato in un solo modo: *"in principio Dio creò il cielo e la terra"*

(Gn 1, 1), non viene forse interpretato in diversi modi, e non erronei, ma tutti conformi a verità?

Così crescono e si moltiplicano i feti umani.

- 37. Pertanto, se consideriamo la natura stessa delle cose non allegoricamente, ma nel loro vero significato, a tutte le creature che vengono generate dal seme si può adattare l'espressione: *"crescete e moltiplicatevi" (Gn 1, 22. 28)*.

Se invece la prendiamo in modo figurato - come io credo che fosse questo l'intento della Scrittura, la quale non per nulla ha attribuito questa benedizione soltanto ai feti degli animali e dell'uomo - troviamo che ci sono moltitudini e nelle creature spirituali e in quelle corporali, come in cielo e sulla terra, così nell'animo dei giusti e degli iniqui, nella luce e nelle tenebre, nei sacri autori che hanno trasmesso a noi la Legge, così nel firmamento posto saldamente tra acqua e acqua, nell'accozzaglia dei popoli "amari", come nel mare e nello zelo delle anime pie, così in terra arida e nelle opere di misericordia compiute nella vita presente, nelle erbe da seme e negli alberi da frutto, nei carismi spirituali concessi per l'utilità dei credenti, come nei luminari del cielo, negli affetti moderati e temperanti, così nell'anima vivente.

In tutte queste cose troviamo molteplicità, fecondità e incremento.

Ma come una creatura cresca così e si moltiplichi, e nello stesso tempo venga enunciata in molti modi, e come una sola enunciazione venga compresa in molti modi, non lo troviamo se non nelle immagini espresse materialmente o nelle idee elaborate dalla mente.

Le immagini espresse materialmente le abbiamo intraviste nelle generazioni degli animali acquatici, originate necessariamente dall'abisso in cui giace la nostra carne; mentre le idee elaborate nella nostra mente abbiamo compreso che si riferivano alle generazioni umane, a motivo della fecondità della nostra ragione.

Pertanto abbiamo creduto che tu, o Signore, abbia detto a tutte e due le specie: *" crescete e moltiplicatevi "*.

In questa benedizione mi sembra di capire che tu ci hai concesso la facoltà e il potere di interpretare in diversi modi ciò che il nostro intelletto ha recepito in un solo modo, e di interpretare in diversi modi ciò che ci è apparso oscuro in quell'unica espressione da noi letta.

Così si colmano le acque del mare che sono mosse soltanto dalle varie interpretazioni.

E così la terra si riempie di feti umani, la cui aridità si manifesta nel desiderio di conoscere perché dominata dalla ragione.

25. Simbolismo delle erbe e degli alberi

25. 38. Voglio ancora dire, o Signore Dio mio, ed esprimere ciò che la lettura della tua Scrittura continua a suggerirmi. Lo esporrò senza timore. Dirò cose vere, sotto la tua ispirazione, dirò tutto ciò che tu vuoi che io dica leggendo queste pagine.

Nessun altro, credo, se non solo tu, può ispirarmi parole di verità, poiché solo tu *"sei la verità, ogni uomo è mentitore"* *(Gv 14, 6; Rm 3, 4)*.

"Chi dice il falso dice del suo perché è mentitore" *(Gv 8, 44)*. Perciò per dire il vero devo parlare del tuo. *"Ecco io vi do ogni erba che produce seme e che è su tutta la terra, e ogni albero in cui è il frutto, che produce seme: saranno il vostro cibo"* *(Gn 1, 29)*. E non solo a noi, ma a tutti gli uccelli del cielo, a tutte le bestie della terra e ai serpenti; ai pesci, invece, e ai grandi cetacei non hai dato per alimento queste cose.

Abbiamo detto infatti precedentemente come questi frutti della terra stiano a significare e a rappresentare allegoricamente le opere di misericordia che dalla terra fertile vengono offerte alle necessità della vita.

Una simile terra fu il tuo servo Onesiforo[6], alla cui famiglia hai concesso misericordia, *"perché egli mi ha più volte confortato e non si è vergognato delle mie catene"* *(2Tm 2, 16)*.

Così fecero altri fratelli della Macedonia, facen-

[6] Onesiforo fu discepolo fedele di Paolo, che aiutò con i propri familiari, anche a Roma durante la prigionia.

do fruttificare la loro messe, *"perché alle mie necessità hanno provveduto i fratelli venuti dalla Macedonia"* *(2Cor 11, 9)*.

Paolo invece si lamenta altrove di altri alberi che non gli diedero il frutto dovuto, quando dice:

"Nella mia prima difesa in tribunale nessuno mi ha assistito; tutti mi hanno abbandonato. Non se ne tenga conto contro di loro" *(2Tm 4,16)*.

Sono questi i frutti dovuti a coloro che dispensano una dottrina razionale per la comprensione dei divini misteri, e questi frutti son dovuti loro in quanto anch'essi sono uomini.

Son dovuti loro anche perché sono "anime viventi", che si presentano per esser imitati come modello con una vita vissuta nella mortificazione.

Son dovuti a loro perché, come uccelli che si moltiplicano, attirano sulla terra dovizia di benedizioni. Infatti: *"per tutta la terra si diffonde la loro voce"* *(Sal 18, 5)*.

26. Il valore dell'offerta sta nell'intenzione

26. 39. Ora, di questi frutti si nutrono coloro che li gustano; non li gustano invece coloro *"il cui dio è il ventre"* *(Fil 3, 19)*.

E in coloro che offrono queste cose il merito non consiste nell'offerta, ma nell'intenzione.

Pertanto colui che era al servizio del Signore e non del ventre, vedo chiaramente perché gode, vedo e mi congratulo con lui grandemente.

Infatti aveva ricevuto da Epafrodite quello che i Filippesi gli avevano inviato, capisco però perché gode. E si nutre di ciò di cui gode.

Dice, infatti, in tutta sincerità: *"Ho provato grande gioia nel Signore, perché finalmente avete fatto rifiorire i vostri sentimenti nei miei riguardi, in realtà li avevate anche prima, ma si erano intorpiditi"*.

Questi però erano caduti in lungo torpore, si erano disseccati e non portavano più frutto di opere buone. Paolo quindi gode, non tanto per i doni che gli hanno inviato, ma perché hanno "f*atto rifiorire i loro sentimenti"*. Per questo prosegue e dice: *"Non dico questo per bisogno, perché ho imparato a bastare a me stesso in ogni occasione; ho imparato ad essere povero e ad essere ricco, sono iniziato a tutto, in ogni maniera: alla sazietà e alla fame, all'abbondanza e all'indigenza. Tutto posso in Colui che mi dà la forza" (Fil 4, 10-13)*.

Gioia per il valore spirituale del beneficio

- 40. Allora, perché tanta gioia in te, o grande Paolo?

Che cosa è che ti dà tanta gioia, di che cosa ti nutri?

Tu sei un "uomo rinnovato, "*per una piena conoscenza, a immagine del tuo creatore" (Col 3, 10)*, e "un'anima vivente" di intensa mortificazione, con una lingua alata che annunzia i misteri di Dio.

A tali anime è certamente dovuto questo cibo.

Di che cosa ti pasci, o Paolo? Di letizia. Ecco

cosa dici: *"Avete fatto bene tuttavia a prendere parte alla mia tribolazione"(1Cor 14, 2)*.

Di questo gode, di questo si nutre: della buona azione da essi compiuta, non tanto perché gli è stata alleviata la sofferenza.

Può dirti quindi: *"Dalle angosce mi hai liberato" (Sal 4, 2)*, *"perché in te ho imparato a vivere nell'abbondanza e nell'indigenza"*, tu che gli dai la forza.

"Ben sapete - dice - *proprio voi Filippesi, che all'inizio della predicazione del Vangelo, quando partii dalla Macedonia, nessuna chiesa aprì con me un conto di dare o di avere, se non voi soli, ed anche a Tessalonica mi avete inviato per due volte il necessario" (Fil 4, 15ss.)*.

Ora si rallegra del fatto che essi siano ritornati a compiere opere buone e i loro animi siano rifioriti, come campi tornati verdeggianti e fertili.

- 41. Si riferiva forse alle proprie necessità quando dice: *"mi avete mandato ciò che serve ai miei bisogni?"*. Forse gode per questo? Non certo.

E come possiamo saperlo? Perché segue dicendo:

"Non è però il vostro dono che io ricevo, ma il frutto".

Ha imparato da te, o Dio mio, a distinguere il dono dal frutto.

Il dono è la cosa materiale in se stessa che viene offerta dal donatore, come: denaro, cibo, bevanda, vestiario, ospitalità, aiuto.

Il frutto invece consiste nella retta e buona intenzione del donatore. Il nostro buon maestro non dice solo: *"chi accoglie il profeta"*, ma aggiunge: *"in quanto è un profeta"*. E ancora: *"Chi riceve un giusto"*; ma subito aggiunge: *"In quanto è un giusto"*. Solo chi agisce in questo modo riceverà l'uno la mercede del profeta, l'altro del giusto.

E non dice soltanto:

"A chi avrà dato solo un bicchiere d'acqua a uno di questi piccoli", ma aggiunge: *"in quanto miei discepoli"*, allora: *"in verità vi dico che non perderà la sua mercede"* (*Mt* 10, 41ss.).

Il dono è: ricevere il profeta, ricevere il giusto, dare un bicchiere d'acqua fresca ai discepoli; il frutto invece consiste quando si compiono queste azioni in nome del profeta perché profeta, in nome del giusto perché giusto, in nome del discepolo perché discepolo.

Il profeta Elia è nutrito con frutto da una vedova che sa che egli è un uomo di Dio; dal corvo invece riceveva un pane come dono, che lo nutriva.

Non era l'anima di Elia che veniva nutrita, ma il corpo, il quale, per mancanza di cibo, può deperire e morire.

27. Gli infedeli e le loro opere

27. 42. Dirò dunque la verità al tuo cospetto, o Signore: vi sono uomini non iniziati e non credenti, i quali per essere avviati e convertiti alla fede hanno bisogno di riti misteriosi e miracoli strabilianti (io credo di poterli chiamare pesci o cetacei), che accolgono i tuoi ministri per rifocillarli e aiutarli in qualche modo nelle necessità della vita presente, senza sapere perché lo fanno o il motivo che li spinge a farlo. Agendo in questo modo, quelli non nutrono questi, né questi sono nutriti da quelli, perché quelli non compiono queste opere con santa e retta volontà o intenzione, né questi godono del dono ricevuto da loro perché non vi scorgono alcun frutto.

In verità l'animo si nutre di ciò che lo rallegra.

Quindi i pesci e i cetacei non mangiano i cibi che la terra produce se non dopo che essa sia stata distinta e separata dagli amari frutti del mare.

28. Le meraviglie del creato

28. 43. Alla fine, o Dio, vedesti tutto quello che avevi creato, ed ecco: *"tutto era molto buono" (Gn 1, 31)*. Anche noi lo vediamo, ed ecco anche per noi tutto è molto buono.

Nella creazione di ogni singola tua opera, dopo aver detto: "sia fatta, e così fu fatto", vedesti che quell'opera creata "*era buona*" *(cfr. Gn 1, 4.10.12.18. 21.25)*. Ho enumerato che per sette volte è scritto che tu vedesti che quello che avevi creato era buono.

L'ottava volta tu vedesti tutte le opere create, ed ecco, non solo erano buone, ma *"molto buone"* nel loro insieme. Singolarmente erano soltanto *"buone"*, invece nel loro insieme erano *"buone"*, non solo, ma *"molto buone"*.

Questo si può dire anche di ogni bellezza corporale: è molto più bello il corpo composto da membra tutte belle, che non le singole membra che compongono la bellezza e l'armonia di tutto il corpo, benché anch'esse, prese singolarmente, sono belle.

29. La parola di Dio è eterna

29. 44. Poi ho riflettuto per rendermi conto se veramente furono sette oppure otto le volte che tu hai visto le opere del tuo creato per vedere se erano buone, quando ti compiacesti di loro; ma nel tuo sguardo non esiste l'avvicendarsi dei tempi, e quindi non potevi vedere le tue opere molte volte. Allora ho detto: "O Signore, che forse la tua Scrittura non è vera? Eppure l'hai dettata tu che sei "verace" e la stessa "Verità".

Perché allora mi dici che nel tuo sguardo non esiste la sequenza dei tempi, quando invece la tua Scrittura mi dice che giorno per giorno tu hai contemplato l'opera creata, hai visto che era buona, e io ho enumerato per quanti giorni tu l'hai fatto?

Tu mi rispondi semplicemente: "Perché io sono Dio". Sì, tu sei il mio Dio, e la tua voce forte e decisa rompe la sordità delle orecchie della mia anima ed esclama: "O uomo, lo sai: ciò che la Scrittura dice lo dico io; tuttavia la Scrittura lo dice nel tempo, mentre la mia parola non conosce il tempo, essa è eterna come eterno sono io.

Così quelle cose che voi vedete per mezzo del

mio spirito anch'io le vedo; così quelle parole che voi dite per mezzo del mio Spirito anch'io le dico. Ma quel che voi vedete lo vedete nel tempo, io invece no; e le parole che voi pronunciate le pronunciate nel tempo, io invece no".

30. Gli errori manichei sulla creazione

30. 45. Ho ascoltato, Signore Dio mio, la tua parola, e questa sola stilla della tua verità mi ha deliziato. Ho capito allora come possano esserci alcuni ai quali non piacciono le tue opere, e sostengono che molte di esse tu le hai create per necessità, come il complesso dei cieli e delle stelle, e anche questo complesso non l'avresti creato tu, ma era già stato creato altrove, e non si sa da chi.

Siccome erano creature alla deriva e divise, tu le avresti radunate, riunite e ordinate, facendone come una muraglia contro i nemici da te vinti; schiacciati ormai da questa muraglia non possono più ribellarsi contro di te.

Così tutte le altre creature non le hai create tu e ordinate, come tutti i corpi che hanno carne, tutti gli animali, anche quelli piccolissimi, e tutte le radici che sono sotto terra; ma sono stati generati e formati nelle regioni sotterranee dell'universo da una mente e da una natura da te non creata, anzi a te ostile. Solo i pazzi possono ragionare così; essi non contemplano le tue opere attraverso il tuo Spirito, e non riconoscono te nelle opere del creato.

31. Per mezzo dello Spirito contempliamo la bontà del creato

31. 46. Coloro invece che vedono le tue opere in virtù del tuo Spirito, sei tu che le vedi. Pertanto, quando vedono che sono buone, è perché anche tu vedi che sono buone; e qualunque cosa loro piaccia a causa tua per te, sei tu che piaci in essi, perché anche a te piacciono; e ciò che a noi piace per mezzo del tuo Spirito, è perché piace anche a te in noi.

"Chi conosce i segreti dell'uomo se non lo Spirito dell'uomo che è in lui? Così i segreti di Dio nessuno li ha mai potuti conoscere se non lo Spirito di Dio. Ora, noi non abbiamo ricevuto lo spirito del mondo, ma lo Spirito di Dio per conoscere tutto ciò che Dio ci ha donato" *(1Cor 2, 11ss.)*.

Ho capito, pertanto mi chiedo: certo nessuno conosce le cose che sono di Dio se non lo Spirito di Dio. Perché dunque anche noi conosciamo quelle cose che Dio ci ha donato?

La risposta è questa: poiché quelle cose che conosciamo per mezzo del suo Spirito nessuno le conosce se non lo Spirito di Dio. Come altrove è stato detto giustamente: *"Non siete voi a parlare, ma è lo Spirito del Padre vostro che parla in voi"* *(Mt 10,20)*, così altrettanto giustamente si dice a coloro che conoscono per mezzo dello Spirito di Dio: "Non siete voi a conoscere". E altrettanto non meno giustamente si dice: "non siete voi a vedere", a coloro che vedono per mezzo dello Spirito di Dio.

Infatti, tutto ciò che vedono che è buono nello

Spirito di Dio, non sono essi a vederlo, ma è Dio che vede che è buono. Diverso è quello che pensa qualcuno di cui abbiamo parlato prima, il quale giudica cattivo ciò che invece è buono.

C'è inoltre chi vede buono ciò che è buono, e sono coloro ai quali piace la tua creatura perché buona, però tu non piaci in essa, e si contentano di godere più di essa che .

Infine vi sono coloro che vedono ciò che è buono, ma è Dio che vede in loro ciò che è buono, così è Dio che viene amato nell'opera sua, e non viene amato se non per mezzo dello Spirito che ci ha dato: *"Perché l'amore di Dio è stato riversato nei nostri cuori per mezzo dello Spirito Santo che ci è stato dato" (Rm 5, 5)*.

Per mezzo dello Spirito dunque vediamo che è buono ciò che in qualche modo esiste.

Lo Spirito infatti procede da Colui che non "in qualche modo esiste", ma da Colui che "è" *(cfr. Es 3, 14)*.

Sant'Agostino libera i prigionieri a Pavia

Conclusione

32. Ringraziamento a Dio per quanto ha creato

32. 47. *"Grazie a te, o Signore"* (*Ap 11, 17*).

Vediamo il cielo e la terra, ossia la parte corporea superiore e inferiore, sia la creatura composta di spirito e di corpo; e come ornamento di queste parti, che formano la grandiosità dell'universo e di tutte le altre cose create, noi vediamo la luce creata e divisa dalle tenebre.

Vediamo il firmamento del cielo, quello che divide le acque superiori spirituali da quelle inferiori materiali, creatura primaria dell'universo; sia tutto lo spazio riempito dall'aria, anch'esso chiamato cielo, dove svolazzano gli uccelli, a volte tra le evaporazioni delle acque che salgono lassù, a volte tra la rugiada delle notti serene, a volte in mezzo alla pioggia che cade dal cielo in terra.

Vediamo la grande estensione delle acque, raccolte negli oceani e nei mari; vediamo la terra arida e disadorna, e quella coltivata, bella a vedersi e ben ordinata, madre delle erbe e degli alberi.

Vediamo i luminari rifulgere di luce lassù nel cielo: il sole che illumina tutta la terra di giorno, la luna e le stelle che rischiarano la notte, e sia il sole che la luna e le stelle segnano l'avvicendarsi delle stagioni e danno significato al tempo. Vediamo dappertutto la parte umida della natura, abitata da pesci, da fiere, da volatili, poiché la consistenza dell'aria, che consente agli uccelli di volare, aumenta l'evaporazione delle acque.

Vediamo la faccia della terra abbellirsi con gli animali terrestri, e con l'uomo, fatto a tua immagine e somiglianza, e proposto per questo a tutti gli animali irrazionali, poiché, l'essere fatto a tua immagine e somiglianza, lo rende ragionevole e intelligente.

E come nel suo essere vi è una parte che decide e comanda e un'altra che è sottomessa e ubbidisce, così vediamo che la donna è fatta simile all'uomo nel corpo, la quale possiede anche, come natura partecipe, ragione e intelligenza, ma quanto al sesso è sottoposta al sesso maschile, così l'istinto all'azione è sottoposto alla capacità di saper concepire un retto modo di agire secondo l'intelligenza della mente[7].

Queste cose noi vediamo, prese singolarmente buone, ma considerate nel loro complesso "molto buone".

---

[7] Prima di tutto bisogna tener presente che anche Agostino è figlio del suo tempo. In quel tempo la concezione della donna era di inferiorità rispetto all'uomo. In questo testo Agostino parla della superiorità dell'uomo rispetto al sesso: l'uomo è assimilato alla ragione, la donna invece all'istinto, e la ragione è sempre superiore all'istinto. Si tratta di una superiorità fisiologica che la cultura dell'epoca sosteneva. La donna come persona, però, ha la stessa dignità dell'uomo. Riportiamo solo un testo della Genesi alla lettera XI, 42, 58: "...la donna è anch'essa persona umana, ha di certo la sua anima parimenti razionale, rispetto alla quale è stata anch'essa creata ad immagine di Dio".

33. Lo svolgimento della creazione

33. 48. Ti lodano le tue creature affinché noi ti amiamo, e noi ti amiamo affinché ti lodino le tue creature.

Hanno inizio e fine dal tempo, origine e tramonto, progresso e regresso, bellezza e mancanza di bellezza.

Hanno in conseguenza il mattino e la sera, una parte nascosta, l'altra evidente.

Sono state create da te dal nulla e non dalla tua sostanza, non da qualche altra materia non creata da te e già preesistente, ma da una materia concreta, da te creata insieme con loro e da quella materia informe hai dato loro una forma, senza intervallo di tempo.

Infatti, come una cosa è la materia del cielo e della terra e un'altra cosa la bellezza del cielo e della terra, tu hai creato simultaneamente e la materia dal nulla e la bellezza del mondo dall'informe materia, affinché la bellezza seguisse la materia senza alcun intervallo di tempo.

34. Riepilogo dei simboli del primo capitolo della Genesi

34. 49. Abbiamo visto e compreso perché hai voluto dare un simbolismo alle tue opere, create in quell'ordine e scritte in quell'ordine; e abbiamo visto che singolarmente sono "buone" e nel loro insieme "molto buone": nel tuo Verbo, il tuo unico Figlio, vedemmo il cielo e la terra, il capo e il corpo della Chiesa, predestinati prima di ogni tempo, senza mattina e sera.

Poi cominciasti ad eseguire nel tempo le opere predestinate, perché fossero manifestate le cose occulte e ordinate quelle disordinate poiché su di noi gravavano i nostri peccati e allontanandoci da te eravamo precipitati nel profondo delle tenebre e il tuo "Spirito buono" aleggiava su di noi per sollevarci "nel tempo opportuno" - così giustificasti gli empi e li separasti dagli iniqui, affermasti l'autorità del tuo libro fra gli uomini dall'intelligenza superiore agli altri, perché fossero docili a te, e gli altri, inferiori a loro come intelligenza, si sottomettessero a loro.

Radunasti gli infedeli - non credenti - in un'unica società, perché rifulgesse lo zelo dei credenti, e apparissero davanti a te le opere di misericordia dei tuoi fedeli, i quali distribuivano ai poveri anche le loro sostanze, pur di guadagnare i beni del cielo.

Poi accendesti nel firmamento alcuni luminari, i tuoi santi, ripieni del verbo della vita, rifulgenti di sublime autorità, resa manifesta da eccezionali doni spirituali.

Quindi, per istruire i popoli infedeli, hai ricavato dalla materia corporea i sacramenti, i miracoli visibili e il suono delle parole, secondo il firmamento del tuo libro; i sacramenti, i miracoli, le parole, servono a benedire e santificare anche i tuoi fedeli.

Ancora, hai formato l'anima vivente dei tuoi fedeli, mediante gli affetti ordinati con rigore dalla continenza.

Quindi, rinnovasti a tua immagine e somiglianza la loro intelligenza perché fosse sottomessa solo a te e non avesse bisogno di nessuna autorità umana da imitare.

Hai sottoposto l'attività umana razionale al predominio dell'intelligenza, come hai sottomesso la donna all'uomo.

Hai voluto che a tutti i tuoi ministri, necessari al perfezionamento dei credenti in questa vita, venisse provveduto dagli stessi fedeli il necessario alla loro sopravvivenza: opera buona nella vita presente, ma che riceverà il frutto dovuto nella vita futura.

Tutte queste cose vediamo, e sono "molto buone", perché tu le vedi in noi, poiché ci hai donato il tuo Spirito, per mezzo del quale noi possiamo vederle, e, vedendole, potessimo amare te.

35. La pace del sabato

35. 50. Signore Dio, donaci la pace - poiché tu dai successo a tutte le nostre imprese la pace del riposo, la pace del sabato, la pace senza tramonto *(Is 26,12 LXX)*. Tutta questa bellissima creazione di cose "molto buone", finito il suo corso, passerà, infatti esse ebbero *"e mattina e sera"* *(Gn 1,5.8.13.19.23.31)*.

36. Il settimo giorno non conosce tramonto

36. 51. Il settimo giorno non ha "sera" e non conosce tramonto, perché l'hai santificato affinché rimanesse in eterno.

E il fatto che, dopo aver compiuto tutte le tue opere "molto buone", benché create da te nel riposo, senza fatica, tuttavia *"riposasti il settimo giorno"* *(Gn 2,2)*, è un insegnamento che ci viene dal tuo Libro: così anche noi, dopo aver compiuto le opere buone, e certamente "molto buone" con l'aiuto della tua grazia, riposeremo in te, "nel sabato della vita eterna".

37. Riposeremo eternamente in Dio

37. 52. Anche allora, infatti, tu riposerai in noi, come adesso tu operi in noi; così quello sarà un tuo riposo per mezzo nostro, come adesso sono tutte le opere compiute per mezzo nostro.

Tu però, o Signore, operi sempre e sempre ti riposi, non vedi nel tempo, non ti muovi nel tempo, non ti riposi nel tempo, e tuttavia crei le bellezze del tempo, lo stesso tempo e il riposo dopo il tempo.

38. In Dio il riposo e la pace

38. 53. Noi, pertanto, vediamo queste opere che tu hai creato, perché esse esistono, ma esse esistono perché tu le vedi. Noi vediamo all'esterno che esistono, e all'interno che sono buone; tu invece le vedesti lì già create quando vedesti che erano da creare. Noi, in questo tempo, siamo spinti a fare il bene, dopo che il nostro cuore ha concepito l'idea per opera del tuo Spirito.

Prima, invece, nel tempo passato, eravamo sospinti a compiere il male, abbandonando te.

Tu però Dio, unico nostro bene, non hai mai cessato di fare il bene. Ci sono alcune opere nostre, per merito della tua grazia, ma esse non sono eterne. Dopo averle compiute noi speriamo di riposare nella tua grandiosa santità.

Tu però sei sempre quieto, perché tu stesso sei la "quiete", e non ti manca nulla di ciò che è buono.

E questo, chi fra gli uomini può farlo comprendere all'uomo? Quale Angelo all'altro Angelo? Quale Angelo all'uomo? Si chieda a te, in te si cerchi, si bussi a te, così otterremo, così troveremo, così ci sarà aperto *(cfr. Mt 7,7s.; Lc 11,9s)*.

TOTUS TUUS

"Cristo, Principe della Pace è la sorgente della nostra autentica gioia. Testimoniamo la gioia di questa sua presenza forte e dolce a tutti. Diciamo loro che è bello essere amici di Gesù e che vale la pena seguirlo. Mostriamo con il nostro entusiasmo che, tra tanti modi di vivere che oggi il mondo sembra offrirci, tutti apparentemente sullo stesso piano, solo seguendo Gesù si trova il vero senso della vita e perciò la gioia vera e duratura".

Benedetto XVI

Queste parole incarnano alla perfezione l'ideale di vita, gli intenti, la natura e l'opera dell'Editrice Shalom che risponde quotidianamente di "Sì" a quella vocazione alla missione evangelizzatrice, così primaria e più che mai urgente. In questi tempi, infatti, in cui la nostra fedeltà all'unica Chiesa di Cristo è messa a dura prova, è essenziale accogliere nella nostra esperienza cristiana la sottomissione, l'obbedienza e la comunione con il Papa, vivificati dal vincolo di amore trinitario e incoraggiati e guidati da Maria. In più di un'occasione Papa Benedetto XVI ha rinnovato l'invito a difendere il dono più grande che abbiamo: la fede, una fede, sì, aperta al dialogo, ma radicata sull'unica roccia: Gesù Cristo. Anche noi accogliamo l'invito ad avere più coraggio, con tutto il rispetto per le altre culture e religioni nel difendere il grande dono che ci è dato: la vita e la fede in Gesù Cristo che è l'unica vera.

Facendo della promessa della Vergine di Lourdes a Bernadette lo scopo del nostro lavoro: "Non vi prometto di rendervi felici in questo mondo, ma nell'altro" presentiamo il catalogo 2006 sotto il segno della profezia espressa dal santo Curato d'Ars: "Verrà un giorno in cui gli uomini saranno talmente stanchi di sentir parlare dell'uomo che piangeranno di gioia quando si parlerà loro di Gesù!". Le pagine che seguono, infatti, propongono testi ortodossi (cioè scritti in assoluta obbedienza alle leggi della Chiesa Cattolica) editi dall'Editrice SHALOM, casa editrice cattolica e mariana, che si prefigge di promuovere la preghiera tra il maggior numero possibile di lettori e di ristabilire il culto Eucaristico al centro della vita umana. Per rendere attuabile questo progetto, l'Editrice SHALOM, pur essendo una società commerciale, ha rinunciato ad ogni fine di lucro e non riconosce alcun tipo di diritto d'autore (né patrimoniale, né morale) su testi, traduzioni, foto, disegni ed illustrazioni di ogni tipo. Abbiamo notato che il Signore è molto generoso con........... i generosi. Egli infatti non può sopportare di farsi battere in generosità. Questa iniziativa viene sviluppata allo scopo di contribuire al trionfo del Cuore Immacolato di Maria, nella certezza di poter servire Il Regno di Dio, partecipando alla fede e all'obbedienza di Maria, serva e madre del Signore, affidandosi totalmente alla sua protezione insieme a quella di san Giuseppe e dei santi Michele, Gabriele e Raffaele arcangeli. *Stampa febbraio 2006 da Tibergraph di Città di Castello*

"PREGATE, PREGATE, PREGATE"

codice 8100

Formato: cm. 12 x 19	
Pagine: 480	
Prezzo: € 7,00	
Codice d'ordine 8100	

Collana: **LA MADRE DI DIO**

Più che parlare di questo libro "miracoloso" è il "Pregate, pregate, pregate" che parla da sé e di sé. È il "passa-parola" di migliaia e migliaia di cristiani che lo hanno apprezzato, sgualcito, usato e consumato nella preghiera e che non potendone fare a meno lo hanno ricomprato quando cadeva a pezzi e non potendo tacere le meraviglie che la preghiera operava in loro lo hanno regalato ai propri cari, conoscenti o diffuso come opera di apostolato.

Per questo ogni parola o slogan è impreciso e riduttivo per spiegare questa, che non è una semplice antologia di preghiere o un manualetto più o meno completo di preghiera, ma uno strumento agile, efficace e utilizzabile da 0 a 110 anni… Da chi è alle prime armi e non conosce le verità della fede e le preghiere tradizionali, da chi le ha un po' impolverate per gli anni lontani dal Signore, da chi vuole pregare usando devozioni e formule care alla tradizione o da chi vuole provare nuove forme e tipi di preghiera... in una parola da tutti!

ISBN 978-88-816-00-7

Autore
Madre Maria Gabriella Turrin dell'Annunciazione cmop

Contenuti

- Preghiere, coroncine, consacrazioni, suppliche e novene con le quali onorare, chiedere, lodare e ringraziare:
- Padre
- Figlio
- Spirito Santo
- Beata Vergine Maria
- Santa Famiglia
- Angeli
- Santi

Oltre a:

- Le verità della fede
- Le preghiere tradizionali

Codice 8101	Ediz. pregiata con copertina cartonata	**€ 8,00**
Codice 8150	Edizione ampliata	prossima edizione
Codice 8148	Pray, pray, pray *(inglese)*	**€ 9,00**
Codice 8149	Recen, recen, recen *(spagnolo)*	prossima edizione

"PREGATE IL SANTO ROSARIO OGNI GIORNO, PREGATE INSIEME"

Formato: cm. 12 x 19	
Pagine: 256	
Prezzo: € 5,00	
Codice d'ordine 8102	

codice 8102

NUOVA EDIZIONE

Collana: LA MADRE DI DIO

ISBN 978-88-86616-02-3

Autore
Padre Slavko Barbaric ofm

Contenuti
- Come si recita il Rosario...
- I Misteri della Gioia
- I Misteri del Dolore
- I Misteri della Gloria
- I Misteri della Luce
- Ben cinque meditazioni per ogni mistero
- Preghiere di ogni giorno
- Consacrazioni
- Preghiere per la famiglia
- Verità principali della fede

Questa edizione, completamente rinnovata, con un linguaggio semplice e accessibile a tutti, dai più giovani ai più anziani, aiuta a pregare col cuore. Soprattutto aiuta a mettere in pratica quello che la Madonna chiede: vivere i misteri! Queste meditazioni aiuteranno a "vivere" i misteri del Rosario facendo riflettere su aspetti concreti della nostra vita, su momenti della nostra quotidianità visti alla luce dei misteri del Santo Rosario: vi avevano mai detto che per vivere i misteri bisogna perdonare, donare senza aspettarsi mai niente in cambio, amare il prossimo, iniziando dai nostri familiari, sopportare, consolare, ma soprattutto amare?

Codice 8103	Edizione tascabile (cm.10x14 - pag.192)	**€ 2,50**
Codice 8234	Edizione tascabile (cm.10x14 - pag.32)	**€ 1,50**
Codice 8117	Recen el Santo Rosario cada dia, *(spagnolo)*	**€ 5,00**
Codice 8118	Pray the Holy Rosary every day *(inglese)*	**€ 5,00**
Codice 8120	Priez chaque jour le Saint Rosaire, *(francese)*	**€ 5,00**
Codice 8119	Betet den Heligen Rosenkranz (tedesco)	**€ 5,00**
Codice 8171	Codziennie odmavviajcie Rozaniec *(polacco)*	**€ 5,00**

SULLA TUA PAROLA
MESSALINO
LETTURE DELLA MESSA COMMENTATE PER VIVERE LA PAROLA DI DIO

Formato: cm. 9,4 x 13,8	
Pagine: 384	
Prezzo: € 3,00	
Codice d'ordine vari	

Collana: IL FIGLIO

Tutte le letture del giorno raccolte, due mesi per due mesi, in un comodo libricino, economico, leggero e tascabile, da portare in borsa o in tasca quando vai alla Santa Messa, o anche semplicemente per leggere la Parola di Dio comodamente a casa propria o per strada.Poiché la Parola di Dio non è un libro qualunque, ma è il Signore a parlare al nostro cuore, allora ci siamo posti l'obiettivo di aiutare il fedele a capire il più possibile le letture. Infatti ogni lettura è spiegata e meditata, per comprendere il Vangelo ma anche per capire e conoscere i "personaggi" dell'Antico e del Nuovo Testamento, il perché delle loro azioni o delle loro parole che assai spesso risultano poco comprensibili se non si conosce il contesto in cui loro agivano o parlavano.

Commenti:
Fr. Roberto Fusco ffb

Modi di vivere:
Sr. Anne Marie Wauthier ffb

Contenuti
Ogni libretto ti accompagna per due mesi e contiene:
- Le letture della Messa
- Meditazioni per ogni lettura.
- Spunti di riflessione
- Propositi semplici per mettere in pratica la Parola di Dio.
- Perle di vita cristiana.

Codice 8281	Gennaio - Febbraio	€ 3,00
Codice 8282	Marzo - Aprile	€ 3,00
Codice 8283	Maggio - Giugno	€ 3,00
Codice 8278	Luglio - Agosto	€ 3,00
Codice 8279	Settembre - Ottobre	€ 3,00
Codice 8280	Novembre - Dicembre	€ 3,00
Abbonamento annuale ai 6 numeri del Messalino		€ 18,00

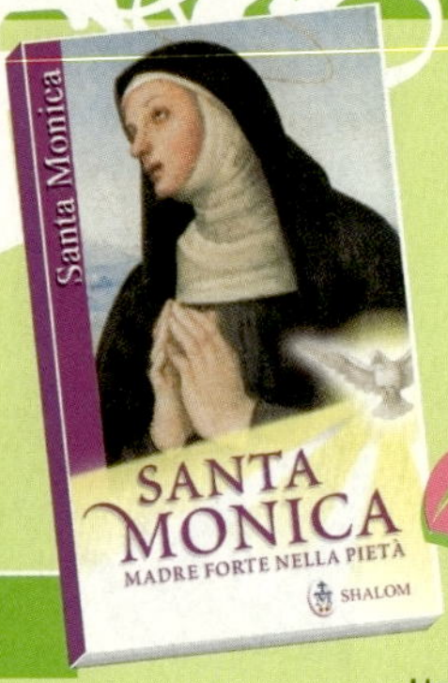

SANTA MONICA
MADRE FORTE NELLA PIETÀ

codice 8356

Formato: cm. 11 x 17	
Pagine: 192	
Prezzo: € 5,00	
Codice d'ordine 8356	

Un libro di Padre Remo Piccolomini osa

Santa Monica non è nata santa, ma c'è diventata, e, Dio solo sa, con quanta fatica, sacrifici, lacrime e preghiere. Tutti la possiamo imitare, basta essere aperti alla grazia di Dio e volerlo. La sua vita deve essere per tutti noi uno stimolo, perché se lei è diventata santa, anche noi, con il suo aiuto, lo potremo.

Collana:
I SANTI

DON ORIONE
DARE LA VITA CANTANDO L'AMORE

codice 8330

Formato: cm. 11 x 17	
Pagine: 448	
Prezzo: € 7,00	
Codice d'ordine 8330	

ISBN
978-88-8404-111-1

Un libro di Don Arcangelo Campagna FDP

La biografia scritta con amore di figlio da don Campagna, si distingue ed il lettore se ne accorgerà immediatamente per scorrevolezza di stile, rapidità di narrazione e, soprattutto, per una curatissima informazione che non può non suscitare vivissimo interesse.

Collana:
I SANTI

SANTA RITA DA CASCIA MONACA AGOSTINIANA

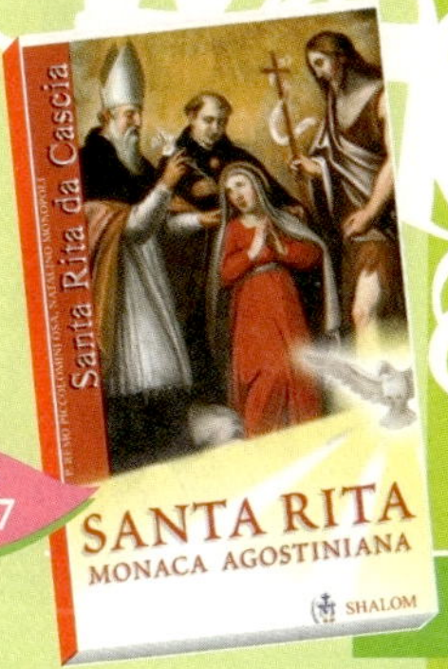

codice
8227

Formato: cm. 11 x 17
Pagine: 192
Prezzo: € 5,00
Codice d'ordine 8227

Un libro di Padre Remo Piccolomini osa
e Natalino Monopoli

Si tratta di un testo pensato per gli innamorati di santa Rita, ma si può amare chi non si conosce? Allora si tratta di un testo pensato per tutti poiché, anche coloro che non conoscono la santa di Cascia saranno vittime di un vero e proprio colpo di fulmine, innamorandosene a "prima vista".

Collana:
I SANTI

PREGHIERE A SANTA RITA DA CASCIA

codice
8352

Formato: cm. 12 x 19
Pagine: 256
Prezzo: € 7,00
Codice d'ordine 8352

Un libro di Padre Remo Piccolomini osa
e Natalino Monopoli

La profondità della sua preghiera Rita la esprimeva nelle forme care alla pietà popolare: poteva così più facilmente aprire alla preghiera la gente umile alla quale di preferenza si rivolgeva. Seguirne l'esempio vuol dire riscoprire il significato della preghiera, che è "Innamorarsi e incontrarsi con Dio".

Collana:
I SANTI

L'IMITAZIONE DI CRISTO

codice 8123

Formato: cm. 12 x 19	
Pagine: 448	
Prezzo: € 7,00	
Codice d'ordine 8123	

Collana: IL FIGLIO

ISBN 978-88-86616-30-9

Traduzione dell'originale latino:
Prof. Giulio Olivo

Note
Padre Silvano Bracci ofm

L'imitazione di Cristo è un piccolo gioiello di teologia ascetica e mistica del tardo Medio Evo, non è da leggere, ma da meditare e sorseggiare. Se si accetta così, può cambiare radicalmente la vita di una persona. Maturato in ambiente monastico, di questo ambiente conserva la fragranza e forse anche certi limiti: tratta della perfezione della vita cristiana...

Il libro su Gesù più letto e diffuso dopo la Bibbia. Stampato in milioni di copie e tradotto in tutte le lingue.

L'AMORE DI GESÙ ETERNA SAPIENZA

Formato: cm. 11 x 17
Pagine: 192
Prezzo: € 5,00
Codice d'ordine 8366

codice 8366

Collana: **IL FIGLIO**

È un racconto appassionato e avvincente, nel quale troviamo tutti i temi fondamentali della spiritualità cristiana: l'amore di Dio per noi, Gesù Cristo che ci rivela il Padre, nel mistero dell'incarnazione, con la presenza e il ruolo di Maria, nel mistero della croce, nel nostro inserimento in Cristo, fino alla pienezza della sua età in terra e della sua gloria in cielo. Tutto allora consiste nel cercare la Sapienza, la vera Sapienza, che è Gesù Cristo. Chi ha Lui, ha tutto. Chi non ha trovato Lui, anche se sembra essere sapiente agli occhi del mondo, ancora non possiede nulla. Per cercare e trovare la Sapienza, Gesù Cristo, bisogna conoscerla: qual è la vera personalità di Gesù Cristo? Guardiamo come è vissuto in mezzo a noi. Come si è comportato: soprattutto contempliamo la sua bellezza, la dolcezza e l'amore dimostrato fino a morire per noi. I capitoli che parlano delle sofferenze di Gesù Cristo sono i più forti. Infatti Montfort termina l'esposizione dicendo: la Sapienza è la Croce e la Croce è la Sapienza.

Manoscritto originale
San Luigi Maria Grignion de Montfort

Traduzione
Padre Battista Cortinovis SMM

Contenuti
Meditando il Libro della Sapienza, contenuto nella Bibbia, Montfort contempla la Sapienza nell'eternità, in seno alla Trinità, e poi nella storia del mondo, prima dell'incarnazione, nell'incarnazione e dopo l'incarnazione.

codice 8319

LA DOLOROSA PASSIONE DI NOSTRO SIGNORE GESÙ CRISTO

Formato: cm. 13 x 19	
Pagine: 384	
Prezzo: € 7,00	
Codice d'ordine 8319	

Collana: **IL FIGLIO**

ISBN 978-88-8404-073-2

Autore
Secondo le visioni della Beata Anna Katharina Emmerick

Traduzione
Dall'originale da Vincenzo Noja

È la prima edizione integrale del testo che ha ispirato la sceneggiatura del film "La Passione di Cristo" di Mel Gibson.

Prima edizione integrale del testo della Beata Anna Katharina Emmerich realizzata in lingua italiana corrente. Testo arricchito **con l'aggiunta di passi biblici** e di un vasto commentario esplicativo che rende assolutamente **nuovo** ed **unico** il libro.
Chi avrà letto questo libro non potrà più guardare un Crocifisso senza pensare, anche solo per un istante, a ciò che realmente ha patito il Cristo.
La Passione del Signore si snoda visivamente davanti agli occhi del lettore come in un film. I personaggi che vi appaiono, da Gesù Cristo a Maria... al cireneo, risultano vivi e realistici. La varietà di dettagli e di particolari rende la narrazione incredibilmente ricca. Nel libro si susseguono minuziose descrizioni degli ambienti, dettagliate narrazioni delle scene, dei colori, dei suoni...: tutto ciò lascia intravedere, con gli occhi della fantasia del lettore, tutti i momenti della dolorosa Passione. L'incredibile caratteristica di questo libro è che è "vero" al punto tale da riuscire persino a far giungere al lettore anche le sensazioni e i sentimenti! Sarebbe utile ad ogni inizio di Quaresima rivedere il film.

GESÙ CONFIDO IN TE

IL CULTO
DELLA DIVINA MISERICORDIA
LE PREGHIERE DI SUOR FAUSTINA

Formato: cm. 12 x 19	
Pagine: 384	
Prezzo: € 5,00	
Codice d'ordine 8130	

codice 8130

Collana: LA MADRE DI DIO

Oltre a presentare il contenuto e le forme del messaggio e del culto della Divina Misericordia, il libro ha la particolarità, forse unica, di offrire le preghiere di santa Faustina permettendo a ciascuno di rivolgersi al Signore con lo stesso calore, intimità e amore con cui lei stessa, cuore innamorato di Gesù, ha dialogato con lui. Finalmente un libro completo su natura, origine e forma del culto alla Divina Misericordia. Aggiornatissimo!!

ISBN 978-88-86616-31-7

Tratto dal diario
Santa Faustina Kowalska

Contenuti
- L'immagine di Gesù
- Novena e Coroncina alla Divina Misericordia
- La festa della Misericordia
- Via Crucis
- Preghiere varie, Santo Rosario e Litanie

Codice 8131	Jesus, I trust in You! *(inglese)*	**€ 5,00**
Codice 8132	¡Jesús, confio en Ti! *(spagnolo)*	**€ 5,00**
Codice 8133	Edizione in lingua francese	prossima edizione
Codice 8134	Edizione in lingua tedesca	prossima edizione
Codice 8293	The diary of st. Faustina *(inglese)*	prossima edizione
Codice 8294	Messa votiva alla Divina Misericordia	prossima edizione

INVITO ALL'AMORE

codice
8251

Formato: cm. 12 x 19	
Pagine: 608	
Prezzo: € 9,00	
Codice d'ordine 8251	

Collana: IL FIGLIO

Autore
Suor Josefa Menéndez R.S.C.J.

Contenuti

- Tradotto dal diario originale della suora reso più agile e attuale in una forma d'italiano corrente.
- Le preghiere dettate a suor Josefa da Gesù.

Agli inizi del 1900 Josefa Ménèndez, una ragazza spagnola semplice e devota, vive un'esperienza mistica straordinaria. Attratta dalla vita consacrata, abbandona la propria patria per seguire la sua vocazione di entrare nella Società del Sacro Cuore sorta in Francia. Josefa riceve da Gesù la rivelazione di rinnovare nel mondo la devozione al Sacro Cuore, in particolare ella viene chiamata a trascrivere e diffondere un Messaggio che il Signore intende rivolgere a tutti gli uomini riguardo all'Amore Misericordioso del suo Cuore. Suor Josefa per obbedienza a Gesù e alle sue superiori, registra dettagliatamente tutto quello che le accade in un diario; i suoi scritti, 15 anni dopo la sua morte, verranno pubblicati in un libro edito a Tolosa con il titolo "Invito all'Amore" dal quale il presente testo trae origine riportandone il contenuto quasi integralmente. Tramite suor Josefa il Signore ci richiama a contemplare la sua presenza viva e reale sulla terra nell'Eucaristica e ribadisce il suo desiderio ardente di amare l'uomo. Egli attende nel Tabernacolo ogni persona per colmarla di grazie e consolarla dai suoi affanni.

TRATTATO DELLA VERA DEVOZIONE A MARIA

Formato: cm. 11 x 17
Pagine: 320
Prezzo: € 5,00
Codice d'ordine 8113

codice 8113

Collana: **LA MADRE DI DIO**

"…Spesso vedo davanti ai miei occhi un piccolo libricino con la copertina celeste macchiata di soda.... Quand'ero operaio alla Solvay, lo portavo con me, insieme con un pezzo di pane, per il turno del pomeriggio e di notte. Durante il turno di mattina era più difficile poter leggere. Durante il turno pomeridiano spesso leggevo quel libretto; si intitolava: "Trattato della vera devozione alla Santissima Vergine...". Lo leggevo, se così si può dire, da capo alla fine e di nuovo da capo. Da quel libricino ho imparato cosa vuol dire la devozione alla Madonna...." Mentre prima mi trattenevo nel timore che la devozione mariana facesse da schermo a Cristo invece di aprirgli la strada, alla luce del trattato di Grignion de Montfort compresi che accadeva in realtà ben altrimenti. Il nostro rapporto interiore con la Madre di Dio consegue organicamente dal nostro legame col mistero di Cristo".
Giovanni Paolo II

**Il testo completo e originale
Stampato in milioni di copie.
Tradotto in tutte le lingue.
Nessuno può seguire, amare
e imitare la Madonna senza aver
letto più volte questo libro.**

ISBN 978-88-86616-15-5

Manoscritto originale
San Luigi Maria Grignion de Montfort

Traduzione
Padre Battista Cortinovis SMM

Contenuti
- Grandezza di Maria
- Maria in questi ultimi tempi
- La vera devozione a Maria
- Devozioni vere o false
- La perfetta consacrazione a Gesù Cristo
- La figura biblica di Rebecca e Giacobbe
- Gli effetti meravigliosi che questa devozione produce
- Consacrazione di se stessi
- Mese di preparazione alla consacrazione
- Coroncine a Maria

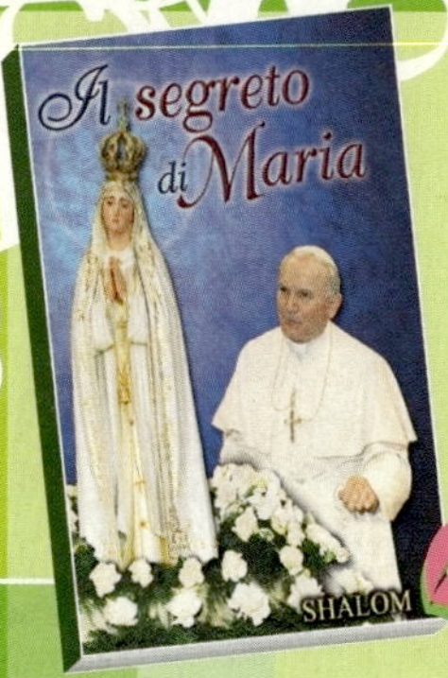

IL SEGRETO DI MARIA

Formato: cm. 10 x 14	
Pagine: 128	
Prezzo: € 3,00	
Codice d'ordine 8226	

codice 8226

Collana: **LA MADRE DI DIO**

ISBN 978-88-8404-004-3

Manoscritto originale
San Luigi Maria Grignion de Montfort

Traduzione
Padre Battista Cortinovis SMM

Contenuti
Il testo completo e originale
tra i libri più cari ai "mariani" di ogni tempo

"Il segreto di Maria" è un libretto piccolo ma dal contenuto ricco e particolarmente denso. Ha un fine tutto particolare: vuole scoprire il ruolo speciale della Madre del Signore nel mistero della salvezza. Lo stile di questo libretto, semplice e affascinante, rende la lettura scorrevole e particolarmente piacevole perché è limpido e chiaro. Oltre al ragionamento di fondo, che consiste nell'esortazione a prendere Maria come guida sicura nel cammino verso la santità, troviamo due bellissime preghiere a Gesù e Maria, e la parabola dell'Albero di vita, simbolo della nostra vita spirituale, piantata, coltivata, e fatta crescere fino a portare frutti. In appendice vi è la "Consacrazione a Gesù Cristo per mezzo di Maria" del Montfort per guidare il cristiano nel prepararsi alla consacrazione e realizzarla attraverso la preghiera.

Codice 8263	The secret of Mary *(inglese)*	**€ 3,00**
Codice 8264	Le secret de Marie *(francese)*	**€ 3,00**
Codice 8265	El secreto de Maria *(spagnolo)*	**€ 3,00**
Codice 8266	Das Geheimnis Mariens *(tedesco)*	**€ 3,00**

IL SEGRETO MERAVIGLIOSO DEL SANTO ROSARIO

Formato: cm. 11 x 17
Pagine: 256
Prezzo: € 5,00
Codice d'ordine 8285

codice 8285

Collana: **LA MADRE DI DIO**

Il "buon Padre di Montfort", missionario della gente comune, racconta i miracoli e le conversioni ottenute per mezzo della recita del santo Rosario. Egli commenta in modo ricco e profondo, ma con semplicità, il Padre nostro e l'Ave Maria. E infine spiega come si deve recitare il santo Rosario, insegna a superare le più comuni difficoltà e promette grandi progressi spirituali a chi sarà fedele ogni giorno a questa preghiera.
Soprattutto negli ultimi anni del suo ministero, Montfort aveva scelto il Santo Rosario come lo speciale mezzo di perseveranza nei frutti della missione e lo raccomandava come un segreto per fare rapidi progressi nella vita spirituale. Il Santo Rosario rispecchia in modo perfetto le caratteristiche della spiritualità di san Luigi Maria: è una preghiera che ci porta a Gesù, poiché ci fa meditare la sua vita, morte e risurrezione; inoltre ci conduce a Gesù per mezzo di Maria, come Montfort insiste sempre, infatti il Rosario è anche una preghiera mariana.

ISBN 978-88-8404-045-0

Manoscritto originale
San Luigi Maria Grignion de Montfort

Traduzione
Padre Battista Cortinovis SMM

Contenuti
- Introduzione:
- L'eccellenza del Rosario nella sua origine e nel nome
- L'eccellenza del Rosario nelle preghiere che lo compongono
- L'eccellenza del Rosario nella meditazione della vita e della passione di nostro Signore Gesù Cristo
- L'eccellenza del Rosario nelle meraviglie compiute da Dio in suo favore
- Rosarium Virginis Mariae
- I misteri del Santo Rosario

Codice 8289 The secret of the Rosary *(inglese)* **€ 5,00**

codice 8163

ECCO LA TUA MAMMA!

Formato: cm. 11 x 17
Pagine: 224 cartonato
Prezzo: € 5,00
Codice d'ordine 8163

Collana: **LA MADRE DI DIO**

ISBN 978-88-86616-72-4

Autore
Mons. Angelo Comastri
Vicario Generale del Santo Padre per la Città del Vaticano

Contenuti
- Introduzione all'ascolto del linguaggio della Mamma del Cielo.
- Invito a sollevare gli occhi per incontrare lo sguardo della Mamma che tante cose ha da dirci e quante ne abbiamo da imparare!
- Preghiere alla Vergine e misteri del Rosario.

"Ecco la tua mamma!" è un libro piccolo di mole ma denso di contenuto ed ha un fine tutto particolare: far conoscere, cercare, ascoltare Maria per imparare da lei lo stile della fede! Questo libretto è completo, semplice e affascinante. Lo stile è limpido, chiaro e forte. Nella sua brevità, si legge tutto d'un fiato, e viene voglia di rileggerlo subito, fino quasi a impararlo a memoria.
Ascoltiamo le parole del suo autore: *"Queste semplici pagine vogliono introdurti all'ascolto del linguaggio della Mamma del Cielo e vogliono invitarti a sollevare gli occhi per incontrare lo sguardo della Mamma: quante cose ha da dirti e quante cose tu hai da imparare!"*.

† ANGELO COMASTRI
Vicario generale del Santo Padre
per la Città del Vaticano

Attraverso le parole di un grande pastore di anime, prima ancora che uomo di Chiesa, il libro offre una via privilegiata per entrare in contatto con la nostra madre del cielo.

L'IMITAZIONE DI MARIA

Formato: cm. 11 x 17	
Pagine: 480	
Prezzo: € 7,00	
Codice d'ordine 8296	

codice 8296

Collana: **LA MADRE DI DIO**

"Qual è la scuola che ci aiuta ad aprirci più efficacemente ad una conoscenza profonda e coinvolgente di Gesù? È Maria! Questo libro aiuterà certamente i lettori a riscoprire Maria e accenderà nel loro cuore il desiderio di farsi prendere per mano da Colei, che più di tutti, conosce la strada del Vangelo".

Mons. Angelo Comastri

La vera forza di questo libro sta nel fatto che l'autore colloca l'imitazione di Maria nel contesto di oggi, spiegando come ci si dovrebbe comportare in tante situazioni della vita quotidiana, alla luce della vita e delle virtù di Maria. Il libro ha la struttura di un dialogo tra un catechista, lo scrittore appunto, ed un giovane che vive in un mondo lontano da Dio. Il giovane è desideroso di seguire Dio nella vita e interroga il saggio frate benedettino per ricevere insegnamenti da lui. Questi impartisce i suoi insegnamenti in modo semplice e immediato dando pratici consigli per la vita di ogni giorno per imitare le virtù di Maria. È un ottimo libro anche per "animare" la recita del Rosario meditando la santità di Maria in ogni mistero contemplato.

ISBN 978-88-8404-061-2

Autore
Don Mariano Grosso OSB

Prefazione
Mons. Angelo Comastri

Contenuti
- Maria figlia
- Maria donna
- Maria madre
- Maria e la Trinità
- Le virtù di Maria
- Maria e le anime dei defunti
- Maria e la volontà di Dio
- Maria e la santissima Eucaristia
- Maria e Gesù crocifisso
- Maria e la sofferenza
- Maria e il perdono
- Maria e la vita quotidiana
- Maria e la famiglia

SAN GABRIELE DELL'ADDOLORATA
ABITARE LA GIOIA

codice 8351

Formato: cm. 11 x 17
Pagine: 256
Prezzo: € 5,00
Codice d'ordine 8351

ISBN
978-88-8404-091-6

Padre Francesco Cordeschi CP
e Padre Pierluigi Di Eugenio CP

"Abitare la gioia", non è uno spot promozionale, per un edificio futuribile o per una vacanza da favola, ma è la sintesi della vita di un giovane che ripeteva: "La mia vita è una gioia continua". San Gabriele ha fatto della sua vita, piantata alle falde del Gran Sasso,un'esperienza unica e irrepetibile di gioia.

Collana:
I SANTI

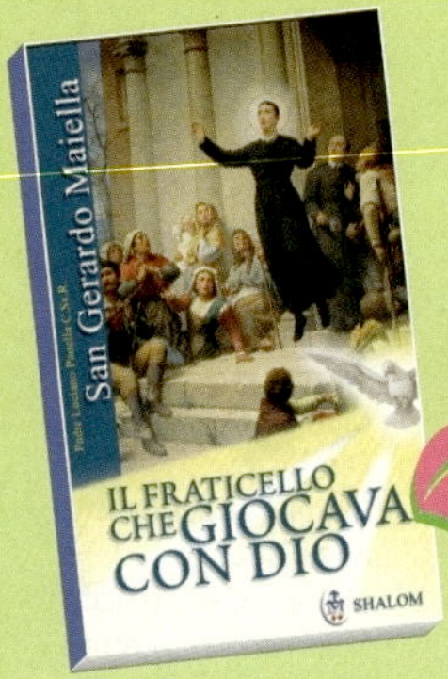

SAN GERARDO
IL FRATICELLO CHE GIOCAVA CON DIO

codice 8328

Formato: cm. 11 x 17
Pagine: 384
Prezzo: € 5,00
Codice d'ordine 8328

ISBN
978-88-8404-089-3

Un libro di Padre Luciano Panella C.Ss.R.

San Gerardo Maiella bisogna prenderlo così com'è: una copia del Cristo sofferente, un fanatico della volontà di Dio, un carismatico cacciatore di anime, un mistico spesso in estasi, un seminatore di miracoli.

CHI NON RIESCE AD AVERE UN FIGLIO LO INVOCHI!

Collana:
I SANTI

PIO XII
È VERAMENTE UN SANTO

Formato: cm. 11 x 17	
Pagine: 384	
Prezzo: € 5,00	
Codice d'ordine 8298	

codice 8298

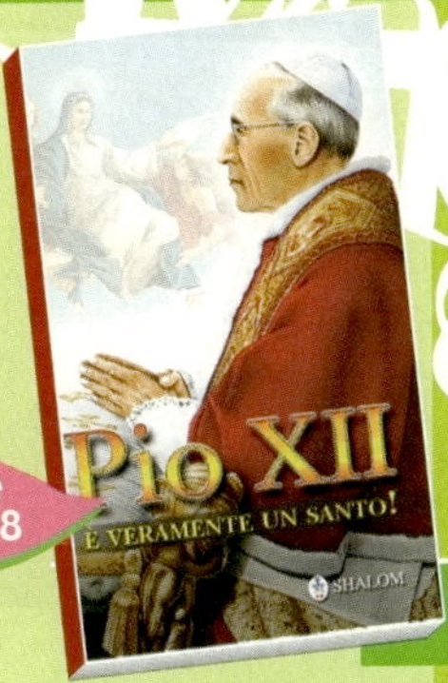

Un libro di don Giuseppe Cionchi

Pio XII va giudicato da quello che ha fatto. Le testimonianze abbondano in questo libro semplice e chiaro che vuole riaffermare la santità di uno dei papi più contestati della storia del Cristianesimo. Nella notte più buia della calunnia e della diffamazione è solo una piccola fiammella... Ma senza questa il buio sarebbe più pesto!

ISBN
978-88-8404-075-6

Collana:
I SANTI

IL PIO IX NASCOSTO

Formato: cm. 11 x 17	
Pagine: 256	
Prezzo: € 5,00	
Codice d'ordine 8236	

codice 8236

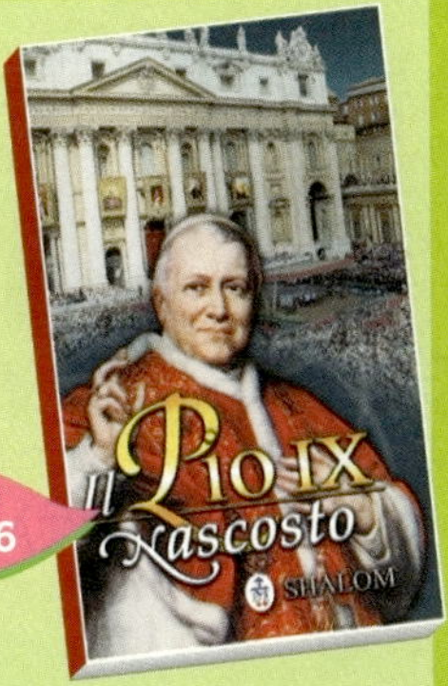

Un libro di don Giuseppe Cionchi

I più ignorano la sua vita intessuta di preghiere, grazia, umiltà e carità; il suo amore sincero per Dio e per l'Eucaristia, la devozione al Sacro Cuore e alla Madonna, la sua venerazione per i santi, le sue opere di carità! "Sono un sacerdote povero di Cristo povero", "un buon parroco di campagna": così amava definirsi Pio IX, odiato dai regnanti e amato dal popolo.

ISBN
978-88-8404-003-5

Collana:
I SANTI

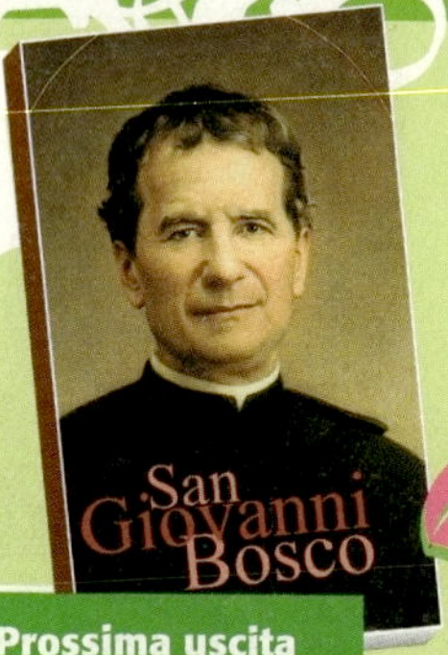

SAN GIOVANNI BOSCO

codice
8326

Formato: cm. 11 x 17	
Pagine: 192	
Prezzo: € 4,00	
Codice d'ordine 8326	

Prossima uscita

Grande apostolo dei giovani, San Giovanni Bosco (1815-1888) fu loro padre e guida alla salvezza con il metodo della persuasione, della religiosità autentica, dell'amore teso sempre a prevenire anziché a reprimere. Sul modello di san Francesco di Sales il suo metodo educativo e apostolico si ispira ad un umanesimo cristiano che attinge motivazioni ed energie alle fonti della sapienza evangelica.

Collana:
I SANTI

SAN GIUSEPPE MOSCATI
UN GRANDE NELLA CARITÀ

codice
8327

Formato: cm. 11 x 17	
Pagine: 320	
Prezzo: € 5,00	
Codice d'ordine 8327	

Un libro di Padre Carlo Colonna s.j. ed Elisabetta Nardi
Il profetismo di san Giuseppe Moscati emergeva soprattutto nel modo di esercitare la sua professione medica, un profetismo singolare, che si manifestava nella rapidità, veracità e sicurezza con cui eccelleva nel diagnosticare le malattie dei suoi pazienti, nel suggerire rimedi adatti, nel prevedere guarigione o morte e cose simili.

ISBN
978-88-8404-114-2

Collana:
I SANTI

PREGHIERE DI SAN FRANCESCO E SANTA CHIARA

codice 8173

Formato:	cm. 12 x 19
Pagine:	512
Prezzo:	€ 7,00
Codice d'ordine	8173

Collana: I SANTI

Il poverello di Assisi e la sua «pianticella» santa Chiara, hanno trovato la loro vera e piena realizzazione nell'incontro con Cristo. Il giovane Francesco aveva sperimentato le gioie, i piaceri e le esaltazioni della giovinezza fatta di feste, divertimenti e sogni di gloria. Ma solo dopo aver incontrato il Cristo Crocifisso ha scoperto quell'amore che ha riempito il suo cuore, che ha dato senso pieno alla sua vita e l'ha trasformata in un'esperienza d'amore con Dio Trino ed Unico e in canto di lode e di ringraziamento. Questa raccolta di preghiere è certamente un'opera preziosa che ci fa entrare nel cuore dei due santi di Assisi. Le loro preghiere sono come delle icone: cioè delle finestre che ci aprono sull'infinito amore di Dio; sono degli spazi nei quali possiamo scoprire le meraviglie che il Signore sa compiere nella vita di coloro che si lasciano guidare e amare da lui. Il dialogo con Dio e il silenzio sono la terra buona dalla quale fiorisce l'ascolto della Sua parola: lì sboccia l'amore che rende bella la vita, che la rende trasparenza di Dio come lo fu la vita di san Francesco e santa Chiara. *Mons. Angelo Comastri*

ISBN 978-88-8404-084-8

Autore

Suor C. Augusta Lainati osc,
Suor Chiara Carla Cabras osc,
Padre Bruno Giannini ofm

Prefazione

Mons. Angelo Comastri

Contenuti

- Preghiere di s. Francesco
- Preghiere ispirate agli scritti di s. Chiara
- Ascoltiamo s. Francesco e s. Chiara
- Come pregavano s. Francesco e s. Chiara
- Novene e Tridui
- Diversi schemi per la meditazione della Corona Francescana
- Diverse meditazioni per la Via Crucis
- Rosario con s. Chiara

codice
8360

UN CORPO PER AMARE

Formato: cm. 11 x 17	
Pagine: 320	
Prezzo: € 5,00	
Codice d'ordine 8360	

Collana: MORALE

ISBN 978-88-8404-116-6

Autore
Padre Raimondo Bardelli

Contenuti
La castità.
Il cuore: sorgente dell'amore, custode della sessualità.
Il corpo umano: «carne» fatta per amare.
Capacità corporee espressive dell'amore: la tenerezza,il sentimento e il sesso.
Il linguaggio corporeo dell'amore e il rapporto sessuale: capolavoro dell'amore.
Modi diversi di vivere la castità: prima del matrimonio, coniugale, consacrata e quella del celibe.

Questa riflessione sulla castità è nata camminando accanto a migliaia di giovani desiderosi di riscoprire il valore del corpo nella comunione d'amore. Vuole essere una mano amica che si protende verso tanti altri, ancora coinvolti nel vortice del sesso vissuto come valore a sé stante, perché possano riscoprirne il vero significato umano e approdare sulla spiaggia dell'amore.
Solo nell'amore ritrovato, tutto il loro essere: cuore e corpo, potrà autenticamente gioire, vivere e donare la vita. È l'esperienza in cui Cristo vuole coinvolgere tutti i suoi amici (Gv 15,11), perché il «suo Regno è pace e gioia nello Spirito Santo» (Rm 14,17) fin da questo mondo.

IN UN MONDO IN CUI L'AMORE E LA SESSUALITÀ HANNO PERSO IL LORO VALORE ANNIENTANDO CON LORO IL VALORE DELLA PERSONA UMANA: UN TESTO CHE ILLUMINA LE PROPRIE SCELTE E AIUTA A RENDERNE TESTIMONIANZA!

VOCE DI CARTA

codice 8358

Formato: cm. 11 x 17	
Pagine: 256	
Prezzo: € 5,00	
Codice d'ordine 8358	

Collana: **TESTIMONI**

ISBN 978-88-8404-115-9

Autore
Olga Bejano

Traduzione
Fra Honorio Martín Sànchez, OSM

Contenuti
- L'infanzia, la giovinezza vissute tra la spensieratezza e la malattia.
- La forza e la speranza nella sofferenza.
- La testimonianza del valore inestimabile della vita in qualunque modo la si viva.
- Il fermo no all'eutanasia

Olga Bejano (Madrid, 1963) visse tutta la sua infanzia tra Madrid, Pamplona, Palma di Mallorca, Ciudad Real e Logroño, dove vive attualmente. Nel 1987 una malattia neuromuscolare cominciò a paralizzare il suo corpo e a soli 23 anni rimase senza voce. Dopo la pubblicazione di questo libro in spagnolo, nel 1998 il popolo Riojano la proclamò Riojana dell'Anno e a giugno dello stesso anno gli concedettero la Medaglia d'Oro di La Rioja. Comunica con l'esterno per mezzo di movimenti quasi impercettibili della sua mano destra. La sua infermiera interpreta quello che ai nostri occhi sono scarabocchi; in questo modo è riuscita a scrivere un secondo libro, Anima di colore salmone, terza edizione, e sta per uscire il suo terzo lavoro. "Voce di carta" è qualcosa di più di una memoria autobiografica: è come un canto alla vita, alla gioia che supera tutti gli ostacoli. Ti farai amico di Olga, sia tu credente o ateo, uomo o donna, fin dalle prime righe di questo libro.

Una ventata di speranza per chi soffre o sta accanto a chi soffre e sente di non farcela più!